精選

中国語成語辞典

第2版

上野恵司 編

白帝社

挿絵：張恢
装幀：トミタ制作室

まえがき

中国語の学習がある段階まで進み，実際に中国の人が話している言葉を耳にしたり，中国語で書かれた文章を目にしたりするようになると，そこに四字句を中心とするおびただしい数の決まり文句が，次々と出現するのに，誰もが驚かされ，圧倒されてしまいます。

これらの固定した形式をもった決まり文句を「成語」と呼んでいますが，成語の多くは古書から引用されていたり，特別な出典をもたなくても，長期にわたって使用されているうちに，形式・内容ともに固定化していたりして，これをただ字面だけから，或いは単純に語と語の組み合わせとして理解しようとしたのでは，しばしば意味を取り違えてしまうおそれがあります。

成語を上手に使いこなすことは中国語を母語とする人たちにとっても容易ではないらしく，中国の書店の辞典や語学書コーナーをのぞいてみますと，大人向けから子供向けまで大小，繁簡さまざま，それこそ「汗牛充棟」と言ってもいいくらいのおびただしい数の成語辞典が山積みにされています。買いに来ている人も，中国服を着て老眼鏡をかけたいかにも読書家らしいお年寄りから，本がぎっしり詰まったかばんを肩からかけた女子学生，小学生らしい息子の手を引いたお母さんと，こちらも男女，年齢，職業さまざまです。

これらの成語辞典のうちの何冊かは，日本の中国図書専門店の店頭にも並んでいますが，もともと中国人読者を対象に編まれたものであり，当然ながら説明の文章も中国語で書かれていますから，よほど中国語に習熟していない限り，にわかには使いこなせません。

いずれはそれらの辞典のお世話になるとしても，当面はやはり日本語で簡潔に説明した成語辞典を手元におきたいものです。このような考えからわたくしは，もうかれこれ30年前に小さな成語辞典を編みました。類書が少ないせいか，この辞典は小さな改訂をへて今も使われているようです。ただ，この辞典を編んだ30年前と今日では，中国社会は大きく様変わりしていますし，言語生活も大きく変化しています。それに，編者のわたくし自身の学力も，当時はまだまだ貧弱なものでした。今も決して豊かではありませんが，当時に比べれば，多少は進歩が見られるかと思います。

そんなわけで，折りを見てもう一度成語辞典を編んでおきたいと思っていたところへ白帝社の佐藤多賀子編集長が「作りましょう」と強く勧めてくれました。勧めてくれた理由の一つは，中・上級の学習者，特に中国語検定試験の２級から上を目指す学習者から，日本語で解説した手頃な成語辞典はないかと求められることが多いということのようです。検定試験の受験者からの強い要望があると「脅迫」されると，立場上，わたくしも要望にお応えせざるをえません。

このようにして成ったのが本辞典です。執筆の過程で多くの先行研究や先輩諸氏のお世話になっていますが，中でも北陸大学教授の閻紅生さんには校正刷りの段階で全原稿に目を通していただき，数多くの貴重な助言を得ています。ちなみに閻さんは，わたくしが先の成語辞典を編んだ折りに懇切な指導を受けた元・北京外国語学院（現・大学）教授・閻崇璩先生の令嬢である。わたくしは，幸せなことに，二代にわたる閻氏の学恩を蒙ったことになります。ここに心から感謝の意を表させていただきます。

2014年3月

上 野 惠 司

第2版刊行に当たって

今般，全体にわたって検討を加え，第1版の誤記・誤印を改め，用字・用語の不統一を正すとともに，成語の構造とピンインの区切り方を見直し，紙幅の許す範囲内で記述の充実を図った。数次にわたる込み入った書き込みの後始末と校正は，佐藤さんを煩わせた。

なお，今回新たに採用した例文については，文京学院大学教授・魯暁琨さんの校閲を得ている。

2024年3月

編者記す

凡　例

1. 本辞典には，現代中国語において一般に用いられる四字成語 3450 語を収める。

2. 見出し語の配列は“汉语拼音字母”（中国語表音ローマ字）の順に従い，第一文字が同音のものについては筆画の少ないほうを先にし，同字のものを一か所に集めてある。第二文字以下もこれにならう。

3. 発音は“汉语拼音方案”(中国語ローマ字表音法)によって示した。なお，ピンインの分かち書きについては,巻末の「あとがき」を参照されたい。

4. 語釈は簡潔を旨とし，対応する日本語の慣用的言い回しがある場合にはそれを記し，適当なものが見つからない場合は，説明的な解釈を施してある。また，わかりにくいと思われる字句にも，簡単な注釈を加えておいた。

5. 成語の出典については，スペースの都合もあり，必要に応じて出所を指摘するにとどめた。

6. 例文があったほうがわかりやすいと思われるものについては，なるべく簡潔なものを選んで付しておいた。

7. 索引は巻首に頭字(第一文字)の発音と頁数を総画によって検索する「筆画索引」を用意したほか，巻末には訳語のなかから日本語として簡潔な言い回しになっている語句を拾って 50 音順に配列した「日本語からの索引」を付した。

8. 成語の構造を以下の 16 に分類し，語釈の冒頭に示した。成語を解釈するうえで貴重な手がかりとなるはずである。分類の基準については,「あとがき」を参照されたい。

　[并列]（並列関係）例：“安家落户”“安家”と“落户”が並列関係。

对比（対比関係）例：“外强中干”“外强”と“中干”が対比関係。

连动（連動関係）例：“过河拆桥”“过河”と“拆桥”が連動関係。

承接（承接関係）例：“立干见影”“立干”と“见影”が承接関係。

目的（目的関係）例：“惩一儆百”“儆百”が“惩一”の目的。

因果（因果関係）例：“耳熟能详”“耳熟”が原因，“能详”が結果。

转折（逆接関係）例：“鞭长莫及”“鞭长”と“莫及”が逆接関係。

假设（仮設関係）例：“唇亡齿寒”“唇亡”が仮設，“齿寒”が帰結。

条件（条件関係）例：“屈指可数”“屈指”が条件，“可数”が帰結。

选择（選択関係）例：“宁死不屈”“屈”よりも“死”を選ぶ。

主谓（主述関係）例：“笨鸟先飞”“笨鸟”が主語，“先飞”が述語。

动宾（動賓関係）例：“暗送秋波”“暗送”が動詞，“秋波”が目的語。

补充（補充関係）例：“胆小如鼠”“胆小”の程度を“如鼠”が補充。

兼语（兼語関係）例：“望子成龙”“望”の目的語“子”が“成龙”の主語。

定中（連体関係）例：“百年大计”“百年”が名詞“大计”を修飾。

状中（連用関係）例：“傲然屹立”“傲然”が動詞“屹立”を修飾。

9. 本文中に用いた記号，略語の主なものは次のとおりである。

¶：例句・例文を示す。

注：特に注意を要する付記を示す。

～：見出し語の省略を示す。

☞：参照せよ。参照先の成語のほうが一般的で，その項により詳しい説明があること，或いは互いに密接な関連をもつ成語（多く同種または同源）であることを示す。

《貶》：貶(けな)す意味で使われていることを示す。

《風》：風刺の意味で使われていることを示す。

《謙》：謙遜(けんそん)する意味で使われていることを示す。

10. 成語の成り立ちの解説中に出てくる“八仙过海，各显神通”（八仙人が海を渡る→各自がその特長を発揮する）式の“歇后语”と称される一種のしゃれことばは，そのまま「歇後語」と記した。

筆画索引

見出し語の頭字（第一文字）を総画数によって分類し，発音と頁数を示す。同じ画数に属するものはアルファベット順に配列してある。

6 画

7 画

8 画

9 画

10 画

11 画

12 画

精選

中国語成語辞典

第２版

A

ai

哀兵必胜　āibīng-bìshèng

主调 憂憤の軍隊は必ず勝つ；悲憤して立ち上がった軍隊は必ず勝つ。“哀兵”は悲憤の情に満ちた軍隊。¶～，**骄兵必败**。憤って立ち上がった軍隊は必ず勝ち，驕(おご)りたかぶった軍隊は必ず敗れる。

哀鸿遍野　āihóng-biànyě

主调 哀鴻(あいこう)野に遍(あまね)し；住みかを失った難民が至る所に見られる。“哀鸿”は悲しげに鳴く鴻(ひしくい)。流浪する難民のたとえ。

唉声叹气　āishēng-tànqì

并列 (苦しみや悲しみのために)うめき声をあげる，ため息をつく，嘆息する。¶**那个病人总是～，什么也不吃**。その病人はうんうんうなるばかりで，何も食べようとしない。

爱不释手　ài-bùshìshǒu

补充 大切にして片時も手放そうとしない。“释”は放す，手放す。¶**她喜欢看小说，拿起一本来就～**。彼女は小説が好きで，本を手にすると，片時も手放そうとしない。

爱财如命　àicái-rúmìng

主调 金を命のように大事にする；けちで欲張りなさま。¶**他是个～的人**。彼は命よりも金を惜しむ男だ。

爱莫能助　ài-mònéngzhù

转折 助けてやりたいのはやまやまだが，どうにもならない；力を貸したくても貸しようがない。“爱”は同情する。“莫”は“不”に同じ。¶**对你的处境我非常同情，无奈力量有限，～**。君の

爱不释手

境遇には大いに同情するが，いかんせん力及ばず，助けようがない。

爱屋及乌　àiwū-jíwū

连动 屋をいとおしんで烏に及ぶ；人を愛すると，その家の屋根に止まっている烏までいとおしくなる。人を愛すると，その人と関わりのあるすべてのものを愛するようになる。屋烏(おくう)の愛。

碍手碍脚　àishǒu-àijiǎo

并列 足手まといである；邪魔になる。¶**咱们走吧，别在这儿～的**。行こうよ，ここにいて邪魔していないで。

an

安邦定国　ānbāng-dìngguó

并列 国を太平に治め強固にする；国家を安定させる。

安步当车　ānbù-dàngchē

主调 ゆったり歩いて車の代わりにする；車に乗る代わりにゆっくり歩いて行く。“当”は dàng，…と見なす。¶**反正路不远，我们还是～吧**。どうせ大した道のりではないから，やはりぶらぶら歩いて行きましょう。

安分守己　ānfèn-shǒujǐ

并列 分に安んじ己を守る；本分を守りいざこざを起こさない。¶**我父亲一辈子～，从来不跟人家争议**。私の父は生涯身の程をわきまえておとなしく暮らし，一度も人と争ったことがない。

安家落户　ānjiā-luòhù

并列 他郷で一家を構えて定住する。特に，都会の青年が農村に住みつくこと。

安居乐业　ānjū-lèyè
[并列] 居に安んじ業を楽しむ；住んでいる所に満足し，楽しく仕事をする。

安贫乐道　ānpín-lèdào
[并列] 貧に安んじ道を楽しむ；清貧に甘んじる。

安然无恙　ānrán-wúyàng
[并列] 平穏無事である；無病息災である。つつがない。また，広く事物が安泰であること，異変のないこと。“恙”は病。¶ **新修的堤坝～，经受住了洪水的考验。**新しいダムはビクともせずに，洪水の試練に耐えた。

安如泰山　ān-rútàishān
[补充] 安きこと泰山のごとし；泰山のように揺るぎない。堅固で微動だにしない。“**泰山**”は山東省にある名山。“**安如磐石**”(ān-rúpánshí—安きこと磐石《ばんじゃく》のごとし)，“**稳如泰山**”(wěn-rútàishān)とも。

安身立命　ānshēn-lìmìng
[并列] 安心立命(あんじんりゅうめい)；身を落ち着け精神を安定させる。暮らしも心も落ち着きを得る。憂いなく安らかに暮らす。“**安身**”は身を安んじる，“**立命**”は心のよりどころを得る。¶ **～之所。**安心立命できる場所。

安土重迁　āntǔ-zhòngqiān
[并列] その土地に愛着を覚えて他に移りたがらない。“**重**”は重視する，重視して容易に…しようとしない。

安营扎寨　ānyíng-zhāzhài
[并列] 兵営を設け柵を築く；軍隊が駐留・駐屯することのたとえ。転じて，臨時に仕事の拠点を設けること。

安之若素　ānzhī-ruòsù
[补充]（逆境・苦境にあっても）平然と事に処し，常と少しも変わりがない。泰然自若としている。“**之**”は漠然と人または物を指す。“**若**”は…のごとし，…のようだ。“**素**”は常，平素。¶ **虽饥一顿饱一顿，她仍然～，没半句怨言。**食うや食わずでいても，彼女はふだんと変わりがなく，ひと言も恨み言を漏らさない。

按兵不动　ànbīngbùdòng
[兼语] 兵を抑えて前進させない；様子を窺って行動を起こさない。じっと機を待つ。¶ **事态紧急，你怎么还～？**事態は差し迫っているのに，どうして行動を起こさないでじっとしているのか。

按部就班　ànbù-jiùbān
[并列] 段取りを踏んで，手順よく事を運ぶ。“**部**”は部類，“**班**”は順序。¶ **我们这里的工作在～地进行着。**我々の所では仕事は段取りよく進められている。¶ **～，循序渐进。**段取りを踏んで，順序を追って一歩一歩事を進める。

按图索骥　àntú-suǒjì
[状中] 絵図を頼りに名馬を求める。もと，原則にこだわって融通が利かないこと。のち，何かを手がかりにして物を探すこと。“**骥**”は名馬。¶ **有了这张交通图，就可以～，方便多了。**この道路地図があれば，よい手がかりになるから，ずっと便利だ。

暗箭难防　ànjiàn-nánfáng
[主谓] 暗闇から放たれる矢は防ぐのが難しい；不意打ち・闇討ちは防ぎ難い。¶ **明枪易躲，～。**あからさまな攻撃は対処しやすいが，闇討ちを防ぐのは難しい。

暗箭伤人　ànjiàn-shāngrén
[主谓] ひそかに矢を放って人を傷つける；こっそりと人を陥れる。陰で中傷する。闇討ちを食わせる。¶ **散布谣言，～。**デマを飛ばして，こっそり人を傷つける。

暗送秋波　ànsòng-qiūbō
[动宾] ひそかに秋波を送る；こっそりと人に取り入る。色目を使う。“**秋波**”は，（秋の澄み切った波の意から）美人の涼しげなまなざし。転じて，人にこびる目つき。流し目。

暗无天日　**àn-wútiānrì**
补充 真っ暗闇で日の目がまったく見えない;暗澹(あんたん)としている。¶**解放前,人民过着～的生活。**解放前,人々は暗黒の日々を過ごしていた。

黯然神伤　**ànrán-shénshāng**
状中 暗然として心が晴れない;意気沮喪(そそう)する。"**黯然**"は暗いさま,失意のさま。

黯然失色　**ànrán-shīsè**
状中 もと,意気消沈して顔色がさえない。いま,多く,(比較して)見劣りする,生彩を欠く。

黯然销魂　**ànrán-xiāohún**
状中 がっくりして魂を失ったかのようである;(魂を奪われたかのように)打ちひしがれる。

ang

昂首阔步　**ángshǒu-kuòbù**
状中 首(こうべ)を挙げて闊歩(かっぽ)する;胸を張って堂々と歩む。精力の横溢(おういつ)するさま,意気盛んなさま。

ao

嗷嗷待哺　**áo'áo-dàibǔ**
状中 (ひなどりが)悲しげに鳴いて餌を待つ;飢えた人が救済を待ちわびる形容。"**嗷嗷**"は悲しげに鳴く声。『詩経』小雅の詩句"**鸿雁于飞,哀鸣嗷嗷**"(鴻雁《こうがん》ここに飛び,哀鳴嗷嗷《ごうごう》たり)から。

傲然屹立　**àorán-yìlì**
状中 傲然(ごうぜん)としてそびえ立つ;強固で揺るぎないさま。毅然として立つ。"**傲然**"は何物にも屈せぬさま。"**屹立**"は屹立(きつりつ)する,そびえ立つ。"**傲然挺立**"(àorán-tǐnglì)とも。¶**白雪皑皑的珠穆朗玛峰,像一位～的女神。**真っ白な雪に覆われたチョモランマは,まるですっくと立つ女神のようだ。

B

B

八仙过海

ba

八面玲珑　**bāmiàn-línglóng**

主谓 誰に対しても如才なくふるまう;人当たりがよい。上手に立ち回る。多く《貶》。八方美人。“**玲珑**”は,もと器物の精緻なこと。転じて,よく機転が利くこと,機敏なこと。¶**《红楼梦》里的王熙凤是个～的人物。**『紅楼夢』の王熙鳳は万事如才なくふるまう人物である。

八仙过海　**bāxiān-guòhǎi**

主谓 八仙人が海を渡る;各人が独自のやり方をすること,各人がその特長を発揮することのたとえ。後に“**各显神通**”(gèxiǎn-shéntōng)または“**各显其能**”(gèxiǎn-qínéng)と続く歇後語から出た語。“**八仙**”は,鉄拐李・呂洞賓ほか民間伝承の八仙人。

拔苗助长　**bámiáo-zhùzhǎng**

目的 苗を抜きて長ずるを助く。☞“**揠苗助长**”(yàmiáo-zhùzhǎng)

跋山涉水　**báshān-shèshuǐ**

并列 山を越え川を渡る;困難な長旅をする。¶**地质队员们～,到处寻找矿藏。**地質調査隊員は山川を跋渉(ばっしょう)して,至る所に埋蔵資源を探し求めた。

bai

白璧微瑕　**báibì-wēixiá**

主谓 白璧(はくへき)の微瑕(びか);白い玉にわずかな瑕(きず)があるように,立派な人や物にわずかな欠点があることのたとえ。玉に瑕。“**璧**”は平たい環状の玉器。“**瑕**”は玉の斑点。

白璧无瑕　**báibì-wúxiá**

主谓 白璧(はくへき)にして瑕(きず)なし;いささかの欠点もないことのたとえ。完全無欠である。完璧である。

白驹过隙　**báijū-guòxì**

主谓 白駒(はっく)隙(げき)を過ぐ;白馬が壁の透き間を通り過ぎていくように,歳月が一瞬のうちに過ぎていくことのたとえ。¶**人生犹如～。**人の一生は白馬が透き間をよぎるように瞬く間に過ぎていくものだ。

白日做梦　**báirì-zuòmèng**

状中 白昼に夢を見る;非現実な空想を抱くことのたとえ。¶**整天～,只会一事无成。**白昼夢ばかり見ていては何一つ成し遂げることができない。

白手起家　**báishǒu-qǐjiā**

状中 裸一貫から身を起こす;極めて困難な条件の下で事業を成功させる。

白头偕老　**báitóu-xiélǎo**

状中 共に白髪の生えるまで;夫婦が仲良く添い遂げること。偕老同穴(かいろうどうけつ)。“**白头到老**”(báitóu-dàolǎo)とも。

白衣苍狗　**báiyī-cānggǒu**

对比 白衣,蒼狗(そうく)となる;白い衣のような雲が,たちまちのうちに灰色の犬のようになってしまう。世の中の移り変わりの激しいことをいう。杜甫の『可嘆』中の詩句“**天上浮云如白衣,斯须改变如苍狗**”(天上の浮雲白衣に似たり,たちまちに改変して蒼狗の如し)から。“**白云苍狗**”(báiyún-cānggǒu)とも。

白云苍狗　**báiyún-cānggǒu**

对比 白雲,蒼狗(そうく)となる。☞“**白衣苍狗**”(báiyī-cānggǒu)

百步穿杨　bǎibù-chuānyáng
状中 百歩を隔てて柳の葉を射抜く；射術の巧みなことのたとえ。百発百中。『史記』周本紀に見える楚の養由基の故事から。

百川归海　bǎichuān-guīhǎi
主调 百川海に帰す；すべての川は海に注ぐ。多くの散らばった事物が一か所に集まることのたとえ。衆望が一点に集まる。“**百川会海**”(bǎichuān-huìhǎi—百川海に会す)とも。

百发百中　bǎifā-bǎizhòng
连动 百発百中；射術の巧みなこと。また，予想や狙いに狂いのないことのたとえ。注“**中**”は zhòng，当たる。

百废俱兴　bǎifèi-jùxīng
主调 百廃ともに興る；放置されていた多くの事柄が一斉に復興される。建設事業が盛んなさま。“**百废俱举**”(bǎifèi-jùjǔ—百廃ともに挙ぐ)とも。¶ **改革开放以后，～。**改革開放後，さまざまの事業が興されている。

百感交集　bǎigǎn-jiāojí
主调 万感こもごも至る；いろいろな感慨が次々に浮かぶ。万感胸に迫る。¶ **她抱住久别重逢的女儿，～地哭了起来。**彼女は長らく別れていた娘を抱き締め，感極まって泣きだした。

百花齐放　bǎihuā-qífàng
主调 百花斉放；種々の花が一斉に咲きそろう。科学·文化·芸術活動が自由·活発に行われること。特に，文学·芸術において，形式や風格を異にする作品が共に栄えること。¶ **～，百家争鸣。**百花斉放，百家争鳴。1956 年，中国共産党が掲げたスローガン。

百家争鸣　bǎijiā-zhēngmíng
主调 百家争鳴；もと，春秋戦国時代の諸学派の学者·論客が相互に論争しあったこと。いま，さまざまの立場の学者や思想家が自由に意見を発表し，論争しあうことをいう。“**百花齐放**”(bǎihuā-qífàng)参照。¶ **没有～，就没有学术的繁荣和发展。**百家争鳴なくして，学術の繁栄と発展はありえない。

百孔千疮　bǎikǒng-qiānchuāng
并列 何百という穴と何千という傷；穴や傷が無数にあること。満身創痍(そうい)。事態の深刻なこと，破壊の甚だしいことのたとえ。“**千疮百孔**”(qiān chuāng-bǎikǒng)とも。

百炼成钢　bǎiliàn-chénggāng
承接 百度(ひゃくたび)鍛えて鋼(はがね)となる；鍛錬を重ねてこそ立派な人物になるというたとえ。

百年大计　bǎinián-dàjì
定中 百年の大計；遠い将来まで見すえた大きな計画。¶ **～，质量第一。**百年の大計は，品質を第一とする。

百思不解　bǎisī-bùjiě
转折 いくら考えてもわからない；考えあぐねる。理解に苦しむ。思案に尽きる。“**百思不得其解**”(bǎisī bùdé qí jiě)とも。

百无聊赖　bǎiwú-liáolài
动宾 (心のよりどころがなく)何もかもつまらない，何事に対しても興味が感じられない。とてもやるせない。物みな退屈である。“**聊赖**”は頼る，心を寄せる。

百无一失　bǎiwú-yīshī
动宾 百に一つの失敗もない。☞“**万无一失**”(wànwú-yīshī) ¶ **他做事扎实，～。**彼の仕事ぶりは着実で，めったに手抜かりはない。

百依百顺　bǎiyī-bǎishùn
并列 何もかも人の言いなりになる；従順そのものである。ご無理ごもっともであるという態度をとる。¶ **她对儿子可真是～，要什么给什么。**彼女は息子に対してまったく言いなりで，欲しがる物は何でも与える。

百战百胜　bǎizhàn-bǎishèng
连动 百戦百勝する；戦えば必ず勝つ。向かうところ敵なし。

百战不殆　bǎizhàn-bùdài

转折 百戦殆(あや)うからず;何度戦っても敗れることがない。¶ **知彼知己,～。** 彼を知り己を知らば,百戦危うからず。『孫子』謀攻に見える語。

百折不挠　bǎizhé-bùnáo

转折 不撓不屈(ふとうふくつ);何回挫折してもくじけない。“**挠**”は曲がる,たわむ。“百折不回”(bǎizhé-bùhuí)とも。¶ **～的精神。** 不撓不屈の精神。

ban

班门弄斧　bānmén-nòngfǔ

状中 魯班の門前で手斧(ちょうな)を振り回す;専門家の前で才能をひけらかすことのたとえ。釈迦(しゃか)に説法。身の程知らず。魯班(魯般とも)は,春秋時代の魯国の有名な工匠。¶ **在座的都是技术专家,由我来做报告,可真是～。** 臨席の方々は技術の専門家ばかりなのに,私が報告するなんて,身の程知らずもいいとこだ。

斑驳陆离　bānbó-lùlí

并列 色彩が複雑に入り交じっているさま;色とりどりである。“**斑驳**”は色がまだらになっているさま。“**陆离**”は色が複雑に入り乱れているさま。

板上钉钉　bǎnshàng-dìngdīng

状中 すでに板は釘が打ちつけられている;事はすでに確定している。間違いっこない。請合いである。

半壁江山　bànbì-jiāngshān

定中 国土の半分;敵国に侵略された,或いは侵略を受けずに持ちこたえている領土。奪われた国土。残された山河。“**半壁**”は半分。“**江山**”は国土。

半斤八两　bànjīn-bāliǎng

并列 似たり寄ったり;互いに大した違いのないこと。ドングリの背比べ。どっこいどっこい。昔のはかりは,“**一斤**”が“**十六两**”であったから,“**半斤**”は“**八两**”に相当する。¶ **在技术上他们两个人～,都不算强。** 技術の点ではあのふたりは似たり寄ったりで,どちらも大したことはない。

半路出家　bànlù-chūjiā

状中 人生の途中で出家する;途中からその道に入る。中途で職業を替える。¶ **他做木匠活是～。** 彼の大工仕事は中途からやりだしたものだ。

半途而废　bàntú'érfèi

状中 中途で投げ出す;仕事を途中でやめる。¶ **他学东西没有耐性,总是～。** 彼は何事を学ぶにも忍耐心がなく,いつも中途で投げ出してしまう。

bao

包藏祸心　bāocáng-huòxīn

动宾 悪だくみを抱いている;悪事をたくらんでいる。下心がある。“**祸心**”は他人に危害を加えようとする心。¶ **他们这种颠倒是非的宣传显然是～。** 彼らのこの是非を転倒した宣伝は,明らかに下心があってのことだ。

包罗万象　bāoluó-wànxiàng

动宾 万象を網羅している;(内容が豊富で)何もかもそろっている。“**罗**”は網にかける。¶ **这部小说～,堪称一部百科全书。** この小説は万象を網羅していて,一部の百科全書と称するに足る。

饱经风霜　bǎojīng-fēngshuāng

动宾 風霜を経る;辛酸をなめ尽くす。“**饱**”は十分に。“**风霜**”は厳しく激しい試練や苦難。風雪。¶ **～的老人家。** 辛酸をなめ尽くした老人。

饱食终日　bǎoshí-zhōngrì

补充 終日飽食す;四六時中食べてばかりいる。よく“**无所用心**”(wú-suǒ yòngxīn—何事にも関心を示さない)と連用される。『論語』陽貨篇に見える孔子のことば。

报仇雪恨　bàochóu-xuěhèn

并列 仇(あだ)に報い恨みをすすぐ。恨みを晴らし恥をすすぐ。雪辱する。“**雪**”はすすぐ,そそぐ。

抱残守缺　**bàocán-shǒuquē**
并列 古くて役に立たないものを後生大事に手放さない;保守的で進取の気性に欠けることのたとえ。¶ **他～, 简直是个绊脚石。**彼はがちがちの時代遅れで, まったく足手まといだ。

抱头鼠窜　**bàotóu-shǔcuàn**
状中 頭を抱えてねずみのようにこそこそ逃げ出す;ほうほうの体で逃げ帰る。

抱薪救火　**bàoxīn-jiùhuǒ**
连动 薪を抱えて火を救う;災いを除こうとして, かえって大きくしてしまうたとえ。火をもって火を救う。

暴风骤雨　**bàofēng-zhòuyǔ**
并列 暴風驟雨(ぼうふうしゅうう);激しい革命の動乱や勢い盛んな大衆運動のたとえ。

暴虎冯河　**bàohǔ-pínghé**
并列 暴虎馮河(ぼうこひょうが);虎を素手で打ち, 河を歩いて渡る。血気にはやり, 無謀なふるまいをすることのたとえ。無鉄砲である。“**暴虎**”は虎を素手で打つ。“**冯河**”は徒歩で大河を渡る。孔子が弟子の子路を評したことば。『論語』述而篇。

暴戾恣睢　**bàolì-zìsuī**
并列 暴戻恣睢(ぼうれいしき);残虐で横暴なさま。暴虐この上ない。“**暴戾**”は残虐である, “**恣睢**”はほしいままにふるまう。¶ **他是个～的昏君。**彼は横暴極まりない暗君だ。

暴露无遗　**bàolù-wúyí**
补充 余す所なく暴露する。何もかも明るみに出す。¶ **帝国主义的本性～。**帝国主義の本性をさらけ出した。

暴殄天物　**bàotiǎn-tiānwù**
动宾 天物を暴殄(ぼうてん)す;天与の物質を損ない絶やす。物をほしいままに浪費する。“**暴**”は損なう, 踏みにじる。“**殄**”は絶やす, 絶滅させる。

暴跳如雷　**bàotiào-rúléi**
补充 激しく地面を踏んで雷(いかずち)のごとく怒る;地団駄を踏んで激怒する。烈火のごとく怒る。“**暴跳**”は怒って足を踏み鳴らす。¶ **他的脾气好多了, 不像以前那样动不动就～。**彼の気性はぐんとよくなり, 以前のようにすぐカッとなることはなくなった。

bei

杯弓蛇影　**bēigōng-shéyǐng**
主调 杯中の蛇影(だえい);杯に映った弓が蛇に見える。無用な疑いのためにびくびくする。疑心暗鬼を生ず。友人の家で酒を飲んでいて, 壁に掛けてあった弓の影が杯に映ったのを蛇と見間違えた男が, 驚きのあまり寝込んでしまったという故事から。『晋書』楽広伝。

杯盘狼藉　**bēipán-lángjí**
主调 杯盤狼藉(はいばんろうぜき);宴会のあと, 席上に杯や皿が散らばっていること。“**狼藉**”は狼が草を藉(し)いて寝た跡のように散乱しているさま。¶ **桌上～。**テーブルの上は食べ散らかっている。

杯水车薪　**bēishuǐ-chēxīn**
对比 一杯の水で車一台分の燃えている薪を消そうとする;微力で何の役にも立たないことのたとえ。¶ **～, 无济于事。**燃え盛る車に積まれた薪を一杯の水で消そうとするようなもので, 焼け石に水である。

卑躬屈膝　**bēigōng-qūxī**
并列 腰をかがめ膝を屈する;卑屈な態度で人の機嫌を取る。やたらにペコペコする。“**卑躬**”は腰をかがめてお辞儀をする。“**屈膝**”はひざまずく。“**卑躬屈节**”(bēigōng-qūjié—卑しく節を屈する)とも。¶ **不要～地做人。**卑屈な身の処し方をしてはいけない。

悲愤填膺　**bēifèn-tiányīng**
主调 悲憤胸に満つ;悲しみと憤りで胸が一杯になる。“**膺**”は胸。

悲欢离合　**bēihuān-líhé**
并列 悲歓離合;悲しみと喜び, 別れと

巡り合い。広く，人の世の喜びや悲しみをいう。浮世の有為転変。蘇軾『水調歌頭』詞の“**人有悲欢离合，月有阴晴圆缺**”（人に悲歓離合あり，月に陰晴円缺あり）から。

悲天悯人　**bēitiān-mǐnrén**
并列 天を悲しみ，人を哀れむ；時世の艱難(かんなん)を憂え，人民の苦しみに心を寄せる。

悲喜交集　**bēixǐ-jiāojí**
主谓 悲喜こもごも至る；悲しみと喜びを共に味わう。“**悲喜交加**”（bēixǐ-jiāojiā—悲喜こもごも加う）とも。

背城借一　**bèichéng-jièyī**
状中 城を背に一戦を試みる；最後の決戦を挑む。背水の陣を敷く。“**背城一战**”（bèichéng-yīzhàn）とも。¶ **明知兵力不敌，仍决心～**。兵力がかなわないことはわかっていながら，なおも最後の一戦を挑もうとする。

背道而驰　**bèidào'érchí**
状中 逆の方向に向かって進む；方向と目標が相反していることのたとえ。¶ **由于方法不对头，效果与愿望往往～**。方法が間違っているため，効果と期待とが往々にして一致しない。

背井离乡　**bèijǐng-líxiāng**
并列（災害などでやむをえず）故郷を遠く離れる；他郷で暮らしを立てる。“**乡**”“**井**”は共に故郷。“**背**”は背にする，離れる。“**离乡背井**”（líxiāng-bèijǐng）とも。

背水一战　**bèishuǐ-yīzhàn**
状中 背水の陣を敷いて最後の決戦を挑む。漢の韓信が川を背に陣を敷き，味方に決死の覚悟を固めさせて敵の軍勢を破った故事から。『史記』淮陰侯列伝。

背信弃义　**bèixìn-qìyì**
并列 信義に背く；約束を破り道義を踏みにじる。¶ **坚守承诺，决不～**。堅く約束を守り，決して信義に背くようなことはしない。

悖入悖出　**bèirù-bèichū**
并列 不当な手段で得た財物は，不当な手段で奪われる。また，安易に手にした所得は安易に消費され，すぐ無くなってしまう。悪銭身に付かず。“**悖**”はもとる，道理に反する。

ben

奔走呼号　**bēnzǒu-hūháo**
并列（目的を達するために）大声で叫びながら走り回る。

奔走相告　**bēnzǒu-xiānggào**
连动 駆け回って知らせる；（重大な出来事を）急ぎ知らせ合う。¶ **人们～，传播胜利的喜讯**。人々は勝利の知らせを口々に伝え合っている。

本末倒置　**běnmò-dàozhì**
动宾（倒置）本末を転倒する；物事の根本と枝葉と，大切な事と詰まらない事とが反対になる。¶ **写文章只讲求形式，不注重内容，这是～的作法**。文章を書くのに形式にばかりこだわって内容を重んじないのは，これは本末転倒である。

笨口拙舌　**bènkǒu-zhuōshé**
并列 口下手である。☞“**笨嘴拙舌**”（bènzuǐ-zhuōshé）

笨鸟先飞　**bènniǎo-xiānfēi**
主谓 のろまな鳥は先に飛び立つ；行動の遅い人は他より先に動きだす。多く《謙》。

笨嘴拙舌　**bènzuǐ-zhuōshé**
并列 口下手である。“**笨口拙舌**”（bènkǒu-zhuōshé）とも。¶ **我～，说不清楚**。私は口下手で，うまく言えない。

bi

逼上梁山　**bīshàng-liángshān**
动宾 迫られて梁山に登る；追い詰められてやむなく反抗に出ることのたとえ。広く，やむをえぬ事情である行動に出ること。『水滸伝』中の多くの好漢がやむなく梁山に集まって謀反を起こしたことから。¶**他这么做也是不得已，所谓～呀！**彼があんなふうにするのものっぴきならぬ事情があってのことで，いわゆる「迫られて梁山に登る」というやつだ。

比比皆是　bǐbǐ-jiēshì

[状中] どれもこれもみなそうである；至る所に見受けられる。例に事欠かない。“**比比**”はどれもこれも，どこもかしこも。¶**像这样的品种～，一点儿都不稀罕。**こういう品種はざらにあり，少しも珍しくない。

比肩继踵　bǐjiān-jìzhǒng

[并列] 肩を並べ踵(きびす・くびす)を接す；人出が多く，混み合っていることのたとえ。“**比肩接踵**”(bǐjiān-jiēzhǒng)とも。¶**街上行人～，十分热闹。**街は人出が多く，とてもにぎやかだ。

必恭必敬　bìgōng-bìjìng

[并列] いとも恭しい。☞“**毕恭毕敬**”(bìgōng-bìjìng)

必由之路　bìyóuzhīlù

[定中] 必ず経なければならない道；避けて通ることのできない道。広く，従わざるをえない法則。¶**为了最后的胜利，今天的痛苦磨炼是～。**最後の勝利のためには，今の苦しい試練は避けて通るわけにはいかない。

毕恭毕敬　bìgōng-bìjìng

[并列] いとも恭しい；極めて丁寧なさま。“**必恭必敬**”(bìgōng-bìjìng)とも。¶**他对老师一向～。**彼は先生に対して常に恭しく接してきた。

闭关锁国　bìguān-suǒguó

[并列] 門戸を閉ざして外国との往来を断つ；鎖国する。

闭关自守　bìguān-zìshǒu

[并列] 門を閉じて家にこもる；門戸を閉ざして外部と行き来しない。自分の殻に閉じこもる。

闭门思过　bìmén-sīguò

[连动] 家に閉じこもって犯した過ちを反省する。

闭门造车　bìmén-zàochē

[连动] 門を閉ざして車を造る；現実を無視して自分勝手に事を運ぶ。客観情勢を考慮せずに主観的に事を行う。¶**做事不从实际出发，～，一定会出问题。**事を行うのに実際から出発せずに，門を閉ざして主観的にやったのでは，必ず問題が発生する。

闭目塞听　bìmù-sètīng

[并列] 目を閉じ耳を塞ぐ；外界との接触を断って現実から逃避する。見ざる聞かざるの態度をとる。

敝帚自珍　bìzhǒu-zìzhēn

[主谓] ぼろぼろのほうきでも自分のものは大切にする；はた目には粗末な物であっても自分には愛着が感じられるということのたとえ。“**敝帚千金**”(bìzhǒu-qiānjīn)とも。¶**～，舍不得扔啊。**我が仏尊しで，愛着があって，なかなか捨てられない。

弊绝风清　bìjué-fēngqīng

[并列] 悪弊が後を絶ち，気風が改まる。“**风清弊绝**”(fēngqīng-bìjué)とも。

壁垒森严　bìlěi-sēnyán

[主谓] 守りが堅く侵し難いさま。また，境界がはっきりしていることのたとえにも。“**壁垒**”はとりで。“**森严**”はいかめしい，厳重である。

避重就轻　bìzhòng-jiùqīng

[连动] 重きを避けて軽きに就く；責任の重い困難な仕事を避けて責任の軽い安易な仕事を選ぶ。難きを避けて易きに就く。また，本質を避けて枝葉の事柄ばかり論じること。

髀肉复生　bìròu-fùshēng

[主谓] 髀肉(ひにく)また生ず；長く戦場を駆け回ることのない日が続いたため，股(もも)の肉が肥え太った。長い間，なすことなく安逸を貪っていることの形容。また，そのことを嘆く形容。髀肉の嘆。髀肉をかこつ。『三国志・蜀志』先主伝の注に劉備の故事として引く。

bian

鞭长莫及　biāncháng-mòjí

转折 長鞭(ちょうべん)馬腹に及ばず;離れ過ぎていて力が及ばないことのたとえ。力不足で思うに任せない。『左伝』宣公十五年に“**虽鞭之长,不及马腹**”(鞭長しといえども,馬腹に及ばず)とあるのによる。

鞭辟入里　biānpì-rùlǐ

补充 鞭辟(べんべき)して裏(うち)に入る;深く省察して核心に迫る。いま,多く深みのある文章の形容に用いる。“**鞭辟**”は鞭で払いのける。“**入里**”は内奥に迫る。“**鞭辟近里**”(biānpì-jìnlǐ)とも。¶**他对这个问题的分析～**。彼のこの問題に対する分析は鋭く本質に迫っている。

变本加厉　biànběn-jiālì

补充 本来の姿よりも激しさを増す;状況が従来よりも一層ひどくなる。輪をかけて悪くなる。

变化多端　biànhuà-duōduān

主谓 変化がめまぐるしい。

变幻莫测　biànhuàn-mòcè

主谓 変幻測り難し;変化がめまぐるしく予測し難い。さまざまに変化する。変幻極まりない。¶**山区的天气～,一会儿晴天,一会儿下雨**。山間部の天気は,じつに変わりやすく,いま晴れていたかと思うと,もう雨が降っている。

便宜行事　biànyí-xíngshì

状中 適宜処理する;いちいち指示を仰がず,臨機応変に事を処理する。“**便宜从事**”(biànyí-cóngshì)とも。

遍地开花　biàndì-kāihuā

主谓 辺り一面に花が咲き乱れる;至る所によい結果や望ましい状況が生まれる。

遍体鳞伤　biàntǐ-línshāng

主谓 全身傷だらけである;至る所に傷を負っている。満身創痍(そうい)。“**鳞伤**”はうろこ状の傷。¶**被打得～**。殴られて体中あざだらけだ。

biao

标新立异　biāoxīn-lìyì

并列 奇を衒(てら)う;奇抜な意見を出して目立ちたがる。また,旧習を打破して創造性を発揮すること。¶**他的论点～**。彼の主張は人目を引こうと奇を衒っている。

表里不一　biǎolǐ-bùyī

主谓 うわべと内実が一致していない;言行に裏表がある。陰ひなたがある。

表里如一　biǎolǐ-rúyī

主谓 うわべと内実が一致している;言行に裏表がない。陰ひなたがない。¶**他待人一向～**。彼はこれまで人には陰ひなたなく接してきた。

bie

别出心裁　biéchū-xīncái

动宾 別に独自の構想を打ち出す;独特の意匠を示す。新機軸を出す。“**心裁**”は構想,意匠。

别具匠心　biéjù-jiàngxīn

动宾 格別の工夫が凝らされている;(文学·芸術作品について)他と異なった独創性を有している。ユニークである。意匠が凝っている。“**匠心**”は趣向,意匠。

别具一格　biéjù-yīgé

动宾 独特な風格を備えている;一風変わっている。ユニークである。¶**款式新颖,～**。デザインが斬新で,なかなか工夫が凝らされている。

别开生面　biékāi-shēngmiàn

动宾 新生面を開く;新機軸を出す。“**生面**”は新しい局面,従来とは異なる工夫。

别树一帜　biéshù-yīzhì

动宾 新たに旗を揚げる;独自に一派を成す。“**帜**”は旗,のぼり。

别无长物　biéwú-chángwù

[动宾] 我が身一つのほかは何一つない。もと，生活の質素なさま。いま，非常に貧しいさま。すかんぴん。無一物。裸一貫。“长物”は余分な物。¶ **他们除双手外，～。**彼らは両の手のほかは，何一つ持っていない。

别有天地　biéyǒu-tiāndì

[动宾] 別天地を形成している；風景や芸術作品が人をうっとりさせるほど美しいことのたとえ。まるで別世界のようである。

别有用心　biéyǒu-yòngxīn

[动宾] 他に考えるところがある；胸に一物あり。下心を抱いている。“用心”は心底(しんてい)，胸のうち。¶ **散布这种谣言者～。**こういうデマを飛ばす連中は別に下心を蔵している。

bin

宾至如归　bīnzhì-rúguī

[主调] まるで我が家に帰ったかのように感じる；(旅館・食堂などの)接待が至れり尽くせりであることのたとえ。

彬彬有礼　bīnbīn-yǒulǐ

[状中] 上品で礼儀正しい；恭しく丁重である。“彬彬”は内面と外面とが程よく調和しているさま。¶ **别看他小小年纪，对待客人～。**彼は年こそ若いが，お客さんに対してはじつに礼儀正しい。

bing

冰清玉洁　bīngqīng-yùjié

[并列] 氷のように澄み切り，玉のように清らかである；上品で汚れがないたとえ。“玉洁冰清”(yùjié-bīngqīng)とも。¶ **～的少女。**汚れを知らぬ清楚な少女。

冰消瓦解　bīngxiāo-wǎjiě

[并列] 跡形もなく消え去る；雲散霧消する。氷解する。瓦解する。¶ **通过几次深谈，他们两人之间的误会已经～。**何度かよく話し合った結果，ふたりの間の誤解はすっかり消え去った。

兵不血刃　bīng-bùxuèrèn

[主调] 兵は刃に血塗らず。もと，兵を用いずして従わせること。のち，戦況が順調で，戦わずして勝利する意にも。“兵”は武器。

兵不厌诈　bīng-bùyànzhà

[主调] 兵は詐(さ)を厭(いと)わず；戦においてはいくら偽計を用いてもかまわない。“兵”は用兵，作戦。『韓非子』難一に見える“**战阵之间，不厌诈伪**”(戦いの場では，いくら相手をだましてもかまわない)から。

兵贵神速　bīng-guìshénsù

[主调] 兵は神速を貴ぶ；戦においてはためらうことなく迅速に行動することが大切である。“**神速**”は人間業とは思えないほど速いこと。¶ **～，我们立即出发！**兵は神速を貴ぶだ，すぐ出発しよう。

兵荒马乱　bīnghuāng-mǎluàn

[并列] 兵馬が入り乱れる；戦争で世の中が乱れるさま。物情騒然。¶ **在那～的年月里，他一家人失散了。**あの戦時の混乱期に，彼の家族はちりぢりになってしまった。

并驾齐驱　bìngjià-qíqū

[并列] (一台の車につながれた数頭の馬が)並んで一斉に駆ける；くつわを並べる。肩を並べる。互いに引けを取らない。¶ **～，互不相让。**双方競い合って，譲ろうとしない。

并行不悖　bìngxíng-bùbèi

[转折] 並び行うも悖(もと)らず；同時に進めても衝突することがない。¶ **这两条措施～，互为补充。**この二つの措置は矛盾せず，互いに補い合っている。

病入膏肓　bìng-rùgāohuāng

[主调] 病(やまい)膏肓(こうこう)に入る；病気が重く治る見込みがない。事態が手のつけようのないほどに悪化しているたとえ。“**膏**”は胸の下の小さな脂肪

の塊の部分。“**肓**”は腹部の上の薄い膜。“**膏**”と“**肓**”の間は薬効の及ばない所とされる。

bo

拨乱反正　**bōluàn-fǎnzhèng**
连动 乱を撥(おさ)め正常な状態に返す;混乱を治め秩序を取り戻す。“**拨**”は除く。“**反**”は“**返**”に同じ。元に戻す。

拨云见日　**bōyún-jiànrì**
连动 雲が晴れて日が見える;暗闇の中に日が差す。“**拨**”ははじく,払いのける。

波谲云诡　**bōjué-yúnguǐ**
并列 波か雲のように見える。☞“**云谲波诡**”(yúnjué-bōguǐ)

波澜壮阔　**bōlán-zhuàngkuò**
主谓 大波が激しい勢いで押し寄せる;勢いが盛んなさま。また,規模の壮大なさま。“**波澜**”は大きな波。“**壮阔**”は雄大である,壮大である。¶ **~的群众运动。**怒濤(どとう)の勢いの大衆運動。

勃然大怒　**bórán-dànù**
状中 血相を変えて怒る。“**勃然**”は顔色を変えるさま。¶ **他动辄~,让部下很为难。**彼は何かというと怒りだすので,部下は手を焼かせられる。

博古通今　**bógǔ-tōngjīn**
并列 広く古今に通じている;古今の事情に精通している。

博闻强识　**bówén-qiángzhì**
并列 博覧強記;広く見聞し,よく記憶している。“**博闻强记**”(bówén-qiángjì)とも。

博学多才　**bóxué-duōcái**
并列 博学多才;豊富な知識を有し,多くの才能に恵まれている。

bu

补偏救弊　**bǔpiān-jiùbì**
并列 行き過ぎや手落ちを正し,欠点や誤りを是正する。

捕风捉影　**bǔfēng-zhuōyǐng**
并列 風を捕らえ影を追う;捕らえどころのないものを捕らえようとする。(言うことやすることに根拠がなく)雲をつかむようである。¶ **他这个人总是~,疑神疑鬼的。**あの男はいつもよりどころのないことを持ち出して,あれこれ人を疑っている。

不白之冤　**bùbáizhīyuān**
定中 すすぎようのない無実の罪;冤罪(えんざい)。ぬれぎぬ。“**白**”ははっきりさせる。“**冤**”は無実の罪。¶ **蒙受~。**冤罪をこうむる。

不卑不亢　**bùbēi-bùkàng**
并列 へつらわず驕(おご)らず;傲慢でもないし卑屈でもない。“**卑**”はへつらう,卑下する。“**亢**”は驕る,たかぶる。☞“**不亢不卑**”(bùkàng-bùbēi)とも。¶ **他说话做事从容不迫,~。**彼の立居振舞は落ち着き払っていて,へつらいも驕りもない。

不辨菽麦　**bùbiàn-shūmài**
动宾 菽麦(しゅくばく)を弁ぜす;豆と麦の区別もできない。実際の知識に乏しいことのたとえ。芋の煮えたもご存じない。¶ **只知道死读书,~的人没有什么大用。**ただ本を丸暗記するだけで,実際の知識に乏しい人間は,大した役に立たない。

不成体统　**bùchéng-tǐtǒng**
动宾 (言うことやすることが)体(たい)を成さない;話にならない。なってない。“**体统**”は体裁,格式。¶ **简直~,真是岂有此理。**まるで体を成していない,何たることだ。

不耻下问　**bùchǐ-xiàwèn**
动宾 下問(かもん)を恥じず;自分より目下の者に物を尋ねたり,教えを受けたりすることを恥ずかしがらない。『論語』公冶長篇の“**敏而好学,不耻下问**”(敏にして学を好み,下問を恥じず)から。¶ **虚心请教,~。**謙虚に教えを請い,下問を恥じてはならない。

不打自招　**bùdǎ-zìzhāo**
转折 拷問を受けもしないのに罪を白状する;無意識のうちに本当のことを漏らしてしまう。語るに落ちる。¶**这个家伙～地供出了同伙的罪行。**こやつは問わず語りに仲間の犯罪を白状した。

不得要领　**bùdé-yàolǐng**
动宾 不得要領;要領を得ない。(表現のしかたが下手で)肝心な点がはっきりしない。趣意が徹底しない。"**要领**"は要領,要点。¶**由于～,这个动作我总也做不好。**どうも要領を得ず,この動作を私はどうしてもちゃんとできない。

不动声色　**bùdòng-shēngsè**
动宾 落ち着いていて内心をことばや表情に出さない;危急の場合や非常の事態にも冷静沈着でいる。"**动**"は変える,表情に現す。"**声色**"は声と表情。"**不露声色**"(bùlù-shēngsè)とも。¶**对方暴跳如雷,他却～,静静地听着。**相手は怒り狂ったが,彼の方は顔色一つ変えずに,冷静に耳を傾けていた。

不二法门　**bù'èr-fǎmén**
定中 不二(ふに)の教え;どちらにも偏らない教え。もと仏教用語。転じて,唯一無二の方法,最良の方策。

不乏其人　**bùfá-qírén**
动宾 そのような人が少なくない;大勢いる。多く《貶》。¶**那号人～,多着呢。**ああいう手合いは少なくなく,ごまんといる。

不甘示弱　**bùgān-shìruò**
动宾 弱みを見せまいとする;弱音を吐かない。"**不甘**"は,…に甘んじない,…しようとしない。

不攻自破　**bùgōng-zìpò**
转折 攻撃するまでもなく自滅する;しっかりした論拠がなく,反論や攻撃に耐えられない。自らぼろを出す。語るに落ちる。

不共戴天　**bùgòngdàitiān**
状中 共に天を戴かず;不倶戴天(ふぐたいてん)。何としても許せないと思っている間柄にある。¶**势不两立,～。**成り行きから見て,共存できる状態にない。¶**～之仇。**不倶戴天の敵。

不寒而栗　**bùhán'érlì**
转折 寒くもないのに震える;非常に恐れるさま。身の毛がよだつ。思わずぞっとする。"**栗**"は震える,身震いする。

不合时宜　**bùhé-shíyí**
动宾 時宜にかなわない;その時の状況や要求に合わない。時勢に合わない。時代錯誤である。

不欢而散　**bùhuān'érsàn**
状中 気まずい思いをして別れる。¶**他们两人谈了很久,结果还是～。**ふたりは長い間話し合ったが,結局気まずい思いで別れた。

不即不离　**bùjí-bùlí**
并列 不即不離;付かず離れず。(人に接する態度が)ぴったりとくっつきもせず,すっかり離れているわけでもない関係にある。¶**他们之间一直还保持着～的关系。**彼らの間はずっとなお付かず離れずの関係を保っている。

不计其数　**bùjì-qíshù**
动宾 数の数えようがない;数え切れないほど多い。測り知れないほど多い。

不假思索　**bùjiǎ-sīsuǒ**
动宾 じっくり考えない;即座に。すぐさま。行動や返答の速いこと。"**假**"は借りる,頼る。¶**全怨他～就作出决定。**(こうなったのは)すべて彼がよく考えないで決定したからだ。

不见经传　**bùjiàn-jīngzhuàn**
动宾 経伝に記載がない;根拠に乏しい。はっきりした由来がない。"**经传**"は「経」と「伝」,経書とその解釈書。広く聖人・賢人の書物。

不骄不躁　bùjiāo-bùzào
并列 驕(おご)らず騒がず;控えめで落ち着いている。¶ **谦虚谨慎，～。**謙虚で慎しみ深く，驕りたかぶらない。

不经之谈　bùjīngzhītán
定中 荒唐無稽の談;でたらめな説。根拠のない話。“**不经**”は道理に合わない，でたらめな。¶ **那些流言完全是～，不必在意。**それらのうわさはまったくのデマで，気にすることはない。

不胫而走　bùjìng'érzǒu
转折 足もないのに走りだす;ひとりでに走りだす。(うわさなどが)すばやく広まる。“**胫**”は足，すね。¶ **好消息～，没半天大家就都知道了。**吉報はひとりでに伝わって，程なくみんなに知れ渡った。

不咎既往　bùjiù-jìwǎng
动宾 既往は咎(とが)めず。☞“**既往不咎**”(jìwǎng-bùjiù)

不拘小节　bùjū-xiǎojié
动宾 小事にとらわれない;日常の瑣事(さじ)にこだわらない。“**小节**”は取るに足らない事柄，小事。

不拘一格　bùjū-yīgé
动宾 一つの規格·格式にこだわらない。¶ **～选拔人才。**多様な方法で人材を選抜する。

不绝如缕　bùjué-rúlǚ
补充 今にも切れそうな一本の細い糸でつながっている;わずかに命脈を保っている。今にも途絶えそうである。“**缕**”は細い糸。

不刊之论　bùkānzhīlùn
定中 動かし難い論;極めて正しい議論。“**刊**”は削る，改める。

不堪回首　bùkān-huíshǒu
动宾 振り返るのがつらい;思い出しても心が痛む。“**不堪**”は堪えられない。“**回首**”は振り向く。¶ **往事～。**往時の事は顧みるに忍びない。

不堪设想　bùkān-shèxiǎng
动宾 想像するに堪えない;考えるだに恐ろしい。“**设想**”は想定する，想像する。¶ **后果～。**結果は考えただけでもぞっとする。

不堪造就　bùkān-zàojiù
动宾 養成するに値しない;教えても先の見込みがない。物になりそうにない。“**造就**”は人材を養成する。

不亢不卑　bùkàng-bùbēi
并列 驕(おご)らずへつらわず。☞“**不卑不亢**”(bùbēi-bùkàng)

不可救药　bùkě-jiùyào
状中 病が重くて治療の施しようがない;事態が救いようのない所まで進んでいることのたとえ。手の施しようがない。“**药**”は薬で治す。¶ **已经到了～的地步。**もはや手の施しようのない所まで来ている。

不可开交　bùkě-kāijiāo
状中 (解決や処理ができなくて)どうしようもない。お手上げである。¶ **这两天忙得～。**このところ忙しくてやりきれない。

不可理喻　bùkě-lǐyù
状中 (横暴で)道理を説いて諭すことができない;手のつけようがない。“**喻**”は諭す，悟らせる。¶ **这个人～，别再跟他多说了。**こいつは口で言ってわかる男ではないから，構わないでほっておけ。

不可名状　bùkě-míngzhuàng
状中 名状し難い;ことばで説明することができない。¶ **他心中充满了～的不安。**彼は胸中言い知れぬ不安でいっぱいになった。

不可磨灭　bùkě-mómiè
状中 永久に消滅することがない;(功績·事跡·道理などが)永遠に消え去ることがない。¶ **留下了～的印象。**忘れ難い印象を残した。

不可偏废　bùkě-piānfèi
状中 偏頗(へんぱ)な取り扱いをするわけにはいかない;片方を犠牲にするわけにはいかない。“**偏废**”は一方を採って他方を廃すること。¶**二者～**。(双方に配慮すべきで)どちらかをおろそかにするわけにはいかない。

不可企及　bùkě-qǐjí
状中 企及するところでない;はるかに及ばない。及びもつかない。"**企**"は爪先立って見る。

不可胜数　bùkě-shèngshǔ
状中 数が多くて数え切れない。"**胜**"は"**尽**"に同じ,…し尽くす。"**不可胜计**"(bùkě-shèngjì)とも。¶**北京的名胜古迹～**。北京の名所旧跡は数え尽くせないほどある。

不可思议　bùkě-sīyì
状中 不可思議である;神秘的で奥深い。もと仏教用語。転じて,常識的には想像し難い。どうしても理解できない。¶**这种现象真是～**。こういう現象はまったく想像を絶している。

不可向迩　bùkě-xiàng'ěr
状中 近づき難い。"**迩**"は近い。¶**烈火燎原,～**。激しい火が野を焼き,近寄ることができない。

不可言状　bùkě-yánzhuàng
状中 名状し難い;ことばでは言い表せない。

不可一世　bùkě-yīshì
状中 世に自分と並ぶ者がないと考える;自分と比べうる者はこの世にいないとうぬぼれる。眼中に人なし。天下に敵なし。¶**摆出一副～的样子**。尊大ぶって人を人とも思わぬ態度をとる。

不可终日　bùkě-zhōngrì
状中 無事に日を過ごすことができない。¶**惶惶～**。びくびくして一日として落ち着いて過ごせない。

不劳而获　bùláo'érhuò
转折 労せずして得る;働かないで利益を得る。濡れ手で粟(あわ)。¶**应该以自食其力为荣,以～为耻**。自分で働いて生活することを誇りとし,働かないで食うことを恥ずべきだ。

不了了之　bùliǎo-liǎozhī
转折 終わらないのに終わったことにする;うやむやのうちに済ます。¶**这个问题一定要解决,不能～**。この問題は必ず解決すべきで,いいかげんに済ませるわけにはいかない。

不露声色　bùlù-shēngsè
动宾 心の内をことばや表情に出さない。☞"**不动声色**"(bùdòng-shēngsè)

不伦不类　bùlún-bùlèi
并列 どっちつかずである;似ても似つかない。また,様にならない,いいかげんである。"**伦**"は仲間,同類。¶**这个比喻用在这里～,显得很别扭**。このたとえをここに用いるのはちぐはぐな感じがして,しっくりこない。

不落窠臼　bùluò-kējiù
动宾 古い型にはまらない;旧套(きゅうとう)を脱する。独創的な風格をもつことのたとえ。"**窠臼**"は,古いしきたり。

不毛之地　bùmáozhīdì
定中 不毛の地;痩せて植物の育たない土地。荒れ果てた土地。

不名一文　bùmíng-yīwén
动宾 びた一文ない。"**名**"は所有する。"**不名一钱**"(bùmíng-yīqián),"**一文不名**"(yīwén-bùmíng)とも。

不谋而合　bùmóu'érhé
转折 (考えや行動が)期せずして一致する。¶**在这个问题上,双方的意见～**。この問題について,双方の見解は期せずして一致した。

不能自拔　bùnéng-zìbá
状中 自力では抜け出せない。¶**他迷上了网络游戏,现在已经～了**。彼はネットゲームにはまり込んで,今ではもう抜け出せなくなっている。

不偏不倚　bùpiān-bùyǐ
并列 不偏不党である;考え・立場などがいずれにも偏らない。

不平则鸣　bùpíng-zémíng
假设 平らかならざれば鳴る;不公平な扱いには黙っていない。

不期而遇　bùqī'éryù
[转折] 期せずして遇う；遇然出会う。¶**在街上和多年不见的老朋友～**。街で何年も会っていない友人とばったり出会った。

不求甚解　bùqiú-shènjiě
[动宾] 甚だしくは解するを求めず；深く解明しようとしない。もと，読書について大意を理解するにとどめて深く究めようとしないこと。陶淵明『五柳先生伝』に見える語。いま，多く学習態度がふまじめで，深く理解しようとしないことをいう。¶**学习不能抱着马马虎虎、～的态度**。勉強をするのにいいかげんで，生半可な態度であってはならない。

不屈不挠　bùqū-bùnáo
[并列] 不撓不屈（ふとうふくつ）である；どんな困難に出合っても，ひるんだりくじけたりしない。屈せず撓（たわ）まず。¶**同敌人进行～的斗争**。敵と不撓不屈の闘いを繰り広げる。

不容置喙　bùróng-zhìhuì
[动宾] 容喙（ようかい）を許さない；口出しさせない。“**置喙**”は口を差し挟む。

不容置疑　bùróng-zhìyí
[动宾] 疑いを挟ませない；疑いを差し挟む余地がない。

不甚了了　bùshèn-liǎoliǎo
[状中] あまりはっきりしていない；いまひとつよくのみこめない。十分に理解しているとは言えない。“**了了**”は明らかである，はっきりしている。

不胜枚举　bùshèng-méijǔ
[动宾] 枚挙するに堪えない；あまり多くていちいち数え切れない。“**不胜**”は堪えられない，（煩わしくて）がまんしきれない。“**枚举**”は一つ一つ列挙する。¶**这样的例子～**。こういう例には事欠かない。

不胜其烦　bùshèng-qífán
[动宾] 煩に堪えない；煩わしくてやりきれない。面倒で手に負えない。¶**我已经对妈妈的唠叨～了**。僕はもうお母さんのくどくどうるさく言うのにがまんがならない。

不时之需　bùshízhīxū
[定中] 不時の必要；思いがけない需要。¶**这些钱你带在身上，以备～**。このお金は何かの時の用意に身に付けておきなさい。

不识时务　bùshí-shíwù
[动宾] 時勢に疎い；時代遅れである。¶**这个人简直～**。この人はまったく世間知らずだ。

不识抬举　bùshí-táiju
[动宾] 人の好意を無にする；目をかけてやっても気が付かない。“**抬举**”は見込んで引き立てる。

不识一丁　bùshí-yīdīng
[动宾] 目に一丁字（いっていじ）なし。☞“**目不识丁**”（mù-bùshídīng）

不速之客　bùsùzhīkè
[定中] 招かざる客；不意の客。予期せぬ客。飛び入りの客。また，あまり歓迎できない客の意にも。“**速**”は招く。¶**大家正在聊天，忽然来了一位～**。皆が世間話をしているところへ，突然予期せぬ客が訪れた。

不同凡响　bùtóng-fánxiǎng
[动宾] 並の出来ではない；出色の出来栄えである。文学・芸術作品などが群を抜いているさま。“**凡响**”は平凡な音楽。¶**这首诗～，是近年来少见的好作品**。この詩はなかなかの出来栄えで，近来まれに見る秀作である。

不痛不痒　bùtòng-bùyǎng
[并列] 痛くも痒（かゆ）くもない；痛痒（つうよう）を感じない。急所に触れない。本質的解決にならない。

不为已甚　bùwéi-yǐshèn
[动宾] あまり極端なことはしない；過度の非難・処置をしない。“**已甚**”は甚だしい，極端である。¶**～，适可而止**。極端に走らず，ほどほどのところでとどまる。

不闻不问　bùwén-bùwèn
并列 聞こうともせず問おうともしない;無関心なさま。¶ **不能对周围的事情～**。周囲の事柄に無関心でいるのはよくない。

不务正业　bùwù-zhèngyè
动宾 正業に励まない;本業をおろそかにする。¶ **他从小就～，专干些偷鸡摸狗的勾当**。彼は子供の頃からまともに働こうとせず,盗みやかっぱらいばかりしてきている。

不相上下　bùxiāng-shàngxià
动宾 甲乙付け難い;伯仲している。“相”は判断する。¶ **两人成绩～**。ふたりの成績は甲乙付けがたい。

不肖子孙　bùxiào-zǐsūn
定中 愚かな子孫;不肖の子。ろくでもない跡継ぎ。父祖の事業を継承する力のない子孫。“**不肖**”は(父祖に似ず)愚かなこと。

不屑一顾　bùxiè-yīgù
动宾 一顧だにしない;何の値打ちも認めようとしない。“**不屑**”は…するのを潔しとしない。¶ **他对名利～**。彼は名利を棄てて顧みない。

不省人事　bùxǐng-rénshì
动宾 人事不省;意識がまったくない。また,人情·世情に疎い意にも。

不修边幅　bùxiū-biānfú
动宾 衣服のへりを裁ちそろえない;身なりや容貌を気にしない。辺幅を飾らない。“**边幅**”は布地のへりの部分。¶ **他平日～，头发长了也不理**。彼は平素身なりを構わぬたちで,髪の毛が長く伸びていても平気でいる。

不学无术　bùxué-wúshù
并列 学問もなく才覚もない;無学無能である。¶ **～之徒**。無学無能の徒。

不言而喻　bùyán'éryù
转折 言わなくても明らかである;言わずと知れた。¶ **这两种办法的优劣～**。このふたつのやり方の優劣は言うまでもない。

不厌其烦　bùyàn-qífán
动宾 煩を厭(いと)わない;煩わしいのを嫌がらない。¶ **～地反复核对**。煩をいとわず何度も突き合わせる。

不一而足　bùyī'érzú
状中 一つにとどまらない;一つだけではない。同類の事物が多くある。例に事欠かない。

不遗余力　bùyí-yúlì
动宾 余力を残さない;全力を出し切る。¶ **他～地帮助别人**。彼は全力を尽くして人の手助けをする。

不以为然　bùyǐwéirán
动宾 そうとは思わない;他人の言動に対して納得しないこと,同意しないことをいう。¶ **～地一笑**。そんなことはあるまいと一笑に付した。

不亦乐乎　bùyìlèhū
状中『論語』学而篇に見える語で,もとの意味は「マタ楽シカラズヤ」(また楽しいことではないか);いま,事態が極端な程度に達していることをふざけ気味に言う。甚だしい。てんやわんやである。やりきれない。¶ **他每天东奔西跑，忙得个～**。彼は毎日あちこち走り回り,まったくもって忙しい。

不翼而飞　bùyì'érfēi
转折 羽がないのに飛び去る;物が突然消えうせること。また,うわさが非常に速く広まること。“**无翼而飞**”(wú yì'érfēi)とも。¶ **桌上的杂志～了**。机の上の雑誌がいつのまにやら消えてしまった。

不由自主　bùyóu-zìzhǔ
动宾 自分の思いどおりにならない;思わず,覚えず,我知らず。¶ **～地笑了起来**。思わず噴き出してしまった。

不约而同　bùyuē'értóng
转折 (行動·意見などが)期せずして一致する;図らずも同じ行動に出る。¶ **三个人～地大笑起来**。三人は期せずしてどっと笑いだした。

不在话下　bùzài-huàxià
[动宾] 取り立てて言うほどのことはない;大したことはない,当然である,言うまでもない。

不择手段　bùzé-shǒuduàn
[动宾] 手段を選ばない;目的のためにはどんな手段でも取る。《貶》。¶ **为了达到目的,他～。**目的を達するためには,彼は手段を選ばない。

不折不扣　bùzhé-bùkòu
[并列] 掛け値なし;正真正銘である。紛れもない。"折""扣"は共に,(旧時の商売で)値を引くこと。¶ **～的伪君子。**正真正銘のえせ君子。

不知所以　bùzhī-suǒyǐ
[动宾] その理由がわからない;どうしてそうなのかわからない。

不知所云　bùzhī-suǒyún
[动宾] 何を言っているのかわからない;話していることが支離滅裂である。また,空虚で内容がない。

不置可否　bùzhì-kěfǒu
[动宾] 可否をはっきり表明しない;イエスともノーとも言わない。断言・断定を避ける。¶ **对这个问题你应该表明态度,怎么能够～?** この問題に対して君は態度をはっきり示すべきだ,どっちつかずでよいわけがなかろう?

不着边际　bùzhuó-biānjì
[动宾] とりとめがない。多く,話が空虚で内容に乏しいことをいう。だらだらとして締まりがない。要領を得ない。雲をつかむようである。

不自量力　bùzì-liànglì
[主谓] 自分の能力をわきまえない;己の力を過信する。身の程知らずである。"自不量力"(zì-bùliànglì)とも。¶ **简直是太～了。**まったく自分の能力をわきまえなさすぎる。

不足挂齿　bùzú-guàchǐ
[动宾] 歯牙にかけるに足りない;取り上げるに及ばない。問題するに値しない。¶ **区区小事,～!** こんなちっぽけな事,うっちゃっておけばいい。

不足为凭　bùzú-wéipíng
[动宾] 証拠とするに足りない;よりどころとすることができない。"凭"は証拠,根拠。"不足为据"(bùzú-wéijù)とも。¶ **他的那些指控,～。**彼の非難告発には,確たる根拠がない。

不足为奇　bùzú-wéiqí
[动宾] 奇とするに足りない;怪しむに足りない。事物や現象がごくありふれていて,何の不思議もない。ざらにある。¶ **这类绯闻～。**この種のゴシップはごくありふれている。

不足为训　bùzú-wéixùn
[动宾] 教訓とするに足りない。規則・手本とするに足りない。"训"は従うべき規則。¶ **他这种做法是～的。**彼のこのやり方は範とするに足りない。

步步为营　bùbù-wéiyíng
[状中] 一歩一歩陣地を固める;着実に前進する。防備を固め,慎重に行動することの形容。"步步"は,距離の極めて短いこと。"营"は軍営,陣営。

步履维艰　bùlǚ-wéijiān
[主谓] 歩行が困難である;多く老人や病人についていう。"步履"は歩み,歩行。"维"は文語の助詞。¶ **在长年卧病之后,他已经～,所以很少出门。**長患いの後,彼はもう歩行も困難で,めったに外に出ない。

步人后尘　bù-rénhòuchén
[动宾] 後塵(こうじん)を拝する;他人の後を歩む。人のまねをする。人に追随する。"后尘"は人や車馬の通り過ぎた後に立つ土ぼこり。¶ **我就是不愿意～。**人様のまねをするのは御免だ。

C

才子佳人

cai

才貌双全　cáimào-shuāngquán

［主调］才能と容貌が共に備わっている；才色兼備である。

才疏学浅　cáishū-xuéqiǎn

［并列］浅学菲才(ひさい)である；学問や知識が浅く才能が乏しい。自分の才能をへりくだっていう。¶**本人～，难以胜任这份工作。**私は浅学菲才，この仕事の任に堪えません。

才子佳人　cáizǐ-jiārén

［并列］才子佳人；才知の優れた男子と美人の誉れの高い女子。

财迷心窍　cái-míxīnqiào

［主调］金銭に心を惑わされる；金に目がくらむ。“**心窍**”は心の働き。

can

餐风宿露　cānfēng-sùlù

［并列］風餐露宿(ふうさんろしゅく)。☞“**风餐露宿**”(fēngcān-lùsù)

残羹剩饭　cángēng-shèngfàn

［并列］残り物の汁と飯；食べ残した料理。

残篇断简　cánpiān-duànjiǎn

［并列］断簡零墨。☞“**断编残简**”(duànbiān-cánjiǎn)

残渣余孽　cánzhā-yúniè

［并列］残渣余孽(ざんしよげつ)；残存している悪人。残党。余党。“**残渣**”は残りかす。“**余孽**”はひこばえ。¶**反动派的～被一网打尽。**反動派の残党は一網打尽にされた。

蚕食鲸吞　cánshí-jīngtūn

［并列］蚕食鯨呑(げいどん)する；(蚕が桑の葉を食うように)じりじり侵略することと，(鯨が魚を呑み込むように)一気に侵略すること。あらゆる手段を尽くして他国の領土を侵略併呑(へいどん)することのたとえ。あの手この手で侵略する。

惨不忍睹　cǎn-bùrěndǔ

［补充］むごたらしくて見るに忍びない。¶**那～的一幕还经常浮现在我的眼前。**あの目を覆いたくなるようなむごたらしい光景が今もなお私の目に浮かんでやまない。

惨淡经营　cǎndàn-jīngyíng

［状中］苦心惨憺(さんたん)する。もと，文章を書くに当たって，あれこれ構想を練ること。のち，苦心して事を営む意。“**惨淡**”は“**惨澹**”とも。苦心する，心を砕く。¶**他～了十年，才写成这部小说。**彼は10年間苦心惨憺した末に，ようやくこの小説を書き上げた。

惨绝人寰　cǎn-juérénhuán

［补充］この世のものとは思えないほどむごたらしい；悲惨この上ない。痛ましいかぎりである。“**人寰**”はこの世，人間世界。

惨无人道　cǎn-wúréndào

［补充］残酷この上ない；むごたらしくて目も当てられない。¶**～的暴行。**残酷極まる横暴なふるまい。

cang

沧海横流　cānghǎi-héngliú

［主调］滄海(そうかい)横流す；大海の水が流れあふれる。世の中が乱れ，社会不安を来すたとえ。“**沧海**”は青海原。“**横流**”は四方に流れあふれる。

沧海桑田　cānghǎi-sāngtián
対比 滄海(そうかい)変じて桑田となる;(青々とした海が桑畑に変わるように)世の移り変わりの激しいことのたとえ。滄桑(そうそう)の変。淵は瀬となる。昨日の淵は今日の瀬。

沧海一粟　cānghǎi-yīsù
定中 滄海(そうかい)の一粟(いちぞく);大海の中の一粒の粟(あわ)。広大なものの中の極めて小さなもののたとえ。

藏垢纳污　cánggòu-nàwū
并列 垢(あか)や汚れを包み隠す。☞“**藏污纳垢**”(cángwū-nàgòu)

藏龙卧虎　cánglóng-wòhǔ
并列 竜が潜み虎が臥(ふ)す;まだ世に知られていない有能な人物がいることのたとえ。

藏头露尾　cángtóu-lùwěi
转折 頭隠して尻隠さず;あれこれ隠し立てをして煮え切らないことのたとえ。¶ **有什么话只管痛快地说,别这样～的。**話があるなら,奥歯に物の挟まったような言い方をしないで,はっきり言いなさい。

藏污纳垢　cángwū-nàgòu
并列 汚れや垢(あか)を包み隠す;悪人や悪事をかくまうことのたとえ。“**藏垢纳污**”(cánggòu-nàwū)とも。

cao

操之过急　cāozhī-guòjí
补充 やり方がせっかちすぎる;事の処理や問題の解決を焦る。¶ **对此事须慎重,切莫～。**事は慎重を要する,断じて性急に運ぶべきではない。

草草了事　cǎocǎo-liǎoshì
状中 そそくさといいかげんに事を済ませる。ざっと事を片づける。“**草草**”はあわただしいさま,いいかげんなさま。¶ **这项任务你必须认真完成,不要～。**この任務は,いいかげんに済ませることなく,まじめに遂行してもらわなければならない。

草菅人命　cǎojiān-rénmìng
动宾 まるで草や菅(すげ)を刈るかのように人を殺す;人命を軽視するたとえ。ほしいままに人民を虐殺したり迫害したりする。

草木皆兵　cǎomù-jiēbīng
主谓 草木皆兵(そうもくかいへい);敵を恐れるあまり草木がみな敵に見えること。

cen

参差不齐　cēncī-bùqí
状中 参差(しんし)として斉(ひと)しからず;長短·高低があってふぞろいなさま。“参差”はふぞろいである,まちまちである。¶ **这些树长得高高低低,～。**これらの樹木は高いのや低いのやがあって,ふぞろいである。

ceng

层出不穷　céngchū-bùqióng
补充 次々と現れて尽きることがない。“层”は重なる,繰り返す。¶ **新事物～。**新しい事物が続々と現れる。

曾几何时　céng-jǐhéshí
状中 いったいどれくらいの時間がたっただろうか;いくらも時間がたたないうちに。いくばくもなく。程なく。¶ **～,家乡发生了巨大的变化。**程なく,故郷は大きく変化した。

曾经沧海　céngjīng-cānghǎi
动宾 広い世間を知っている;たいていの事には驚かない。“曾”はかつて。“经”は経験する。唐の元稹(げんしん·げんじん)の詩句“**曾经沧海难为水**”(かつて大海原を見ているので並の川や湖は数のうちに入らない)から。

cha

差强人意　chāqiáng-rényì
动宾 何とか人の気持ちを満足させる;どうにか満足できる。“差”は chā,わずかに,いくらか。¶ **那里条件虽说不算太好,但也～。**そこは条件があまりよいとはいえないが，まあ何とか我慢できる。

插翅难飞　chāchì-nánfēi
［假设］翼を身に着けても飛ぶのは難しい；逃げようにも逃げられない。“插翅难逃”（chāchì-nántáo）とも。¶**通缉令已下，犯人～。**すでに指名手配済み，犯人はもう逃げられない。

插科打诨　chākē-dǎhùn
［并列］（旧劇で）役者がこっけいなしぐさやせりふを挟んで観客を笑わせること；おどけたりふざけたりする。“科”はしぐさ。“诨”は冗談，冗談口。¶**不过是～，取个笑儿。**ちょっと冗談半分にふざけてみただけだ。

察言观色　cháyán-guānsè
［并列］相手のことばや態度を観察する；人の顔色をうかがう。鼻息をうかがう。

姹紫嫣红　chàzǐ-yānhóng
［并列］色とりどりで美しい花の形容。“姹”“嫣”は共にあでやかだ，美しい。¶**花园里，～，十分绚丽。**花園は色とりどりの花が咲き乱れ，まばゆいばかりだ。

chai

豺狼当道　cháiláng-dāngdào
［主谓］豺狼（さいろう）道に当たる；山犬や狼のように極悪非道な人物が権力を握っている。

chan

馋涎欲滴　chánxián-yùdī
［补充］食べたくてよだれを垂らさんばかりである；いかにも物欲しそうなさま。喉から手が出そう。“垂涎欲滴”（chuíxián-yùdī）とも。

缠绵悱恻　chánmián-fěicè
［并列］纏綿（てんめん）として悱惻（ひそく）す；思い悲しむ気持ちが心にまとわりついて離れないさま。また，文章が細やかで悲哀感が漂っているさま。“缠绵”はまとわりついて離れないさま。“悱恻”は心中哀れみ悲しむ。¶**～的爱情故事。**深く細やかな愛情物語。

chang

长此以往　chángcǐ-yǐwǎng
［状中］このままゆけばずっと；いつまでもこんな状態だと好ましくない結果が生じることをいう。¶**睡在床上看书不好，～眼睛会变近视。**寝る時ベッドで本を読むのはよくない，長く続けると近視になる恐れがある。

长歌当哭　chánggē-dàngkū
［主谓］長歌して痛哭の思いを述べる；詩文に託して悲憤の情を吐露する。“长歌”は声を長く伸ばして歌う。“当”は…と見なす，…に代える。

长年累月　chángnián-lěiyuè
［并列］長年月；長い年月に渡って。

长篇大论　chángpiān-dàlùn
［并列］長たらしい議論や文章；長広舌。長談義。¶**～的晦涩理论。**長たらしい晦渋（かいじゅう）な理論。

长袖善舞　chángxiù-shànwǔ
［主谓］長袖（ちょうしゅう）よく舞う；長い袖の衣を着た人は舞うと美しく見える。何事も素質や条件に恵まれた者は順調に成功するというたとえ。よく“多财善贾”（duōcái-shàngǔ—多財よく商う；銭を多く持っていれば商売がしやすい）と一緒に用いられる。

长吁短叹　chángxū-duǎntàn
［并列］しきりに嘆息する；長大息する。“吁”はため息をつく。¶**用不着为这点小事～。**これっぽっちの事でくよくよすることはない。

长治久安　chángzhì-jiǔ'ān
［并列］社会がよく治まり長期に渡って安定している。

怅然若失　chàngrán-ruòshī
［状中］（大切な物でも無くしたかのように）がっかりしてふさぎこんでいる。“怅然”はがっかりするさま。

畅所欲言　**chàng-suǒyùyán**

[动宾] 言いたいことを思う存分に話す;心ゆくまで話す。“**畅**”は滞りなく,思い切り発散する。¶ **各位在会上尽可~**。ご列席の皆さんどうか存分にご発言ください。

chao

超尘拔俗　**chāochén-bású**

[并列] 世俗を超越している;超俗的である。浮世離れしている。また,人よりぬきんでている意にも。もと仏教用語。“**尘**”“**俗**”は共に俗世の意。“**超尘出俗**”(chāochén-chūsú)とも。

超凡入圣　**chāofán-rùshèng**

[并列] 凡俗の域を超え聖人の境に入る;学問・修養の極めて高い域に達している形容。

超群绝伦　**chāoqún-juélún**

[并列] 衆にぬきんでる;ずばぬけて優れている。“**伦**”は仲間,同類。

超然物外　**chāorán-wùwài**

[动宾] 俗界から超越している;超俗的である。転じて,現実から逃避して身を局外に置く意にも。

che

车水马龙　**chēshuǐ-mǎlóng**

[并列] 車は流れる水のごとく,馬は泳ぐ竜のごとくである;車馬が頻繁に行き交うさま。¶ **大街上~,非常热闹**。大通りは車馬の往来が激しく,非常ににぎやかだ。

车载斗量　**chēzài-dǒuliáng**

[并列] 車に積んで運び,一斗升(ます)で量る;物の量が非常に多い形容。掃いて捨てるほどある。¶ ~,**不可胜数**。おびただしい量で,とても数え切れない。

彻头彻尾　**chètóu-chèwěi**

[并列] 徹頭徹尾;初めから終わりまで。どこまでも。多く《貶》。¶ ~**的恶作剧**。完全な悪ふざけ。

chen

沉默寡言　**chénmò-guǎyán**

[并列] 黙りがちで口数が少ない;寡黙である。無口である。¶ **他平时~,不苟言笑**。彼はふだん寡黙で,軽々しくしゃべったり笑ったりしない。

陈陈相因　**chénchén-xiāngyīn**

[主调] 陳々(ちんちん)相因(よ)る;古い穀物が倉に積み重なっている。『史記』平準書に見える語。世が治まり穀物が豊かなことのたとえ。のち,陳腐なやり方を継承し,新たに創意を加えようとしないことのたとえ。“**陈**”は古い物。“**因**”は重なる。

陈词滥调　**chéncí-làndiào**

[并列] 陳腐で内容に乏しいことば;実際から遊離した空疎な論調。“**滥**”は空疎で実際に合わない。¶ **这篇文章全是~,毫无新意**。この文章は陳腐なことばの羅列で,少しも創意が見られない。

陈规陋习　**chénguī-lòuxí**

[并列] 古臭くて実際に合わない規則や制度;時代遅れの制度や習慣。古いしきたり。

称心如意　**chènxīn-rúyì**

[并列] 心にかない満足できる;願ったり叶(かな)ったりである。¶ **找到了~的工作**。心から満足のいく仕事が見つかった。

趁火打劫　**chènhuǒ-dǎjié**

[状中] 火事場泥棒をはたらく;人の窮地に付け込んで不正な利益を得ようとする。“**趁**”は…に乗じて。“**劫**”はかすめる。¶ **一群~的歹徒**。人の窮地に付け込んでひともうけしようとする悪党ども。

趁热打铁　**chènrè-dǎtiě**

[状中] 鉄は熱いうちに打て;好機の去らないうちに事を運べ。時機を逸するな。¶ **要抓住时机~**。時機を逸することなく熱いうちに鉄を打て。

cheng

称孤道寡　chēnggū-dàoguǎ
[并列]「孤」と称し「寡」と名乗る；自ら王と称する。帝王をもって自任する。殿様気取りになる。古代の君主は自らを“**孤**”“**寡**”と称した。

称王称霸　chēngwáng-chēngbà
[并列] 王と称し覇(は)を唱える；力をたのんで好き勝手にふるまう。権勢をほしいままにする。¶ **殖民主义者～的时代，早已一去不复返了。**植民主義者が勝手放題をする時代は，もう二度と戻ってこない。

瞠乎其后　chēnghūqíhòu
[补充] 人の後ろでむなしく目をみはる；遠く落伍(らくご)するさま。はるかに及ばないさま。“**瞠**”は目をみはる。

瞠目结舌　chēngmù-jiéshé
[并列]（恐ろしくて，或いは理に窮して）目をみはるばかりでことばが出ない。¶ **被问得～。**問い詰められて目をぱちくりさせて口も利けない。

成千上万　chéngqiān-shàngwàn
[并列] 何千何万；数が極めて多いことの形容。“**成千累万**”（chéngqiān-lěiwàn），“**成千成万**”（chéngqiān-chéngwàn）とも。¶ **现在有～的外国人来中国留学。**現在何千何万もの外国人が中国へ留学してくる。

成群结队　chéngqún-jiéduì
[并列] 群れを成し隊を組む。¶ **～而来。**大挙して押し寄せる。

成人之美　chéng-rénzhīměi
[动宾] 人の美を成す；人を励まして美事・善事を成し遂げさせる。『論語』顔淵篇に見える孔子のことば“**君子成人之美，不成人之恶**”（君子は人の美を成し，人の悪を成さず）から。¶ **既然你很喜欢这本书，那么我就～，把它送给你。**この本がお気に入りなら，ひとつ貴君のお役に立てるよう，お贈りすることにしよう。

成竹在胸　chéngzhú-zàixiōng
[主谓] 成竹胸にあり。☞“**胸有成竹**”（xiōngyǒu-chéngzhú）

诚惶诚恐　chénghuáng-chéngkǒng
[并列] 恐れ入ってびくびくする。もと，臣下が君主に自己の意見を奏上する時に用いた語。

诚心诚意　chéngxīn-chéngyì
[并列] 誠心誠意；真心をもって。¶ **～地帮助别人。**誠心誠意人を助ける。

承前启后　chéngqián-qǐhòu
[并列] 前を承(う)け後を啓(ひら)く。☞“**承先启后**”（chéngxiān-qǐhòu）

承上启下　chéngshàng-qǐxià
[并列] 上を承(う)け下を啓(ひら)く；上の部分を受けて下の部分を起こす。多く文章について。“**承上起下**”（chéngshàng-qǐxià）とも。

承先启后　chéngxiān-qǐhòu
[并列] 先を承(う)け後を啓(ひら)く；過去の成果を受け継いで未来を切り開く。先人の業績を踏まえて新しいものを創造する。新旧の懸け橋となる。“**承前启后**”（chéngqián-qǐhòu）とも。

城下之盟　chéngxiàzhīméng
[定中] 城下の盟(ちかい・めい)；敵に城壁の下まで攻め込まれて結ぶ講和。余儀なくして結んだ屈辱的な条約。

乘风破浪　chéngfēng-pòlàng
[并列] 風に乗り波を破る；長風に乗じ万里の波浪を乗り切る。危険を恐れず果敢に前進することのたとえ。

乘人之危　chéng-rénzhīwēi
[动宾] 人の窮地に付け込む。¶ **～，落井下石。**他人の困難に付け入り，致命的な打撃を加える。

乘兴而来　chéngxìng'érlái
[状中] 興に乗って来(きた)る。¶ **～，败兴而归。**興に乗って来り，興ざめして帰る。¶ **～，兴尽而返。**同上。

乘虚而入　chéngxū'érrù
[状中] 虚に乗じて入り込む；相手の弱点を衝く。

惩前毖后　chéngqián-bìhòu
目的 前の過ちを教訓として後の戒めとする;過去の失敗の中から将来の教訓を得る。“惩”は戒める。“毖”は慎む。

惩一儆百　chéngyī-jǐngbǎi
目的 一罰百戒;一人を懲らしめて多く人の見せしめにする;少数の者を罰して多くの人の戒めとする。“儆”は“警”とも。“惩一戒百”(chéngyī-jièbǎi)とも。

chi

嗤之以鼻　chīzhī-yǐbí
补充 鼻で笑う;鼻先でフンと笑う。“嗤”は嘲り笑う,せせら笑う。

痴人说梦　chīrén-shuōmèng
主谓 痴人が夢を語る;非現実的でばかげていることをいう。

痴心妄想　chīxīn-wàngxiǎng
并列 たわけたことにうつつをぬかす;妄想にふける。

魑魅魍魉　chīmèi-wǎngliǎng
并列 魑魅魍魎(ちみもうりょう);種々の化け物。妖怪変化(へんげ)。さまざまの悪人。“魑魅”“魍魉”は共に伝説中の妖怪。

持之以恒　chízhī-yǐhéng
补充 やめることなく続ける;怠ることなくやりぬく。¶**只要认真努力,~,就一定会见成效。**まじめに努力し,うまずたゆまず頑張れば,きっと成果が現れる。

持之有故　chízhī-yǒugù
补充 (意見や主張に)一定の根拠がある。“持”は論を立てる。“故”はいわれ,原因。多く,後に“言之成理”(yánzhī-chénglǐ—言うことが道理にかなっている)が続く。¶**他这一看法,~,完全可信。**彼のこの見方には基づくところがあり,十分に信頼できる。

踟蹰不前　chíchú-bùqián
状中 ちゅうちょして進まず。☞“踌躇不前”(chóuchú-bùqián)

尺短寸长　chǐduǎn-cùncháng
对比 尺も短く寸も長し;尺も短き所あり,寸も長き所あり。人や物には用いる場次第で長所とも短所ともなるものがあるということのたとえ。どの人や物にも短所もあれば長所もある。『楚辞』卜居の“**尺有所短,寸有所长**”(尺も短き所あり,寸も長き所あり)から。

叱咤风云　chìzhà-fēngyún
动宾 一声どなって風雲を起こす;勢力・影響力の大きいことのたとえ。“叱咤”は叱咤(しった)する,どなる,大声で叱る。

赤胆忠心　chìdǎn-zhōngxīn
并列 極めて忠誠心に富む;非常に真心がこもっている。赤誠。赤心。丹心。

赤手空拳　chìshǒu-kōngquán
并列 赤手空拳(くうけん);徒手空拳。手に何の武器も持たないこと。身に寸鉄も帯びぬ。“赤手”は素手。¶**我们这个厂可是~搞起来的。**我々のこの工場はまったくのゼロから興したものだ。

赤子之心　chìzǐzhīxīn
定中 赤子(せきし)の心;赤ん坊のように純粋で偽りのない心。¶**我们被他的~所感动。**我々は彼の純粋無垢(むく)な心に感動させられた。

chong

冲锋陷阵　chōngfēng-xiànzhèn
连动 突撃して敵陣を陥れる;勇猛果敢に戦うさま。勇往邁進(まいしん)する。¶**~,立下战功。**敵陣に突撃し,戦功を立てる。

充耳不闻　chōng'ěr-bùwén
连动 耳を塞いで聴こうとしない;他人の意見に耳を貸さない。どこ吹く風と聞き流す。“充”は塞ぐ。¶**对群众的呼声不能~。**大衆の声に耳を貸さないのはよくない。

重蹈覆辙　chóngdǎo-fùzhé
动宾 重ねて覆轍(ふくてつ)を踏む;同じ失

敗を繰り返す。先の失敗が教訓になっていないことのたとえ。轍を踏む。二の舞を演じる。¶ **要认真吸取历史教训，以免～**。歴史の教訓をよく汲み取って，同じ過ちを繰り返すことのないようにしなければならない。

重见天日 **chóngjiàn-tiānrì**
动宾 再び天日(てんじつ)を見る；暗黒の世界に再び光明が訪れる。拘禁されていた者が自由を取り戻す。

重温旧梦 **chóngwēn-jiùmèng**
动宾 昔の夢をもう一度見る；夢よもう一度と願う。

重振旗鼓 **chóngzhèn-qígǔ**
动宾 再び軍旗と太鼓を整える。☞“**重整旗鼓**”(chóngzhěng-qígǔ)

重整旗鼓 **chóngzhěng-qígǔ**
动宾 再び軍旗と太鼓を整える；失敗の後，もう一度陣容を整える。再起を期す。態勢を立て直す。“**重振旗鼓**”(chóngzhèn-qígǔ)とも。

重足而立 **chóngzú'érlì**
状中 足を重ねて立つ；憎しみや恐れ・怒りから足を重ねて立ち，前へ踏み出そうとしない。¶ **～，侧目而视**。足を重ねて立ち，目を側(そば)めて見る。

崇山峻岭 **chóngshān-jùnlǐng**
并列 高い山と険しい峰。¶ **公路两旁是～**。道路の両側は高くて険しい山々だ。

崇洋媚外 **chóngyáng-mèiwài**
并列 外国を崇拝し外国にこびる；外国かぶれ。

宠辱不惊 **chǒngrǔ-bùjīng**
主谓 栄誉にも恥辱にも心を動かされない；利害得失にとらわれない。名誉や地位に無頓着である。

chou

抽薪止沸 **chōuxīn-zhǐfèi**
目的 燃えている薪を抜いてたぎりを止める；根本的解決を図ることのたとえ。大本を断つ。

稠人广众 **chóurén-guǎngzhòng**
并列 大勢の人の集まり；人がぎっしり居並んでいること。“**稠**”は密度が高い。“**稠人广坐**”(chóurén-guǎngzuò)とも。

愁眉不展 **chóuméi-bùzhǎn**
主谓 愁眉(しゅうび)開かず；眉根を寄せる。憂え顔である。¶ **不知为什么，他这两天总是～**。どういうわけか，彼はここ二三日ずっと浮かぬ顔をしている。

愁眉苦脸 **chóuméi-kǔliǎn**
并列 眉根を寄せる；憂え顔になる。浮かぬ顔をする。¶ **别～的，要振作起来**。浮かぬ顔をしていないで，元気を出せ。

愁眉锁眼 **chóuméi-suǒyǎn**
并列 眉間(みけん)に皺(しわ)を寄せる；憂え顔になる。浮かぬ顔をする。

愁云惨雾 **chóuyún-cǎnwù**
并列 愁いを誘う雲と心を塞ぐ深い霧；暗澹(あんたん)たる光景の形容。暗く絶望的な情景。

踌躇不前 **chóuchú-bùqián**
状中 ためらって進まない；決心がつかずぐずぐずする。尻込みする，二の足を踏む。“**踌躇**”はちゅうちょする，ためらう。“**踟蹰不前**”(chíchú-bùqián)，“**趑趄不前**”(zījū-bùqián)とも。

踌躇满志 **chóuchú-mǎnzhì**
状中 得意然たるさま。“**踌躇**”は得意なさま，満足げなさま。

臭名远扬 **chòumíng-yuǎnyáng**
主谓 悪名を馳せる；悪評が遠くまで伝わる。悪名がとどろく。

臭名昭著 **chòumíng-zhāozhù**
主谓 悪名が知れ渡る；悪評が行き渡る。“**昭著**”ははっきりしている，明らかである。

臭味相投 **chòuwèi-xiāngtóu**
主谓 (悪者どうしが)意気投合する。“**臭味**”は，旧 xiùwèi，臭気，悪臭。“**投**”は息が合う。《貶》

chu

出尔反尔　**chū’ěr-fǎn’ěr**
[对比] 爾(なんじ)に出づるものは爾に返る;自分の所から出たものは,必ず自分の所へ返ってくる。『孟子』梁恵王・下に見える曽子の語に基づく。いま,自分から言い出しておきながら勝手に取り消すこと。前言を翻す。態度がころころ変わる。¶ ~,**不守信用**。態度がころころ変わり,約束を守らない。

出乎意料　**chūhū-yìliào**
[动宾] (事の成り行きが)予想外である;予期に反する。¶ **结局**~。結末は予想外だった。

出口成章　**chūkǒu-chéngzhāng**
[连动] 口から出ることばがそのまま文章になる;文才・弁舌が優れていることの形容。咳唾(がいだ)珠(たま)を成す。

出类拔萃　**chūlèi-bácuì**
[并列] (品性や才能が)人並み優れている;衆にぬきんでている。"**萃**"は(人や物の)群れ。"**出类拔群**"(chūlèi-báqún),"**出群拔萃**"(chūqún-bácuì)とも。¶ ~**的人才**。衆にぬきんでた人材。

出谋划策　**chūmóu-huàcè**
[并列] はかりごとを立て策を授ける;知恵を授ける。献策する。入れ知恵をする。

出其不意　**chū-qíbùyì**
[动宾] 不意を衝(つ)く;相手が考えてもいない所を衝く。意表に出る。¶ ~,**大打出手**。不意を衝いて,殴り込みをかける。¶ **攻其无备**,~。虚を衝き,意表に出る。

出奇制胜　**chūqí-zhìshèng**
[连动] 奇を出(い)だし勝ちを制す;奇策をもって勝利を収める。意表を衝(つ)いて勝つ。

出群拔萃　**chūqún-bácuì**
[并列] 衆にぬきんでている。☞"**出类拔萃**"(chūlèi-bácuì)

出人头地　**chū-réntóudì**
[动宾] 自分を人より一段高い所に置く;頭一つだけぬきんでる。¶ **他总想**~,**但结果一事无成**。彼は人の上に出ることばかり考えていたが,結果は何一つうまくいかずじまいだった。

出人意料　**chū-rényìliào**
[动宾] 意表に出る;意表を衝(つ)く。相手の思いがけない行動に出る。"**出人意表**"(chū-rényìbiǎo)とも。

出神入化　**chūshén-rùhuà**
[并列] 入神の域に達する;技芸神に入る。"**神**"は霊妙,不可思議。"**化**"は最高の境地。

出生入死　**chūshēng-rùsǐ**
[并列] 生死の境に出入りする;自分のことを顧みないで決死の行動をとる。¶ ~,**屡建战功**。決死の戦いを挑み,しばしば戦功を挙げた。¶ ~**地战斗**。生死を顧みないで戦う。

出头露面　**chūtóu-lòumiàn**
[并列] 人前に顔を出す;表面に立つ。¶ **他不爱**~。彼は人前に出たがらない。¶ **由他**~**比较合适**。彼が表に立って事に当たるのが適当だ。

初出茅庐　**chūchū-máolú**
[动宾] 初めて茅廬(ぼうろ)を出づ;もと,初めて頭角を現すこと。いま,多く,仕事に就いたばかりで経験に乏しいこと。駆け出しのほやほや。"**茅庐**"はかやぶきのいおり。¶ ~,**难免出错**。まだ駆け出しで,失敗は免れ難い。

初露锋芒　**chūlù-fēngmáng**
[动宾] 初めて鋒鋩(ほうぼう)を現す;ようやく頭角を現す。才能や力量を発揮したばかりである。"**锋芒**"は刀の切っ先。¶ ~,**一鸣惊人**。いきなり成果をあげ,人を驚かせる。

除恶务尽　**chú’è-wùjìn**
[补充] 悪を除き去るには根こそぎにしなければならない;悪は根元から絶たなければならない。"**务**"は必ず(…しなければならない)。

除旧布新　**chújiù-bùxīn**
并列 旧(ふる)きを除き新しきを布(し)く;古い制度を廃して新しい制度を打ち立てる。

锄强扶弱　**chúqiáng-fúruò**
并列 強きを挫(くじ)き弱きを助ける。“**锄**”は取り除く,根こそぎにする。“**扶**”は助ける。

处心积虑　**chǔxīn-jīlǜ**
并列 じっと心に温める;じっくり策を練って機会を待つ。多く《貶》。“**处心**”は了見を抱く。“**积虑**”は長い間思案する。¶ **敌人～地破坏我们的团结。**敵はじっくりと我々の団結を破壊する機会を窺っている。

处之泰然　**chǔzhī-tàirán**
补充 泰然と構える;沈着な態度で非常の事態に臨むことの形容。“**泰然处之**”(tàirán-chǔzhī)とも。

怵目惊心　**chùmù-jīngxīn**
连动 目に触れるものみな心を驚かす。☞“**触目惊心**”(chùmù-jīngxīn)

触景生情　**chùjǐng-shēngqíng**
因果 情景に接して感慨を催す;懐旧の念に駆られる。¶ **看到这山山水水,她不禁～,回想起童年时代的生活。**この山あり川ありの景色を目にして,彼女は思わず懐旧の念に駆られ,子供の頃の暮らしを思い起こした。

触类旁通　**chùlèi-pángtōng**
连动 (一事に対する知識や法則から)類推して他事を理解する;推して他を知る。¶ **学会修理汽车,你就能～,也可以修理拖拉机。**自動車の修理ができれば,その知識を応用して,トラクターの修理もできる。

触目惊心　**chùmù-jīngxīn**
连动 (事態が深刻で)目に触れるものがみな心を痛ましめる。“**怵目惊心**”(chùmù-jīngxīn)とも。¶ **挥霍浪费造成的损失确实令人～。**際限のない浪費がもたらした損失はまったくもって深刻なものである。

chuan

川流不息　**chuānliú-bùxī**
主谓 川の流れのように絶え間がない;人や車馬がひっきりなしに往来することの形容。いつまでも途切れる気配がない。¶ **往来汽车和行人～。**人や車の行き来が川の流れのように絶え間なく続いている。

穿云裂石　**chuānyún-lièshí**
并列 雲を貫き石を裂く;歌声や楽器の音がよく響くことの形容。

穿凿附会　**chuānzáo-fùhuì**
并列 (自分の都合がよいように)道理に合わないことを無理やりにこじつける;牽強付会(けんきょうふかい)。“**穿凿**”は事実や道理に合わないものを無理に合わせようとすること。“**附会**”は互いに無関係なものを無理につなぎ合わせること。

穿针引线　**chuānzhēn-yǐnxiàn**
并列 針に糸を通す;間に立って手引きすることのたとえ。仲介の役割を果たす。橋渡しをする。

chuang

疮痍满目　**chuāngyí-mǎnmù**
主谓 どこもかしこも傷だらけである;至る所に災害・戦禍の跡が見られるたとえ。“**疮痍**”は傷,痛手。“**满目疮痍**”(mǎnmù-chuāngyí)とも。¶ **灾区四处～。**被災区域はどこもかしこも傷痕だらけだ。

窗明几净　**chuāngmíng-jījìng**
并列 窓は明るく光が差し机はよく整頓されている;明窓浄机。勉学に理想的な環境をいう。“**几**”は小さな机。

chui

吹毛求疵　**chuīmáo-qiúcī**
连动 毛を吹いて疵(きず)を求む;強いて人の欠点や誤りを指摘し追及する。あら探しをする。

垂手而得 chuíshǒu'érdé

[状中] 手を下さずして得る；労せずして得る。

垂头丧气 chuítóu-sàngqì

[并列]（失敗したり行き詰まったりして）しょげかえるさま；がっくりする。しょんぼりする。意気消沈する。¶**用不着一遇到困难就～。**ちょっと困難に遭遇したぐらいでしょげかえることもない。

垂涎欲滴 chuíxián-yùdī

[主调] よだれを垂らさんばかり。☞“**馋涎欲滴**”(chánxián-yùdī)

捶胸顿足 chuíxiōng-dùnzú

[并列]（悲しみや悔しさのあまり）胸をたたき足を踏み鳴らす；じだんだを踏む。¶**听到这不幸的消息，他～，号啕大哭。**この不幸な知らせを聞いて，彼はじだんだを踏み，大声を上げて泣いた。

椎心泣血 chuíxīn-qìxuè

[并列]（悲しみや憤りのあまり）胸をたたいて，血の涙を流す；悲痛のきわみの形容。

chun

春风得意 chūnfēng-déyì

[主调] 春風意を得たり；科挙の試験に及第すること。転じて，官位が順調に昇進すること。唐の孟郊が科挙及第後に作った詩の一句“**春风得意马蹄疾**”（春風の中を得意げに馬を走らせる）から。

春风化雨 chūnfēng-huàyǔ

[并列] 春の穏やかな風と程よい雨；立派な教育のたとえ。“**化雨**”は生長を促す適度の雨。

春风满面 chūnfēng-mǎnmiàn

[主调] 満面に笑みを浮かべる。☞“**满面春风**”(mǎnmiàn-chūnfēng)

春华秋实 chūnhuá-qiūshí

[并列] 春に花が咲き，秋に実がみのる。常に成果が得られることのたとえ。

椿萱并茂 chūnxuān-bìngmào

[主调] 椿萱(ちんけん)並び茂る；父母ともに健在であることのたとえ。“**椿萱**”は椿堂と萱堂，父母のこと。

唇齿相依 chúnchǐ-xiāngyī

[主调] 唇歯相依る；唇と歯のように互いの関係が密接なさま。相互に深く依存しあっているさま。唇歯輔車(しんしほしゃ)。唇亡(ほろ)びて歯寒し。

唇枪舌剑 chúnqiāng-shéjiàn

[并列] 舌端火を吐く；弁舌の鋭い形容。“**舌剑唇枪**”(shéjiàn-chúnqiāng)とも。¶**讨论会上，他们两人～，各不相让。**討論会の席上，ふたりは丁々発止と渡り合い，互いに一歩も譲らなかった。

唇亡齿寒 chúnwáng-chǐhán

[假设] 唇亡(ほろ)びて歯寒し；（互いに助け合う関係にあるものの）一方が滅びると他の一方も危うくなることのたとえ。特に隣接する二国間の利害関係が密接なことをいうのに用いる。

鹑衣百结 chúnyī-bǎijié

[主调] 衣服がぼろぼろで，つぎはぎだらけであることのたとえ。“**鹑**”はうずら，羽毛に白い斑点(はんてん)がある。

蠢蠢欲动 chǔnchǔn-yùdòng

[状中] 蠢動(しゅんどう)する；敵が進攻を企てたり，悪人が悪巧みを始めたりすることのたとえ。“**蠢蠢**”は虫などのうごめくさま。¶**敌人在窥视战机，～。**敵は戦機を窺って，うごめいている。

chuo

绰绰有余 chuòchuò-yǒuyú

[状中] 余裕綽々(しゃくしゃく)；十分に余裕がある。“**绰绰**”はゆとりのあるさま。¶**这笔钱，买几件家具～。**このお金は，家具を何点か購入するのに十分だ。

ci

词不达意 cí-bùdáyì

[主调] ことばの意味がよく通らない；舌足らずである。

慈眉善目　**címéi-shànmù**

[并列] 慈悲深い表情;情け深く善良そうな顔つき。

此伏彼起　**cǐfú-bǐqǐ**

[对比] こちらが静まるとあちらが起こる。☞“**此起彼伏**”(cǐqǐ-bǐfú)

此起彼伏　**cǐqǐ-bǐfú**

[对比] こちらが起こるとあちらが静まる;あちこちから沸き上がる。“**此伏彼起**”(cǐfú-bǐqǐ),“**此起彼落**”(cǐqǐ-bǐ luò)とも。¶ **广场上欢呼声～。**広場では歓声があちこちに沸き上がった。

cong

从长计议　**cóngcháng-jìyì**

[状中] じっくりと相談する;時間をかけてよく検討する。¶ **这个问题很复杂,我建议大家～,不要马上就做决定。**この問題はたいへん複雑ですから,皆さんじっくりご検討くださり,結論を急がれないよう願います。

从容不迫　**cóngróng-bùpò**

[并列] 悠揚迫らぬ;ゆったりしていてこせこせしない。慌てず騒がず。“**从容**”は落ち着いたさま。“**不迫**”はせかせかしないさま。

从善如流　**cóngshàn-rúliú**

[补充] 批判や忠告を喜んで受け入れる。“**如流**”は水の流れのように速いこと。¶ **好学不倦,～。**倦(う)むことなく学び,素直に人の意見を聴く。

cu

粗茶淡饭　**cūchá-dànfàn**

[并列] 粗末な茶と簡単な食事;質素な生活のたとえ。一汁一菜。¶ **现在条件好了,可他仍然过着～的生活。**今は暮らし向きもよくなったが,彼は相変わらずつましく暮らしている。

粗心大意　**cūxīn-dàyi**

[并列] そそっかしく不注意なこと;大ざっぱである。いいかげんである。慎重さを欠く。¶ **～是做不好事的。**いいかげんにやっていたのでは何事も成し遂げることができない。

粗枝大叶　**cūzhī-dàyè**

[并列] 仕事ぶりなどが大ざっぱなこと;おおまかである。¶ **～地处理问题往往会把事情搞坏。**おおざっぱに問題を処理していたのでは,しばしば事を失敗に終わらせてしまう。

粗制滥造　**cūzhì-lànzào**

[并列] 粗製濫造(らんぞう);質を考えずにむやみやたらに造ること。¶ **这批～的产品都得返工。**これらの不良品はすべてやり直さなければならない。

促膝谈心　**cùxī-tánxīn**

[状中] 膝(ひざ)を交えて話す。

猝不及防　**cù-bùjífáng**

[补充] 事が急で防ぎようがない;突然すぎて対処のしようがない。“**猝**”は突然,にわかに。

cui

摧枯拉朽　**cuīkū-lāxiǔ**

[并列] 枯れ草を刈り朽ち木をへし折る;よくない事物や腐敗勢力をたやすく取り除くさま。葦(あし)の枯れ葉を刈るがごとし。

cun

存而不论　**cún'érbùlùn**

[连动] しばらくは論じない;いったん保留しておく。一時棚上げにする。¶ **这个问题可以暂时～,先讨论其他问题吧。**この問題はしばらくおいて,先に他の問題を論じよう。

存亡绝续　**cúnwáng-juéxù**

[并列] 生きるか滅びるか,絶えるか続くか;事態の極めて危ういさま。¶ **～的关头。**生死存亡の瀬戸際。

寸步不离　**cùnbù-bùlí**

[主谓] 一歩も離れない。¶ **她在我生病的时候～地照看我。**私が病気をした時,彼女は付きっきりで看病してくれた。

寸步难行　cùnbù-nánxíng
[主调] 一歩も前へ進めない;いま,多く境遇の苦しいことのたとえ。にっちもさっちも行かない。¶ **没钱真是～。** お金がないと,ほんとうにどうしようもない。

寸草不留　cùncǎo-bùliú
[动宾] (倒置)寸草もとどめず;草一本残さない。略奪し尽くされたさま。また,災害で荒れ果てたさま。

cuo

蹉跎岁月　cuōtuó-suìyuè
[动宾] むなしく月日を過ごす。"蹉跎"は時間をむだに過ごす。¶ **时光不等人,不要～,虚度一生。** 歳月人を待たずだ,むなしく時を過ごして,一生をむだにしないように。

厝火积薪　cuòhuǒ-jīxīn
[补充] 火を積み上げた薪の下に置く;大きな危険をはらんでいることのたとえ。"厝"は"措"に同じ,置く。"积薪厝火"(jīxīn-cuòhuǒ)とも。

措手不及　cuòshǒu-bùjí
[补充] (事態が急で)手を下すいとまがない;対応が間に合わない。手遅れである。"措手"は手を下す,対処する。¶ **必须做好防洪准备工作,以免雨季到来时～。** 洪水を防ぐ準備をよく整えて,雨季に入って慌てないで済むようにしなければならない。

措置裕如　cuòzhì-yùrú
[主调] 余裕をもって事を処する;ゆっくり始末する。

错综复杂　cuòzōng-fùzá
[并列] 複雑に入り組んでいる;込み入っている。錯綜(さくそう)している。"错综"は縦横に交差している。¶ **这个问题～,一言难尽。** この問題は非常に複雑で,ひと言ではとても語り尽くせない。

D

打草惊蛇

da

打草惊蛇　dǎcǎo-jīngshé

连动 草を打って蛇を驚かす;不用意な行動をとって相手に警戒心を抱かせることのたとえ。藪(やぶ)をつついて蛇を出す。藪蛇(やぶへび)。

打躬作揖　dǎgōng-zuòyī

并列 腰をかがめ手をこまぬいておじぎする。人にこびへつらう。また,謹慎の意を表す。

打家劫舍　dǎjiā-jiéshè

并列 (盗賊が一団となって)民家を襲って財物を奪い取る。¶ **敌人每到一处就～,闹得鸡犬不宁。**敵は行くさきざきで略奪を重ね,ひどい不安に陥れた。

大材小用　dàcái-xiǎoyòng

主调 大材を小事に用いる;才能のある人につまらない仕事をさせる。大器小用。役不足。駿馬(しゅんめ)を塩車に苦しめる。大根を正宗で切る。¶ **有的青年人不是干一行爱一行,总觉得自己是～。**若者の中には与えられた任務に専心せず,自分は才能にふさわしい仕事を与えられていないといつも思っている者がいる。

大处落墨　dàchù-luòmò

状中 絵を描いたり文章を書く時,主要なところに工夫を凝らす。転じて,(事を行うに当たって)大事なところに着眼する。¶ **做事,应该先从～。**事を行うには,大事なところから着手しなければならない。

大吹大擂　dàchuī-dàléi

并列 ラッパを吹き太鼓をたたく;鳴り物入りで吹聴する。“**吹**”は(楽器を)吹く。“**擂**”は(太鼓を)たたく。

大刀阔斧　dàdāo-kuòfǔ

并列 大刀と大鉈(おおなた)(を振るう);仕事ぶりが大胆でてきぱきとしていることの形容。英断をもって事に当たる。¶ **～地精减行政机构。**大鉈を振るって行政機構を簡素化する。

大动干戈　dàdòng-gāngē

动宾 大いに干戈(かんか)を動かす;大規模な戦を始めること。小さな事を大げさに行う意にも。“**干戈**”は盾と矛,転じて武器。¶ **就这么一点事,不必～,派几个人去就可以了。**これしきの事で,何も大騒ぎすることはなかろう,何人か行かせればそれでよい。

大而无当　dà'érwúdàng

转折 大きいばかりで役に立たない;うどの大木。

大发雷霆　dàfā-léitíng

动宾 雷(いかずち)のごとく怒る;烈火のごとく怒る。かんしゃく玉を破裂させる。“**雷霆**”は大きな雷の音。¶ **芝麻大的小事,哪里值得这样～。**こんなちっぽけな事で,何もそんなにかっかすることはなかろう。

大放厥词　dàfàng-juécí

动宾 言いたい事を大いに述べる;大いに議論をする。怪気炎をあげる。まくしたてる。多く《貶》。“**放**”は気ままである,ほしいままである。“**厥**”は“**其**”に同じ。

大风大浪　dàfēng-dàlàng

并列 大風と大波;激しい階級闘争や厳しい自然との闘いのたとえ。激しい風波。

大腹便便　dàfù-piánpián
主谓 便々たる太鼓腹をしている；太って腹の出ているさま。“**便便**”は肥満しているさま。

大公无私　dàgōng-wúsī
并列 公正無私である；少しも私心がない。¶ **发扬～的精神**。公正無私の精神を発揚する。

大功告成　dàgōng-gàochéng
主谓 大業を終える；大きな工事や重大な任務が完成する。“**功**”は事業。“**告**”は(終わりを)告げる。¶ **经过两年的努力，这项工作终于～**。2年間の努力の末に，この仕事はついに完成を見た。

大海捞针　dàhǎi-lāozhēn
状中 大海から針を拾う。☞“**海底捞针**”(hǎidǐ-lāozhēn)

大惑不解　dàhuò-bùjiě
并列 大いに惑い，いつまでかかっても解けない。転じて，納得がいかない。合点がいかない。腑(ふ)に落ちない。解(げ)せない。理解に苦しむ。¶ **他的态度，令我～**。彼の態度に私は大いに戸惑いを感じた。

大惊失色　dàjīng-shīsè
补充 驚きのあまり顔色が青ざめる；色を失う。びっくり仰天する。

大惊小怪　dàjīng-xiǎoguài
对比 大げさに騒ぎ立てる；些細な事に大騒ぎする。¶ **这已不是什么新鲜事了，不值得～**。こんな事はもはや何も珍しくはなくなった，大騒ぎすることはない。

大快人心　dàkuài-rénxīn
动宾 (悪人が罰せられたり，悪事が摘発されたりして)大いに人心を喜ばせる；人々に快哉(かいさい)を叫ばせる。¶ **这可是～的好消息**。これはまことに痛快なニュースだ。

大名鼎鼎　dàmíng-dǐngdǐng
主谓 名声赫々(かくかく)；名声が非常に高い。“**鼎鼎**”は盛んなさま。“**鼎鼎大名**”(dǐngdǐng-dàmíng)とも。¶ **他在科技界～**。彼は科学技術の世界では名が知れ渡っている。

大谬不然　dàmiù-bùrán
并列 大間違いである；絶対にそうではない。誤りが歴然としている。¶ **这种意见乍听起来似乎颇有道理，其实～**。こういう意見はちょっと聞くとはなはだもっともに思われるが，その実とんでもない誤りだ。

大模大样　dàmú-dàyàng
并列 (態度などが)横柄である；ひどく威張っている。尊大である。ふんぞり返っている。

大逆不道　dànì-bùdào
并列 大逆無道である；甚だしく人倫に背き，道理を無視している。

大气磅礴　dàqì-pángbó
主谓 気魄(きはく)に満ちているさま；意気込みが盛んなさま。“**磅礴**”は果てしないさま。¶ **～的构思**。壮大な構想。

大器晚成　dàqì-wǎnchéng
主谓 大器晩成；本当の大人物は往々にして後れて大成する。

大杀风景　dàshā-fēngjǐng
动宾 大いに風致を損なう；じつに殺風景である。“**杀**”は“**煞**”とも。そぐ，損なう。

大声疾呼　dàshēng-jíhū
状中 大声疾呼(しっこ)する；(人の注意を喚起するために)大きな声で激しく呼び立てる。声を大にして叫ぶ。“**疾**”は慌ただしい。

大失所望　dàshī-suǒwàng
动宾 (期待していた事がうまくいかなくて)大いに失望する。“**所望**”は寄せていた期待。¶ **今晚的篮球赛临时取消，使球迷们～**。今晩のバスケットボールの試合が急に中止になって，ファンたちはがっかりしている。

大势所趋　dàshì-suǒqū
定中 大勢の赴くところ。“**趋**”は向かう，赴く。¶ **～，我只好顺应潮流**。時代の流れなので，私もこれに順応するしかない。

大势已去　**dàshì-yǐqù**

主调 大勢すでに去る；有利な形勢がすでに消えうせたことをいう。もはやこれまで。後は下り坂。¶ **敌兵感到～，纷纷缴械投降。**敵兵はもはやこれまでと見て，次々と武器を捨てて投降した。

大是大非　**dàshì-dàfēi**

并列 原則に関わる是非の問題；根本的原則。¶ **这是个～的问题，万万含糊不得。**これは原則に関わる大問題であるから，ゆめおろそかにしてはならない。

大书特书　**dàshū-tèshū**

并列 特筆大書する；大事なことを特に取り立てて書く。目立つように書き記す。

大庭广众　**dàtíng-guǎngzhòng**

并列 多くの人がいる公開の場所；大衆の面前。¶ **他这个人特别腼腆，在～之下就说不出话来了。**彼は人一倍はにかみ屋なので，大勢の人の前でものが言えなくなってしまった。

大同小异　**dàtóng-xiǎoyì**

并列 大同小異である；大体同じで，細かな点だけが異なる。¶ **这两种方法～，实质上差不多一样。**この二つの方法は似たり寄ったりで，実質的にはほとんど違いがない。

大喜过望　**dàxǐ-guòwàng**

主调 期待していた以上の結果に大喜びする；望外の喜びである。

大显身手　**dàxiǎn-shēnshǒu**

动宾 大いに腕を振るう；存分に腕前を発揮する。“**身手**”は武芸，本領。

大相径庭　**dàxiāng-jìngtíng**

状中 大きく隔たっている；雲泥の差がある。同日の談でない。“**径庭**”は隔たりが大きい。¶ **两次发言～，说明他思想上有了很大的变化。**二度の発言にはずいぶん違いがあり，彼の考え方に大きな変化が生じたことを物語っている。

大言不惭　**dàyán-bùcán**

转折 大言して恥じない；臆面もなく大きなことを言う。ずうずうしく大口をたたく。身知らずの口たたき。

大摇大摆　**dàyáo-dàbǎi**

并列 大手を振って歩くさま；肩で風を切って，ゆうゆうと（歩く）。¶ **会议开到一半时，他才～地走进来。**会議が始まって半ばが過ぎてから，ようやく彼は大手を振って入ってきた。

大义凛然　**dàyì-lǐnrán**

主调 大義のために厳然として屈しない。“**凛然**”は厳然としたさま，犯しがたいさま。

大义灭亲　**dàyì-mièqīn**

主调 大義親(しん)を滅す；国家や人民の大事のためには親や兄弟の情さえも顧みない。“**亲**”は肉親。

大有可为　**dàyǒu-kěwéi**

动宾 大いにやりがいがある；前途有望である。¶ **～的好青年。**前途有望な好青年。

大有作为　**dàyǒu-zuòwéi**

动宾 大いに力が発揮できる；大いにやりがいがある。“**作为**”は成果をあげること，やりがい。¶ **农村是一个广阔的天地，在那里是可以～的。**農村は広々とした天地であり，そこでは大いに力を発揮することができる。

大张旗鼓　**dàzhāng-qígǔ**

动宾 大々的に展開する；大仕掛けにやる。“**张**”は繰り広げる。¶ **～地进行宣传。**鳴り物入りで宣伝を行う。

大智若愚　**dàzhì-ruòyú**

主调 大智は愚なるがごとし；真に知恵のある人はかしこぶらないから，一見愚者のようである。

dai

呆若木鸡　**dāi-ruòmùjī**

补充 木彫りの鶏のように無表情であ

る;恐怖や驚きでぼんやりとしているさま。茫然(ぼうぜん)自失する。“呆”は愚かな,ぼんやりした。¶**听到这突如其来的消息,他站在那里～。**この突然の知らせを聞いて,彼はそこに茫然(ぼうぜん)と立ち尽くした。

待价而沽　**dàijià'érgū**
[连动] 値段が上がるのを待って売る;真価を認めてくれる人を待って骨を折る。高禄(こうろく)を待って仕官する。“沽”は売る。

dan

担惊受怕　**dānjīng-shòupà**
[并列] 怖くてびくびくする;おっかなびっくりなさま。¶**他铤而走险,妻子跟着～。**彼は後先を考えずに無謀なことをするから,奥さんがひどく心配している。

单刀直入　**dāndāo-zhírù**
[主谓] 単刀直入;ただひとり一振りの刀を持って敵陣に斬り込む。転じて,遠回しな言い方をせずに,直ちに要点に入ること。いきなり核心に触れる。ずばり要点を突く。

单枪匹马　**dānqiāng-pǐmǎ**
[并列] 一本の槍を手に単騎で敵陣に斬り込む;他人の助けを借りずに単独で行動することのたとえ。“**匹马单枪**”(pǐmǎ-dānqiāng)とも。

殚精竭虑　**dānjīng-jiélǜ**
[并列] 思慮の限りを尽くす。“**殚**”“**竭**”は共に尽くす。

箪食壶浆　**dānsì-hújiāng**
[并列] 竹籠に飯を盛り壺に汁を入れて軍隊を迎える;心から軍隊を歓迎することの形容。“**箪**”は飯を盛る竹製の器。“**浆**”は汁。[注]“**食**”は sì。

胆大包天　**dǎndà-bāotiān**
[补充] (天をも包み込むほど)肝っ玉が大きい;大胆不敵である。多く《貶》。¶**目无法纪,～。**法律など眼中になく,何をしでかすかわからない。

胆大妄为　**dǎndà-wàngwéi**
[并列] 大胆でやりたい放題をする;何一つはばかるところなく悪事をはたらく。

胆小如鼠　**dǎnxiǎo-rúshǔ**
[补充] ねずみのように肝っ玉が小さい;非常に臆病である。¶**别看他气壮如牛,其实～。**彼はあんなに息巻いているが,実ははなはだ小心である。

胆战心惊　**dǎnzhàn-xīnjīng**
[并列] 恐れおののくさま;わなわな震える。“**战**”は震える。“**心惊胆战**”(xīnjīng-dǎnzhàn)とも。

dang

当机立断　**dāngjī-lìduàn**
[状中] 機を逸することなくその場で断を下す;即座に決断を下す。“**当**”は臨む,当面する。“**立**”は直ちに,たちどころに。¶**情况紧急,必须～。**事態は緊迫しているから,即座に決断を下す必要がある。

当局者迷　**dāngjúzhě-mí**
[主谓] 当事者はかえって目が見えない。¶**～,旁观者清。**自分のことは自分ではわかりにくいもので,はたで見ている者の方がかえってよくわかる。傍目八目(おかめはちもく)。

当仁不让　**dāngrén-bùràng**
[状中] 義を見てためらわず;当然なすべきことは進んで行う。“**当**”は臨む,前にする。

当头棒喝　**dāngtóu-bànghè**
[状中] 頭ごなしに痛棒を食らわす;一喝(いっかつ)する。人に厳しい警告を与え,猛省を促すことのたとえ。もと,禅宗で心の定まらない者を叱り励ますこと。頂門の一針。“**棒**”は棒で打つ。[注]“**喝**”は hè,大声で叫ぶ,どなる。“**当头一棒**”(dāngtóu-yībàng)とも。

当务之急　**dāngwùzhījí**
[定中] 差し当たってしなければならない仕事;当面の急務。

当之无愧　dāngzhī-wúkuì
补充 その名に恥じない;与えられた称号や栄誉に十分堪えうる。名を辱めない。¶ **~的英雄**。その名に恥じない英雄。

党同伐异　dǎngtóng-fáyì
并列 党同伐異;(道理のいかんにかかわらず)意見を同じくする者を助け,異にする者を排撃すること。徒党を組んで他を攻撃する。

荡气回肠　dàngqì-huícháng
并列 余韻嫋々(じょうじょう)としている。☞“**回肠荡气**”(huícháng-dàngqì)

荡然无存　dàngrán-wúcún
状中 跡形もなく消える;消えて無くなる。何も残らない。“**荡然**”はすっかり無くなるさま。

dao

刀光剑影　dāoguāng-jiànyǐng
并列 刀の光や剣の影がちらつく;事態の険悪なさま。殺気がみなぎるさま。¶ ~, **杀声震天**。殺気みなぎり,鬨(とき)の声が響き渡る。

刀山火海　dāoshān-huǒhǎi
并列 剣の山と火の海;最も危険で困難な場所。“**火海刀山**”(huǒhǎi-dāoshān)とも。¶ **哪怕是~, 我也敢闯**。たとえ火の中水の中でも,僕は突き進む。

倒海翻江　dǎohǎi-fānjiāng
并列 山河も覆さんばかりの勢い。☞“**翻江倒海**”(fānjiāng-dǎohǎi)

倒打一耙　dàodǎ-yīpá
补充 さかねじを食わせる;(相手の非難や抗議に対して)逆に攻撃に出る。“**耙**”は農具の一種。熊手,レーキ。

倒行逆施　dàoxíng-nìshī
并列 倒行逆施(とうこうぎゃくし);(手段を選ばず)道理に逆らって事をなす。多く,時代遅れなこと,反動的なことを無理に行うことの形容。ごり押しする。時流に逆行する。『史記』伍子胥列伝に見える伍子胥(ごしょ)のことばから。¶ **~, 做尽坏事**。道理に背いて,悪事の限りを尽くす。

道不拾遗　dào-bùshíyí
状中 道に遺を拾わず。☞“**路不拾遗**”(lù-bùshíyí)

道貌岸然　dàomào-ànrán
主谓 取り澄まして道学者然としている;乙に澄ましているさま。“**道貌**”は道学者のように取り澄ました顔つき。“**岸然**”は厳粛なさま,いかめしいさま。¶ **~的伪君子**。乙に澄ました偽君子。

道听途说　dàotīng-túshuō
并列 道聴塗説;道(みち)に聴いて塗(みち)に説く。道で聞いたことをすぐ道で話すこと。いいかげんな受け売り話。¶ **对任何事情都不能仅凭~就妄加评论**。何事に対してもいいかげんなうわさ話を基にあれこれあげつらうのはよくない。

de

得不偿失　dé-bùchángshī
主谓 得るところより失うところの方が大きい;引き合わない。割に合わない。¶ **毁了林地种粮食, 完全是~**。森林を破壊して穀物を植えたのでは,まったく割に合わない。

得寸进尺　décùn-jìnchǐ
连动 寸を得て尺に進む;一つの望みを遂げ,さらにその上を望む。欲望には限りのないことのたとえ。隴(ろう)を得て蜀(しょく)を望む。望蜀(ぼうしょく)。¶ **这人不识抬举, ~**。この人はせっかく取り立ててやったのに,人の好意を無にして欲深いことを考えている。

得过且过　déguò-qiěguò
连动 その日暮らしをする;行き当たりばったりに過ごす。また,仕事がいいかげんで無責任な意味にも。場当たり的。ちゃらんぽらん。

得陇望蜀　délǒng-wàngshǔ
连动 隴(ろう)を得て蜀(しょく)を望む;望蜀

(ぼうしょく)。欲望に限りがないことのたとえ。貪欲で飽くことを知らない。千石を取れば万石を羡む。“陇”は今の甘粛省南東部。“蜀”は四川省中西部。

得天独厚　dé-tiāndúhòu
动宾 環境や素質などの条件に特に恵まれている。¶ **小李有一副好嗓子，学唱歌是～。**李さんはよい喉をしているから，歌を勉強するにはもってこいだ。

得心应手　déxīn-yìngshǒu
并列 (技術が優れていて)何事も思いのままである；自由自在である。また，仕事が手慣れているさま。板に付いている。¶ **这支钢笔很好使，写起来～。**この万年筆はとても使いやすく，すらすらと字が書ける。¶ **仅仅两个星期，他已经工作得～了。**わずか２週間で，彼は仕事ぶりがすっかり板に付いた。

得意忘形　déyì-wàngxíng
补充 得意になって我を忘れる；有頂天になる。のぼせあがる。

得意扬扬　déyì-yángyáng
补充 意気揚々。“**扬扬**”は“**洋洋**”とも。☞“**扬扬得意**”(yángyáng-déyì)

得鱼忘筌　déyú-wàngquán
连动 魚を得て筌(うえ・せん)を忘る；魚を捕ってしまうと，それに用いた道具のことは忘れる。事が成就してしまうと，世話になった人のことを忘れてしまうことのたとえ。兎を得てわなを忘る。“**筌**”は魚を捕る竹製の道具。うけ，やな。『荘子』外物に見える語。

德才兼备　décái-jiānbèi
主谓 才徳兼備；徳と才を兼ね備えている。¶ **我们需要的是～的人材。**我々に必要なのは人徳と才能を兼ね備えた人材である。

德高望重　dégāo-wàngzhòng
并列 徳望が高い；徳が高く非常に人望がある。

deng

灯红酒绿　dēnghóng-jiǔlǜ
并列 紅灯緑酒；歓楽街のにぎわうさま。また，ぜいたく三昧のただれた生活のたとえ。

灯火辉煌　dēnghuǒ-huīhuáng
主谓 灯火があかあかと輝く。夜間のにぎやかな光景を形容する。

登峰造极　dēngfēng-zàojí
连动 峰に登って頂上までたどりつく；学問や技術が最高峰に達する。頂上を極める。また，悪の限りを尽くす意味にも。“**造**”は至る，到達する。¶ **他的艺术造诣已经达到～的境界。**彼の芸術上の造詣はすでに最高峰に達している。

登堂入室　dēngtáng-rùshì
连动 堂に登り室に入る。☞“**升堂入室**”(shēngtáng-rùshì)

等而下之　děng'érxiàzhī
状中 同等あるいはそれよりも下る；一段と劣る。¶ **好的尚且如此，～的就可想而知了。**良いものでもこうだから，これ以下のものは推して知るべしだ。

等量齐观　děngliàng-qíguān
并列 等しく量り斉(ひと)しく見る；違いのあるものを同等に扱う。同等視する。“**齐**”は等しい。¶ **这是两码事，不能～。**これはまったく別の事であって，等し並みに扱うことはできない。

等闲视之　děngxián-shìzhī
状中 等閑視する；いいかげんに扱って重視しない。なおざりにする。“**等闲**”は普通である，並である。¶ **官僚主义危害极大，不可～。**官僚主義の害毒は甚だしく，これを等閑に付するわけにはいかない。

di

低三下四　dīsān-xiàsì
并列 むやみにへりくだる；ぺこぺこ

する。平身低頭する。また，(職業などが)卑しくて低い，他より劣る。¶**不要～去求人**。ぺこぺこ頭を下げて助けを求めるのはよせ。¶**认为做服务工作～，是不对的**。サービス部門の仕事を低く見るのは，偏見だ。

低声下气　**dīshēng-xiàqì**
并列 声を低くしてへりくだって話す；低姿勢に出る。“**下气**”は気持ちを抑えて穏やかな態度をとること。¶**～地求情**。辞を低くして頼み込む。

滴水成冰　**dīshuǐ-chéngbīng**
主谓 滴る水がすぐに氷になる；非常に寒いことの形容。¶**寒冬腊月，～**。冬の盛りで，吐いた息が凍りそうだ。

滴水穿石　**dīshuǐ-chuānshí**
主谓 点滴石をも穿(うが)つ。☞“**水滴石穿**”(shuǐdī-shíchuān)

地大物博　**dìdà-wùbó**
并列 土地が広くて物資が豊かである；国土が広大で資源が豊富である。¶**中国是一个人口众多、～的国家**。中国は人口が多く，国土と資源に恵まれた国家だ。

地覆天翻　**dìfù-tiānfān**
并列 天地が覆る。☞“**天翻地覆**”(tiānfān-dìfù)

地广人稀　**dìguǎng-rénxī**
并列 土地が広くて人口が少ない。¶**～的中国西北部**。土地が広大で人口が希薄な中国西北部。“**地旷人稀**”(dìkuàng-rénxī)とも。

地旷人稀　**dìkuàng-rénxī**
并列 土地が広くて人口が少ない。☞“**地广人稀**”(dìguǎng-rénxī)

dian

颠倒黑白　**diāndǎo-hēibái**
动宾 黒白(こくびゃく)を転倒する；白を黒と言いくるめる。是非·善悪を転倒する。事実を歪曲する。鷺(さぎ)を烏(からす)。

颠倒是非　**diāndǎo-shìfēi**
动宾 是非を取り違える；誤ったことを正しいとし，正しいことを誤りとする。

颠沛流离　**diānpèi-liúlí**
并列 難儀して流浪(るろう)する；生活のために他郷をさすらい歩く。“**颠沛**”は挫折(ざせつ)や困難に遭う。“**流离**”は離散する，諸方をさまよう。¶**连年战乱之中，人民吃够了～的苦头**。何年も続く戦乱の中で，人々は甚だしい苦難に見舞われ不安定な生活を強いられた。

颠扑不破　**diānpū-bùpò**
补充 どんな事があっても崩れない；言論や学説が客観的事実に合っていて，永遠に覆ることのないたとえ。¶**～的真理**。不滅の真理。

颠三倒四　**diānsān-dǎosì**
并列 混乱してめちゃくちゃなさま；話すことやすることが順序立っていないこと。¶**他心神不定，说话～**。彼は動揺して，話している内容が支離滅裂である。

点石成金　**diǎnshíchéngjīn**
兼语 石を点じて金となす；(伝説で仙人が石を指さして金に変えたところから)他人の文章に手を加えて立派なものに改めることのたとえ。“**点铁成金**”(diǎntiěchéngjīn)とも。

点铁成金　**diǎntiěchéngjīn**
兼语 鉄を点じて金となす。☞“**点石成金**”(diǎnshíchéngjīn)

电光石火　**diànguāng-shíhuǒ**
并列 電光石火；稲光と火打ち石の火花。もと，仏教語。極めて短くはかない時間や瞬く間に消えてしまう事物のたとえ。

diao

雕虫小技　**diāochóng-xiǎojì**
定中 取るに足りない技能；文字の上手下手など。“**雕**”は刻む。“**虫**”は虫書，古代の字体の一。虫や鳥にかたどったところから。

雕梁画栋　**diāoliáng-huàdòng**
[并列] 彫り物をした梁(はり)と絵を描いた棟木(むなぎ);華麗な建物をいう。

调兵遣将　**diàobīng-qiǎnjiàng**
[并列] 兵力を移動し将軍を派遣する;軍隊を派遣すること。また,広く人員を配置すること。

调虎离山　**diàohǔlíshān**
[兼语] 虎を山からおびき出す;策を用いて敵を陣地から離れさせ,その虚を衝く。おびき出し戦術をとる。"**调**"は移動する。

掉以轻心　**diàoyǐqīngxīn**
[补充] いいかげんな態度で筆をとる;軽率な態度で物事を扱う。高を括(くく)って警戒を怠る。"**掉**"は揺り動かす。¶**不可～**。油断して警戒を怠ってはならない。

die

喋喋不休　**diédié-bùxiū**
[状中] ぺちゃくちゃといつまでもしゃべる;とめどなくしゃべる。"**喋喋**"はよくしゃべるさま。¶**教育子女要讲究方法,不能老是～地进行空洞的说教**。子弟を教育するにはやり方を工夫することが必要で,ただくどくど中身のないお説教ばかりしていてはだめだ。

叠床架屋　**diéchuáng-jiàwū**
[并列] 寝台の上に寝台を重ね,屋根の上に屋根を架する;屋上,屋を架す。重複やむだが多いことのたとえ。

ding

顶礼膜拜　**dǐnglǐ-móbài**
[并列] 深々とお辞儀をする;盲目的に崇拝する。"**顶礼**"は仏の足下にぬかずく。"**膜拜**"は両手を額に当ててひれ伏す。ともに仏教の最敬礼。

顶天立地　**dǐngtiān-lìdì**
[并列] 大地にすっくと立つ;雄々しく毅然としているさま。"**顶**"は頭上に頂く。¶**～的英雄好汉**。何物をも恐れぬりっぱな男。

鼎鼎大名　**dǐngdǐng-dàmíng**
[定中] 赫々(かくかく)たる名声。☞"**大名鼎鼎**"(dàmíng-dǐngdǐng)

diu

丢盔弃甲　**diūkuī-qìjiǎ**
[并列] かぶとを捨て,よろいを投げる;戦に敗れて逃げ惑うさま。"**盔**"はかぶと。"**甲**"はよろい。"**丢盔卸甲**"(diūkuī-xièjiǎ)とも。

丢三落四　**diūsān-làsì**
[并列] よく物を忘れる;忘れっぽい。仕事に手抜かりが多い。[注]"**落**"はlà。¶**沉住气,别慌慌张张,～的**。落ち着きなさい,慌てふためいて物を忘れたりしないように。

dong

东奔西跑　**dōngbēn-xīpǎo**
[并列] 東奔西走する;あちこち忙しく駆けずり回る。"**东**…**西**…"は「あちらで…,こちらで…」。¶**他为筹措拍摄资金～**。撮影資金を調達するために,彼は駆けずり回っている。

东窗事发　**dōngchuāng-shìfā**
[主谓] 悪事や陰謀が露顕する。宋の秦檜(しんかい)が妻と謀って東窓の下で岳飛を殺害した故事に基づく。"**东窗事犯**"(dōngchuāng-shìfàn)とも。

东倒西歪　**dōngdǎo-xīwāi**
[并列] (家などが)傾いて倒れかかっている。(酔って)ふらふらとよろめく。(追われて)あたふたと逃げ惑う。¶**～的破土房**。いまにも倒れそうな土造りの家。¶**～地走路**。千鳥足で歩く。¶**一阵枪打得敌人～**。銃撃を浴びて敵は算を乱した。

东拉西扯　**dōnglā-xīchě**
[并列] 口から出任せにしゃべる。¶**他讲起话来～,不着边际**。彼は話し出すと次から次へと続き,際限がない。

东鳞西爪　dōnglín-xīzhǎo
并列 雲間に見え隠れする竜の鱗(うろこ)や爪。☞“**一鳞半爪**”(yīlín-bànzhǎo)

东山再起　dōngshān-zàiqǐ
状中 東山より再起す；一度隠退した者が再び仕官する。転じて, 一度勢力を失ったものが, もう一度盛り返す。息を吹き返す。返り咲く。再起を果たす。捲土重来(けんどちょうらい)する。晋の謝安は官を辞し俗塵を避けて東山に隠居していたが, 後にここを出て宰相になった。『世説新語』排調。¶ **绝不允许法西斯主义～**。ファシズムの復活を絶対に許すことはできない。

东施效颦　dōngshī-xiàopín
主谓 東施, ひそみにならう；西施(春秋時代の美女)が病んで眉をしかめた顔が美しかったのを見た近所の醜女の東施がそのまねをして, かえって気味悪がられたという寓話から。『荘子』天運。本質を理解せず, いたずらに人まねをして物笑いになることのたとえ。猿がひげをもむ。雁(がん)が立てば鳩も立つ。

东张西望　dōngzhāng-xīwàng
并列 あっちを見たりこっちを見たりする；きょろきょろよそ見をする。¶ **听课时不要～**。授業中はあちこちよそ見をしてはいけない。

动人心弦　dòng-rénxīnxián
动宾 人の心を揺り動かす；琴線に触れる。“**动人心魄**”(dòng-rénxīnpò)とも。¶ **悠扬的歌声～**。抑揚のある歌声が聴く人の心を揺さぶる。

动辄得咎　dòngzhé-déjiù
状中 何かに付け叱責される；ややもすればとがめだてを受ける。“**动辄**”は多く望ましくないことに用い, ともすれば, よく…する。

洞若观火　dòng-ruòguānhuǒ
补充 火を見るよりも明らかである；極めて明白なことをいう。“**洞**”ははっきりしている, 明白である。

洞烛其奸　dòngzhú-qíjiān
动宾 陰謀・からくりをはっきりと見抜く。“**洞**”ははっきりと。“**烛**”は照らす, 見抜く。

dou

斗转星移　dǒuzhuǎn-xīngyí
并列 星が移り巡る。☞“**星移斗转**”(xīngyí-dǒuzhuǎn)

斗鸡走狗　dòujī-zǒugǒu
并列 鶏を闘わせ, 犬を走らせる；くだらない道楽にふける。“**斗鸡走马**”(dòujī-zǒumǎ—鶏を闘わせ, 馬を走らせる)とも。

斗志昂扬　dòuzhì-ángyáng
主谓 戦闘意欲が高揚している；闘志満々である。“**昂扬**”は情緒や気分が高まる, 高揚する。¶ **参加比赛的同学, 个个精神振奋, ～**。試合に出場する学生たちはみな意気込んで, 闘志満々だ。

du

独出心裁　dúchū-xīncái
动宾 新機軸を出す；もと, 詩文の構想に独創性を発揮すること。のち, 広く独創的な考えや方法を生み出すこと。“**心裁**”は構想, 発想。

独当一面　dúdāng-yīmiàn
动宾 単独で一方面の事に当たる；独りで切り回す。¶ **他已经能够～了**。彼はすでに独りで事に当たれるようになった。

独断专行　dúduàn-zhuānxíng
并列 独断専行する；自分の判断だけで思いのまま事を行う。“**独断独行**”(dúduàn-dúxíng)とも。

独具匠心　dújù-jiàngxīn
动宾 独自の工夫が凝らされている；技巧・技術などが独創性に富む。

独具只眼　dújù-zhīyǎn
动宾 一隻眼(いっせきがん)を具える；ひとかどの見識を具えている。

独木难支　dúmù-nánzhī
主谓 一木支え難し;一本の柱では大きな建物を支えることができない。一人の力では難局を乗り切ることはできない。孤掌鳴り難し。“一木难支”(yīmù-nánzhī)とも。

独辟蹊径　dúpì-xījìng
动宾 独りで道を切り開く;新しい分野を開拓する。“蹊径”は道,こみち。転じて,方法,手法。

独善其身　dúshàn-qíshēn
动宾 独りその身を善くす;ただ一身の修養を図る。『孟子』尽心·上に見える語。転じて,我が身の保全のみを図り,集団の利益を考えない意にも。

独树一帜　dúshù-yīzhì
动宾 独自に一本の幟(のぼり)を立てる;別に一派を打ち立てる。一方の旗頭になる。自ら一家を立てる。

独一无二　dúyī-wú'èr
并列 唯一無二;ただ一つだけで他にない。二つとない。¶ **威尼斯是全世界～的水城。**ベニスは世界中に二つとない水の都だ。

独占鳌头　dúzhàn-áotóu
动宾 鼇頭(ごうとう)を独占す;科挙の試験に状元で合格すること。転じて,首席を占める。一番になる。“**鳌头**”は大亀の頭。状元は宮中において鼇頭のレリーフのある階段の所まで進むことが許された。¶ **这次考试小明～,取得全校第一的好成绩。**今回の試験は小明が抜群の出来で,全校で一番の成績を収めた。

睹物思人　dǔwù-sīrén
因果 (死んだ人の遺品や別れた人の)ゆかりのある品を見て,その人を思い出す。

度日如年　dùrì-rúnián
主谓 一日が一年のように長く感じられる。暮らしが思わしくない場合,焦ったりいらだったりしている場合に用いる。

duan

短兵相接　duǎnbīng-xiāngjiē
主谓 白兵戦を行う;刀や銃剣を振るい,至近距離で戦う。“短兵”は刀や剣などの短い兵器。¶ **双方展开了～的白刃战。**双方は激しいつばぜり合いを演じた。

短小精悍　duǎnxiǎo-jīnghàn
并列 小柄ではあるが精悍(せいかん)である;(文章やことばが)簡潔で力強い,短いが迫力がある。¶ **文章要力求写得～。**文章は努めて簡潔で力のこもったものを書かなければならない。

断编残简　duànbiān-cánjiǎn
并列 断簡零墨(だんかんれいぼく);欠けて不完全な書き物。“残篇断简”(cánpiān-duàn jiǎn)とも。

断章取义　duànzhāng-qǔyì
连动 断章取義;章を断ち義を取る。前後関係を無視して,他人の詩文の一部を自分に都合よく切り取って使うこと。¶ **引用别人的作品,不能～。**他人の作品を引用するのに,都合のよい所だけを切り取ってはならない。

dui

对牛弹琴　duìniú-tánqín
状中 牛に対して琴を弾ず;愚人に対して高遠な道理を説く。いくら説いて聞かせても何の効果もないことのたとえ。牛に経文。馬の耳に念仏。また,後に“**不看对象**”(bù kàn duìxiàng—相手を見ずに説教する)と続く歇後語としても用いられる。

对症下药　duìzhèng-xiàyào
状中 病状に応じて薬を与える;対症療法を施す。また,客観情勢をよく見て問題の解決を図る意にも。¶ **我们要找出问题的原因所在,才好～。**我々は問題の原因がどこにあるかをよく把握して,はじめて適切な解決策を講じることができる。

dun

顿开茅塞　**dùnkāi-máosè**

[动宾] はっと迷いからさめ，急に思い当たる。☞"茅塞顿开"（máosè-dùnkāi）

duo

多才多艺　**duōcái-duōyì**

[并列] 多芸多才；いろいろな芸や才能を身に付けていること。¶**老林～，干文化宣传工作是一把好手。**林さんは多芸多才で，文化広報活動を担当するにはうってつけだ。

多愁善感　**duōchóu-shàngǎn**

[并列] ものに感じやすい；いつも嘆き悲しんでいる。感情にもろい。感傷的である。"善"は容易に，ともすれば。

多此一举　**duō-cǐyījǔ**

[动宾] 余計な事をする；要らざるお節介をする。あらずもがなである。蛇足。¶**已经写得很清楚了，再加注解，就～了。**すでにわかりやすく書けているのに，さらに注釈を加えるのは，まったく余計な事だ。¶**何必～！**余計な事をする必要はない。

多多益善　**duōduō-yìshàn**

[主调] 多々ますます善（よ）し；多ければ多いほど都合がよい。また，事が多ければ多いほど巧みに処理する。多々ますます弁ず。漢の韓信が劉邦と兵力について論じた際のことばから。『史記』淮陰侯列伝。"**韩信将兵，多多益善**"（Hán Xìn jiàng bīng, duōduō-yìshàn）とも。また"**多多益善**"を言わずに，"**韩信将兵**"だけを歇後語として用いることもある。¶**我们这儿正缺人呢！多派几个给我们吧，～。**こちらは人が足りないんだよ。あと何人か回してもらえないかなあ，多ければ多いほどありがたいのだが。

多谋善断　**duōmóu-shànduàn**

[并列] 知謀に優れていて，判断に間違いがない。

多难兴邦　**duōnàn-xīngbāng**

[假设] 難多くして邦（くに）興る；国が多難であれば人民はかえって奮起して国を興す。

多事之秋　**duōshìzhīqiū**

[定中] 多事多難の秋（とき）。"**秋**"は年，時期。¶**世界正值～。**世界は今まさに多難の時に直面している。

咄咄逼人　**duōduō-bīrén**

[状中] 咄々（とつとつ）人に逼（せま）る；気勢激しく人に迫る。威圧的態度に出て相手をたじろがせる。また，にわかに事が迫り近づいてくること。¶**他说话～。**彼は居丈高な物の言い方をする。

咄咄怪事　**duōduō-guàishì**

[定中] 常識では理解し難い怪事；面妖な事。不可思議な事。"**咄咄**"は驚き怪しむ声。

夺胎换骨　**duótāi-huàngǔ**

[并列] 換骨奪胎。☞"**脱胎换骨**"（tuōtāi-huàngǔ）

度德量力　**duódé-liànglì**

[并列]（自分の）徳を度（はか）り力を量る；自分の力量を知る。身の程を知る。

D

E

阿谀逢迎

e

阿其所好　ē-qísuǒhào
[动宾] その好むところにおもねる;相手の好きな人の機嫌を取ったり,相手の意見に迎合したりする。[注]“**阿**”はē,おもねる,迎合する。

阿谀逢迎　ēyú-féngyíng
[并列] 阿諛迎合(あゆげいごう)する;こびへつらう。おもねる。おべっかを使いおだてる。阿諛追従(あゆついしょう)する。“**阿谀**”はおべっかを使う。“**逢迎**”は意を迎える,迎合する。“**阿谀奉承**”(ēyú-fèngchéng)とも。“**奉承**”はお世辞を言う。

额手称庆　éshǒu-chēngqìng
[目的] 額に手を当てて敬意や祝意を表する。“**额手**”は組んだ手を額の高さまで上げる。

恶贯满盈　èguàn-mǎnyíng
[主调] 悪事の限りを尽くす;悪運が尽きようとしている。年貢の納め時が来ている。“**贯**”は孔あき銭を通す縄。“**恶贯**”は銭縄にびっしり通されたかのような悪行。“**满盈**”は,(縄に通した銭のように)一杯になる。¶ ~,**罪不容诛**。悪事に満ち満ち,罪は償いようがないほど重い。

饿虎扑食　èhǔ-pūshí
[主调] 飢えた虎が餌食(えじき)に飛びかかる;素早く激しい動作の比喩。“**饿虎扑羊**”(èhǔ-pūyáng)とも。

鳄鱼眼泪　èyǔ-yǎnlèi
[定中] 鰐(わに)の涙;悪人の見せかけの慈悲。そら涙。鬼の空念仏。西洋の伝説で,ワニは涙を流しながら人畜を食うという。㊥ *crocodile tears*

en

恩将仇报　ēn-jiāngchóubào
[主调] 恩を仇(あだ)で返す;恩返しをしないばかりか,かえって危害を加える。“**将**”は“**把**”に同じ,…でもって。“**报**”は報いる。¶ **没想到你竟然~**。なんと君が恩を仇で返そうとは,思いも寄らなかった。

er

尔虞我诈　ěryú-wǒzhà
[并列] 爾(なんじ)欺かば我も欺かん;互いにだましあう。“**虞**”は欺く。“**诈**”は偽る。“**尔诈我虞**”(ěrzhà-wǒyú)とも。¶ **彼此钩心斗角,~**。互いに策を張り巡らせ,欺き合う。

尔诈我虞　ěrzhà-wǒyú
[并列] 爾(なんじ)欺かば我も欺かん。☞“**尔虞我诈**”(ěryú-wǒzhà)

耳聪目明　ěrcōng-mùmíng
[并列] (頭がはっきりしていて)耳も目もしっかりしている。多く老人についていう。¶ **他已经八十多了,依然~**。彼はすでに80歳を過ぎているが,目も耳も衰えていない。

耳目一新　ěrmù-yīxīn
[主调] 聞くもの,見るもの,すべてが以前とは異なり新鮮である;何もかも耳新しく目新しい。様変わりしてすっかりよくなっていることの形容。

耳濡目染　ěrrú-mùrǎn
[并列] 聞き慣れ見慣れしているうちに自然と身に付いてしまう。“**濡**”はたっぷり浸る。¶ **小明父母都是美术工作者,他平时~,从小就很喜爱绘画**。小

明の両親はどちらも美術家で，彼も知らず知らずのうちに感化されて，小さい頃からとても絵を描くのが好きだった。

耳软心活　ěrruǎn-xīnhuó

并列 定見がなく人のことばをすぐ信じてしまう。“**耳软**”はみだりに人のことばを信じる。“**心活**”は心変わりしやすい。

耳熟能详　ěrshú-néngxiáng

因果 聞き慣れているので，詳しく説明することができる。¶ **这事我听他说过好多遍了，～，现在我也能说给你听**。この件については何度も彼から聞かされて，すっかり覚えているから，僕も君に話してあげることができる。

耳提面命　ěrtí-miànmìng

并列 耳を引き寄せて諭し，面と向かって教える；厳格かつ懇切に教え導くことの形容。

耳闻目睹　ěrwén-mùdǔ

并列 耳で聞き目で見る；親しく見聞する。¶ ～**中国的巨大变化**。中国の激しい変化をこの目で見る。

二话没说　èrhuà-méishuō

主谓 異議を唱えない；文句や苦情を言わない。“**二话不说**”(èrhuà-bùshuō)とも。¶ **她～，扭头就走了**。彼女は何も言わずに，くるりと背を向けて行ってしまった。

二竖为虐　èrshù-wéinüè

主谓 二豎(にじゅ)虐をなす；病魔に冒される。春秋時代，晋の景公の病が重くなった時，病魔が名医の治療を恐れて二人の童子になって現れ，膏(こう)の下，肓(もう)の上(＝心臓と横隔膜の間)に隠れたらどうすることもできまいと言った夢を見たという故事から。『左伝』成公十年。“**病入膏肓**”(bìng-rùgāohuāng— 病《やまい》膏肓《こうこう》に入る)参照。

F

翻箱倒柜

fa

发愤图强　fāfèn-túqiáng

连动 発憤して向上を図る；意気込んで向上を目指す。"**图强**"は向上しようと決意する。¶ **当代青年应该有一点～的精神。**現代の若者は発憤して向上を求める進取の精神を持つべきだ。

发号施令　fāhào-shīlìng

并列 号令を発し指示を下す；高圧的に指図する。

发聋振聩　fālóng-zhènkuì

并列（耳の遠い人にも聞こえるくらいの）大声で注意を喚起する；ぼんやりしている人の目を覚まさせる。"**聋**""**聩**"は共に耳が聞こえないこと。"**振聋发聩**"（zhènlóng-fākuì）とも。

发人深省　fārénshēnxǐng

兼语 人を啓発し深く考えさせる；はたと思い当たらせるものがある。注"**省**"は xǐng，悟る，気が付く。¶ **他的话虽然不多，但～。**彼の話はことば数は多くないが，深く考えさせられるものがある。

发扬光大　fāyáng-guāngdà

并列（よい作風や伝統を）大いに発揚する，大いに発展向上させる。"**光大**"は輝かせる。

罚不当罪　fá-bùdāngzuì

主谓 罰，罪に当たらず；犯した罪に対して処罰がふさわしくない。懲罰が重すぎる。¶ **他既是从犯，如果与主犯同等判刑，就～了。**彼は従犯だから，主犯と同じ判決を下せば，刑が重すぎることになる。

fan

幡然悔悟　fānrán-huǐwù

状中 翻然と悔い改める。"**幡然**"は"**翻然**"とも，急に心を改めるさま。

翻江倒海　fānjiāng-dǎohǎi

并列 山河も覆さんばかりの勢い；勢いが非常に盛んなさま。"**倒海翻江**"（dǎohǎi-fānjiāng）とも。¶ **～之势。**怒濤(どとう)の勢い。

翻天覆地　fāntiān-fùdì

并列 天地を覆さんばかり。☞"**天翻地覆**"（tiānfān-dìfù）

翻箱倒柜　fānxiāng-dǎoguì

并列 衣裳箱や戸棚を掻き回す；家中くまなく捜す。"**翻箱倒箧**"（fānxiāng-dǎoqiè）とも。¶ **他～找了半天，也没找到那件东西。**彼は長いこと部屋中捜し回ったが，その品物を見つけ出すことができなかった。

翻云覆雨　fānyún-fùyǔ

并列 手を翻せば雲がわき，手を覆せば雨になる；人情の軽薄で変わりやすいことのたとえ。また，よく態度を変えることのたとえにも。手練手管を弄する。¶ **此人～，反复无常。**この人物は手のひらを返すように，態度がころころ変わる。

繁荣昌盛　fánróng-chāngshèng

并列（国家が）繁栄し発展し続ける；隆盛を極める。

繁文缛节　fánwén-rùjié

并列 繁文縟礼(はんぶんじょくれい)；こまごまとしていて煩わしい決まりや儀礼。また，煩瑣(はんさ)な手続きのたとえにも。"**繁文缛礼**"（fánwén-rùlǐ）とも。¶ **办事要**

讲实效，不要那么多～。仕事で大事なのは実際の成果で，あれこれ面倒な取り決めなど必要ない。

反躬自问　fǎngōng-zìwèn
[状中] 我が身に問うてみる；自分の身に振り返って考えてみる。自己反省する。“**躬**”は自身。“**抚躬自问**”（fǔgōng-zìwèn）とも。¶ **虽说是受了表扬，但我～，觉得做得还很不够。**表彰されはしたものの，よくよく我が身を振り返ってみると，まだまだ足りないところがたくさんある。

反客为主　fǎnkèwéizhǔ
[兼语] 客の立場から主人の立場に入れ代わる；主客処(ところ)を易(か)える。受動的立場から能動的立場へと逆転することのたとえ。

返老还童　fǎnlǎohuántóng
[兼语] 老人が若返ること；老いてますます盛ん。枯れ木に花が咲く。

返璞归真　fǎnpú-guīzhēn
[并列] 本来の素朴な姿に戻る。“**璞**”は玉の原石，あら玉。“**归真返璞**”（guīzhēn-fǎnpú）とも。

泛泛而谈　fànfàn'értán
[状中] 通り一遍に話す；上っ面だけ話す。“**泛泛**”はうわべだけである。

泛家浮宅　fànjiā-fúzhái
[并列] 漂泊の生活をする。☞“**浮家泛宅**”（fújiā-fànzhái）

泛滥成灾　fànlàn-chéngzāi
[补充] 氾濫して災害をもたらす；よくないものが満ちあふれて危害をもたらすことのたとえにも。

fang

方寸已乱　fāngcùn-yǐluàn
[主谓] 方寸すでに乱る；心が乱れること。“**方寸**”は心，胸の中。

方枘圆凿　fāngruì-yuánzáo
[对比] 四角い枘(ほぞ)と円い枘穴(ほぞあな)；互いに相いれない。枘鑿(ぜいさく)相いれず。“**圆凿方枘**”（yuánzáo-fāngruì）とも。

方兴未艾　fāngxīng-wèi'ài
[并列] 今ちょうど発展しつつある；勢いよく育ちつつあり，とどまるところを知らない。日の出の勢いである。“**方**”はいまちょうど（…しようとしている）。“**艾**”は止まる，尽きる。

防不胜防　fáng-bùshèngfáng
[补充]（乗ぜられる隙が多すぎて）防ごうにも防ぎようがない；とても防ぎ切れない。防ぐすべがない。¶ **他的球路多变，使对手～。**彼の球筋はよく変わるので，相手は何とも防ぎようがない。

防患未然　fánghuàn-wèirán
[补充] 災いを未然に防ぐ；事故や災害を事前に防止する。“**防患于未然**”（fánghuàn yú wèirán）とも。¶ **加强防火措施，以～。**防火措置を強化して，災いを未然に防ぐ。

防微杜渐　fángwēi-dùjiàn
[并列] 災いの芽を摘む；災いを大きくならないうちに防ぐ。“**防**”“**杜**”共に塞ぐ，阻む。“**微**”は小さい，わずかである。“**渐**”は事の端緒。¶ **对不良倾向要～。**よくない傾向に対しては，蔓延(まんえん)しないうちにこれを防ぐ注意が大切だ。

放荡不羁　fàngdàng-bùjī
[并列] 不羈奔放(ふきほんぽう)；思うままにふるまい，他から束縛を受けない。自由気ままである。多く《貶》。“**放荡**”は思うままにふるまう。“**羁**”は束縛する，拘束する。¶ **他的生活向来就～，自从爹娘死后，越发没有顾忌了。**彼はもとから放埒(ほうらつ)な暮らしをしていたが，両親が亡くなってからはますますひどくなった。

放虎归山　fànghǔguīshān
[兼语] 虎を放ちて山に帰す。☞“**纵虎归山**”（zònghǔguīshān）

放任自流　fàngrèn-zìliú
[并列] 自由放任する；構わないで放っておく。打ち捨てて干渉しない。¶ **对**

孩子不能～，该管的地方还得管。子供を放任して自由にさせておくのはよくない。躾(しつ)けをすべきところはやはり躾けをすべきだ。

fei

飞短流长　fēiduǎn-liúcháng
并列 あれこれデマを飛ばして人を中傷する。“**飞**”“**流**”は共にまき散らす，広める。“**长**”“**短**”は是と非，善と悪。“**蜚短流长**”(fēiduǎn-liúcháng)とも。

飞蛾投火　fēié-tóuhuǒ
主调 飛蛾(ひが)火に赴く；自ら災いに身を投じる。飛んで火に入る夏の虫。後に“**自取灭亡**”(zìqǔ-mièwáng—自ら滅亡の道を選ぶ)と続く歇後語としても用いられる。“**飞蛾扑火**”(fēi’é-pūhuǒ)とも。

飞黄腾达　fēihuáng-téngdá
主调 (神馬が大空を飛ぶように)地位や官職が急に栄達する；うなぎ登りに出世する。“**飞黄**”は古代伝説中の駿馬(しゅんめ)の名。“**腾达**”は上昇する，出世する。

飞沙走石　fēishā-zǒushí
并列 砂を舞い上げ石を転がす；風が荒れ狂うさま。

飞扬跋扈　fēiyáng-báhù
并列 思うままにのさばる；勝手気ままにふるまう。跋扈(ばっこ)する。“**飞扬**”は気ままにふるまう。“**跋扈**”はのさばる，はびこる。

非同小可　fēitóng-xiǎokě
动宾 ただごとではない；事は重大である。侮り難い。“**小可**”は尋常である，軽微である。¶ **这事～。**これはただごとではない。

蜚短流长　fēiduǎn-liúcháng
并列 あれこれデマを飛ばして人を中傷する。☞“**飞短流长**”(fēiduǎn-liúcháng)

匪夷所思　fěi-yísuǒsī
动宾 夷(つね)の思うところにあらず；常人の考え及ぶところではない。『易経』に見える語。“**匪**”は“**非**”に同じ，…にあらず。“**夷**”は常，常の人。

吠形吠声　fèixíng-fèishēng
并列 一犬形に吠ゆれば百犬声に吠ゆ；一匹の犬が人の姿を見て吠えると，多くの犬がその声を聞いて吠える。一犬虚に吠ゆれば万犬実を伝う。一人がでたらめを言い出すと，他の多くの人がこれに盲従するということのたとえ。“**一犬吠形，百犬吠声**”という古いことわざから。“**吠影吠声**”(fèiyǐng-fèishēng)とも。

吠影吠声　fèiyǐng-fèishēng
并列 一犬形に吠ゆれば百犬声に吠ゆ。☞“**吠形吠声**”(fèixíng-fèishēng)

肺腑之言　fèifǔzhīyán
定中 肺腑(はいふ)の言；心の底から出たことば。真心のこもったことば。¶ **这些话句句都是～。**これらのことばは一言一言に真情が込められている。

废寝忘食　fèiqǐn-wàngshí
并列 寝食を忘れる；物事に熱中することの形容。“**废寝忘餐**”(fèiqǐn-wàngcān)とも。¶ **～地搞技术革新。**寝食を忘れて技術革新に取り組む。

沸反盈天　fèifǎn-yíngtiān
状中 上を下への大騒ぎ；(鍋の湯が煮えたぎるように)人の声が騒々しいこと。“**沸反**”は煮えたぎる。“**盈天**”は辺りに満ちる。

费尽心机　fèijìn-xīnjī
动宾 ありったけの知恵を絞る。“**心机**”は考え，はかりごと。

fen

分崩离析　fēnbēng-líxī
并列 四分五裂する；(国家や集団が)分裂瓦解する，支離滅裂になる。“**析**”は分かれる，ばらばらになる。¶ **敌人内部已经～，人心涣散。**敵の内部はすでに四分五裂し，人々の心はばらばらだ。

分道扬镳 **fēndào-yángbiāo**
连动 たもとを分かち別々の道を行く;志や目的の違いによって,それぞれ異なる道を歩む。“扬镳”はくつわを引く,馬を進める。¶**由于不可调和的矛盾,他们终于～了。**歩み寄ることのできない矛盾がもとで,彼らはついにたもとを分かった。

分秒必争 **fēnmiǎo-bìzhēng**
主调 寸秒を争う;わずかな時間も無駄にしない。一分一秒をおろそかにしない。寸陰を惜しむ。¶**学习应该～。**勉強というものは,寸暇を惜しんでしなければならない。

分庭抗礼 **fēntíng-kànglǐ**
连动 庭を分かちて抗礼す;もと,主客が庭中に相対して立ち礼を行うこと。のち,並び立つこと,対等にふるまうこと。“抗礼”は“伉礼”とも。対等の礼をとること。

纷至沓来 **fēnzhì-tàlái**
并列 次々にやって来る;ひっきりなしにやって来る。“纷”は入り乱れる,とても多い。“沓”は絶え間がない。¶**顾客～,售货员应接不暇。**顧客が次々とやって来て,店員は応接に暇(いとま)がない。

粉墨登场 **fěnmò-dēngchǎng**
状中 もと,化粧して舞台に上ること;いま,多く装いを凝らして政治の舞台に登場することのたとえ。多く《貶》。“粉”“墨”は共に装う,化粧する。

粉身碎骨 **fěnshēn-suìgǔ**
并列 粉骨砕身する;力の限りを尽くす。身命を惜しまないたとえ。¶**为革命～也甘心。**革命のためなら一身を投げ出しても惜しくない。

奋不顾身 **fèn-bùgùshēn**
补充 一身を顧みずに奮闘する;身命を賭(と)して戦う。¶**～地冲上去。**一身を顧みず突き進む。

奋发图强 **fènfā-túqiáng**
连动 奮起して向上に努める。

奋起直追 **fènqǐ-zhízhuī**
连动 奮い立って後を追う;勇を鼓して追撃する。

愤世嫉俗 **fènshì-jísú**
并列 世を憤り俗を憎む;世の中の不正·不合理に憤慨する。

feng

丰富多彩 **fēngfù-duōcǎi**
并列 豊富多彩である;色とりどりである。多種多様である。

丰功伟绩 **fēnggōng-wěijì**
并列 偉大なる功績。¶**先烈们的～与世长存。**烈士たちの偉大な功績は永遠に忘れられることがない。

丰衣足食 **fēngyī-zúshí**
并列 衣食ともに足る;生活の豊かなさま。¶**～,喜气洋洋。**衣食足り,喜色満面である。

风餐露宿 **fēngcān-lùsù**
并列 風餐露宿(ふうさんろしゅく);風にさらされて食べ,露にぬれて寝る。長途の旅や野外の仕事の苦しみの形容。“**餐风宿露**”(cānfēng-sùlù),“**露宿风餐**”(lùsù-fēngcān)とも。

风尘仆仆 **fēngchén-púpú**
主调 風塵(ふうじん)にまみれる;奔走して疲れる。長旅に疲れる。“风尘”は風とほこり。転じて,旅の苦労。“仆仆”は歩き疲れるさま。¶**他出差两个月,今天才～地回到北京。**彼は2か月出張していて,きょうやっとほこりまみれになって北京へ戻ってきた。

风驰电掣 **fēngchí-diànchè**
并列 電光石火;迅速なさま。はやてのよう。稲妻のようである。“驰”は駆ける,疾走する。“掣”は瞬く間に過ぎる。¶**时代的车轮正在～般地前进。**時代の歯車はいま稲妻のように激しい勢いで回っている。

风吹草动 **fēngchuī-cǎodòng**
连动 風が吹き草が動く;わずかな動きをいう。ちょっとした異変。¶**可不**

能一有～，就大惊小怪。少しぐらい変わった事が起きたからといって，大げさに騒いではならない。

风和日丽　**fēnghé-rìlì**
[并列] 風穏やかに日うらら；多く春の気候についていう。

风花雪月　**fēnghuā-xuěyuè**
[并列] 花鳥風月；美辞麗句を並べただけで，内容に乏しい詩文。月並みな文章。また，男女の交情をいう。

风华正茂　**fēnghuá-zhèngmào**
[主谓] 見るからにりりしく才気にあふれている；年が若く有望であることの形容。¶**那时候他～，对未来充满信心。**当時彼は青年の盛りで，未来に対して自信にあふれていた。

风卷残云　**fēng-juǎncányún**
[主谓] 大風が残雲を吹き払う；一気に物事を処理してしまうことのたとえ。きれいさっぱり片づける。

风流云散　**fēngliú-yúnsàn**
[并列] 風が流れ雲が散る；跡形もなく消え去ることのたとえ。ちりぢりになる。ばらばらになる。四散する。"**云散风流**"(yúnsàn-fēngliú)とも。

风靡一时　**fēngmǐ-yīshí**
[补充] 一世を風靡(ふうび)する；一時大流行する。"**风靡**"は，(草木を)風になびかせる。¶**这首电影插曲，当年～，唱遍了中国的大江南北。**この映画主題歌は，往年大流行し，中国の至る所で歌われた。

风平浪静　**fēngpíng-làngjìng**
[并列] 風平らかにして波静か；騒ぎが収まって平穏無事である。

风起云涌　**fēngqǐ-yúnyǒng**
[并列] 風が起こり雲が湧く；新しい事物が次々と勢いよく出現するさま。

风前残烛　**fēngqián-cánzhú**
[定中] 風前のともし火；余命いくばくもないことのたとえ。また，消滅しかかっている事物のたとえ。"**风中之烛**"(fēngzhōngzhīzhú)とも。

风清弊绝　**fēngqīng-bìjué**
[并列] 悪弊が跡を絶ち，気風が改まる。☞"**弊绝风清**"(bìjué-fēngqīng)

风声鹤唳　**fēngshēng-hèlì**
[并列] 風声鶴唳(ふうせいかくれい)；(敵襲を恐れるあまり)風の音や鶴の鳴き声にも驚く形容。わずかのことにもびくびくする。

风调雨顺　**fēngtiáo-yǔshùn**
[并列] 風雨ともに順調である；風雨が過不足なく豊作の兆しがある。五風十雨。¶**今年～，看来又是一个丰收年。**今年は風雨ともに順調で，どうやらまた豊作の年になりそうだ。

风言风语　**fēngyán-fēngyǔ**
[并列] 根も葉もないうわさ話；悪意の中傷。流言飛語。また，うわさ話をする，うわさをまき散らす意にも。¶**～不足凭信。**根も葉もないうわさ話で信じるに足りない。

风雨交加　**fēngyǔ-jiāojiā**
[主谓] 風雨こもごも至る；風に雨さえ加わる。篠(しの)を乱す。また，災難が次から次へと押し寄せてくることのたとえにも。"**交加**"は同時に襲ってくる。¶**深秋之夜，～，很有些寒意。**晩秋の夜，風雨こもごも至り，とても肌寒く感じられる。

风雨飘摇　**fēngyǔ-piāoyáo**
[主谓] 雨風に揺れ動く；時局や情勢が非常に不安定なさま。¶**鸦片战争以后，大清帝国～，开始走向末路。**アヘン戦争以後，大清帝国は国情が揺らぎ，末路に向かい始めた。

风雨同舟　**fēngyǔ-tóngzhōu**
[状中] 同じ舟に乗り合わせて雨風と闘う；艱難(かんなん)辛苦を共にする。¶**我们在斗争中～，生死与共。**我々は闘争の中で艱難を分かち合い，生死を共にした。

风云变幻　**fēngyún-biànhuàn**
[主谓] 風や雲がめまぐるしく変化する；時局の変化が複雑で激しいことのた

とえ。“风云”は風と雲。転じて,揺れ動く局面。¶**第二次世界大战前夕,国际形势～**。第二次世界大戦の前夜,国際情勢はめまぐるしく変化していた。

风云人物 **fēngyún-rénwù**
定中 風雲児;好機に乗じて頭角を現す人物。時局に大きな影響を及ぼす人物。

风中之烛 **fēngzhōngzhīzhú**
定中 風前のともし火。☞“风前残烛”(fēngqián-cánzhú)

风烛残年 **fēngzhú-cánnián**
定中 (すでに年老いて)いくばくもない余生。余命いくばくもないこと。“风烛”は風前のともし火。

封官许愿 **fēngguān-xǔyuàn**
并列 官職を授け願い事をかなえてやる;名利で相手を抱き込む。

烽火连天 **fēnghuǒ-liántiān**
主谓 烽火(ほうか)天に連なる;戦火が蔓延(まんえん)することのたとえ。“**烽火**”は昔の辺境守備兵が用いた危急の際の合図,のろし。

锋芒逼人 **fēngmáng-bīrén**
主谓 気勢鋭く人に迫る;激しいことばで人を圧倒する。“锋芒”は“锋铓”とも。刃物の切っ先。

锋芒毕露 **fēngmáng-bìlù**
主谓 鋭気がみなぎっている;才気走っている。才をひけらかしたがる。¶**谈吐之间,他～**。彼の話しぶりには才気走ったところがある。¶**这个人～,因而得罪了不少人**。この人は才をひけらかしすぎるところがあり,多くの人の恨みを買った。

蜂拥而来 **fēngyōng'érlái**
状中 (群らがる蜂のように)大勢がわっと押し寄せてくる;どっと押しかける。¶**欢呼着的人群向广场～**。歓声をあげながら大勢の人々が広場に向かって押し寄せてきた。

逢场作戏 **féngchǎng-zuòxì**
连动 その場だけにぎやかにやる;一時の気まぐれにやる。適当にお茶を濁す。行き当たりばったりにやる。¶**我下象棋不过是～罢了**。僕が将棋を指すのはほんの暇つぶしに過ぎない。

凤毛麟角 **fèngmáo-línjiǎo**
并列 鳳凰(ほうおう)の羽と麒麟(きりん)の角;極めてまれな人や物。稀有(けう)の人材や事物。“凤”“麟”は共に伝説上の動物。¶**这样的好诗,在今天算得上是～**。こういう優れた詩は,今時めったに見られるものではない。

奉公守法 **fènggōng-shǒufǎ**
并列 公のために力を尽くし法を守る;私曲を営まない。

奉若神明 **fèng-ruòshénmíng**
补充 神か仏のようにあがめ奉る。

fu

敷衍了事 **fūyǎn-liǎoshì**
状中 その場限りのことをする;いいかげんにお茶を濁す。“**敷衍**”はいいかげんに対処する。“**了**”は終わる。¶**办事一定要认真,不能～**。仕事はまじめにやるべきで,おざなりであってはならない。

敷衍塞责 **fūyǎn-sèzé**
状中 いいかげんに責めを塞ぐ;責任逃れをする。“**塞责**”は何とか責任を果たす。¶**工作要严肃认真,绝不能～**。仕事は真剣にやるべきで,決してその場限りの責任逃れであってはならない。

扶老携幼 **fúlǎo-xiéyòu**
并列 老人の手を引き,子供を携える。“**扶**”は支える,手を貸す。“**携**”は手を引く。¶**难民们～,四处逃荒**。難民たちが老人と幼児を引き連れて,あちこち飢えさまよっている。

扶危济困 **fúwēi-jìkùn**
并列 危機にある人を助け,困っている人を救う;人の危難を救済する。“**扶危济急**”(fúwēi-jìjí),“**扶危救困**”(fúwēi-jiùkùn)とも。

扶摇直上　**fúyáo-zhíshàng**
[状中] 竜巻に乗じてまっすぐ舞い上がる；（地位·名声·価値などが）急速に上昇する。うなぎ登りに上がる。多く《貶》。“扶摇”は竜巻，つむじ風。

拂袖而去　**fúxiù'érqù**
[状中] 袖を払って去る；腹を立てて立ち去る。席を蹴って立つ。

浮光掠影　**fúguāng-lüèyǐng**
[并列] 水面に反射する光とかすめる影；深い印象の残らないことのたとえ。

浮家泛宅　**fújiā-fànzhái**
[并列] 水上でさすらいの生活をする；漂泊の生活をする。“**泛家浮宅**”（fànjiā-fúzhái）とも。

浮想联翩　**fúxiǎng-liánpiān**
[主谓] さまざまの思いが次々と浮かんでくる；あれこれととめどなく思い浮かぶ。“**联翩**”は鳥が飛ぶさま。転じて，絶え間のないさま。¶**眼望今日这繁荣的城市，我不由得～**。今日のこの繁栄した街の姿を目にして，さまざまの思いが尽きない。

桴鼓相应　**fúgǔ-xiāngyìng**
[主谓] 桴（ばち）と太鼓が応じ合う；互いに密接に応じ合うさま。“**桴**”は太鼓をたたく棒，ばち。

抚躬自问　**fǔgōng-zìwèn**
[状中] 我が身に問うてみる。☞“**反躬自问**”（fǎngōng-zìwèn）

抚今追昔　**fǔjīn-zhuīxī**
[连动] 今の姿を見て往時をしのぶ；今昔を思い比べる。¶～，**感慨万分**。今の姿から昔を思い起こすと，感慨ひとしおだ。

俯拾即是　**fǔshí-jíshì**
[条件] うつむけばいくらでも拾うことができる；いくらでも転がっている。ざらにある。事欠かない。“**俯拾皆是**”（fǔshí-jiēshì）とも。¶**这种例子～**。こういう例はいくらでもある。

俯首帖耳　**fǔshǒu-tiē'ěr**
[并列] うなだれて耳を垂らす；おとなしく命令に服従するさま。“**帖耳**”は“**贴耳**”とも。耳を垂らす。¶**他在上级面前～，唯命是从**。彼は上役の前では卑屈なまでに従順だ。

俯首听命　**fǔshǒu-tīngmìng**
[连动] うなだれて命令に従う；おとなしく服従するさま。すべて人の命ずるまま。

俯仰由人　**fǔyǎng-yóurén**
[主谓] 何もかも他人の指図のままである；人の言いなりになる。

俯仰之间　**fǔyǎngzhījiān**
[定中] ごくわずかな時間のたとえ；あっという間。

釜底抽薪　**fǔdǐ-chōuxīn**
[状中]（釜の中のたぎりを止めるのに）釜の下の薪を取り除く；根本的に問題を解決する。¶**与其扬汤止沸，不如～**。一時しのぎをするよりは，抜本的にやるほうがよい。

釜底游鱼　**fǔdǐ-yóuyú**
[定中] 釜の底で泳いでいる魚；極めて危険な状況に身を置いていること，末路が近いことのたとえ。

付之东流　**fùzhī-dōngliú**
[补充] 流れに任す。☞“**付诸东流**”（fùzhū-dōngliú）

付之一炬　**fùzhī-yījù**
[补充] 火にくべて焼き尽くす；焼却する。“**一炬**”は一本のたいまつ。“**付诸一炬**”（fùzhū-yījù）とも。¶**战争期间，他的藏书不幸被～**。戦時中に，彼の蔵書は惜しいことに灰燼（かいじん）に帰してしまった。

付之一笑　**fùzhī-yīxiào**
[补充] 一笑に付す；笑ってまじめに取り上げない。

付诸东流　**fùzhū-dōngliú**
[补充] 流れに任す；流れに委ねる。望みがついえ去る，成果がむだになる。“**诸**”は“**之于**”，これを…に。“**东流**”は河川。中国の河川は多く東に流れる。“**付之东流**”（fùzhī-dōngliú）とも。

付诸一炬　**fùzhū-yījù**

补充 火にくべて焼き尽くす。☞“付之一炬”(fùzhī-yījù)

负荆请罪　**fùjīng-qǐngzuì**

连动 荊(けい)を負って罪を請う;自ら刑具を負って許しを請う。深く謝罪するたとえ。『史記』に見える廉頗(れんぱ)と藺相如(りんしょうじょ)の故事に基づく。“荆”は(罪人をむちうつ)いばらの杖(つえ)。¶**昨天我酒后失言,得罪了你,今天特来～**。きのうは酔って暴言を吐き,失礼したので,きょうはこのとおりおわびに来ました。

负隅顽抗　**fùyú-wánkàng**

状中 天険によってかたくなに抵抗する;有利な条件をたのみ,あくまでも抵抗する。注“隅”は,もと“**嵎**”,山の入り組んだ所。転じて,天険の地。

附庸风雅　**fùyōng-fēngyǎ**

动宾 風雅を装う;見えを張って名士と交際し風流を解するふりをする。“**附庸**”は従属する,追随する。

赴汤蹈火　**fùtāng-dǎohuǒ**

并列 水火を踏む;湯に煮られ火に焼かれるような危険を冒す。どんな苦しみや危険もいとわない。水火も辞せず。¶**为了人民的利益,～,在所不辞**。人々の役に立てることのためなら,たとえ火の中水の中でも,いといはしない。

富国强兵　**fùguó-qiángbīng**

并列 富国強兵;国を富ませ,兵力を強める。

腹背受敌　**fùbèi-shòudí**

主谓 腹背に敵を受ける;前と後から敵に挟まれる。¶**这里地形不利,容易～**。ここは地形が不利で,腹背に敵を受ける恐れがある。

覆车之鉴　**fùchēzhījiàn**

定中 前車の覆るは後車の戒め。☞“前车之鉴”(qiánchēzhījiàn)

覆盆之冤　**fùpénzhīyuān**

定中 訴え所のない冤罪(えんざい)。ひっくり返った鉢の中には日が射さないところから。

覆水难收　**fùshuǐ-nánshōu**

主谓 覆水収め難し;一度離別してしまった夫婦の仲は元に戻らない。転じて,一度してしまったことは取り返しがつかないということのたとえ。覆水盆に返らず。¶**～,你就死了这条心吧**。いまさら取り返しはつかない,いいかげんに諦めなさいよ。

G

改邪归正

gai

改朝换代　**gǎicháo-huàndài**
[并列] 朝代が替わる;政権が交代する。

改恶从善　**gǎi'è-cóngshàn**
[连动] 心を入れ替えて真人間になる。

改过自新　**gǎiguò-zìxīn**
[连动] 悔い改めて心を入れ替える;前非を悔いて生まれ変わる。¶**希望你能从错误中吸取教训,~。**君が過ちの中から教訓を汲み取り,心を入れ替えてくれることを望む。

改天换地　**gǎitiān-huàndì**
[并列] (社会や自然の様相を)徹底的に変える;一変させる。大改造する。

改头换面　**gǎitóu-huànmiàn**
[并列] (中身はそのままで)うわべだけ変える;看板を塗り替える。《貶》

改弦更张　**gǎixián-gēngzhāng**
[并列] 計画·方針·やり方などを改める。"**改弦**"は琴の弦を張り替える。"**更张**"は新たに弦を張る。

改弦易辙　**gǎixián-yìzhé**
[并列] 琴は弦を張り替え,車は道を改める;方針·計画·やり方·態度などを変える。"**易**"は変える,改める。"**辙**"はわだち,ここでは道,道路。

改邪归正　**gǎixié-guīzhèng**
[连动] 悪事から足を洗い,正道に立ち返る。¶ ~,**重新做人。**正道に立ち返り,真人間になる。

盖棺论定　**gàiguān-lùndìng**
[状中] 棺(かん)を蓋(おお)いて論定まる;人の生前の評価は世を去ってから,はじめて定まるものである。¶**他生前做过不少好事,也犯过不少错误,~,功大于过。**彼は生前少なからざる善事をなし,また少なからざる過ちを犯したが,棺が蓋われた今,やはり功績の方が大だった。

盖世无双　**gàishì-wúshuāng**
[状中] 世に二つとない;天下無双。当代随一。唯一無二。"**盖世**"は才能や武芸が当代随一である。"**举世无双**"(jǔshì-wúshuāng)とも。¶**他的武艺,~。**彼の武芸は天下無双だ。

概莫能外　**gài-mònéngwài**
[状中] 一つも除外できない;すべて含まれている。漏れているものがない。"**概**"はすべて,全部。"**外**"は外す,除外する。

gan

甘拜下风　**gānbài-xiàfēng**
[动宾] 甘んじて下風を拝す;敗北を認めて心服する。¶**遇到您这样的强手,我只好~了。**君のような強者に出会って,僕はかぶとを脱ぐしかない。

甘心情愿　**gānxīn-qíngyuàn**
[并列] 心から願う。☞"**心甘情愿**"(xīngān-qíngyuàn)

肝胆相照　**gāndǎn-xiāngzhào**
[主谓] 肝胆相照らす;互いに心の底から打ち解けて付き合う。"**肝胆**"は肝臓と胆嚢(たんのう)。転じて,心の中,心の底。¶**他们俩~,生死与共。**あのふたりは肝胆相照らし,生死も共にする間柄だ。

肝脑涂地　**gānnǎo-túdì**
[主谓] 肝脳地に塗(まみ)る;肝臓や脳髄が泥まみれになる。むごたらしい死に方をする。無残な殺され方をする。ま

た，忠誠の限りを尽くしいかなる犠牲も恐れないことの形容。

赶尽杀绝　**gǎnjìn-shājué**
[并列] 追い払い殺し尽くす；徹底的にやっつける。根絶やしにする。容赦なく痛めつける。¶ **采取～的做法**。根こそぎ的なやり方をとる。

感恩戴德　**gǎnēn-dàidé**
[并列] 恩徳に感謝する；恩に着る。心からありがたがる。感謝感激する。今，多く風刺の意味をもつ。“**戴**”はあがめる，奉る。

感激涕零　**gǎnjī-tìlíng**
[补充] 感涙にむせぶ；感激のあまり涙を流す。風刺の意味をもつことも。“**涕**”は涙，“**零**”は落とす。

感人肺腑　**gǎn-rénfèifǔ**
[动宾] 肺腑(はいふ)を衝(つ)く；深い感銘を与える。深く感動させる。胸を打つ。“**肺腑**”は肺臓。転じて，心の奥底。¶ **他的话句句～**。彼のことばは一言一言が心にしみる。

感同身受　**gǎn-tóngshēnshòu**
[主谓] ひと事ならずありがたく思う；（好意や恩恵を）自分自身が受けたのと同じくらいにありがたく思う。多く，好意を受けた人に代わって相手方に謝辞を述べるのに使う。

gang

刚愎自用　**gāngbì-zìyòng**
[并列] 強情で他人の意見に耳を貸そうとしない；いこじである。片意地を張る。自負心が強すぎる。“**刚愎**”はかたくなである，強情である，頑固である。“**自用**”は自信をもつ，独り善がりである。¶ **他一向～，遇事不与大家商量**。彼は以前からえこじなところがあり，何かあってもみんなと相談しようとはしない。

刚柔相济　**gāngróu-xiāngjì**
[主谓] 剛柔相済(なす)く；剛と柔とが助け合う。調和を保つ。¶ **这位京剧演员的唱腔～，扣人心弦**。この京劇俳優の節回しはよく調和がとれていて，人の心を打つ。

纲举目张　**gāngjǔ-mùzhāng**
[假设] 網の太綱を持ち上げれば，網の目はおのずから開く；物事は要点を押さえれば，他は自然に解決する。要(かなめ)をつかめばすべてが解決する。また，文章の筋道が通っているたとえにも。

gao

高不可攀　**gāo-bùkěpān**
[补充] 高くてよじのぼれない；とても到達できそうにない。高根の花である。¶ **世界先进水平并非～**。世界の先進的水準は決して到達できない高さにあるわけではない。

高风亮节　**gāofēng-liàngjié**
[并列] 高潔な人格と固い節操。¶ **大家都仰慕他的～**。みんな彼の高尚な人柄を敬慕している。

高高在上　**gāogāo-zàishàng**
[状中] お高くとまっている；指導者が大衆から遊離してふんぞり返っているさま。

高歌猛进　**gāogē-měngjìn**
[连动] 高らかに歌いながら勇ましく前進する；意気高らかに前進するさま。

高山景行　**gāoshān-jǐngxíng**
[并列] 高い山と大きな道；道徳が高尚で，行いが立派なことのたとえ。『詩経』小雅の詩句“**高山仰止，景行行止**”（高山を仰ぎ，景行を行く）を縮めたもの。“**景行**”は大道。

高山流水　**gāoshān-liúshuǐ**
[并列] 高山流水；己をよく知る友をいう。また妙なる音楽のたとえ。『列子』湯問に見える伯牙(はくが)と鍾子期(しょうしき)の故事から。伯牙が高山を心に描いて琴を弾くと鍾子期が泰山のごとしと評し，流水を描いて弾くと江河のごとしと評したという。

G

高深莫测　**gāoshēn-mòcè**
［主谓］測り知れないほど奥深い。☞“**莫测高深**”(mòcè-gāoshēn)

高谈阔论　**gāotán-kuòlùn**
［并列］大いに議論する;空理空論を弄ぶ。大いにまくしたてる。長広舌を振るう。多く《貶》。¶**他在会上～,却提不出一条具体意见**。彼は会議の席で声高に議論するが,具体的な意見は何も出せない。

高屋建瓴　**gāowū-jiànlíng**
［状中］高い屋根の上から水瓶(みずがめ)を傾ける;高所から下を臨む有利な形勢のたとえ。“**建**”は傾ける。“**瓴**”は水瓶。¶**他的口气很硬,颇有～之势**。彼の口調はとても強気で,阻みようのない勢いを示している。

高瞻远瞩　**gāozhān-yuǎnzhǔ**
［并列］高所に立って遠くを見通す;志が高い。理想が遠大である。“**瞻**”は見る,望む。“**瞩**”は見つめる。

高枕无忧　**gāozhěn-wúyōu**
［状中］枕を高くして眠る;楽観的すぎることのたとえ。¶**绝不能认为胜利了就可以～了**。勝ったからといって,安心して眠ることができるなどと断じて思ってはならない。

槁木死灰　**gǎomù-sǐhuī**
［并列］枯れ木と燃え尽きた灰;すっかり生気を失ったさま。また,意気消沈したさま。“**槁木**”“**死灰**”は共に生気を失った状態のたとえ。

ge

歌功颂德　**gēgōng-sòngdé**
［并列］功績や徳行をほめたたえる;お追従を言う。ちょうちんを持つ。ちょうちん持ちをする。多く《風》。“**歌**”“**颂**”ともに称賛する,賛美する。

革故鼎新　**gégù-dǐngxīn**
［并列］古いものを取り除いて新しいものを打ち立てる。“**革**”は改める,取り除く。“**鼎新**”は更新する。

革面洗心　**gémiàn-xǐxīn**
［并列］面目を改め,心を洗い清める。☞“**洗心革面**”(xǐxīn-gémiàn)

格格不入　**gégé-bùrù**
［状中］互いに抵触して相いれない;しっくりこない。食い違いがある。ぴったり合わない。“**格格**”は阻害する,邪魔になる。¶**个人主义者总是同集体～的**。個人主義者は,どうしても集団としっくり行かない。

格杀勿论　**géshā-wùlùn**
［转折］斬捨御免(きりすてごめん);(逮捕を拒んだり禁令を犯したりする者は)その場で殴り殺しても罪を問われない。“**格杀**”は殴り殺す。

隔岸观火　**gé'àn-guānhuǒ**
［状中］岸を隔てて火を見る;他人の危難を自分には無関係なこととして傍観する。対岸の火事視する。高みの見物をする。¶**我们不能～,要伸出援助之手**。我々は高みの見物をしているわけにはいかない,援助の手を差し伸べなくては。

隔靴搔痒　**géxuē-sāoyǎng**
［状中］隔靴掻痒(かっかそうよう);靴の上からかゆい所をかく。(話すことやすることが)核心に触れず,もどかしい。後に“**不着实际**”(bùzhuó-shíjì—実際から遊離している)と続く歇後語としても使われる。¶**这种批评没有抓住要害,是～**。こういう批判は要所を押さえておらず,隔靴掻痒の感がある。

各奔前程　**gèbèn-qiánchéng**
［动宾］それぞれ自分の道を行く;己の志にかなった道を進む。¶**他们从此分手,～**。彼らは以後たもとを分かち,それぞれ自分の道を歩んだ。

各持己见　**gèchí-jǐjiàn**
［动宾］それぞれ自分の意見を主張して譲ろうとしない。“**各执己见**”(gèzhí-jǐjiàn)とも。¶**讨论会上他们～,争执不下**。討論会で彼らは自説に固執し,一歩も譲ろうとしない。

各得其所　**gèdé-qísuǒ**

[动宾] それぞれその所を得る;(人または物が)それぞれふさわしい場所を占める。適材適所を得る。

各尽所能　**gèjìn-suǒnéng**

[动宾] それぞれ自分の能力を発揮して,最善を尽くす。¶ **让我们～,共同努力吧。**みんな全力を発揮して,力を合わせて頑張ろう。

各抒己见　**gèshū-jǐjiàn**

[动宾] それぞれ自分の意見を述べる。"**抒**"は述べる,発表する。¶ **～,畅所欲言。**それぞれ自分の言いたいことを,思う存分に述べる。

各行其是　**gèxíng-qíshì**

[动宾] それぞれ自分の正しいと信じることをする;それぞれ自分勝手にふるまう。多く《貶》。¶ **总得有个规章,不然～,就乱套了。**やはりなにか規則というものがないことには,めいめい好き勝手にふるまい,秩序が乱れてしまう。

各有千秋　**gèyǒu-qiānqiū**

[动宾] それぞれ後世まで伝えられるものを持っている;転じて,それぞれにそれぞれの長所・取り柄がある。"**千秋**"は千年,転じて長い年月。¶ **这两篇小说都写得很好,艺术手法～。**この2篇の小説はどちらもよく書けていて,描写の手法はそれぞれに長所がある。

各执己见　**gèzhí-jǐjiàn**

[动宾] 各自が自分の意見を主張して譲ろうとしない。☞"**各持己见**"(gèchí-jǐjiàn)

各自为政　**gèzì-wéizhèng**

[主谓] それぞれが自分のやり方で事を処理する;縄張り根性を発揮する。"**各自**"はそれぞれ,めいめい。¶ **要有全局观念,不能～。**全体の立場に立つ観念を持つべきで,自分勝手にふるまわないようにしなければならない。

gen

根深蒂固　**gēnshēn-dìgù**

[并列] 根深く蒂(へた)固し;根が深くて容易に揺るがない。基礎がしっかりしていてぐらつかない。"**蒂**"は果実のへた。"**根深柢固**"(gēnshēn-dǐgù)とも。¶ **他对这个问题的看法已经～,一下子改变不了。**彼のこの問題に対する考え方はすでに深く根を張っていて,にわかには改め難い。

根深叶茂　**gēnshēn-yèmào**

[并列] 根が深く張り,葉が生い茂っている;基礎がしっかりとして繁栄している。

亘古未有　**gèngǔ-wèiyǒu**

[状中] 古今未曾有(ここんみぞう);いまだかつてない。稀有(けう)である。"**亘古**"は昔から。¶ **变化之大,～。**変化の大きさは,これまでに例を見ない。

geng

耿耿于怀　**gěnggěngyúhuái**

[补充] いつも気にかかって忘れられない。"**耿耿**"は気にかかることがあり不安なさま。

gong

工力悉敌　**gōnglì-xīdí**

[主谓] (多く文学・芸術作品について)双方甲乙つけ難い;力量に優劣がない。"**工力**"は技術と力量。

公而忘私　**gōng'érwàngsī**

[状中] 公のために私を忘れる;公事のために私事を忘れる。集団の利益のために個人の損得を考えない。¶ **我们要学习他这种～的精神。**我々は彼の私心を捨てて公のために尽くす精神に学ばなければならない。

公诸同好　**gōngzhū-tónghào**

[补充] 広く同好者に公開する;自分の愛玩・珍蔵するものを同好者と共に楽しむ。"**诸**"は"**之于**",これを…に。

¶**我历年收集了不少字画,很愿意～。**私は長い間にかなりの数の書画を集めたので,ぜひとも同好の士にお見せしたい。

功败垂成　gōng-bàichuíchéng

主谓 事の成就を目前にして失敗する;あと一歩というところでしくじる。“**垂成**”はまさに成就しようとしている。

功成名就　gōngchéng-míngjiù

并列 功成り名遂ぐ;手柄を挙げ名声を得る。“**功成名立**”(gōngchéng-mínglì),“**功成名遂**”(gōngchéng-míngsuì)とも。

功德无量　gōngdé-wúliàng

主谓 功績と恩徳が計り知れない。“**功德**”は,もと仏教用語,功徳(くどく),御利益(ごりやく)。

功亏一篑　gōng-kuīyīkuì

主谓 九仞(きゅうじん)の功を一簣(いっき)に虧(か)く;高い山を築くのに最後のもっこ一杯の土が足りないために未完成に終わる。最後の詰めが足りないため,ほとんど成功しかけていたことがあと一息のところで失敗に終わる。“**篑**”は土を運ぶ竹籠。もっこ。¶**现在停工,是～,万万使不得。**今,仕事を中止すると,九仞の功を一簣に虧くことになるから,断じてそうしてはならない。

攻其不备　gōng-qíbùbèi

动宾 虚を衝(つ)く;相手の備えのないのにつけこんで攻撃する。虚に乗ずる。寝首を掻く。¶**这一仗只有～,才能取胜。**この戦いは相手の虚を衝く以外に勝ち目がない。

攻守同盟　gōngshǒu-tóngméng

定中 攻守同盟;もと,二国以上が共同して第三国を攻撃したり,またはその攻撃に対して防御したりするために結ぶ軍事同盟。今,悪人同士が罪をかばいあうために一致した行動をとることのたとえにも。

攻无不克　gōng-wúbùkè

主谓 攻めれば必ず落とす;強大無比の威力をもつ形容。向かう所敵なし。よく“**战无不胜**”(zhàn-wúbùshèng—戦えば必ず勝つ)と連用される。

供不应求　gōng-bùyìngqiú

主谓 供給が需要に応じ切れない;供給不足である。¶**这部词典深受好评,各大书店都～。**この辞典は大好評で,どこの大書店も需要に応じ切れないでいる。

供过于求　gōng-guòyúqiú

主谓 供給が需要を超える;供給過剰である。

觥筹交错　gōngchóu-jiāocuò

主谓 酒杯と数取りが入り乱れる;宴たけなわなさま。“**觥**”は古代の酒器。“**筹**”は数を数えるのに用いる竹の棒。数取り。

gou

勾心斗角　gōuxīn-dòujiǎo

并列 互いに策を巡らせて排除しあう。☞“**钩心斗角**”(gōuxīn-dòujiǎo)

钩心斗角　gōuxīn-dòujiǎo

并列 互いに策を巡らせて排除しあう;互いに腹を探り合う。もと,宮殿の建築構造の精巧なさま。“**钩心**”は屋根の中心の集まる所。“**斗角**”は屋根の角が四方から集まること。“**勾心斗角**”(gōuxīn-dòujiǎo)とも。

苟且偷安　gǒuqiě-tōu'ān

状中 一時の安逸を貪る;先のことを考えず一時しのぎをする。“**苟且**”はなおざりにする,いいかげんにする。“**偷安**”は目前の安楽をむさぼり,将来を考えないこと。偷安(とうあん)。“**偷**”は盗む意。

苟延残喘　gǒuyán-cánchuǎn

动宾 何とか生き長らえる。辛うじて余命をつなぐ。気息奄々(えんえん)。“**苟延**”は無理に引き延ばす。“**残喘**”は瀕死(ひんし)のあえぎ,虫の息。

狗苟蝇营 gǒugǒu-yíngyíng
并列 犬のようにふるまい, 蝿(はえ)のように飛び回る。☞"蝇营狗苟"(yíngyíng-gǒugǒu)

狗急跳墙 gǒují-tiàoqiáng
假设 犬は追い詰められると塀を跳び越える;悪人は逃げ場を失うと捨て鉢の行動に出る。窮鼠猫をかむ。¶ **要提高警惕, 防备敌人～。**警戒心を高め, 敵が破れかぶれの反撃に出るのを防がなければならない。

狗尾续貂 gǒuwěi-xùdiāo
主谓 犬の尾を貂(てん)に接ぐ;(任官者が多すぎて貂の尾が足りないので)犬の尾を貂に代用する。(文学作品などについて)優れた作品の後にくだらない作品を続けることのたとえ。前後の釣り合いがとれない。"貂"はてん。古代の皇帝の侍従は貂の尾を冠の飾りに用いた。

狗血喷头 gǒuxuè-pēntóu
状中 犬の血を頭から浴びせかける;口汚く罵ることのたとえ。¶ **被骂得～。**あしざまに罵られる。"狗血淋头"(gǒuxuè-líntóu)とも。

狗仗人势 gǒu-zhàngrénshì
主谓 犬が人の威を借る;悪人が勢力を笠(かさ)に着て人をいじめる。虎の威を借る狐。¶ **你别～。**後ろ盾があるからって威張るなよ。

gu

沽名钓誉 gūmíng-diàoyù
并列 手段を弄(ろう)して名誉を求める;売名行為をする。"沽"は買う。"钓"は釣る, だましとる。

孤芳自赏 gūfāng-zìshǎng
主谓 孤高の士をもって自任する;自己陶酔する。お高くとまる。"芳"はかぐわしい花。¶ **他看不到自己的缺点, 还在那里～。**彼は自分の欠点に気づかず, まだあんなふうに独り善がりをしている。

孤家寡人 gūjiā-guǎrén
并列 君主の自称;大衆から浮き上がって, 孤立無援の人物を指す。古代の君主は自らを"**孤家**""**寡人**"などと称した。¶ **他高高在上, 结果成了～。**彼はお高くとまって浮き上がってしまい, 結局は孤立無援の状態に陥ってしまった。

孤苦伶仃 gūkǔ-língdīng
并列 身寄りがなく独りぼっちである。"**孤苦**"は寄る辺がなく困苦している。"**伶仃**"は"**零丁**"とも, 独りぼっちなさま。

孤陋寡闻 gūlòu-guǎwén
并列 見聞が狭く学識が浅い。¶ **她过去大门不出, 二门不迈, 自然～。**彼女はこれまで自分の家から一歩も出ようとしなかったため, 自然世間知らずになってしまった。

孤掌难鸣 gūzhǎng-nánmíng
主谓 孤掌鳴り難し;片方の手だけでは打ち鳴らすことができない。自分一人の力では何事も成し得ない。¶ **单丝不线, ～。**一本の繊維では糸に成らず, 片方の手では音を出せない。

孤注一掷 gūzhù-yīzhì
主谓 孤注一擲(こちゅういってき);賭博(とばく)で, 最後に有り金を全部賭けて勝負する。追い詰められて一か八かの勝負に出る。のるかそるか。乾坤(けんこん)一擲。一擲乾坤を賭す。"**注**"は賭博にかける金品。"**孤注**"は有り金のすべて。"**掷**"は賽(さい)を振る。

姑妄听之 gū-wàngtīngzhī
状中 ひとまず聞いておく;(必ずしも信じているわけではないが)一応聞いておく。"**姑**"はしばらく, ひとまず。"**妄**"はいいかげんに。¶ **这种传闻只能～。**この手のうわさ話はひとまず聞き流しておくことだ。

姑妄言之 gū-wàngyánzhī
状中 ひとまず話しておく;(明確な根拠はないが)一応話しておく。

姑息养奸　**gūxī-yǎngjiān**

条件 扱いが寛容に過ぎると悪人をはびこらせる。“**姑息**”は大目に見る，甘やかす。¶**对坏人坏事要及时严肃处理，不能～。**悪人や悪事には時を移さず厳しく対処して，大目に見てのさばらせることのないようにしなければならない。

古色古香　**gǔsè-gǔxiāng**

并列 古色蒼然（そうぜん）としている；（書画や器物が）いかにも古めかしい。時代がかっている。¶**～的家具。**古色蒼然とした家具。

古往今来　**gǔwǎng-jīnlái**

并列 古往今来（こおうこんらい）；昔から今まで。¶**杭州西湖～一直是著名的游览胜地。**杭州の西湖は古来景勝の遊覧地として知られている。

古为今用　**gǔ-wéijīnyòng**

主谓 古（いにしえ）を今に役立てる；古いもののかすを捨て，よいところを吸収して今日に役立てる。¶**～，洋为中用。**昔のものを現在に役立て，外国のものを中国のために利用する。

骨鲠在喉　**gǔgěng-zàihóu**

主谓 魚の骨が喉につかえている；言いたいことがあるのに口に出して言えない苦しい胸の内の形容。よく“**不吐不快**”(bùtǔ-bùkuài—吐き出さないことにはつかえがとれない)と連用される。“**鲠**”は骨が喉などに刺さること。

骨瘦如柴　**gǔ-shòurúchái**

主谓 薪のように痩せている；非常に痩せているさま。

蛊惑人心　**gǔhuò-rénxīn**

动宾（デマなどで）人心を惑わせる。“**蛊惑**”は惑わせる。¶**他们惯用甜言蜜语～。**連中はしばしば甘言を用いて人心を惑わせる。

固步自封　**gùbù-zìfēng**

状中 古い殻に閉じこもる。☞“**故步自封**”(gùbù-zìfēng)

固若金汤　**gù-ruòjīntāng**

补充 金城湯池の守り；守りがこの上なく固いことのたとえ。難攻不落である。“**金**”は“**金城**”の略，堅固な城。“**汤**”は“**汤池**”の略，熱湯をたたえた堀，守りの固い堀。

固执己见　**gùzhí-jǐjiàn**

动宾 自説に固執する；かたくなに自分の考えを押し通そうとする。¶**你不要再～了，还是照大家的意见办吧。**いつまでも自説にこだわっていないで，やはりみんなの意見に従ってやってはどうか。

故步自封　**gùbù-zìfēng**

状中 古い殻に閉じこもる；保守的で進歩を求めようとしない。“**故步**”は古いしきたり。“**固步自封**”(gùbù-zìfēng)とも。¶**安于现状，～。**現状に甘んじて進歩を求めようとしない。

故弄玄虚　**gùnòng-xuánxū**

动宾 わざと人を惑わす；はったりをかける。煙（けむ）に巻く。“**玄虚**”はずるい手段，インチキ。¶**他这是～，捉弄你呢！**それはあいつがわざともったいぶって，君を担いでるんだよ。

故态复萌　**gùtài-fùméng**

主谓 古い習慣や欠点が再び現れる；悪い癖がまた出る。¶**没过多久，他又～了。**いくらもたたないうちに，彼はまたしても悪い癖が頭をもたげた。

顾此失彼　**gùcǐ-shībǐ**

对比 一方に気を取られると他方がおろそかになる；事柄が多くて応接しきれない。あちらを立てればこちらが立たぬ。¶**我工作忙得不可开交，常常～。**仕事が忙しくて忙しくて，しばしばきりきり舞いさせられる。

顾名思义　**gùmíng-sīyì**

连动 名を聞いただけで意味がわかる；その名のとおり。¶**基础科学，～就是科学技术的基础理论知识。**基礎科学とは，その名の示すとおり，科学技術の基礎となる理論知識だ。

顾盼自雄　gùpàn-zìxióng
连动 左右を見回してしたり顔をする;いかにも得意そうなさま。“**顾盼**”は得意げに辺りを見回す。“**自雄**”は得意がる,偉そうにする。

顾影自怜　gùyǐng-zìlián
连动 取り残された自分の影を見て自らを哀れむ;自らの孤独な境遇を哀れむ。また,自ら得意になる意にも。自己陶酔する。

gua

瓜熟蒂落　guāshú-dìluò
条件 瓜が熟すると蔕(へた)は自然に蔓(つる)から離れる;機が熟すると事は自然に成る。¶ **看来,这件事已到～的时候了。**どうやらこの件もすでに自然落着の機が訪れたようだ。

瓜田李下　guātián-lǐxià
并列 瓜田李下(かでんりか);嫌疑を受けやすい場所のたとえ。“**瓜田不纳履,李下不正冠**”(guātián bù nà lǚ, lǐxià bù zhèng guān—瓜田にくつを納《い》れず,李下に冠を正さず)から。

刮目相看　guāmù-xiāngkàn
状中 刮目(かつもく)して相見る;目をこすって相手をよく見る。人はしばらく別れている間にめざましい進歩をしているものであるから,昔のままの目で見てはならない。“**刮目相待**”(guāmù-xiāngdài—刮目して待つ)とも。¶ **获奖后大家都对他～了。**受賞してから,みんな彼に対し一目置くようになった。

寡不敌众　guǎ-bùdízhòng
主谓 衆寡敵せず;わずかの人数では,大勢にはかなわない。多勢に無勢。¶ **～,孤不胜群。**衆寡敵せず,多勢にはかなわない。

寡廉鲜耻　guǎlián-xiǎnchǐ
并列 廉恥心がなく恥知らずである;ずうずうしい。破廉恥である。厚顔無恥である。面の皮が厚い。

挂一漏万　guàyī-lòuwàn
对比 一に触れて万を漏らす;(話や記述に)遺漏が甚だ多い。“**挂**”は触れる,言及する。“**漏**”は漏れる。¶ **该说的事实在太多了,我的总结难免有～之处,请大家补充。**お話ししなければならないことが本当にたくさんあって,私の総括はきっと言い落としがあると思いますから,どうか皆さんで補ってください。

guai

拐弯抹角　guǎiwān-mòjiǎo
并列 曲がりくねった道を行く;もって回った話し方をする。¶ **她说话～,一下子摸不清她的真意。**彼女はもって回った話し方をするので,なかなかその真意が測り難い。

怪诞不经　guàidàn-bùjīng
并列 荒唐無稽(こうとうむけい)である;根拠がなくでたらめである。“**怪诞**”は言うことがでたらめである,とりとめがない。“**不经**”は道理に合わない,根拠がない。

guan

官逼民反　guānbī-mínfǎn
因果 官が抑圧すると民は反抗する;支配者が搾取し抑圧するので,人民はやむなく反逆を企てる。“**逼**”は圧迫する。¶ **～,这是历代农民起义的共同特点。**官が抑えつけるから民が立ち上がる,これは歴代の農民蜂起に共通する特徴だ。

官官相护　guānguān-xiānghù
主谓 役人どうしが互いにかばいあう。“**官官相卫**”(guānguān-xiāngwèi)とも。¶ **旧社会～,老百姓无处申冤。**旧社会では役人どうしがかばいあうので,一般人民は無実を晴らすすべがなかった。

官样文章　guānyàng-wénzhāng
定中 お役所式の文章;形式的で内容

に乏しい文章。紋切り型の文章。¶ **他写的东西通通是一些枯燥无味的～。**彼の書くものはいずれもみな無味乾燥な紋切り型の文章だ。

冠冕堂皇　**guānmiǎn-tánghuáng**

[主谓] 見かけは堂々としていて重々しい;外見はもっともらしい。《風》。“**冠冕**”は冠。“**堂皇**”は立派である,堂々としている。¶ **乍听起来,他们讲得倒也～,实际上掺杂着某些个人的偏见。**ちょっと聞くと彼らの言っていることはなかなか立派だが,実際はある種の人々の偏見が入り混じっている。

鳏寡孤独　**guān-guǎ-gū-dú**

[并列] 寄る辺なき人々;生活の支え手を失った,身寄りのない人々。“**鳏**”は男やもめ。“**寡**”は寡婦。“**孤**”は孤児。“**独**”は子供のない老人。

管鲍之交　**guǎnbàozhījiāo**

[定中] 管鮑(かんぽう)の交わり;強い信頼で結ばれたつきあい。春秋時代,斉の管仲と鮑叔牙は生涯変わることのない友情をもって交際したという。『史記』管晏列伝ほか。

管窥蠡测　**guǎnkuī-lícè**

[并列] 竹の管の中から天をのぞき,貝殻で作った杓で大海の水を量る;わずかな知識で遠大な物事を推測する。観察や理解の極めて狭いことのたとえ。管見。蠡測(れいそく)。“**管**”は竹の管。“**蠡**”は貝殻で作ったひしゃく。

管中窥豹　**guǎnzhōng-kuībào**

[状中] 管中より豹を窺う;“**管中窥豹,时见一斑**”(guǎnzhōng-kuībào, shí jiàn yī bān—管を通して豹の毛皮をのぞいても,時には斑点の一つぐらいは見ることができる)を縮めたもの。部分を見て全体を窺い知ることのたとえ。推して全体を知る。また,見識が狭く,物事の一面しか見ていない意にも。¶ ～,**可见一斑。**観察しえた一部分から全体を推し量ることができる。¶ ～,**略见一斑。**同上。

guang

光彩夺目　**guāngcǎi-duómù**

[主谓] 光彩陸離;目を奪うばかりに鮮やかである。まばゆいばかりに美しい。“**光彩**”は光沢と彩色。

光风霁月　**guāngfēng-jìyuè**

[并列] 光風霽月(こうふうせいげつ);雨上がりの爽やかな景色。人格が高潔でさっぱりしていることの形容。“**光风**”は雨上がりの爽やかな風。“**霁月**”は晴れ上がった空に出た月。

光怪陆离　**guāngguài-lùlí**

[并列] 色とりどりの光を放つ;光彩が乱れ散らばるさま。光彩陸離。“**陆离**”は色とりどりなさま。¶ **大都市夜晚的霓虹灯,五颜六色,～,十分好看。**大都市の夜のネオンは色とりどりで,まばゆい光を放ち,なんとも言えぬ美しさだ。

光芒万丈　**guāngmáng-wànzhàng**

[主谓] 遠くまで光芒(こうぼう)を放つ;あたり一面に光を放つ。成果や事跡がいつまでも輝くこと。“**光芒**”は四方に輝く光。

光明磊落　**guāngmíng-lěiluò**

[并列] 公明正大でさっぱりしている;胸にわだかまりがないさま。“**光明**”は公明である。“**磊落**”はわだかまりがない。¶ **他为人～。**彼はすかっとしてわだかまりのない男だ。

光明正大　**guāngmíng-zhèngdà**

[并列] 公明正大である;気持が率直で心にやましいところがない。正々堂々としている。“**正大光明**”(zhèngdà-guāngmíng)とも。

光前裕后　**guāngqián-yùhòu**

[并列] 祖先の名を揚げ,子孫を潤す。人の偉業を称えるのに用いることば。

光天化日　**guāngtiān-huàrì**

[并列] 輝く太陽の下;誰もがはっきり見える場所のたとえ。白日の下。“**光天**”は白昼。“**化日**”は太陽の光。

光阴似箭　**guāngyīn-sìjiàn**
主调 光陰矢のごとし；月日のたつのが速いことのたとえ。¶～，**来到上海不觉两年有余。**瞬く間に日は過ぎ，上海に来ていつのまにか２年余りになる。

光宗耀祖　**guāngzōng-yàozǔ**
并列 先祖の名を上げる。"宗"は宗族，一族。"祖"は祖先，先祖。

广开言路　**guǎngkāi-yánlù**
动宾 広く言論の道を開く。¶**要～，使大家能畅所欲言。**広く言論の道を開き，誰もが言いたいことを言えるようにしなければならない。

广土众民　**guǎngtǔ-zhòngmín**
并列 広大な土地と多数の人口。

gui

归根结底　**guīgēn-jiédǐ**
并列 結局のところ；とどの詰まりは。"归根到底"(guīgēn-dàodǐ)，"归根结蒂"(guīgēn-jiédì)とも。

归心似箭　**guīxīn-sìjiàn**
主调 帰心矢のごとし；(故郷や我が家に)一途に帰りたいと思う。

归真返璞　**guīzhēn-fǎnpú**
并列 本来の素朴な姿に戻る。☞"返璞归真"(fǎnpú-guīzhēn)

规行矩步　**guīxíng-jǔbù**
并列 規範に沿って行動する；古いしきたりを墨守する。"规"はコンパス，"矩"は定規。ここでは共に規則，法則。¶**你不能总是这样～，不知变通。**君はそうしきたりにこだわってばかりいないで，臨機応変に対処しなくてはいかんよ。

诡计多端　**guǐjì-duōduān**
主调 あれこれと悪巧みをする；奸智(かんち)にたける。悪知恵がはたらく。"诡"は悪賢い。"端"は項目。¶**敌人～，不可麻痹大意。**敵はあの手この手を使ってくるから，決して油断してはならない。

鬼斧神工　**guǐfǔ-shéngōng**
并列 入神の技；神業。(建築・彫刻・塑像などが)人間業とは思えないほど優れていること。"神工鬼斧"(shéngōng-guǐfǔ)とも。

鬼哭狼嚎　**guǐkū-lángháo**
并列 (幽鬼が泣き狼がほえるように)大声を張り上げて泣き叫ぶ。《貶》

鬼迷心窍　**guǐ-míxīnqiào**
主调 鬼(幽霊)が心を惑わす；うっかりする。魔が差す。¶**我真是～，把坏人当成了好人。**ほんとにどうかしていた，悪人を善人と思い込んでしまうなんて。

鬼使神差　**guǐshǐ-shénchāi**
并列 (まるで幽鬼か神の指図があったかのように)まったく予期しない結果に出会うこと；まことに意外であることのたとえ。神仏のなせる業。"**神差鬼使**"(shénchāi-guǐshǐ)，"**神使鬼差**"(shénshǐ-guǐchāi)とも。

鬼蜮伎俩　**guǐyù-jìliǎng**
定中 陰険で卑劣なやり口，邪悪な手口。"**蜮**"は伝説上の動物。砂を含んで人に吹きつけるという。"**伎俩**"はやり口，手口。

gun

衮衮诸公　**gǔngǔn-zhūgōng**
定中 地位が高いわりに働きのない役人をあざけっていう。"衮衮"は数が多いこと。お歴々，お偉方。

滚瓜烂熟　**gǔnguā-lànshú**
主调 まるまるとした瓜(うり)がよく熟している；(よく練習していて)すらすらと読めることのたとえ。すっかり暗唱できる。習熟しきっている。¶**把课文背得～。**テキストをすらすら暗唱する。

guo

国色天香　**guósè-tiānxiāng**
并列 天香国色；色美しく香り優れた

G

ぼたんの称。転じて, 美しい女性の形容。絶世の美女。国色。“**天香国色**”(tiānxiāng-guósè)とも。

国泰民安　**guótài-mín'ān**

并列 天下泰平で民は安らかである。

裹足不前　**guǒzú-bùqián**

状中 (足を布で縛りつけたかのように)その場にとどまって前に進まない;ちゅうちょして前に進まない。(ためらいがあって)たじろぐ。尻込みをする。二の足を踏む。¶ **我们绝不能在困难面前～**。我々は決して困難を前にしてたじろいではならない。

过河拆桥　**guòhé-chāiqiáo**

连动 河を渡って橋を取り壊す;目的を達してしまうと恩を忘れる。¶ **～、恩将仇报的人必将受到人们的谴责**。恩義を忘れ, 後足で砂をかけるような人間は, きっとみんなから爪はじきされる。

过目成诵　**guòmù-chéngsòng**

条件 一度目を通しただけで暗唱することができる;記憶力が非常に優れていることのたとえ。¶ **他从小就聪明过人, 看书～**。彼は子供の頃から人並み優れて聡明で, 本を一遍読んだだけですぐ覚えてしまった。

过眼云烟　**guòyǎn-yúnyān**

定中 眼前をよぎる雲か煙;過ぎ去ってとどまらないもの, 容易に消え去るもののたとえ。“**过眼烟云**”(guòyǎn-yānyún)とも。¶ **富贵荣华都是～**。富貴も栄華もすべて幻のようにはかないものである。

过犹不及　**guò-yóubùjí**

主谓 過ぎたるはなお及ばざるがごとし;ほどよい程度を超えた行き過ぎは足りないのと同じで, どちらもよくないことである。『論語』先進篇に見える孔子のことば。

H

海市蜃楼

hai

海底捞月　**hǎidǐ-lāoyuè**
[状中] 海底に月をすくう;まったく望みのない努力をすることのたとえ。むだ骨を折る。“**水中捞月**”(shuǐzhōng-lāoyuè)とも。¶～**一场空**。骨折り損のくたびれもうけ。

海底捞针　**hǎidǐ-lāozhēn**
[状中] 海底から針を拾う;極めて困難なこと,ほとんど見込みのないことのたとえ。“**大海捞针**”(dàhǎi-lāozhēn)とも。

海角天涯　**hǎijiǎo-tiānyá**
[并列] 海のかなた空の果て。☞“**天涯海角**”(tiānyá-hǎijiǎo)

海枯石烂　**hǎikū-shílàn**
[并列] 海枯れ石ただる;長い時間が経過する形容。多く,誓いのことばなどで,意志が固くいつまでも心変わりしないことを言うのに用いる。とことわに。¶～,**此心不移**。永遠にこの心は変わらない。

海阔天空　**hǎikuò-tiānkōng**
[并列] 天地の果てしないさま。転じて,言うことや考えることがとてつもなく大きいこと,広く限りないことのたとえ。茫漠(ぼうばく)としてつかみどころがない。¶**两人都很健谈**,～,**聊起来没个完**。二人とも話好きで,あれからこれへと,話し始めたら尽きるところを知らない。

海市蜃楼　**hǎishì-shènlóu**
[并列] 蜃気楼(しんきろう);光の異常屈折により,空中や地上に物が存在するように見える現象。海市。転じて,むなしいもののたとえ。空中楼閣。幻。“蜃”ははまぐり。はまぐりの吐く息によって生じると考えられたところから。

海誓山盟　**hǎishì-shānméng**
[并列] 固く愛を誓う;愛情が海や山のようにいつまでも変わらないことを誓う。共に白髪の生えるまで。“**山盟海誓**”(shānméng-hǎishì)とも。

海外奇谈　**hǎiwài-qítán**
[定中] 海外の奇談;何の根拠もないでたらめな話。荒唐無稽(こうとうむけい)の議論。根も葉もない話。

海晏河清　**hǎiyàn-héqīng**
[并列] 海穏やかにして河清し。☞“**河清海晏**”(héqīng-hǎiyàn)

骇人听闻　**hài-réntīngwén**
[动宾] 人の耳を驚かす;聞く人をびっくりさせる。¶～**的事件**。驚くべき恐ろしい事件。

害群之马　**hàiqúnzhīmǎ**
[定中] 仲間に害を及ぼす馬;集団の団結を損なう人物。大勢の人に迷惑を及ぼす人物。獅子(しし)身中の虫。¶**这个～,真让人为难**。この厄介者には,まったく困ったものだね。

han

邯郸学步　**hándān-xuébù**
[状中] 邯鄲(かんたん)に歩を学ぶ;自分の本分を忘れて他人のまねをし,何もかも中途半端に終わってしまうことのたとえ。邯鄲の歩み。ある男が趙の都の邯鄲に行って,都の人々の歩き方にひかれてそれをまねたが身につかず,自分の歩き方まで忘れてしまったという。『荘子』秋水。

含苞待放　**hánbāo-dàifàng**
连动 花がつぼみを膨らませて今にも綻びそうである。

含垢忍辱　**hángòu-rěnrǔ**
并列 垢(はじ)を含み辱めを忍ぶ；じっと屈辱に耐える。“**忍辱含垢**”(rěnrǔ-hángòu)とも。

含糊其辞　**hánhu-qící**
动宾 ことばをあいまいにする；ことばを濁す。“**含糊**”はいいかげんにする，おろそかにする。

含沙射影　**hánshā-shèyǐng**
连动 砂を含み影を射る；ひそかに人を傷つける。暗に人を中傷する。水中にすむ蜮(よく)という虫は，人を見ると砂を含んで人の影に吹きかけ，かけられた人は病に陥るという言い伝えから。

含辛茹苦　**hánxīn-rúkǔ**
并列 辛酸をなめる；苦労を耐え忍ぶ。“**茹**”は食う，(辛酸・苦杯などを)なめる。“**茹苦含辛**”(rúkǔ-hánxīn)とも。¶ **他在旧社会～地度过了大半生。**彼は旧社会で辛酸をなめながら人生の大半を過ごした。

含血喷人　**hánxuè-pēnrén**
连动 血を含んで人に噴く；デマを飛ばして人を傷つける。あくどく人を中傷する。¶ **信口胡说，～。**根も葉もないことを言い触らし，著しく人を傷つける。

含英咀华　**hányīng-jǔhuá**
并列 文章の精華をよく味わう；熟読玩味(がんみ)する。味読する。“**英**”“**华**”は共に花，(文章の)精華。“**咀**”はかむ，味わう。

汗流浃背　**hànliú-jiābèi**
主谓 汗が流れて，背中をびっしょりにする；全身大汗をかいているさま。体中汗だくになる。また，非常に恐れたり恥じ入ったりするさま。“**浃**”は染み通る。¶ **累得～。**疲れて汗びっしょりだ。

汗马功劳　**hànmǎ-gōngláo**
定中 汗馬の労；馬が汗をかくほど駆け回った働き。戦場での功労。広く，献身的な貢献。¶ **为夺取团体冠军立下了～。**団体優勝の獲得に大きな貢献をした。

汗牛充栋　**hànniú-chōngdòng**
并列 汗牛充棟；蔵書が非常に多いことの形容。“**汗牛**”は牛が汗をかくほど重いこと，“**充栋**”は棟木(むなぎ)につかえるほど多いことをいう。

hang

沆瀣一气　**hàngxiè-yīqì**
主谓 気脈を通じる。唐代，科挙の試験官崔沆(さいこう)が門下生の崔瀣(さいかい)を合格にしたところ，人々がこれを皮肉って，“**座主门生，沆瀣一气**”(試験官と門下生，沆と瀣とは一つ穴のむじな)と歌ったという。

hao

毫厘不爽　**háolí-bùshuǎng**
主谓 寸分の狂いもない；ほんの少しもたがわない。“**毫**”“**厘**”はともに極めて小さい長さの単位。“**爽**”はそむく，たがえる。

毫无二致　**háowú-èrzhì**
动宾 なんら違いがない；完全に一致する。“**二致**”は異なる所，違い。¶ **他们对这个问题的见解同我～。**彼らのこの問題に対する見解は，私と完全に一致している。

豪放不羁　**háofàng-bùjī**
并列 不羈奔放(ふきほんぽう)である；太っ腹でこせこせしない。

豪情壮志　**háoqíng-zhuàngzhì**
并列 豪放な気概と壮大な志。¶ **满怀～。**大きな志を抱き軒昂(けんこう)たる意気込みだ。

豪言壮语　**háoyán-zhuàngyǔ**
并列 気迫に満ちたことば；意気盛んなことば。豪語。

好事多磨 **hǎoshì-duōmó**
主谓 好事魔多し;よい事やうまくいきそうな事にはとかく邪魔が入りやすいものである。月にむら雲,花に風。“**磨**”は障害。

好说歹说 **hǎoshuō-dǎishuō**
对比 あれこれ説いて聞かせる;あの手この手で説得したり頼み込んだりする。おだてたりすかしたり。¶ **~才说服了他**。あれこれ話してようやく彼を説得した。

好大喜功 **hàodà-xǐgōng**
并列 大事をなし功績を挙げようとする;やたらに手柄を立てたがる。とかく功を焦る。スタンドプレーを好む。

好高骛远 **hàogāo-wùyuǎn**
并列(現実離れした)高遠な理想·目標を追い求める;高望みをする。多く学習に関して。“**骛**”は馬を速く走らせること,転じて追求する。“**好高务远**”(hàogāo-wùyuǎn)とも。¶ **要脚踏实地,不要~**。しっかりと地に足をつけて,高望みばかりしていてはいけません。

好为人师 **hào-wéirénshī**
动宾 好んで人の師となる;教師面をしたがる。やたらに人に説教したがる。『孟子』離婁·上に見える語。¶ **他骄傲自满,~,自以为了不起**。彼はうぬぼれ屋で,やたらに教師面をしたがり,自分を大したものだと思い込んでいる。

好逸恶劳 **hàoyì-wùláo**
并列 逸を好んで労をいとう;安逸を貪り,労働するのを嫌がる。楽ばかりしたがる。¶ **不能养成~的坏习惯**。安逸を貪り楽ばかりしたがる悪い習慣を養ってはならない。

浩如烟海 **hào-rúyānhǎi**
补充 広きこと雲海のごとし;海原のように広い。書物や資料が非常に多いことのたとえ。¶ **~的历史文献**。膨大な歴史的文献。

he

何乐不为 **hélè-bùwéi**
动宾 どうして喜んでしないことがあろうか;喜んで致します。“**何乐而不为**”(hé lè ér bù wéi)とも。

何去何从 **héqù-hécóng**
并列 いずれを去りいずれに従うか;どれを捨てどれを選ぶか。多くは,身の振り方や重大な問題の選択に関して。¶ **摆在你们面前有两条路,~,请你们自己抉择**。諸君の前には二本の道がある。いずれを歩むかは,自身で決めてもらいたい。

何足挂齿 **hézú-guàchǐ**
动宾 どうして持ち出すに値しようか;取り上げるまでもない。言うに足らぬ。《謙》。“**挂齿**”は話題として持ち出す。¶ **区区小事, ~?** ほんの些細な事で,取り上げるに足りません。

和风细雨 **héfēng-xìyǔ**
并列 穏やかに吹く風と静かに降る雨;人を諭したり導いたりする時の態度や方法が穏やかなことの形容。

和盘托出 **hépán-tuōchū**
状中 盆ごと差し出す;洗いざらいぶちまける。包み隠さず打ち明ける。“**和**”は,…ごと。¶ **他把积压在心里的话~,两人终于解除了误会**。彼が心の中のわだかまりを洗いざらいぶちまけ,ふたりの間のわだかまりはようやく解けた。

和颜悦色 **héyán-yuèsè**
并列 顔を和らげ色を悦ばす;表情がにこやかなさま。穏やかな顔つき。¶ **他对下属总是~的,我从来没有见过他发脾气**。彼は部下に対していつもにこやかに接していて,これまで当たり散らすのを見たことがない。

和衷共济 **hézhōng-gòngjì**
状中 心を合わせ共に川を渡る;協力して一緒に仕事をする。“**和衷**”は心を合わせる。¶ **大敌当前,我们应该万**

众一心，～。大敵を前にし，我々は心を一つにして，協力して助け合わなければならない。

河清海晏　**héqīng-hǎiyàn**

并列 河清くして海穏やか；黄河の水は清く澄み，大海の波も静かである。天下太平である。“**海晏河清**”(hǎiyàn-héqīng)とも。

涸辙之鲋　**hézhézhīfù**

定中 轍(わだち)の鮒(ふな)；車が通った跡の涸(か)れかかった水たまりの中にいる鮒。ひどく危急に瀕(ひん)する者，危急が差し迫って救助を待つ人のたとえ。轍鮒(てっぷ)。

赫赫有名　**hèhè-yǒumíng**

状中 名声赫々(かくかく)；広く名声が知れ渡っている。“**赫赫**”は誰の目にも明らかなさま。

鹤发童颜　**hèfà-tóngyán**

并列 鶴髪童顔；鶴の羽のように白い髪と子供のようにつやつやした顔。老人の血色がよいことの形容。“**童颜鹤发**”(tóngyán-hèfà)とも。¶**这位～的老人，已经有九十多岁的高龄了**。この童顔鶴髪の老人は，すでに九十幾つにもなる高齢だ。

鹤立鸡群　**hè-lìjīqún**

主谓 鶴の鶏群に立つがごとし；鶏の群れの中に一羽だけ鶴が混じっているようだ。凡人の中に一人だけ容姿や才能の特に優れた人が交じっていることのたとえ。掃き溜めに鶴。鶏群の一鶴。『世説新語』容止に見える“**卓卓如野鹤之在鸡群**”(まるで鶴が鶏の群れの中に立つように傑出している)という語から。

hei

黑白分明　**hēibái-fēnmíng**

主谓 白黒がはっきりしている；是非・善悪が明らかである。¶**是非清楚，～**。是非が明らかで，白黒がはっきりしている。

heng

横冲直撞　**héngchōng-zhízhuàng**

并列 しゃにむに突進する；がむしゃらに突き進む。“**横冲直闯**”(héngchōng-zhíchuǎng)とも。¶**骑车可不能～，要严格遵守交通规则**。自転車に乗ってめちゃくちゃに走るのはよくない，厳しく交通規則を守る必要がある。

横眉怒目　**héngméi-nùmù**

并列 眉をつりあげ目を怒らす；険しい目つきでにらむ。目角を立てる。“**横眉努目**”(héngméi-nǔmù)，“**横眉立目**”(héngméi-lìmù)とも。

横七竖八　**héngqī-shùbā**

并列 ごたごたと入り乱れたさま。¶**小屋里～地堆着各式各样的东西**。小さな部屋の中にはさまざまの物が乱雑に積まれている。

横生枝节　**héngshēng-zhījié**

动宾 予想外の問題が派生する。“**横生**”は植物が生い茂る，はびこる。転じて，意外な事が起こる，邪魔が入る。“**枝节**”は枝葉，末節。転じて，こまごまとした問題。¶**问题本来已经解决了，偏偏她又～，事情才又搁置下来**。問題はもともともうすでに解決済みだったのに，彼女が横からごちゃごちゃ言い出したので，また放置されることになった。

横行霸道　**héngxíng-bàdào**

并列 権勢をたのんで横暴なふるまいをする；わがもの顔にのさばり返る。没義道(もぎどう)なことを平気でする。“**横行**”は横暴なことをする，のさばる。“**霸道**”は横暴である，道理をわきまえない。¶**地主恶霸～的年代一去不复返了**。地主や悪徳ボスが威張りちらしていた時代は二度と戻ってはこない。

横行无忌　**héngxíng-wújì**

补充 我が物顔にのさばり返る；何はばかることなく横暴の限りを尽くす。

横征暴敛　héngzhēng-bàoliǎn
[并列] 苛斂誅求(かれんちゅうきゅう)する；厳しく重税を取り立てる。¶～，**民不聊生。**重税に苦しみ，民は安心して生活できない。

hong

轰轰烈烈　hōnghōnglièliè
[并列] 勢い盛んなさま；気魄(きはく)に満ちているさま。¶**一场增产节约的群众运动～地开展起来了。**増産節約の大衆運動が激しく展開された。

烘云托月　hōngyún-tuōyuè
[并列] 周りに薄く雲を描いて月の形を浮き出させる；正面から描かずに側面から写すことによってそのものを際立たせる。周りとの対照によって，中心のものを引き立たせる。"**烘托**"は，周りに墨を塗って他を浮き出させる絵画の手法。

洪水猛兽　hóngshuǐ-měngshòu
[并列] 洪水と猛獣；大水とたけだけしい獣；極めて大きな災いのたとえ。『孟子』滕文公·下に見える語。

鸿篇巨制　hóngpiān-jùzhì
[并列] 一大巨篇；大著，大作。

hou

后发制人　hòufā-zhìrén
[连动] 後手(ごて)に回って好機を捉える；後から打って出て相手を制する。"**先发制人**"(xiānfā-zhìrén)に対して。

后顾之忧　hòugùzhīyōu
[定中] 後顧の憂え；あとあとの心配。残された者への気遣い。¶**如果这个问题彻底解决，就可以避免～了。**この問題がすっかり解決されたならば，後顧の憂えを取り除くことができる。

后患无穷　hòuhuàn-wúqióng
[主调] あとあとの心配が絶えない；災いがいつまでも続く。¶**滥伐森林，～。**森林を乱伐すると，のちのち大きな災禍を招く。

后继无人　hòujì-wúrén
[主调] 後継者がいない；後継ぎがない。"**后继有人**"(hòujì-yǒurén)に対して。¶**我们有许多具有运动才能的青年，不愁体育事业～。**我々には運動の才をもつ青年が大勢いるので，スポーツ事業に後継者が絶える心配はない。

后继有人　hòujì-yǒurén
[主调] 後継に人を得る；よい後継者がいる。"**后继无人**"(hòujì-wúrén)に対して。¶**我们的事业～。**我々の事業はしっかりした後継者がいる。

后来居上　hòulái-jūshàng
[主调] 後から来た者が先に進んでいた者を追い越す；後輩が先輩を追い抜く。後の雁(かり)が先になる。¶**～是事物发展的普遍规律。**後から来た者が先の者を追い越すのは，事物発展の普遍の法則だ。

后起之秀　hòuqǐzhīxiù
[定中] 後から現れた優秀な人物；優れた新人。¶**这些～很快就超过了他们的前辈。**これら優秀な後輩はたちまちのうちに彼らの先輩を追い越してしまった。

后生可畏　hòushēng-kěwèi
[主调] 後生畏(おそ)るべし；自分より後から生まれてくる者は，将来の可能性を秘めているから，畏れ敬うに値する。『論語』子罕篇に見える孔子の語から。¶**青年人常常超过前辈，"～"就是这个意思。**若い人がしばしば先輩たちを追い越す，「後生畏るべし」とはこのことだ。

厚此薄彼　hòucǐ-bóbǐ
[对比] 一方を厚くし一方を薄くする；一方を重視し他方を軽視する。不公平な扱いをする。えこひいきをする。

厚颜无耻　hòuyán-wúchǐ
[并列] 厚顔無恥である；厚かましく恥知らずである。鉄面皮である。面の皮が厚い。

hu

呼风唤雨　hūfēng-huànyǔ
并列 風を呼び雨を喚(よ)ぶ;もと,道士の幻術を指した。いま,自然を意のままに支配する力のたとえ。また,反動勢力の常軌を逸した扇動行為のたとえ。

呼之欲出　hūzhīyùchū
兼语 呼べば出てきそうである;声をかければ今にも絵の中から抜け出してきそうである。作中人物の描写が生き生きとしていることのたとえ。

囫囵吞枣　húlún-tūnzǎo
状中 なつめを丸ごと吞み込む;物事をよく分析して検討を加えないで,他人の言うことをそのまま聞く。胡椒(こしょう)の丸吞み。うのみ。“**囫囵**”はそのまま,丸ごと。¶ **读书～,就不能深刻理解书中含义。**本に書いてあることをうのみにしていては,内容を深く理解することはできない。

狐假虎威　hú-jiǎhǔwēi
主谓 狐が虎の威を借りる;権勢ある者の力に頼り威張りちらす。虎の威を借る狐。“**假**”は借る,頼る。『戦国策』楚策·一に見える寓話から。¶ **～,欺压百姓。**お上の権力を笠に着て,庶民を痛めつける。

狐朋狗党　húpéng-gǒudǎng
并列 狐や狗(いぬ)の仲間。☞“**狐群狗党**”(húqún-gǒudǎng)

狐群狗党　húqún-gǒudǎng
并列 狐の群れと狗(いぬ)の仲間;ろくでもない者の集まり。徒党を組んだ悪者の集まり。“**狐朋狗党**”(húpéng-gǒudǎng)とも。

胡搅蛮缠　hújiǎo-mánchán
并列 道理をわきまえないふるまいをする;やたらに絡む。没義道(もぎどう)なことをする。¶ **再跟我～,我就不客气了。**これ以上絡んでくるなら,こちらも手加減しないぞ。

胡说八道　húshuō-bādào
并列 でたらめを言う;口から出任せにしゃべる。¶ **别听他～。**彼のたわ言に耳を貸してはならない。

胡思乱想　húsī-luànxiǎng
并列 あれこれとつまらぬことを考える;妄想をたくましくする。¶ **别一个人关在屋里～了,咱们一起去散散步吧!** 一人で部屋に閉じこもってつまらないことを考えていないで,一緒に散歩に行こうよ。

胡言乱语　húyán-luànyǔ
并列 あれこれとつまらぬことをしゃべる;口から出任せにしゃべる。¶ **满口～。**妄言をほしいままにする。

胡作非为　húzuò-fēiwéi
并列 好き放題にふるまう;誰はばかることなく悪事をはたらく。

虎踞龙盘　hǔjù-lóngpán
并列 虎うずくまり,竜わだかまる;地形が入り組んで険しいさま。“**踞**”はうずくまる。“**盘**”は“**蟠**”とも,曲がりくねる,巡る。“**龙盘虎踞**”(lóngpán-hǔjù)とも。

虎口拔牙　hǔkǒu-báyá
状中 虎の口から牙を抜く;無謀で危険な行為のたとえ。虎口を探る。虎の尾を踏む。

虎口余生　hǔkǒu-yúshēng
定中 虎口を逃れて命拾いをする;九死に一生を得る。

虎视眈眈　hǔshì-dāndān
主谓 虎視眈々(たんたん);(虎が獲物を狙うように)隙あらばと,じっと窺うさま。“**眈眈**”は鋭く見つめるさま。

虎头蛇尾　hǔtóu-shéwěi
对比 頭は虎のように立派であるのに,尾は蛇のように貧弱であること;出だしはすばらしいが,終わりはふるわないこと。頭でっかち尻すぼまり。竜頭蛇尾。¶ **办事要始终如一,不能～。**仕事は終始一貫してやるべきで,竜頭蛇尾であってはならない。

虎穴龙潭　**hǔxué-lóngtán**
并列 虎のすむ穴と竜のすむ淵(ふち)。☞“龙潭虎穴”(lóngtán-hǔxué)

虎跃龙腾　**hǔyuè-lóngténg**
并列 (虎や竜が躍るように)極めて威勢のよいさま。☞“龙腾虎跃”(lóngténg-hǔyuè)

户枢不蠹　**hùshū-bùdù**
主谓 とぼそ虫食わず;常に活動しているものは沈滞したり腐敗したりしない。転石苔(こけ)を生ぜず。“户枢”はとぼそ。開き戸を開閉する軸となる所。『呂氏春秋』に見える語。¶ **流水不腐,～**。流水腐らず,とぼそ虫食わず。

怙恶不悛　**hù'è-bùquān**
补充 悪事を働き続けて改めようとしない;改悛(かいしゅん)の情が見られない。¶ **对于～的反革命分子,必须依法严惩**。悔い改めようとしない反革命分子は,法に照らして厳罰を加えなければならない。

hua

花好月圆　**huāhǎo-yuèyuán**
并列 花は満開,月は満月;円満で仲睦まじいことの形容。多く婚礼の祝辞に用いる。

花天酒地　**huātiān-jiǔdì**
并列 酒色の限りを尽くす生活の形容。“花”は女,妓女。¶ **那些贪官们整天～**。かの腐敗官吏どもは朝から晩まで酒色にふけっている。

花团锦簇　**huātuán-jǐncù**
并列 花が群生し,錦が集まる;色とりどりであでやかなさま。“团”“簇”は共に群がる,集まる。

花言巧语　**huāyán-qiǎoyǔ**
并列 口先だけのうまいことば;美辞麗句。¶ **不要上他～的当!** 彼の甘言にだまされないように。

花枝招展　**huāzhī-zhāozhǎn**
主谓 花をつけた枝が風に揺れる;女性の派手に着飾ったさま。

华而不实　**huá'érbùshí**
转折 花は咲くが実を結ばない;見掛けは立派だが中身がない。見掛け倒し。¶ **写文章切忌空洞无物,～**。文章を書くには,中身が空っぽで見掛け倒しにならないように,切に戒めなければならない。

哗众取宠　**huázhòng-qǔchǒng**
目的 派手に立ち回って大衆の歓心を買う;大衆の人気に投ずる。“哗”は騒ぐ,騒ぎ立てる。¶ **要实事求是,不要～**。実際に基づいて着実に行うべきであって,スタンドプレーをすべきでない。

化为乌有　**huàwéi-wūyǒu**
动宾 烏有(うゆう)に帰す;何もかもなくなる。すっかりなくなる。“乌有”はいずくんぞあらんや,どこにもない,何もない。¶ **听到胜利的喜讯,几天行军的疲乏,一下子～**。勝利の知らせを聞いて,何日もの行軍の疲れが,たちまち吹っ飛んでしまった。

化险为夷　**huàxiǎnwéiyí**
兼语 危険な状態を安全な状態に変える;窮地を救う。“夷”は平らかな,穏やかな。¶ **经过一场激烈的战斗,终于～**。激しい戦いの末,ついに窮地を脱した。

画饼充饥　**huàbǐng-chōngjī**
目的 絵に描いた餅(もち)で飢えをしのぐ;空想で自己を慰める。¶ **他提的这个方案,依我看简直是～,根本没法实现**。彼の提案したこの方法は,私の見るところではまるで絵に描いた餅で,まったく実現の見込みがない。

画地为牢　**huàdì-wéiláo**
目的 地面に円を描いて牢獄と見なす;行動を定められた範囲内に限定する。

画龙点睛　**huàlóng-diǎnjīng**
连动 画竜点睛(がりょうてんせい);最後にわずかに手を加えることによって,全体を一層引き立たせる。梁の画家・張僧繇

（ちょうそうよう）が寺の壁に竜を描き，最後に睛（ひとみ）を描き入れると，竜はたちまち天に昇っていったという故事から。『歴代名画記』に見える。¶ **这篇文章的最后两句话起着～的作用。**この文章の最後の二句が画竜点睛の役割を果たしている。

画蛇添足　huàshé-tiānzú
连动 蛇を画（えが）きて足を添う；余計な付け足しをする。蛇足（だそく）。蛇の絵を画く競争で，先に描き上げた男が勢い余って足を付け加えたために負けになったという故事から。『戦国策』斉策・二。¶ **故事再讲下去就成了～，反而索然无味了。**物語はこれ以上続けると蛇足となり，かえって興ざめになってしまう。

huai

怀才不遇　huáicái-bùyù
转折 才を懐くも遇わず；才能がありながら世に認められない。

huan

欢蹦乱跳　huānbèng-luàntiào
并列 元気よく活発に跳びはねる。“**活蹦乱跳**”（huóbèng-luàntiào）とも。¶ **幼儿园里的孩子个个都是～的。**幼稚園の子供たちはみな元気に跳ね回っている。

欢呼雀跃　huānhū-quèyuè
并列 大声をあげて小躍りして喜ぶ；欣喜雀躍（きんきじゃくやく）する。

欢天喜地　huāntiān-xǐdì
并列 大喜びする形容；喜び勇む。有頂天になる。¶ **～迎新年。**大喜びで新年を迎える。

欢欣鼓舞　huānxīn-gǔwǔ
并列 躍り上がって喜ぶ；欣喜雀躍（きんきじゃくやく）する。

缓兵之计　huǎnbīngzhījì
定中 敵の進攻を遅らせる策略；引き延ばし戦術。時間稼ぎの策。

患得患失　huàndé-huànshī
并列 損得に心を悩ます；手に入らない間は手に入るだろうかと心配し，手に入った後は失いはしないかと悩む。利害得失にくよくよする。¶ **～，自寻烦恼。**損得を気にして，くよくよしてばかりいる。

患难与共　huànnàn-yǔgòng
主谓 艱難（かんなん）を共にする。¶ **我们是～的朋友。**我々は艱難辛苦を共にした仲だ。

焕然一新　huànrán-yīxīn
状中 ぱっと新しくなる；面目を一新する。“**焕然**”は明るいさま。¶ **北京前门城楼经过修整，已经～。**北京の前門の城楼は修理が施されて，すっかり新しくなった。

huang

荒诞无稽　huāngdàn-wújī
并列 荒唐無稽（こうとうむけい）である；でたらめで信用できない。“**稽**”は調べる，考える。¶ **～的传闻。**何のよりどころもないうわさ話。

荒谬绝伦　huāngmiù-juélún
补充 でたらめ極まる。“**荒谬**”はでたらめである，理屈に合わない。“**绝伦**”は比類がない。¶ **他的理论～。**彼の論理はまったくでたらめで，話にならない。

荒时暴月　huāngshí-bàoyuè
并列 不作の歳月；凶作の年。また，端境期。

荒淫无耻　huāngyín-wúchǐ
并列 淫乱で恥知らずである；酒色におぼれ恥を知らない。

黄粱美梦　huángliáng-měimèng
定中 黄粱（こうりょう）一炊の夢；人生の栄華のはかないことのたとえ。唐の時代，盧生（ろせい）という若者が，趙の都邯鄲（かんたん）で道士から枕を借り，黄粱を一度炊（かし）ぐほどのわずかな時間に，人の一生の栄枯盛衰のすべてを夢に見たという故事から。『枕中記』。邯鄲の夢。“**黄粱梦**”(huángliángmèng),“**一枕黄粱**”(yīzhěn-huángliáng)とも。

惶恐不安　huángkǒng-bù'ān
补充 恐れおののき落ち着かないさま;内心びくびくするさま。

恍然大悟　huǎngrán-dàwù
状中 はっと悟る;疑問などが急に解ける。“**恍然**”は急に悟るさま。¶**这事经过你一指点,我才～**。今度の事はあなたに指摘されて,初めてはっと悟りました。

恍如隔世　huǎngrú-géshì
动宾 隔世の感がある。“**恍如**”はあたかも…のようだ。

hui

灰心丧气　huīxīn-sàngqì
并列 失敗して気落ちする;意気消沈する。“**灰心**”は気落ちする。“**丧气**”はしょげ返る。¶**虽然试验没有成功,但他一点也没有～**。実験は失敗に終わったが,彼は少しも気落ちした様子がない。

挥汗如雨　huīhàn-rúyǔ
主谓 汗を拭うと雨のようになる;暑くて汗が流れ滴るさま。

挥金如土　huījīn-rútǔ
主谓 金銭をまるで土くれのごとくまきちらす;金を湯水のように使う。金銭を浪費する。¶**有些娇生惯养的富二代～**。一部の甘やかされて育った成金二世は金銭の浪費が目に余る。

挥洒自如　huīsǎ-zìrú
补充 (意の赴くままに)縦横に筆をふるう。

回肠荡气　huícháng-dàngqì
并列 腸がねじれ心が揺れる;(音楽や文章が)感情がこもっていて美しい。余韻嫋々(じょうじょう)としている。“**荡气回肠**”(dàngqì-huícháng)とも。

回光返照　huíguāng-fǎnzhào
主谓 夕日が照り返す;太陽が沈む直前に一時空が明るくなること。人が死の直前に一時的に元気を取り戻すこと,事が亡びる寸前に一時的に勢いを得ることのたとえ。灯火(ともしび)消えんとして光を増す。“**回光**”は夕日の反射光線。

回头是岸　huítóu-shì'àn
条件 振り返れば救いの岸あり;悔い改めれば救われる。改心すれば救いがある。

回味无穷　huíwèi-wúqióng
主谓 味わいが尽きない;尽きせぬ魅力がある。“**回味**”はじっくりとかみしめる味。後味。¶**这篇文章含意深刻,使人～**。この文章は含蓄に富んでいて,味わいが尽きない。

回心转意　huíxīn-zhuǎnyì
并列 思い直して態度を改める;翻意する。考え直す。多くは,恨みなどを捨てて仲直りする場合に用いる。¶**即使你磨破嘴唇也休想使他～**。君が口を酸っぱくして言ったところで,彼に思い改めさせることなどありえない。

悔不当初　huǐ-bùdāngchū
动宾 あの時あんな事をしなければよかったのにと後悔する。後悔先に立たず。¶**早知如此,～**。こんな事になると初めにわかっていたら,あんな事をしなかったのに。

悔过自新　huǐguò-zìxīn
连动 過ちを悔いて新たに出直す;真人間になる。¶**他对自己的错误有了认识,表示要～**。彼は自分の過ちに気づき,もう一度出直したいと言っている。

悔之莫及　huǐzhī-mòjí
补充 悔いても間に合わない;後悔先に立たず。悔みても余りあり。

毁于一旦　huǐyúyīdàn
补充 一瞬にしてフイになる;長年の労苦がたちまちのうちに無駄になる。“**一旦**”は一朝,わずかの時間。

H

讳疾忌医　**huìjí-jìyī**

并列 病を隠して医者を避ける;人から批判されるのを嫌い，自己の誤ちや欠点を隠して改めようとしない。病を護りて医を忌む。

讳莫如深　**huì-mòrúshēn**

补充 (差し障りのある事を隠すには)ひた隠しに隠すのがいちばんよい;堅く秘して口にしない。¶ **他对这个问题总是～。**彼はこの問題に対して常に堅く口をつぐんでいる。

诲人不倦　**huìrén-bùjuàn**

补充 人を誨(おし)えて倦(う)まず;倦まずたゆまず人に教える。辛抱強く教え導く。『論語』述而篇に見える孔子のことば。

绘声绘色　**huìshēng-huìsè**

并列 まるで絵に描いたかのようである;(描写が)生き生きとしている，真に迫っている。実物さながらである。“**绘**”は動詞，絵にかく。“**绘声绘影**”(huìshēng-huìyǐng)，“**绘影绘声**”(huìyǐng-huìshēng)とも。¶ **他讲起故事来，～，非常吸引人。**彼が話をしはじめると，真に迫っていて，人を引き付けて離さない。

绘影绘声　**huìyǐng-huìshēng**

并列 まるで絵に描いたかのようである。☞“**绘声绘色**”(huìshēng-huìsè)

hun

昏天黑地　**hūntiān-hēidì**

并列 天も地も一面に真っ暗なこと;意識がぼんやりしているさま。生活態度がすさんでいるさま。世の中の暗黒なさま。

昏头昏脑　**hūntóu-hūnnǎo**

并列 頭がはっきりしない;ぼうっとしている。“**昏头涨脑**”(hūntóu-zhàngnǎo)とも。¶ **他一天到晚忙得～的，哪顾得上这件事。**彼は一日中忙しくしていて，頭がぼやけてとてもこの事について考える余裕がない。

浑金璞玉　**húnjīn-púyù**

并列 あらがねとあらたま。☞“**璞玉浑金**”(púyù-húnjīn)

浑然一体　**húnrán-yītǐ**

状中 渾然(こんぜん)一体;一つに溶け合って区別のないさま。¶ **建筑与周围景色～。**建物と周りの景色がしっくりと調和している。

浑身是胆　**húnshēn-shìdǎn**

主谓 全身が肝っ玉である;大胆で勇気があることの形容。

浑水摸鱼　**húnshuǐ-mōyú**

状中 濁りに乗じて魚を捕らえる;どさくさに紛れてひともうけする。火事場泥棒をはたらく。後に“**大小难分**”(dàxiǎo-nánfēn—大小の区別がつかない)と続く歇後語としても用いられる。“**浑水**”は濁った水。“**浑**”は“**混**”とも。¶ **投机分子～，乘机牟取暴利。**山師たちはどさくさに紛れ，機に乗じて暴利を貪る。

魂不附体　**hún-bùfùtǐ**

主谓 魂が消えてしまう;すっかり肝をつぶす。たまげる。¶ **吓得～。**魂が消えるほどびっくりする。

魂不守舍　**hún-bùshǒushè**

主谓 気もそぞろである;心ここにあらずなさまである。“**舍**”は体。

魂飞魄散　**húnfēi-pòsàn**

并列 魂が飛び散る;びっくり仰天する。たまげる。¶ **阿Q这时很吃惊，几乎“～”了。**阿Qはこの時驚いて「気も転倒せんばかり」だった。

混为一谈　**hùnwéi-yītán**

动宾 ごちゃまぜにして論じる;混同してはならないものを混同する。同列に論じる。同一視する。¶ **决不能把这两种性质不同的事～。**この性質の異なる二つの事を絶対に混同してはならない。

混淆黑白　**hùnxiáo-hēibái**

动宾 白黒(しろくろ)を逆さまにする;是非を区別しない。黒白(こくびゃく)を混同する。¶ **颠倒是非，～。**是非を転倒し，黒を白と言いくるめる。

混淆视听　hùnxiáo-shìtīng
动宾 人の耳目を惑わす。“视听”は見ることと聞くこと。¶ **制造谣言，～。**デマを飛ばして，耳目を惑わす。

混淆是非　hùnxiáo-shìfēi
动宾 是非を混同する；是を非とし，非を是とする。

huo

活蹦乱跳　huóbèng-luàntiào
并列 元気よく活発に跳びはねる。☞“欢蹦乱跳”（huānbèng-luàntiào）

活灵活现　huólíng-huóxiàn
并列 実物さながら；迫真的。¶ **他讲故事讲得～，孩子们都听得入迷了。**彼のお話のしかたは真に迫っているので，子供たちはすっかり話に引き込まれてしまった。“活龙活现”（huólóng-huóxiàn）とも。

活龙活现　huólóng-huóxiàn
并列 実物さながら；迫真的。☞“活灵活现”（huólíng-huóxiàn）

火海刀山　huǒhǎi-dāoshān
并列 火の海と剣の山。☞“刀山火海”（dāoshān-huǒhǎi）

火冒三丈　huǒ-màosānzhàng
主谓 炎が3丈の高さまで燃え上がる；烈火のごとく怒る。怒りが爆発する。かっとなる。¶ **猫打碎了碟子，气得妈妈～。**猫がお皿を割ったので，お母さんはかっとなって怒った。

火上加油　huǒshàng-jiāyóu
状中 火に油を注ぐ。“火上浇油”（huǒshàng-jiāoyóu）とも。¶ **他俩吵架，你不能～啊！**あのふたりは言い争っているところです，火に油を注ぐような事をしてはいけませんよ。

火烧火燎　huǒshāo-huǒliǎo
并列 身を焼かれるかのよう；焼けつくように熱い。また，非常にいらだつ。¶ **急得～。**焦ってやきもきする。

火烧眉毛　huǒshāo-méimao
动宾 眉(まゆ)に火がつく；危難・災いが身に迫ること。眉を焼く。焦眉(しょうび)の急となる。足元に火がつく。後に“只顾眼前”（zhǐgù-yǎnqián—目の前の事しか構っていられない）と続く歇後語(しゃれことば)としても使われる。¶ **已经是～了，赶紧想办法吧。**すでに眉に火がつくところまできている，早く方策を講じなければ。

火树银花　huǒshù-yínhuā
并列 灯火や花火がきらめき輝くさま；祝日や夜景の形容に用いる。¶ **国庆节夜晚，天安门前～。**国慶節の夜は，天安門の前にはあかあかと灯火が輝く。

火眼金睛　huǒyǎn-jīnjīng
并列 一切を洞察する眼力のたとえ。孫悟空の八卦炉の中で焼かれて，煙で真っ赤になった目。さまざまの妖怪変化を見抜くことができる。『西遊記』第7回に見える語。

火中取栗　huǒzhōng-qǔlì
状中 火中の栗を拾う；人に唆されて自分の利益にはならない危ない事をするたとえ。17世紀のフランスの詩人ラ・フォンテーヌの寓話集から。猿におだてられた猫が炉の中の焼けている栗を拾って食べようとして大やけどをしたという。¶ **～这样的傻事，我可不干。**火中の栗を拾うようなばかげた事は，僕はやりたくない。

货真价实　huòzhēn-jiàshí
并列 品物は本物，値段は掛け値なし；旧時，商人がよく用いた語。掛け値なし。転じて，うそいつわりがない，正真正銘である。¶ **～，童叟无欺。**掛け値なしの本物で，子供も老人も決してだましはしません。¶ **～的反动文人。**札付きの反動的文化人。

祸不单行　huò-bùdānxíng
主谓 禍(わざわい)は独り行かず；災難はえてして重なるものだ。禍は必ず重ねて来たる。泣き面に蜂。弱り目に祟(たた)り目。転んだ上を踏まれる。¶ **福无双至，～。**福は重ねて来ないが，禍は重ねて来るものだ。

祸福相倚　huòfú-xiāngyǐ
主谓 禍福相依る；禍福は互いに原因となり結果となる関係にある。禍福はあざなえる縄のごとし。『老子』の“**祸兮福所倚，祸兮祸所伏**”（禍は福の倚るところ，福は禍の伏するところ）から。

祸国殃民　huòguó-yāngmín
并列 国を損ない民に禍(わざわい)をもたらす；国家と人民に危害を与える。“祸”“殃”は共に損なう，害する。¶ **～的贪官污吏。**国家と人民に禍をもたらす汚職官吏。

祸起萧墙　huò-qǐxiāoqiáng
主谓 禍(わざわい)が内から起こる；内部でごたごたが生じる。内輪もめが始まる。“**萧墙**”は門の内側に設けてある目隠しの壁。内部のたとえ。

豁达大度　huòdá-dàdù
并列 豁達(かったつ)で度量が大きい；心が広くておおらかである。¶ **～，胸怀宽广。**度量が大きく，心が広い。

豁然贯通　huòrán-guàntōng
状中 豁然(かつぜん)として通じる；急に真理などに到達するたとえ。ぱっと悟りを開く。“**豁然**”は，視界が急に開けるさま。¶ **这个道理我多少天来都想不清楚，经他一启发，便～了。**この道理は，私は長い間よくわからなかったが，彼の啓発を受けて，たちまち理解することができた。

豁然开朗　huòrán-kāilǎng
状中 ぱっと視界が開ける；視界が急に開ける。また，（他人に注意を喚起されたり，自分で学習や思索を重ねた結果）はっと悟る。¶ **他想到这里，顿时感到眼前～了。**彼はここまで考えると，急にぱっと視界が開けるのを覚えた。

J

鸡飞蛋打

ji

饥不择食　jī-bùzéshí
[补充] 飢えては食を択(えら)ばず;必要に迫られた時には,あれこれえり好みしている余裕がない。空き腹にまずい物なし。

饥肠辘辘　jīcháng-lùlù
[主谓] ひもじくて腹がぐるぐる鳴る。

饥寒交迫　jīhán-jiāopò
[主谓] 飢寒こもごも迫る;飢えと寒さが同時に襲ってくる。“**交**”は一斉に,同時に。

机不可失　jī-bùkěshī
[主谓] 好機逸すべからず。¶ ～,**时不再来**。好機を逃してはならない,逃したら二度と巡ってこない。

鸡飞蛋打　jīfēi-dàndǎ
[并列] 鶏は逃げ,卵は割れる;あれもこれもと両方を狙ってどちらもだめになる。何一つ得られない。虻蜂(あぶはち)取らず。

鸡口牛后　jīkǒu-niúhòu
[对比] 鶏口となるも牛後となるなかれ。“**宁为鸡口,无为牛后**”(nìngwéi-jīkǒu, wúwéi-niúhòu)の略。“**鸡尸牛从**”(jīshī-niúcóng)とも。

鸡零狗碎　jīlíng-gǒusuì
[并列] こまごまとした物,つまらない取るに足りない物のたとえ。

鸡毛蒜皮　jīmáo-suànpí
[并列] (鶏の毛やニンニクの皮のような)取るに足りない物;些細な事。区々たる些事。¶ ～**的小事,不值得争吵**。こんなちっぽけな事は,争うこともない。

鸡鸣狗盗　jīmíng-gǒudào
[并列] 鶏鳴狗盗(けいめいくとう);鶏の鳴きまねをして人を欺き,犬のように物を盗むこと。取るに足りない小手先の技能,卑しい技のたとえ。戦国時代,斉の孟嘗君(もうしょうくん)が秦の国に幽閉された時,犬のまねや鶏の鳴きまねのうまい食客を使って脱出したという故事から。『史記』孟嘗君列伝。¶ ～**之徒**。鶏鳴狗盗の輩(やから)。

鸡犬不宁　jīquǎn-bùníng
[主谓] 鶏や犬でさえ安らかではいられない;治安が著しく乱れている形容。物情騒然としている。

鸡尸牛从　jīshī-niúcóng
[对比] 鶏口となるも牛後となるなかれ。☞“**鸡口牛后**”(jīkǒu-niúhòu)

积非成是　jīfēi-chéngshì
[主谓] 誤って伝えられたことが,いつの間にか正しいこととされる。

积劳成疾　jīláo-chéngjí
[连动] 苦労が重なって病気になる;長年の苦労で病床に伏す。¶ **他母亲～,住进了医院**。彼の母は長年の苦労で病気になり,入院した。

积微成著　jīwēi-chéngzhù
[主谓] 目に見えないほどの微細な物であっても,積もり積もると明らかになる。

积习难改　jīxí-nángǎi
[主谓] 積習改め難し;積もり重なった習慣は改めるのが難しい。“**积习难除**”(jīxí-nánchú)とも。

积薪厝火　jīxīn-cuòhuǒ
[连动] 薪を積み上げ下に火を置く。☞“**厝火积薪**”(cuòhuǒ-jīxīn)

积重难返　jīzhòng-nánfǎn
[主调] 積弊改め難し;長い間に形成された風俗や習慣はなかなか改まらない。"积重"は積み重なった習慣。

积铢累寸　jīzhū-lěicùn
[并列] 少しずつ蓄積する。☞"铢积寸累"(zhūjī-cùnlěi)

激昂慷慨　jī'áng-kāngkǎi
[并列] 意気軒昂(けんこう)である。☞"慷慨激昂"(kāngkǎi-jī'áng)

激浊扬清　jīzhuó-yángqīng
[并列] 濁流を除き清流を導く;悪人·悪事を排斥し善人·善事を称揚する。"激"は遮る,除去する。"扬清激浊"(yángqīng-jīzhuó)とも。

吉光片羽　jíguāng-piànyǔ
[定中] 神馬吉光の毛皮;わずかに残る貴重な文物,優れた遺品のたとえ。"吉光"は神話中の神獣の名。その毛皮で作った衣は水に入っても沈まず,火に入っても焼けないという。¶**～,弥足珍贵。**わずかに残る断編·残巻の類で,珍重するに足る。

岌岌可危　jíjí-kěwēi
[状中] この上なく危険なさま;危険極まりない。"岌岌"は危ういさま。

即景生情　jíjǐng-shēngqíng
[因果] 眼前の情景に触れて感興が生じる。

佶屈聱牙　jíqū-áoyá
[并列] 文章や字句が難渋である。ごつごつしている。"佶屈"は曲がりくねっている。"聱牙"は読みにくい。"诘屈聱牙"(jíqū-áoyá)とも。

诘屈聱牙　jíqū-áoyá
[并列] 文章や字句が難渋である。☞"佶屈聱牙"(jíqū-áoyá)

急风暴雨　jífēng-bàoyǔ
[并列] 暴風驟雨(ぼうふうしゅうう);(多く革命闘争について)勢いの激しいさま。

急公好义　jígōng-hàoyì
[并列] 世の中のために尽くし,よく人助けをする。

急功近利　jígōng-jìnlì
[并列] 功を急ぎ目前の利を求める;目先の利を求めるに急である。

急流勇退　jíliú-yǒngtuì
[状中] (船が急な流れの中を引き返すように)安全なうちに思い切りよく身を引く;旧時,官僚が華やかなうちに勇退すること。いま,複雑な権力闘争などに巻き込まれないうちに身を引くことのたとえにも。

急起直追　jíqǐ-zhízhuī
[连动] ただちに行動を起こし,懸命に後を追う。

急如星火　jí-rúxīnghuǒ
[补充] 流れ星のように速い;事態が切迫していることのたとえ。事は急を要する。"星火"は流星の光炎。

急于求成　jíyúqiúchéng
[补充] 功を焦る。¶**做事不要浮躁,不要～。**事を成すには浮ついて,功を焦ってはならない。

急中生智　jízhōng-shēngzhì
[状中] とっさによい知恵が浮かぶ。

急转直下　jízhuǎn-zhíxià
[连动] 急転直下;(状況や話の筋が)急に変わって解決に向かう。

疾恶如仇　jí'è-rúchóu
[主调] 悪を憎むこと仇(かたき)を憎むがごとし;仇敵のように悪人や悪事を憎む。"嫉恶如仇"(jí'è-rúchóu)とも。

疾风劲草　jífēng-jìngcǎo
[并列] 疾風に勁草(けいそう)を知る;苦難や試練に遭遇してはじめてその人の真価がわかるということのたとえ。"疾风知劲草"(jífēng zhī jìngcǎo)とも。

疾首蹙额　jíshǒu-cù'é
[并列] 頭を痛め眉間にしわを寄せる;心配し悩むさま。激しく憎むさま。『孟子』梁恵王·下から出た語で,もと"疾首蹙頞"。"頞"はè,鼻筋。

疾言厉色　jíyán-lìsè
[并列] 言を荒らげ,色を励ます;ことばを激しくし,顔つきをきつくする。

"疾言"は早口でまくしたてる。¶**他性格温和,很少见他～。**彼は性格が穏やかで,めったにことばを荒らげたり顔色を変えたりすることがない。

集思广益　jísī-guǎngyì

并列 大衆の知恵を集めて正しい結論を導く;衆知を集める。

集腋成裘　jíyè-chéngqiú

连动 腋(えき)を集め裘(きゅう)を成す;狐のわきの下の白い毛を集めて皮衣を作る。小さな力でも寄せ集めれば大事を成し遂げることができることをいう。塵(ちり)も積もれば山となる。"腋"はわき,わきの下。"裘"は皮衣。

嫉恶如仇　jí'è-rúchóu

主谓 悪を憎むこと仇(かたき)を憎むがごとし。☞"疾恶如仇"(jí'è-rúchóu)

嫉贤妒能　jíxián-dùnéng

并列 自分より優れている人をねたむ。

济济一堂　jǐjǐ-yītáng

状中 優秀な人物が一堂に集まっている;多士済々(せいせい)。"济济"は人の多いさま。

计日程功　jìrì-chénggōng

状中 日ならずして完成する;進展が順調で完成の日を指折り数えることができる。"程"ははかる,計算する。"功"は成果,成就。

记忆犹新　jìyì-yóuxīn

主谓 記憶にまだ新しい;いまだにはっきり覚えている。

既往不咎　jìwǎng-bùjiù

主谓 既往は咎(とが)めず;過去の過ちは咎め立てしない。『論語』八佾篇に見える孔子のことばから。"不咎既往"(bùjiù-jìwǎng)とも。

继往开来　jìwǎng-kāilái

连动 先人の事業を引き継ぎ,未来の道を切り開く。

寄人篱下　jì-rénlíxià

动宾 他人の家の垣根に身を寄せる;人に頼って生活することのたとえ。寄食する。居候する。

jia

家给人足　jiājǐ-rénzú

并列 どの家も豊かで,人々は満ち足りている。"给"はjǐ,満ちる,豊かである。"家给民足"(jiājǐ-mínzú)とも。

家徒四壁　jiā-túsìbì

主谓 家は四方の壁があるのみ;極めて貧しいことの形容。無一物なさま。赤貧洗うがごとし。"徒"はただ,わずかに。"家徒壁立"(jiātú-bìlì)とも。

家喻户晓　jiāyù-hùxiǎo

并列 どこの家でも知っている;誰でも知っている。知らない人はない。"喻""晓"は共に明らかである,知っている。¶**～,人人皆知。**津々浦々,知らない人がいない。

嘉言懿行　jiāyán-yìxíng

并列 有益なことばと立派な行い。"嘉""懿"は共によい,美しい。

假公济私　jiǎgōng-jìsī

连动 公事にかこつけて私腹を肥やす。"假"は借りる。"济"は益する。

假仁假义　jiǎrén-jiǎyì

并列 うわべだけ慈善を装う;見せかけの親切。偽善。¶**装出一副～的模样。**いかにも親切そうなふりをする。

价值连城　jià-zhíliánchéng

主谓 価(あたい)城を連ぬ;品物が極めて貴重なことのたとえ。"价"は価,価値。"值"は相等する。戦国時代,趙の恵王が得た和(か)氏の璧を秦の昭王が十五の都市と交換しようとしたという故事から。『史記』廉頗·藺相如列伝。¶**这里最近出土的一大批文物～。**当地で近年出土した大量の文化財は極めて貴重である。

驾轻就熟　jiàqīng-jiùshú

连动 軽車を駆って慣れた道を行く;慣れた仕事なので苦もなくやってのける。¶**这件事对你来说是～,准能办好。**この仕事は君にとっては慣れたもので,お茶の子さいさいだろう。

嫁祸于人 **jiàhuòyúrén**
补充 禍(わざわい)を転嫁する;他人に罪や災いをなすりつける。

jian

坚壁清野 **jiānbì-qīngyě**
并列 陣地を堅く守り,辺りに一物も残さない;敵の進攻を前にして拠点を与えず,人員·食糧その他一切の利用を許さないための戦術。"**坚壁**"は防塁を固める。"**清野**"は付近一帯の人員を移し,財物,特に成熟した作物類をきれいに片づけてしまうこと。

坚不可摧 **jiān-bùkěcuī**
补充 堅固で破壊することができない。"**摧**"は壊す,打ち砕く。¶ **筑起一道~的防线。**堅固で破壊することのできない防御線を築く。

坚持不懈 **jiānchí-bùxiè**
补充 倦(う)まずたゆまずやりぬく。¶ **~地努力。**倦まずたゆまず努力する。

坚定不移 **jiāndìng-bùyí**
补充 意志や立場がしっかりしていて揺るぎない。

坚苦卓绝 **jiānkǔ-zhuójué**
补充 この上なく忍耐心がある。

坚忍不拔 **jiānrěn-bùbá**
补充 堅忍不抜である;辛抱強くて動揺しない。

坚韧不拔 **jiānrèn-bùbá**
补充 堅忍不抜である;信念が固くて動揺しない。

坚如磐石 **jiān-rúpánshí**
补充 堅きこと磐石(ばんじゃく)のごとし;友情や団結などの揺るぎないことのたとえ。"**磐石**"は大きくて厚い岩。

坚贞不屈 **jiānzhēn-bùqū**
补充 堅く節操を守って屈服しない。

间不容发 **jiān-bùróngfà**
主谓 間,髪を容れず;間に一本の髪の毛を入れる余地もないほど接近していることの形容。また,状況が極めて切迫していることの形容。

肩摩踵接 **jiānmó-zhǒngjiē**
并列 肩が触れ合い,踵(くびす・きびす)が接する。☞"**摩肩接踵**"(mójiān-jiēzhǒng)

艰苦奋斗 **jiānkǔ-fèndòu**
并列 刻苦奮闘する。

艰苦卓绝 **jiānkǔ-zhuójué**
补充 この上なく苦しい。¶ **~的斗争。**困難に満ちた苦しい戦い。

艰难险阻 **jiānnán-xiǎnzǔ**
并列 (前途が)困難で険しい。¶ **不畏~。**艱難(かんなん)辛苦を恐れない。

兼容并包 **jiānróng-bìngbāo**
并列 すべてを包括する;網羅する。

兼容并蓄 **jiānróng-bìngxù**
并列 何もかも一緒くたに受け入れる。☞"**兼收并蓄**"(jiānshōu-bìngxù)

兼收并蓄 **jiānshōu-bìngxù**
并列 (好いか悪いか,役に立つかどうかを考えずに)何もかも一緒くたに受け入れる。"**兼容并蓄**"(jiānróng-bìngxù)とも。

兼听则明 **jiāntīng-zémíng**
条件 広く意見を聞けば是非が明らかになる。¶ **~,偏信则暗。**多方面の意見を聞けば正確な判断ができ,一方の言い分を一方的に信じると判断を誤る。

简明扼要 **jiǎnmíng-èyào**
并列 簡にして要を得る。"**扼要**"は要点を押さえる。¶ **写文章要~,条理清楚。**文章は簡にして要を得,筋道が通っていなければならない。

见多识广 **jiànduō-shíguǎng**
并列 見聞が広く識見が豊かである。

见风转舵 **jiànfēng-zhuǎnduò**
连动 風を見て舵(かじ)を取る。☞"**看风使舵**"(kànfēng-shǐduò)

见缝插针 **jiànfèng-chāzhēn**
连动 透き間があれば針を刺す;わずかな時間·空間や機会をも無駄にしない。¶ **要~,利用一切空隙时间刻苦学习。**わずかな時間も無駄にせず,寸暇も惜しんで勉学に励むべきだ。

见怪不怪　jiànguài-bùguài

转折 不思議なものを見ても不思議に思わない;事に対処する態度が沈着冷静で動じることがない。¶ ～, **其怪自败**。怪異な現象に遭遇しても動じなければ, その現象は自然と消失してしまう。

见机行事　jiànjī-xíngshì

连动 機を見て事を行う。"见机而行"(jiànjī'érxíng)とも。

见利忘义　jiànlì-wàngyì

连动 利を見て義を忘る;利欲に目がくらんで道理を忘れる。¶ **大家同声谴责这种～的行为**。人々は声をそろえてこの利欲に目がくらんだ行為を非難する。

见钱眼开　jiànqián-yǎnkāi

连动 金を見るとにっこり笑う;金に目がくらむ。目先の利害によって簡単に態度を変える。現金である。

见仁见智　jiànrén-jiànzhì

并列 仁者は仁を見, 智者は智を見る;同一の事柄に対しても, 見る人が異なれば見方もそれぞれに異なるものであるというたとえ。"**仁者见仁, 智者见智**"(rénzhě jiàn rén, zhìzhě jiàn zhì)を縮めた言い方。『易経』繫辞·上に見える語から。

见危授命　jiànwēi-shòumìng

连动 危うきを見ては命(めい)を授く;危急存亡の時には潔く自分の生命をも投げ出す。『論語』憲問篇に見える孔子のことば"**见利思义, 见危授命**"(jiànlì-sīyì, jiànwēi-shòumìng—利を見ては義を思い, 危うきを見ては命を授く)から。

见微知著　jiànwēi-zhīzhù

连动 兆しを見て全体の姿を知る;ちょっとした手がかりから全体の発展方向や本質を見抜く。

见贤思齐　jiànxián-sīqí

连动 優れた人を見ると自分もこれに習おうと思う。

见义勇为　jiànyì-yǒngwéi

连动 正義のためには勇敢に闘う;義に勇む。義勇に富む。『論語·為政』に見える孔子のことば"**见义不为, 无勇也**"(jiàn yì bù wéi, wú yǒng yě—義を見て為さざるは, 勇無きなり)から。¶ **他～, 助人为乐**。彼は義勇に富み, 喜んで人を助ける。

见异思迁　jiànyì-sīqiān

连动 異を見て移らんと思う;異なったものを見ると気移りがする。他の仕事を見ると, それをやってみたくなる。移り気である。¶ **做事情要专心, 不要～**。事を行うには一心不乱でなければならず, すぐ気移りするようではいけない。¶ **他～, 与妻子离婚了**。彼は浮気心を起こして妻と離婚した。

剑拔弩张　jiànbá-nǔzhāng

并列 剣は鞘(さや)を離れ弩(ゆみ)は張られている;激しい気魄(きはく)の形容。また, 形勢が険しく一触即発の状態にあることのたとえ。"弩"は機械仕掛けで発射する弓。

箭在弦上　jiàn-zàixiánshàng

主调 箭(や)弦上にあり;矢はすでにつがえられた。事ここに至っては, もはや断行するしかない。賽(さい)は投げられた。よく"**不得不发**"(bùdé-bùfā—発せざるべからず)と連用される。

jiang

江河日下　jiānghé-rìxià

主调 (大河の水が日に日に流れ下るように)状況が日増しに悪化する;下降の一途をたどる。ますます落ち目になる。

江郎才尽　jiāngláng-cáijìn

主调 江郎(こうろう)才尽く;(文筆の)才能が衰えることをいう。若い頃文才をうたわれた南朝の梁の江淹(こうえん)が, 晩年に文才を喪失したという故事から。『詩品』斉光禄江淹

将错就错　**jiāngcuò-jiùcuò**
状中 過ちを押し通す;過ちを犯しておきながら,それを改めようとしない。"**将**"は…でもって。"**就**"は就く,従う。

将功赎罪　**jiānggōng-shúzuì**
状中 功を立てて罪を償う;功績を挙げて罪過を帳消しにする。"**将**"は…でもって。"**赎**"は(罪を)償う。"**将功折罪**"(jiānggōng-zhézuì)とも。

将计就计　**jiāngjì-jiùjì**
状中 計をもって計につく;相手の計略を逆に利用して相手を攻撃する。相手の計略の裏をかく。逆手に取る。

将信将疑　**jiāngxìn-jiāngyí**
并列 半ば信じ半ば疑う;半信半疑である。¶**对他的话,大家～**。彼の話に対して,みんな半信半疑だ。

匠心独运　**jiàngxīn-dúyùn**
主谓 独創的な工夫をする;独自の境地を開く。"**匠心**"は巧みな工夫。"**运**"は運用する。

jiao

交口称誉　**jiāokǒu-chēngyù**
状中 口をそろえてほめたたえる;異口同音に称賛する。¶**他的精彩表演得到观众的～**。彼のすばらしい演技に観衆は口々にほめたたえた。

交头接耳　**jiāotóu-jiē'ěr**
并列 顔を近づけて口を耳につける;こそこそと耳元でささやく。ひそひそ話をする。内緒話をする。¶**听报告时不要～**。報告を聞いている時にこそこそと話をしてはならない。

交相辉映　**jiāoxiāng-huīyìng**
状中 (いろいろな光や色彩が入り交じって)互いに照り映えている。

娇生惯养　**jiāoshēng-guànyǎng**
并列 甘やかされて育つ;過保護な育てられ方をする。乳母日傘(おんばひがさ)で育つ。¶**她从小儿～**。彼女は子供の頃から甘やかされ放題だった。

骄兵必败　**jiāobīng-bìbài**
主谓 驕(おご)れる兵は必ず敗る;自己の力を過信し驕(おご)りたかぶった軍隊は必ず敗れる。

骄奢淫逸　**jiāoshē-yínyì**
并列 驕(おご)りたかぶってぜいたくをし淫楽にふける;生活がぜいたくですさんでいる。

胶柱鼓瑟　**jiāozhù-gǔsè**
连动 琴柱(ことじ)に膠(にかわ)して瑟(しつ)を鼓(こ)す;琴柱を動かないように膠で固定して瑟を弾く。規則にこだわって融通が利かないことのたとえ。琴柱に膠(にかわ)す。"**柱**"はことじ。琴の胴の上に立てて弦を支え,移動して音を調える用具。"**瑟**"は大型の琴。

焦头烂额　**jiāotóu-làn'é**
并列 頭を焦がし額にやけどをする;散々な目に遭うさま。うろたえ焦るさま。

狡兔三窟　**jiǎotù-sānkū**
主谓 狡兎三窟(こうとさんくつ);すばしこい兎はいざという時のために三つの隠れ穴を用意している。いくつもの逃げ道・抜け穴が周到に用意されていることのたとえ。『戦国策』斉策・四に見える"**狡兔有三窟,仅得免其死耳**"(すばしこい兎は三つの穴があって,はじめて死から免れられる)から。

绞尽脑汁　**jiǎojìn-nǎozhī**
动宾 脳みそを絞る;ありったけの知恵を出す。知恵を絞る。

矫揉造作　**jiǎoróu-zàozuò**
并列 わざと体裁を整えて不自然にふるまう;わざとらしくふるまう。体裁を取り繕う。"**矫**"はためる。"**揉**"はたわめる。"**造作**"はわざとらしくふるまう。

矫枉过正　**jiǎowǎng-guòzhèng**
补充 枉(おう)を矯(た)めて正を過ぐ;欠点を直そうとして,かえって弊害を招く。行き過ぎた是正をする。角を矯めて牛を殺す。

脚踏实地　jiǎo-tàshídì
[主调] 足が地に着いている;危なげなくしっかりしている。仕事ぶりがまじめで手堅い,着実である。¶ **要～地工作。**しっかりと着実に仕事をしなければならない。

叫苦连天　jiàokǔ-liántiān
[补充] 連日苦しみの声を上げる;しきりに悲鳴を上げる。しきりに苦情を言う。

教学相长　jiàoxué-xiāngzhǎng
[主调] 教学相長ず;教えることと学ぶこととが作用しあってお互いに向上する。教うるは学ぶの半ばなり。[注] “长”は zhǎng, 進歩する,向上する。

jie

皆大欢喜　jiē-dàhuānxǐ
[状中] 皆が大喜びする。

接二连三　jiē'èr-liánsān
[并列] 次々に続くさま;続けざまに。ひっきりなしに。¶ **喜讯～地传来。**吉報がひっきりなしに届く。

接踵而来　jiēzhǒng'érlái
[状中] 踵(くびす・きびす)を接して来る;続々とやってくる。“**接踵而至**”(jiēzhǒng'ér zhì)とも。¶ **参观展览的人们～。**展覧会を見る人が次々にやってくる。

揭竿而起　jiēgān'érqǐ
[连动] 旗竿を掲げて立ち上る;(人民が)反乱を起こす。一揆(いっき)を起こす。蜂起する。

嗟来之食　jiēláizhīshí
[定中] 嗟来(さらい)の食(し);「さあ,来て食え」と,与える食物。人をさげすんで与える施し。“**嗟**”は文語の間投詞,さあ,ああ。『礼記』檀弓に見える故事から。¶ **宁愿饿死,也不吃～。**侮辱して与えられた施しを食うくらいなら,飢え死にしたほうがましだ。

街谈巷议　jiētán-xiàngyì
[并列] 街談巷語(がいだんこうご);ちまたのうわさ。世間の風評。¶ **关于这件事听到许多～。**この事に関してはちまたであれこれ取りざたされている。

街头巷尾　jiētóu-xiàngwěi
[并列] 大通りや路地裏;街のあちこち。街中。

孑然一身　jiérán-yīshēn
[状中] 独りぼっちである;孤独なさま,孤立しているさま。

节外生枝　jiéwài-shēngzhī
[状中] 節外に枝を生ず;節(ふし)以外のところから枝が生える。枝に枝が差す。思いがけないところから問題が生じる。多く,故意に問題をこじらせることをいう。

节衣缩食　jiéyī-suōshí
[并列] 衣服を節約し食事を切り詰める;極度に倹約する。“**缩衣节食**”(suōyī-jiéshí)とも。

劫后余生　jiéhòu-yúshēng
[定中] 大きな災難を逃れて生きのびた余生。“**劫**”は災難,災害。

洁身自好　jiéshēn-zìhào
[并列] 身を清らかに保ち,俗塵に染まらない;自重して軽はずみな行動を慎しむ。また,一身の保全を図って全体のことを考えない。[注] “**好**”は hào。¶ **屈原～,不愿随波逐流。**屈原は孤高を持し,世間の流れに合わせていくのを嫌った。

结党营私　jiédǎng-yíngsī
[并列] 徒党を組んで私利を図る;ぐるになって不正をはたらく。

桀骜不驯　jié'ào-bùxùn
[补充] (荒馬のように)荒々しくて馴れ親しまない;凶暴で服従しない。“**桀骜**”は荒馬。¶ **他的儿子～,很难管教。**彼の息子は粗暴で言うことを聞かず,なかなかしつけにくい。

捷足先登　jiézú-xiāndēng
[主调] 足の速い者が先に登る;すばやく行動を起こした者が先に目的を達する。早い者勝ち。早いが勝ち。早いが得。“**捷足**”は足が速い。

截长补短　**jiécháng-bǔduǎn**
连动 長を切りて短を補う；余った物で足りない所を補う。長所をとって短所を補う。長短相補う。¶ **我们应该～，互相帮助。**我々は長短補い合い，協力しあわなければならない。

竭泽而渔　**jiézé'éryú**
连动 沢(たく)を竭(つく)して漁(すなど)る；余すところなく取り尽くす。目先の利益だけ考えて，将来の損失を考えない。沢を竭し藪(そう)を焚(や)く。“**竭**”は干し尽くす。“**泽**”は湖や池。

解甲归田　**jiějiǎ-guītián**
连动 武装を解いて田舎に帰る；除隊して帰郷する。剣を売り牛を買う。注“**甲**”はよろい。「かぶと」ではない。

解铃系铃　**jiělíng-xìlíng**
条件 (虎の首に)鈴を結んだ者が鈴を解く；問題を引き起こした当人が問題を解決しなければならない。蒔(ま)いた種は自分で刈り取らなければならない。“**解铃还须系铃人**”(jiě líng hái xū xì líng rén—鈴を解くのは鈴を結んだ人でなければならない)を縮めた言い方。

戒骄戒躁　**jièjiāo-jièzào**
并列 驕(おご)りを戒め焦りを戒める；驕らず焦らず。“**骄**”は驕りたかぶる。“**躁**”は落ち着かない。

借刀杀人　**jièdāo-shārén**
连动 他人から刀を借りて人を殺す；人の手を借りて人を殺害する。他人を唆して人を陥れる。己の手を汚さずに悪事をはたらく。

借古讽今　**jiègǔ-fěngjīn**
连动 古(いにしえ)を借りて今を諷(ふう)す；過去の事にかこつけて現在を風刺する。昔の人物や事件を論じるふりをして，現在を風刺する。

借花献佛　**jièhuā-xiànfó**
连动 花を借りて仏に献ず；人からもらった物を人に贈って義理を果たす。他人の念仏で極楽参り。

借尸还魂　**jièshī-huánhún**
连动 屍(しかばね)を借りて死者の霊魂が復活する；一度消滅したものが形を変えて復活することのたとえ。

借题发挥　**jiètí-fāhuī**
连动 事にかこつけて意見を述べる；これ幸いと勝手な議論をする。手前みそを並べる。言いがかりをつける。八つ当たりする。

jin

斤斤计较　**jīnjīn-jìjiào**
状中 細かく詮議(せんぎ)する；細かなところまであげつらう。重箱の隅をつつく。“**斤斤**”は小さな利害にこだわるさま。“**计较**”は計算して比べ合わせる，気にかける。¶ **小事不要～。**小さな事であれこれ詮議立てすることはない。

今非昔比　**jīn-fēixībǐ**
主调 今は昔の比ではない；今は昔よりずっとすばらしい。変化の大きいことの形容。今昔の感に堪えない。

今是昨非　**jīnshì-zuófēi**
对比 今が正しくて昔が間違っている；過去の誤りに気が付くことをいう。陶淵明『帰去来辞』から。

金榜题名　**jīnbǎng-tímíng**
状中 金榜(きんぼう)に名を掲げらる；科挙の最終試験に合格する。転じて，難しい試験に合格することのたとえ。“**金榜**”は，科挙の最終試験に合格した者の掲示。

金碧辉煌　**jīnbì-huīhuáng**
主调 金色や緑色がきらめく；建物などの華麗なさま。¶ **人民大会堂装饰得～。**人民大会堂は華麗な装飾が施されている。

金蝉脱壳　**jīnchán-tuōqiào**
主调 (金色の蟬《せみ》が殻を脱けるように)あとをもぬけの殻にする；計略を用いてひそかに脱け出る。相手の目をくらましてこっそり逃げる。

J

金城汤池　jīnchéng-tāngchí
并列 金城湯池;金属で作った城壁と熱湯をたたえた堀。防備の極めて堅固な城。鉄壁の城。金湯。

金刚努目　jīngāng-nǔmù
主调 金剛神のように目を怒らせる;恐ろしい形相をたとえる。"努"は(目を)大きくみはる。"**金刚怒目**"(jīngāng-nùmù)とも。

金科玉律　jīnkē-yùlǜ
并列 金科玉条;最も尊ぶべき大切な法律。転じて,絶対的なものとして守らなければならない規則や教訓。自分の立場を正当化できる強いよりどころ。いま,多く《風》。

金迷纸醉　jīnmí-zhǐzuì
并列 目もまばゆいばかりに飾り立てる。☞"**纸醉金迷**"(zhǐzuì-jīnmí)

金玉良言　jīnyù-liángyán
定中 金玉の良言;(金か玉のように)貴重な教えや忠告。金言。

津津乐道　jīnjīn-lèdào
状中 興に乗っていかにも楽しそうに話す;得々として話す。"津津"は唾液のようにたえずあふれ出るさま,興趣の尽きぬさま。

津津有味　jīnjīn-yǒuwèi
状中 興味津々である;興味が尽きないさま。¶ **他很熟悉李自成的故事,讲起来～。**彼は李自成の話をとてもよく知っていて,話し始めると面白くてたまらないようである。

筋疲力尽　jīnpí-lìjìn
并列 疲れ切って力が尽き果てる;疲労困憊(こんぱい)する。¶ **你绕了我吧,我已经～了。**勘弁してよ,ぼくはもうくたくただ。

襟怀坦白　jīnhuái-tǎnbái
主调 胸にわだかまりがない;心中に包み隠すところがない。腹蔵がない。率直で偽りがない。公明正大である。"**襟怀**"は胸中,胸の内。"**坦白**"は汚れがない,率直である。

紧锣密鼓　jǐnluó-mìgǔ
并列 しきりにどらや太鼓を打ち鳴らす;おおっぴらな活動を始める前に世論を盛り上げること。多く《貶》。

锦囊妙计　jǐnnáng-miàojì
定中 嚢中(のうちゅう)の妙計;いざという時に備えて前もって用意された妙策。"**锦囊**"は錦の袋。

锦上添花　jǐnshàng-tiānhuā
状中 錦上に花を添える;美しいものの上にさらに美しいものを加える。立派なものをさらに立派にする。

锦绣河山　jǐnxiù-héshān
定中 うるわしき山河;美しい国土。"**锦绣山河**"(jǐnxiù-shānhé)とも。

锦绣前程　jǐnxiù-qiánchéng
定中 輝かしい未来;有望な前途。

谨小慎微　jǐnxiǎo-shènwēi
并列 極めて慎重なさま;小心翼々とするさま。転じて,気が小さくてびくびくしているさま。

尽人皆知　jìnrén-jiēzhī
主调 誰もが知っている;万人周知。¶ **他的医术非常高明,在附近这一带～。**彼の医術が非常に優れていることは,この一帯で知らない人はない。

尽如人意　jìnrú-rényì
动宾 人の気持ちにぴったり合う;すっかり人を満足させる。¶ **难以～。**完全に人の気持ちを満足させることは難しい。

尽善尽美　jìnshàn-jìnměi
并列 善美の限りを尽くす;至れり尽くせりである。非の打ち所がない。完璧である。『論語』八佾篇に見える孔子が韶(太古の聖王である舜の音楽)を評したことば"**尽美矣,又尽善矣**"(美を尽くせり,また善を尽くせり)から。

尽心竭力　jìnxīn-jiélì
并列 誠意を尽くしあらん限りの力を出す;一生懸命やる。ベストを尽くす。全力を傾ける。

J

进退维谷　**jìntuì-wéigǔ**
主调 進退これ谷(きわ)まれり;進むことも退くこともできずに途方に暮れる。にっちもさっちも行かない。“**维**”は助辞,音節を調えるはたらきをしている。“**谷**”は窮まる。¶ **陷入～的困境**。まったく動きのとれない窮地に陥る。

近水楼台　**jìnshuǐ-lóutái**
定中 水辺の楼台;位置や関係の近い者が得をするということのたとえ。宋の蘇麟の詩句“**近水楼台先得月**”(jìnshuǐ lóutái xiān dé yuè—水辺の楼台は先に月に照らされる)から。

噤若寒蝉　**jìn-ruòhánchán**
补充 寒蝉(かんせん)のごとく口をつぐむ;かたく口をつぐむことのたとえ。さざえのように口を閉ざす。押し黙る。“**噤**”は黙る,口をつぐむ。“**寒蝉**”は秋の末のせみ,かんぜみ;一般に鳴き声を出さない。

jing

泾渭不分　**jīngwèi-bùfēn**
主调 涇渭(けいい)分かたず;是非・善悪の区別がはっきりしないことのたとえ。“**泾渭分明**”(jīngwèi-fēnmíng)参照。

泾渭分明　**jīngwèi-fēnmíng**
主调 涇渭(けいい)明らかなり;二者の区別,善悪の区別が明らかなことのたとえ。“**泾**”は涇水,“**渭**”は渭水。常に前者は澄み,後者は濁っているので,その清濁の差は明白である。

惊弓之鸟　**jīnggōngzhīniǎo**
定中 傷弓の鳥;一度弓で傷つけられたことのある鳥は弓の弦音を聞いただけでも驚く。わずかなことにもすぐ驚く。前の災難に懲りて極度に警戒心が強くなっていることのたとえ。弓に傷(やぶ)る鳥は曲木に驚く。

惊慌失措　**jīnghuāng-shīcuò**
补充 挙措(きょそ)を失う。☞“**惊惶失措**”(jīnghuáng-shīcuò)

惊惶失措　**jīnghuáng-shīcuò**
补充 挙措(きょそ)を失う;慌てふためいて取り乱す。“**惊慌失措**”(jīnghuāng-shīcuò)とも。¶ **遇到危急情况要沉着,不要～**。緊急の事態に出合っても,慌てて取り乱してはいけない。

惊涛骇浪　**jīngtāo-hàilàng**
并列 荒れ狂う大浪;激烈な闘争や苦しい試練のたとえ。¶ **面对～,我们的舵手毫不畏惧**。逆巻く怒濤(どとう)を前に,我々の舵手(だしゅ)は少しもたじろがない。

惊天动地　**jīngtiān-dòngdì**
并列 驚天動地;世間をひどく驚かす。世の中を震憾(しんかん)させる。¶ **～的伟业**。驚天動地の偉業。

惊心动魄　**jīngxīn-dòngpò**
并列 魂を揺さぶる;大きな感動を与える。¶ **眼前的景象会使你感到～**。眼前の光景があなたの魂を揺さぶるに違いない。

兢兢业业　**jīngjīngyèyè**
并列 恐れ慎しむさま;注意深くまじめに励むさま。“**兢兢**”は用心するさま,慎しむさま。“**业业**”はびくびくするさま。¶ **他工作～,一丝不苟**。彼は仕事ぶりがまじめで,ほんの少しもおろそかにしない。

精兵简政　**jīngbīng-jiǎnzhèng**
并列 人員の少数精鋭化と機構の簡素化を図る。¶ **党政机关要～**。党と政府の機関は人員をえりすぐって機構を簡素化しなければならない。

精打细算　**jīngdǎ-xìsuàn**
并列 精密に計算する;(人・物の使用に当たって)綿密な見積りを立てる。細かくそろばんをはじく。

精雕细刻　**jīngdiāo-xìkè**
并列 精細に雕刻する;入念に仕上げる。雕琢(ちょうたく)する。多く文学・芸術作品について用いる。“**精雕细镂**”(jīngdiāo-xìlòu),“**精雕细琢**”(jīngdiāo-xìzhuó)とも。

精明强干　jīngmíng-qiánggàn
并列 頭脳明晰(めいせき)で仕事がよくできる;頭もよいし腕も立つ。

精疲力竭　jīngpí-lìjié
并列 精魂尽き果てる。¶ **经过几天连续奋战，他已～**。数日来の奮闘で，彼はすでに精も魂も尽き果てている。

精卫填海　jīngwèi-tiánhǎi
主调 精衛海を塡(うず)む;執念を燃やし必ず報復しようとすることのたとえ。また，困難を恐れず，徒労に終わることがわかっていても決して後にひかないことのたとえ。炎帝の娘は東海で溺死(できし)して精衛という小鳥に化したが，毎日，西山の木や石を口にくわえてきて，この海を埋めようとしたという。『山海経』に見える。

精益求精　jīng-yìqiújīng
主调 すでに立派であるのに，さらに向上を求める;倦(う)まずたゆまず向上を求める。さらに磨きをかける。¶ **对技术要～**。技術は完璧の上にも完璧を期さなければならない。

井底之蛙　jǐngdǐzhīwā
定中 井の中の蛙(かわず);見識の狭い人のたとえ。井蛙(せいあ)。

井井有条　jǐngjǐng-yǒutiáo
状中 条理の明らかなさま;整然としている。きちんと整っている。"**井井**"は秩序正しいさま。¶ **家里布置得～**。家の中はじつによく片づいている。

径情直遂　jìngqíng-zhísuì
状中 思うままに行なって順調に成し遂げる;意のままに目的を達成する。"**径情**"は思うままに行う。

敬而远之　jìng'éryuǎnzhī
转折 敬して遠ざける;敬って近づくのを避ける。敬遠する。煙たがる。『論語』雍也篇に見える孔子のことば。

敬谢不敏　jìngxiè-bùmǐn
动宾 不敏を詫びる;(能力不足で，とてもできそうにないと)申し出を辞退する。

镜花水月　jìnghuā-shuǐyuè
并列 鏡花水月;(鏡に映った花，水に映った月のように)見るだけで捉えることのできないもの，実体がなくてつかみどころのないもののたとえ。まぼろし。幻影。また，詩歌・小説などの言語を超えた妙趣の意にも。

jiong

迥然不同　jiǒngrán-bùtóng
状中 はるかに異なる;明らかに違う。"**迥然**"ははるかにかけ離れているさま。¶ **他俩的性格～**。あのふたりの性格はまったく異なっている。

炯炯有神　jiǒngjiǒng-yǒushén
状中 眼光炯々(けいけい);目が鋭く光る形容。"**炯炯**"は明るいさま，光り輝くさま。¶ **两眼～**。両の眼(まなこ)が鋭く光っている。

jiu

九流三教　jiǔliú-sānjiào
并列 三教九流。☞"**三教九流**"(sānjiào-jiǔliú)

九牛一毛　jiǔniú-yīmáo
定中 九牛の一毛;極めて多数のものの中の，ごく一部分。大海の一粟(いちぞく)。滄海(そうかい)の一粟。

九死一生　jiǔsǐ-yīshēng
对比 九死に一生を得る;ほとんど助かるとは思えないほどの状態から，奇跡的に助かること。

九霄云外　jiǔxiāo-yúnwài
定中 九天のかなた;雲のかなた。はるかかなた。"**九霄**"は天空の最も高い所。九天。

久而久之　jiǔ'érjiǔzhī
状中 長く時間がたつうちに;そうこうしているうちに。

酒囊饭袋　jiǔnáng-fàndài
并列 飲むことと食うことのほかに何の能もない者のたとえ;ごくつぶし。無芸大食漢。

旧调重弹　jiùdiào-chóngtán
动宾 (倒置)古い調子を再び奏でる;代わり映えしない話を繰り返す。陳腐な理論を蒸し返す。“**老调重弹**”(lǎo diào-chóngtán)とも。注“调”は diào。

咎由自取　jiù-yóuzìqǔ
主调 咎(とが)・災いを自ら招く;身から出た錆(さび)。自業自得。

救死扶伤　jiùsǐ-fúshāng
并列 死にかかっている者を救い,負傷者の手当てをする;医師や看護師が懸命に働くことの形容。

就事论事　jiùshì-lùnshì
状中 事実に即して事を論じる;その事柄のみを論じ,他の事柄に触れない。また,事柄の表面のみを論じて本質に触れない意にも。¶ **要~,不能无限上纲。**その事柄のみを論じるべきで,やたらにエスカレートさせるべきではない。

ju

居安思危　jū'ān-sīwēi
连动 治に居て乱を忘れず;平安の時も万一に備えて油断しない。¶ **凡事要~,防患于未然。**何事も平素から気を緩めないで,災害を未然に防ぐことが大切だ。

居高临下　jūgāo-línxià
连动 高所から低所を見下ろす;有利な位置を占めていることの形容。地の利を得る。

居功自傲　jūgōng-zì'ào
因果 功績を鼻にかけて傲(おご)り高ぶる;手柄に酔う。“**居功**”は功績を自分の手柄であるとうぬぼれる。

居心叵测　jūxīn-pǒcè
主调 心底が測り知れない;腹の底で何を考えているのかよくわからない。何やら下心がありそうなさま。胸に一物。腹に一物。腹黒い。“**居心**”は(よくない)料見,思惑。“**叵**”は…できない。“**心怀叵测**”(xīnhuái-pǒcè)とも。¶ **敌人诡计多端,~。**敵は悪知恵にたけていて,心底が測り知れない。

鞠躬尽瘁　jūgōng-jìncuì
状中 鞠躬尽瘁(きっきゅうじんすい);(国事のために)ひたすら力を尽くす,献身的に努力する。“**鞠躬**”は恐れ慎むさま,“**尽瘁**”は労苦を尽くすこと。よく,後に“**死而后已**”(sǐ'érhòuyǐ—死して後已《や》む)と続く。諸葛亮『後出師表』に見える“**臣鞠躬尽力,死而后已**”(臣は死ぬまで,ひたすら労苦を尽くします)ということばから。¶ **为人民~。**人民のためにひたすら力を尽くす。

局促不安　júcù-bù'ān
补充 (態度が)おどおどして落ち着きがない;堅苦しくて窮屈である。

举案齐眉　jǔ'ànqíméi
兼语 案を挙げて眉に斉(ひと)しうす;食膳を恭しく目の高さまで捧げ持つ。妻が夫を深く尊ぶことの形容。また,夫婦が互いに尊敬しあうことの形容。後漢の梁鴻の妻孟光は夫に給仕するのにいつも食膳を恭しく持ち上げたという。『後漢書』逸民伝。

举不胜举　jǔ-bùshèngjǔ
补充 枚挙するに堪えない;数が多くて数え切れない。

举措失当　jǔcuò-shīdàng
主调 挙措が当を失している;ふるまいが適当でない。

举国上下　jǔguó-shàngxià
定中 国中の人々すべて;国中上も下も。国を挙げて。¶ **~团结一致。**国を挙げて一致団結する。

举目无亲　jǔmù-wúqīn
连动 肉親が誰もいない;寄る辺がなく孤独である。“**举目**”は見渡すかぎり。¶ **他在这里人地生疏,~。**彼は当地に不案内で誰も身内がいない。

举棋不定　jǔqí-bùdìng
补充 (碁で)石を手にして次の一手に迷う;態度を決しかねることの形容。ためらって決断できない。

举世闻名　**jǔshì-wénmíng**
主谓 天下に名が聞こえている；広く知れ渡っている。世に有名な。¶ **～的万里长城**。世に有名な万里の長城。

举世无双　**jǔshì-wúshuāng**
主谓 世に二つとない；当代随一。☞“**盖世无双**”(gàishì-wúshuāng)

举世瞩目　**jǔshì-zhǔmù**
主谓 世を挙げて注目している；世界中が見守っている。“**瞩目**”は見守る，注視する。

举手投足　**jǔshǒu-tóuzú**
并列 一挙手一投足；一つ一つの動作。

举手之劳　**jǔshǒuzhīláo**
定中 わずかな骨折り。

举一反三　**jǔyī-fǎnsān**
目的 一を挙げて三を反(かえ)す；四角な物の一つの角を示したら，あとの三つの角は類推して理解させる。一事から多くの事を類推できることのたとえ。推察力に富む。一を聞いて十を知る。“**反**”は類推する。『論語』述而篇の孔子のことば“**举一隅不以三隅反，则不复也**”(一隅を挙げて三隅をもって反さざれば，すなわちまたせざるなり)を略したもの。“**一隅三反**”(yī yú-sānfǎn)とも。¶ **～，触类旁通**。一を挙げて三を返し，類推して他を知る。

举足轻重　**jǔzú-qīngzhòng**
主谓 足の上げ下げで成り行きが決まる；一挙手一投足が全体の局面に影響を及ぼすことをいう。重大な鍵を握っている。

拒谏饰非　**jùjiàn-shìfēi**
并列 諫(かん)を拒み非を飾る；忠告を受け入れずに過ちを取り繕う。“**谏**”は(目上に対する)忠告，諫言(かんげん)。“**饰**”は(悪い所を)隠す，飾る。

具体而微　**jùtǐ'érwēi**
转折 体(たい)を具うるも微(かす)かなり；大体は備わっているが，規模は小さい。一応の体は成しているが，やや不十分である。

据理力争　**jùlǐ-lìzhēng**
状中 道理を盾に大いに争う；理を説いて自己の権益や立場を懸命に擁護する。

聚精会神　**jùjīng-huìshén**
并列 精神を集中する。“**聚**”“**会**”は共に集める，集中する。¶ **学生们～地听课**。学生たちは一心不乱に講義に耳を傾けている。

聚沙成塔　**jùshā-chéngtǎ**
目的 砂を聚(あつ)めて塔を成す；塵(ちり)も積もれば山となる。積土山を成す。

juan

卷土重来　**juǎntǔ-chónglái**
状中 捲土(けんど)重来(じゅうらい・ちょうらい)；一度敗れたものが，再び勢力を盛り返してくること。現在は多く《貶》。“**卷土**”は，土煙を巻き上げること，勢いのすさまじいさま，人馬の押し寄せることの形容。杜牧『題烏江亭』詩から。¶ **敌人不甘心失败，妄想～**。敵は失敗に懲りることなく，もう一度巻き返そうとたくらんでいる。

jue

决一死战　**jué-yīsǐzhàn**
动宾 決死の戦いを挑む；全力を奮って勝敗を決する。¶ **事到临头，只有～，才有可能求得生存**。事ここに到っては，死を賭(と)して戦うしか生き残る道はない。

绝处逢生　**juéchù-féngshēng**
状中 死地を脱する；絶体絶命の境地に活路を見いだす。“**绝路逢生**”(jué lù-féngshēng)とも。

绝路逢生　**juélù-féngshēng**
状中 死地を脱する。☞“**绝处逢生**”(juéchù-féngshēng)

绝无仅有　**juéwú-jǐnyǒu**
并列 皆無に近い；極めてまれである。二つとない。¶ **～的办法**。またとない方策。

K

看风使舵

kai

开诚布公　**kāichéng-bùgōng**

[并列] 誠意を尽くし公平を持する；私心を挟まず真心をもって接する。『三国志』蜀志に見える諸葛亮を評したことば“**开诚心，布公道**”（誠心を開き，公道を布《し》く）から。¶**既然要合作，双方就应该～**。合作するからには，双方誠意をもって接しなければならない。

开诚相见　**kāichéng-xiāngjiàn**

[状中] 誠意をもって人に接する；胸襟（きょうきん）を開く。¶**双方～，就两校合并问题交换了意见**。双方胸襟を開いて，両校の合併問題について意見を交換した。

开卷有益　**kāijuàn-yǒuyì**

[条件] 巻を開けば必ず得るところがある；読書は有益である。

开门见山　**kāimén-jiànshān**

[连动] ずばり本題に入る；単刀直入に話す。¶**他～地说明了来意**。彼は率直に訪問の意図を説明した。

开门揖盗　**kāimén-yīdào**

[连动] 戸を開いて賊を招じ入れる；悪人を近づけ，自ら災いを招く。“**揖**”は拱手（きょうしゅ）の礼をする。

开山祖师　**kāishān-zǔshī**

[定中] 開山の祖師；宗門を開いた人。寺院の開祖。転じて，ある物事を初めて行なった人。創始者。創立者。草分け。“开山祖”（kāishānzǔ）とも。

开天辟地　**kāitiān-pìdì**

[并列] 天地開闢（かいびゃく）以来；歴史始まって以来。有史以来。“**辟**”は初めて開く。¶**这可是～的大事件**。これは有史以来の大事件だ。

开源节流　**kāiyuán-jiéliú**

[并列] 財源を開拓し支出を節約する；収入を増やし支出を抑える。

开宗明义　**kāizōng-míngyì**

[并列]（談話・文章の冒頭において）全体の主旨を明らかにし意義を説明する。『孝経』第一章の篇名から。

kan

侃侃而谈　**kǎnkǎn'értán**

[状中] 落ち着いて堂々と述べる；臆することなくしゃべる。“**侃侃**”は悠揚迫らぬさま。

看风使舵　**kànfēng-shǐduò**

[连动] 風を見て舵（かじ）を取る；情勢を窺って態度を決することのたとえ。風を見て帆を使う。日和見主義をやる。洞が峠を決め込む。《貶》。“**见风转舵**”（jiànfēng-zhuǎnduò）とも。¶**他靠～、阿谀奉承，才爬到今天的位置**。彼は日和見と阿諛追従（あゆついしょう）でもって，ようやく今日の地位を手に入れた。

看破红尘　**kànpò-hóngchén**

[动宾] 浮世に見切りをつける；俗世間に愛想を尽かす。社会から逃避する意にも。“**红尘**”は浮き世，俗世。

kang

康庄大道　**kāngzhuāng-dàdào**

[定中] 四通八達の大道；光明に満ちた道のたとえ。“**康**”“**庄**”は共に四方に通じること。

慷慨陈词　**kāngkǎi-chéncí**

[状中]（感情が激しく高ぶって）激越な

口調で意見を述べる。“**慷慨**”は意気盛んなさま。

慷慨激昂　**kāngkǎi-jī’áng**
并列 意気軒昂(けんこう)である；精神が高揚しているさま。意気込みが盛んで気持ちが奮い立っているさま。“**激昂慷慨**”(jī’áng-kāngkǎi)とも。

慷慨解囊　**kāngkǎi-jiěnáng**
状中 惜しげもなく財布の紐(ひも)を解く；気前よく金を出す。進んで金銭的援助をする。“**慷慨**”は，ここでは気前がよい，物惜しみしない。“**解囊**”は財布の紐を解く，金を出す。¶ **人们为残疾人福利事业～**。人々は障害者の福利事業のために惜しみなく援助の手を差し伸べる。

ke

苛捐杂税　**kējuān-záshuì**
并列 苛酷(かこく)で雑多な税。“**捐**”“**税**”は共に税金。

可操左券　**kěcāo-zuǒquàn**
动宾 確かな証拠を手にしている；十分に成就の見込みがあることのたとえ。“**左券**”は二分した割符の半分。契約を交わす時，後日の証拠として一片ずつ所持した。

可歌可泣　**kěgē-kěqì**
并列 高らかに賛美し感激の涙を流す；(悲壮な奮闘ぶりが)深く人を感動させる。¶ **革命先烈的英雄事迹～**。革命烈士の英雄的な事跡は深く人々を感動させる。

克敌制胜　**kèdí-zhìshèng**
连动 敵を倒し勝利を収める；敵に打ち勝つ。

克己奉公　**kèjǐ-fènggōng**
连动 己に打ち勝ち公に尽くす；私心を抑えて懸命に働く。滅私奉公する。

克勤克俭　**kèqín-kèjiǎn**
并列 よく働きよく節約する；こつこつと働き無駄遣いしない。“**克**”はよく…する，…できる。

刻不容缓　**kè-bùrónghuǎn**
状中 一刻の猶予も許されない；少しの時間も引き延ばすことは許されない。¶ **这件事～，要立即办理**。この件は一刻も猶予できないから，ただちに処理すべきだ。

刻骨铭心　**kègǔ-míngxīn**
并列 骨に刻み胆に銘じる；決して忘れることなく深く心にとどめる。“**镂骨铭心**”(lòugǔ-míngxīn)，“**铭心刻骨**”(míngxīn-kègǔ)とも。

刻舟求剑　**kèzhōu-qiújiàn**
连动 舟に刻して剣を求む；方法の正しくないこと，融通の利かないこと，事態の変化に対応できないことなどのたとえ。剣を落として舟を刻む。刻舟。楚の人が川を渡る時，水中に剣を落とし，舟べりに印を刻んで，後で剣を捜そうとしたという寓話から。『呂氏春秋』察今に見える。

恪守不渝　**kèshǒu-bùyú**
连动 (態度などを)厳しく守って決して変えない；忠実に守り通す。“**恪**”は慎む。“**渝**”は感情や態度を変える。

kong

空洞无物　**kōngdòng-wúwù**
并列 空っぽで中身がない；がらんどうである。空虚である。¶ **脱离生活、～的文艺作品**。生活から遊離し，中身が空っぽな文芸作品。

空谷足音　**kōnggǔ-zúyīn**
定中 空谷の跫音(きょうおん)；人気のない寂しい谷間に聞こえるどこからか訪ねて来る人の足音；珍しい便りなどのたとえ。

空空如也　**kōngkōngrúyě**
补充 空々如(くうくうじょ・こうこうじょ)たり；何もないさま，空っぽなさま。もと，馬鹿正直である意。『論語』子罕篇に見える語。¶ **口里夸夸其谈，肚子里～**。口では大きな事を言っているが，頭の中は空っぽだ。

空口无凭　kōngkǒu-wúpíng
并列 口約束だけで証拠がない;あてにならない。

空前绝后　kōngqián-juéhòu
并列 空前絶後;過去にも無かったし,将来にもありそうに思えないほど珍しいこと。ごくまれなこと。

空头支票　kōngtóu-zhīpiào
定中 空手形;実行されない約束。¶ **别净吹牛,～谁不会开?** ほらばかり吹きなさんな,空手形なら誰だって振り出せるさ。

空穴来风　kōngxué-láifēng
主谓 隙間(すきま)から風が吹き込む;隙を見せるからうわさが流れる。火のない所に煙は立たぬ。

空中楼阁　kōngzhōng-lóugé
定中 空中楼閣;空中に築いた高い建物。現実ばなれした理論や計画。砂上の楼閣。

kou

口碑载道　kǒubēi-zàidào
主谓 称賛の声が道にあふれる;至る所でほめそやされる。“**口碑**”は称賛の声。人をほめることばは通常「碑」に刻されたところから。

口蜜腹剑　kǒumì-fùjiàn
对比 口に蜜あり,腹に剣あり;口では甘言を弄しているが,内心は陰険なことのたとえ。もと,唐の玄宗の時の宰相・李林甫の人柄を評した語。

口若悬河　kǒu-ruòxuánhé
主谓 口は懸河(けんが)のごとし;弁説のよどみないたとえ。懸河の弁。立て板に水。“**若**”は…のごとし。“**悬河**”は激しく流れ落ちる川。急流。

口是心非　kǒushì-xīnfēi
对比 口先で言っていることと,内心で考えていることとが違っている;腹に一物がある。¶ **这个人表里不一,～。**こいつは陰ひなたがあって,口と心が裏腹だ。

口诛笔伐　kǒuzhū-bǐfá
并列 口誅筆伐(こうちゅうひっぱつ);ことばと文章で激しく攻撃する。容赦なく批判を加える。

扣人心弦　kòu-rénxīnxián
动宾 琴線に触れる;人の心を揺り動かす。深い感銘を与える。“**扣**”は(弦を)はじく。¶ **～的故事。**深く人の心を揺さぶる物語。

ku

枯木逢春　kūmù-féngchūn
主谓 枯木(こぼく)春に逢う;(枯れた木が再び芽吹くように)死に瀕(ひん)した人や衰えた事物が生命を回復すること。枯れ木に花。一陽来復。

苦尽甘来　kǔjìn-gānlái
并列 苦尽きて楽来たる;苦難が去って安楽が訪れる。苦あれば楽あり。苦は楽の種。“**苦尽甜来**”(kǔjìn-tiánlái)とも。

苦口婆心　kǔkǒu-póxīn
并列 (まるで老婆のように)ねんごろに説いて聞かせる;口を酸っぱくして諫める。“**苦口**”は口を酸っぱくする,何度も忠告する。“**婆心**”は老婆のような温かい心遣い。

苦思冥想　kǔsī-míngxiǎng
并列 深く考えにふける;真剣に思索する。知恵を絞る。“**冥思苦想**”(míngsī-kǔxiǎng)とも。¶ **～了一整夜。**一晩中考えにふけった。

苦心孤诣　kǔxīn-gūyì
状中 苦心惨憺(さんたん)の末,他人の及ばない独自の境地に達する;苦心して研鑽(けんさん)を積む。“**诣**”は至る。

kua

夸夸其谈　kuākuā-qítán
状中 大げさに話す;大言壮語する。大ぶろしきを広げる。御託を並べる。“**其**”は強調を示す助辞。¶ **～地乱说一阵。**大ぶろしきを広げて一席ぶつ。

kuai

快马加鞭　kuàimǎ-jiābiān

主谓 駆け馬に鞭;速い上にも速くする。いっそう速度を上げる。

脍炙人口　kuàizhì-rénkǒu

动宾 人口に膾炙(かいしゃ)する;(なますやあぶり肉が多くの人に好まれるように)詩文が広く世間の人に称賛されること。また,物事が広く世間にもてはやされること,知れわたること。¶**这是一篇～的好文章。**これは広く人々に知られたよい文章である。

kuan

宽打窄用　kuāndǎ-zhǎiyòng

对比 多めに見積もり,少なめに使う;予算などを,余裕をもたせて見積もり,節約して執行する。

宽大为怀　kuāndà-wéihuái

主谓 寛大を旨とする;人に対して寛大な気持ちで対するよう心がける。¶**求求你～,原谅他这一次。**ここは一つ大目に見て,彼を許してやってください。

宽宏大量　kuānhóng-dàliàng

并列 寛大で度量が大きい;心が広い。包容力に富む。“**宽宏大度**”(kuānhóng-dàdù)とも。

kuang

狂风暴雨　kuángfēng-bàoyǔ

并列 荒れ狂う風と激しく降る雨;激しい攻撃や闘争,険悪な状況,荒々しいふるまいなどのたとえ。

旷日持久　kuàngrì-chíjiǔ

并列 むなしく日時を費す;だらだらと時間を長引かせる。“旷”はむだにする,おろそかにする。¶**看来,这场论战将是～的。**どうやらこのたびの論戦はいつまでもだらだらと続きそうだ。

kui

揆情度理　kuíqíng-duólǐ

并列 事情や道理によって推し量る。

溃不成军　kuì-bùchéngjūn

补充 軍隊が総崩れになる;惨敗を喫してばらばらになる。ほとんど壊滅する。“溃”は崩れる。

kun

困兽犹斗　kùnshòu-yóudòu

主谓 追い詰められた獣が,なおも抵抗する;逃れるすべがないのに,なおも刃向かう。悪あがきをする。むだな抵抗を試みる。

K

L

滥竽充数

lai

来龙去脉　láilóng-qùmài
并列 事の経緯;いわれ。いきさつ。因果関係。もとは風水(地勢占い)用語で,山の起伏状態。¶ **他们完全知道这个问题的～**。彼らはこの問題のいきさつを熟知している。¶ **弄清事情的～**。事の経緯を明らかにする。

来日方长　láirì-fāngcháng
主谓 先々の時間は十分にある;事を成し遂げるに十分な時間がある。時間はたっぷりあるから焦るに及ばない。“方”はまさに,まさしく。¶ ～,**后会有期**。先は長いのだから,きっとまた会える。

来者不拒　láizhě-bùjù
主谓 来る者は拒まず;訪ねてくる人は誰でも歓迎する。また,届けてくる贈り物は何でも喜んで受け取る意にも。

来之不易　láizhī-bùyì
主谓 (財貨·機会·成果などについて)手に入れることが容易でない。¶ ～**的好机会**。めったに得られないチャンス。

lan

滥竽充数　lànyú-chōngshù
主谓 能力のない者が紛れ込んで能力があるようなふりをする;いいかげんな者を入れて頭数をそろえる。不良品を優良品のように見せかけてごまかす。能力がないのにその地位にいる。席を汚(けが)す。“竽”は,笙(しょう)に似た楽器。竽(う)を吹けない男がおおぜいに混じって楽人を務めていたという故事から。『韓非子』内儲説·上。¶ **我们不仅要完成数量,而且要保证质量,不能～**。我々は数を満たすだけではなしに,品質も保証しなければならず,いいかげんにごまかしておくわけにはいかない。

lang

狼狈不堪　lángbèi-bùkān
补充 非常に困窮するさま;困り果てるさま。“狼狈”は,ここでは単に狼狽(ろうばい)する意。“狼”と“狈”については,“狼狈为奸”(lángbèi-wéijiān)の項参照。¶ **你看他,一副～的祥子**。彼の,あの困りきった様子をごらん。

狼狈为奸　lángbèi-wéijiān
主谓 ぐるになって悪事をはたらく。“狼”はおおかみ。“狈”は伝説中の狼に似た動物。前足が極端に短いので,常に狼の背に乗りかかって走り,人里に現れて家畜をかすめるという。¶ **他们相互勾结,～**。彼らは互いに結託して,悪事をはたらいている。

狼奔豕突　lángbēn-shǐtū
并列 (狼が駆け回り,豚が突進するように)悪人が群れを成して暴れ回る。また,慌てふためいて逃げるさま。“豕”は豚。

狼吞虎咽　lángtūn-hǔyàn
并列 (狼か虎のように)がつがつ食う;荒々しく丸呑みにする。むさぼり食う。¶ **他吃什么东西都～的**。彼は何を食べるにもむさぼるように食べる。¶ **你慢点儿吃,别～的**。そうがつがつしないで,ゆっくり食べなさい。

狼心狗肺　lángxīn-gǒufèi
并列 (狼か犬のように)貪欲で凶悪である；鬼畜のようにむごい。また，恩知らずの意にも。

狼烟四起　lángyān-sìqǐ
主调 四方にのろしが上がる；あちこちから急を告げてくる。敵に侵入されて辺境の地が隠やかでないことの形容。風雲急を告げる。“**狼烟**”はのろし。狼のふんを乾燥させて焼いたところから。

狼子野心　lángzǐ-yěxīn
定中 (狼の子のように)飼い馴らし難い凶悪な本性；飽くなき欲望，権力や地位への執着心のたとえ。野獣の本性。凶悪な野心。¶ **～暴露在光天化日之下。**凶悪な本性が白日の下にさらされた。

lao

劳而无功　láo'érwúgōng
转折 労して功なし；むだ骨を折ること。骨折り損のくたびれもうけ。¶ **不要干～的傻事。**骨折り損のくたびれもうけに終わるようなばかげた事をしないように。

劳苦功高　láokǔ-gōnggāo
并列 苦労を重ね，大きな功績を挙げる；貢献度の高いことをいう。

劳民伤财　láomín-shāngcái
并列 人民を疲れさせたうえ，財物を無駄にする；人民を酷使し，国費を浪費すること。人力·物力を無駄に使うたとえにも。

劳师动众　láoshī-dòngzhòng
并列 軍隊を動かす；多くの人を動員して事を行う。ことさらに騒ぎ立てる。“**师**”“**众**”は共に軍隊。

劳燕分飞　láoyàn-fēnfēi
主调 人が別れ別れになること。古楽府『東飛伯労歌』の中の句“**东飞伯劳西飞燕**”(東に伯労飛び西に燕飛ぶ)から。“**劳**”は“**伯劳**”，もず。

牢不可破　láo-bùkěpò
补充 牢固として抜くべからず；極めて堅固で容易に破壊し難い。磐石(ばんじゃく)のように堅固である。¶ **我们两国人民的友谊是～的。**我々両国人民の友情は決して破ることのできない強固なものだ。

老成持重　lǎochéng-chízhòng
并列 老練かつ慎重である；経験が豊かで慎重に物事を処理する。¶ **他为人～，谦虚谨慎。**彼は穏健な人柄で，謙虚で慎み深い。

老当益壮　lǎo-dāngyìzhuàng
主调 老いてますます壮(さか)んなるべし；年老いても意気は盛んでなければならない。のち，年老いてますます元気であることをいう。¶ **这位老人真是～，令人敬佩。**この老人はまさに老いてますます盛んで，まったく頭が下がる。

老调重弹　lǎodiào-chóngtán
动宾 (倒置)古い調子を再び奏でる。☞“**旧调重弹**”(jiùdiào-chóngtán)

老骥伏枥　lǎojì-fúlì
主调 老驥(ろうき)櫪(れき)に伏す；駿馬が年老いて馬小屋に伏している。年は老いても遠大な志を失っていないことのたとえ。老驥千里を思う。“**骥**”は一日に千里を走る名馬。“**枥**”は飼葉桶。転じて，馬屋。¶ **～，志在千里。**老驥櫪に伏すとも，志は千里にあり。

老奸巨猾　lǎojiān-jùhuá
并列 この上なくよこしまでずるがしこい；狡猾(こうかつ)極まる。海千山千である。一筋縄ではいかない。煮ても焼いても食えない。老獪(ろうかい)である。

老马识途　lǎomǎ-shítú
主调 老馬道を知る；老いた馬はよく道を知っている。長く経験を積んだ者は判断が正しい。老馬の智(ち)。

老谋深算　lǎomóu-shēnsuàn
并列 深慮遠謀する；綿密に策を立て先々の事まで深く考える。

老牛破车　lǎoniú-pòchē
并列 老いた牛がぼろ車を引く;のろのろしていて効率の悪いことのたとえ。だらだらしている。

老牛舐犊　lǎoniú-shìdú
主调 親牛が子牛をなめる;親が子供を溺愛することのたとえ。舐犢(しとく)の愛。"**舐**"はなめる。"**犊**"は子牛。¶ **老李晚年得子,～之情是可以理解的。**李さんは晩年になって子をもうけたのだから,あの目の中に入れても痛くないような可愛がりようもよくわかる。

老气横秋　lǎoqì-héngqiū
主调 年寄り然としている;年寄り風を吹かす。古参者面をして威張る。また,年寄りじみている,生気に乏しい,野暮ったいなどの意にも。"**横秋**"は充満する,みなぎる。¶ **年纪轻轻的,可说起话来～。**年は若いが,話すことはいかにも年寄りじみている。

老生常谈　lǎoshēng-chángtán
定中 老いぼれ学者の陳腐な話;聞き飽きた新鮮味のない話。言いふるされた話。¶ **我这又是～了。**またいつもの詰まらない話をしてしまったね。

老态龙钟　lǎotài-lóngzhōng
主调 年を取って動きの鈍いさま;老いさらばえている。もうろくしている。よぼよぼである。"**龙钟**"は年老いて行動が不自由なさま。¶ **一别又是十年,看上去他已经～了。**あれからもう十年で,見たところ彼はすっかり老け込んでいる。

老羞成怒　lǎoxiū-chéngnù
因果 恥ずかしさのあまり,逆に怒りだす。"**老**"は程度が甚だしい。¶ **他闻听此言,～,忿然而去。**彼はこのことばを耳にすると,あまりの屈辱に耐えきれず,憤然として立ち去った。

老于世故　lǎoyúshìgù
补充 世故にたけている;世渡りがうまい。処世の術に富む。多く《貶》。

le

乐不可支　lè-bùkězhī
补充 うれしくてたまらない。¶ **老王收到了女儿的来信,眉开眼笑,～。**王さんは娘からの手紙を受け取って,顔をほころばせて,いかにもうれしそうにしている。

乐不思蜀　lè-bùsīshǔ
补充 楽しみて蜀を忘る;楽しくて帰る所を忘れる。魏にくだった蜀の後主劉禅が洛陽で快楽にふけって故国のことを思わなくなったという故事から。『三国志』蜀志後主禅伝注に引く。

乐极生悲　lèjí-shēngbēi
条件 楽しみ極まりて悲しみ生ず;楽しみの後へは悲しみが来るものだ。歓楽極まりて哀情多し。

lei

雷打不动　léidǎ-bùdòng
转折 雷が鳴っても動じない;(意志が固くて)どんな事があっても動揺しない。¶ **他每天早晨坚持跑步,～。**彼は毎朝ジョギングを続け,決して休むことがない。

雷厉风行　léilì-fēngxíng
并列 雷のように激しく,風のように速い;(政策の実施や法令の施行が)厳格かつ迅速なことの形容。また,事を行う勢いのすさまじいさま。疾風迅雷。

雷霆万钧　léitíng-wànjūn
主调 (雷のごとく,万鈞の重さで圧するがごとく)威力のすさまじいことの形容;何物も抗し難い。"**雷霆**"は激しい雷。"**钧**"は昔の重量単位,30斤に相当。¶ **～之力。**当たるべからざる勢い。

累教不改　lěijiào-bùgǎi
转折 何度諭しても改めようとしない。☞"**屡教不改**"(lǚjiào-bùgǎi)

leng

冷嘲热讽　lěngcháo-rèfěng

[并列] 冷ややかに嘲笑し激しく風刺する;皮肉や当てこすりをいう。

冷若冰霜　lěng-ruòbīngshuāng

[补充] 氷か霜のように冷ややかである;人に対する態度が極めて冷淡である。また,態度が厳格で近づき難いことのたとえにも。¶ **别看他外表～,其实内心热情似火。**彼は一見冷ややかで近づきがたいが,その実,内に燃えるような情熱を秘めている。

冷言冷语　lěngyán-lěngyǔ

[并列] 冷ややかなことば;とげのあることば。皮肉たっぷりなことば。

冷眼旁观　lěngyǎn-pángguān

[状中] 冷めた目で傍観する;第三者的な態度をとる。

li

离经叛道　líjīng-pàndào

[并列] 経典に述べるところから外れ,正しい道に背く;道理を踏み外す,道に外れる。

离群索居　líqún-suǒjū

[连动] 群れから離れて独りで暮らす;孤独な生活をする。"**索**"は独りきりである,孤独である。

离题万里　lítí-wànlǐ

[补充] 本題から著しく離れる;文章や話が大きくわき道にそれる。¶ **下笔千里,～。**筆を執るとたちまち長い文章を書くが,本題から外れること甚だしい。

离乡背井　líxiāng-bèijǐng

[并列] 故郷を遠く離れる。☞"**背井离乡**"(bèijǐng-líxiāng)

离心离德　líxīn-lídé

[并列] 思想も信念も一致していない;ばらばらで反目しあっている。呼吸が合わない。"**心**"は思想。"**德**"は信念。¶ **大家要风雨同舟,不能～。**みな苦難を共にすべきで,ばらばらであってはならない。

梨园子弟　líyuán-zǐdì

[定中] 梨園(りえん)の弟子(ていし);旧時の役者。俳優。"**梨园**"は梨の木の植えてある庭園。唐の玄宗皇帝はここで自ら歌舞を教えたという。

礼尚往来　lǐ-shàngwǎnglái

[主谓] 礼は往来を尚(たっと)ぶ;礼は互いに行き来することを尊重する。訪問を受ければ答礼をするのが,礼として尊ぶべきことである。いま,相手から受けた仕打ちを相手に返す意にも。目には目を。『礼記』曲礼・上に見える語。

礼贤下士　lǐxián-xiàshì

[并列] 賢者や識者を礼遇する。"**礼**"は礼をもって接する。"**下**"はへりくだって交わりを結ぶ。

里应外合　lǐyìng-wàihé

[并列] 内外呼応する。[注]"**应**"は yìng,応じる。"**合**"は協力する。¶ **～,必成大事。**内外力を合わせれば,必ず大事を成し遂げられる。

理屈词穷　lǐqū-cíqióng

[因果] 理が立たず,ことばに窮する;筋道が通らず,ことばに詰まる。¶ **他终于～,无言以对。**彼はとうとう理に窮して,黙り込んでしまった。

理所当然　lǐ-suǒdāngrán

[主谓] 理の当然;道理から考えてあたりまえである。¶ **子女赡养父母是～的事。**子供が親の世話をするのは当然の事である。

理直气壮　lǐzhí-qìzhuàng

[因果] (話の)筋道が通っており,意気盛んである;理は我が方にありとばかりに盛んに述べ立てる。正しい主張を堂々と述べるさま。

力不从心　lì-bùcóngxīn

[主谓] 意あれども力及ばず;やる気はあるが力が足りない。力不足である。¶ **他总想多做些工作,但是身体不好,**

～。彼はいつももっと仕事をしたいと思っているが，しかし健康がすぐれず，なかなか思うに任せない。

力不胜任　lì-bùshèngrèn

[主调] 力がその任に堪えない；その任務を果たすだけの能力がない。力不足である。荷が勝つ。手に余る。¶ **这项任务，我～**。この任務は，私には荷が重すぎる。

力竭声嘶　lìjié-shēngsī

[并列] 力尽き声枯る。☞“**声嘶力竭**”(shēngsī-lìjié)

力排众议　lìpái-zhòngyì

[动宾] 無理やりに多くの意見を排除する；さまざまな意見を排除し自分の意見を通そうとする。

力所能及　lì-suǒnéngjí

[主调] 力が及びうる；自分の能力で成しうる。¶ **按照具体情况，做一点～的工作**。具体的な状況に応じて，自分の力でできる範囲の仕事をする。

力透纸背　lì-tòuzhǐbèi

[主调] 筆力が紙背(しはい)に及ぶ；筆勢の盛んなさま。また，文章がよく練れていて，訴える力が強いことのたとえ。

力挽狂澜　lìwǎn-kuánglán

[动宾] 荒れ狂う大波を引き戻そうとする；危うい局面を挽回しようとする。懸命に窮地からの脱出を図る。

力争上游　lìzhēng-shàngyóu

[动宾] 努めて高みを目指す；高い目標への到達を目指して頑張る。先進者に追いつこうとすることの形容。“**上游**”は川の上流。転じて，高い目標や水準。

历尽沧桑　lìjìn-cāngsāng

[动宾] 世の移り変わりをつぶさに経験し尽くす。¶ **这些古建筑虽～，但仍风采依旧**。これらの古い建造物は幾星霜の転変を経てきたが，今なお往時の風格をとどめている。

历历可数　lìlì-kěshǔ

[状中] はっきりと数えることができる。“**历历**”は一つ一つはっきりしているさま，ありありとしているさま。¶ **水是这样清澈，江底的石块无论大小都～**。水はとても澄んでいて，川底の石は大きいのも小さいのもみなはっきりとよく見える。

历历在目　lìlì-zàimù

[状中] ありありと目に浮かぶ；(遠方の景色や往時の事柄が)はっきりと目に見える。¶ **往事～**。昔の事がありありと目に浮かぶ。

厉兵秣马　lìbīng-mòmǎ

[并列] 武器を研ぎ馬を養う；戦の準備をする。☞“**秣马厉兵**”(mòmǎ-lìbīng)

厉行节约　lìxíng-jiéyuē

[动宾] 節約を励行する。¶ **我们必须～，反对浪费**。我々は節約を励行し，浪費に反対しなければならない。

立竿见影　lìgān-jiànyǐng

[承接] 竿(さお)を立てると影ができる；効果がすぐに現れることのたとえ。¶ **工具改革～，大大提高了生产效率**。道具の改良が早速効果を現し，生産効率が大きく上がった。

立功赎罪　lìgōng-shúzuì

[连动] 功を立てて罪を償う；手柄を立てて罪の埋め合わせをする。“**立功自赎**”(lìgōng-zìshú)とも。

立身处世　lìshēn-chǔshì

[并列] 身を立て世に処する；社会人として世の中を生きていく。“**立身行事**”(lìshēn-xíngshì)とも。¶ **～，应当有原则，不能随波逐流**。世に処するには，原則がなければならず，ただ流れに合わせていくのはよくない。

立锥之地　lìzhuīzhīdì

[定中] 立錐(りっすい)の地；どうにか錐(きり)が立てられるほどの狭い土地。わずかばかりの空いた場所。立錐の余地。

励精图治　lìjīng-túzhì

[连动] 気力を奮い起こして政治に励む。“**励**”は奮い起こす。“**图**”は図る，求める。

利令智昏　**lì-lìngzhìhūn**
[主调] 利は人の心をくらませる。利欲におぼれて理性を失う。欲には目見えず。『史記』平原君虞卿列伝に民間のことわざとして見える。

利欲熏心　**lìyù-xūnxīn**
[主调] 利欲は心を惑わせる；私利を求める欲望に心がくもらされる。“**熏**”はいぶす，くすべる。

lian

连篇累牍　**liánpiān-lěidú**
[并列] 篇を連ね牘(とく)を累(かさ)ぬ；文字が長々と続く。文章が冗長であること，また著作や文章が大量であることのたとえ。“**累**”は積み重ねる，“**牍**”は木簡。

廉洁奉公　**liánjié-fènggōng**
[状中] 身を清廉に保ち公務に励む；不正をはたらかず公務に精進する。滅私奉公。

联翩而来　**liánpiān'érlái**
[状中] 次々とやって来る。続々と詰めかける。“**联翩**”は鳥が翼を連ねて飛ぶさま。¶ **外国的考古学者们～了**。外国の考古学者たちが次から次へと訪れた。

恋恋不舍　**liànliàn-bùshě**
[状中] 後ろ髪を引かれる；未練が残って立ち去るに忍びない。いつまでも名残惜しい。

liang

良辰美景　**liángchén-měijǐng**
[并列] 時候もよく景色も麗しい。

良师益友　**liángshī-yìyǒu**
[并列] よき師よき友；よい先生とよい友人。¶ **这本字典是我的～**。この字典は私のよき師でありよき友である。

良药苦口　**liángyào-kǔkǒu**
[主调] 良薬は口に苦し；忠告や批判は聞いて快いものではないが，身のためになるということのたとえ。『孔子家語』に見える語。¶ **～利于病。忠言逆耳利于行**。良薬は口には苦いが病にはよく効き，忠告は耳に痛いが行いによく利く。

良莠不齐　**liángyǒu-bùqí**
[主调] 良いものと悪いものとがまぜこぜになっている；善人もいれば悪人もいる。玉石混淆(こんこう)である。“**莠**”はえのころ草，粟(あわ)に似た植物。よく悪人にたとえられる。¶ **这批留学生的中文水平～**。今回の留学生たちの中国語のレベルはまちまちである。¶ **这些人～，应当区别对待**。これらの人々の中には善人もいれば悪人もいるから，区別して対応しなければならない。

梁上君子　**liángshàng-jūnzǐ**
[定中] 梁上(りょうじょう)の君子；泥棒のたとえ。後漢の陳寔(ちんしょく)が梁(はり)の上に潜んでいる泥棒を指してこう言ったという故事から。『後漢書』陳寔伝。“**梁**”は柱の上に渡して屋根を支える横木。はり，うつばり。

两败俱伤　**liǎngbài-jùshāng**
[并列]（相争っている）双方ともに傷つく；共倒れになる。¶ **二虎相争，必然～**。二人の英雄が闘えば，必ず両方とも倒れる。

两面三刀　**liǎngmiàn-sāndāo**
[并列]（節操がなく，その時の都合で）いずれの側にもつく；二股(ふたまた)をかける。二股膏薬(こうやく)。¶ **嘴甜心毒，～**。口で言っていることと内心は大違いで，平気で二股をかける。

两全其美　**liǎng-quánqíměi**
[主调] 双方とも満足するようにする；どちらにも傷がつかないように気を配る。¶ **这是～的办法**。これは双方ともにうまくいくやり方である。“**全**”は全うする，損なわぬようにする。

两相情愿　**liǎngxiāng-qíngyuàn**
[主调] 双方とも納得する。“**两相**”は“**两厢**”とも。両方，双方。

两小无猜　**liǎngxiǎo-wúcāi**
主谓 双方とも幼く疑うことを知らない;幼い男女の無邪気な交わりをいう。¶**他们～,感情融洽。**ふたりとも幼く無邪気で,すっかり気持ちが溶け合っている。

两袖清风　**liǎngxiù-qīngfēng**
主谓 両の袖を風が吹き抜ける;旧時,官吏の清廉潔白なことのたとえ。

量才录用　**liàngcái-lùyòng**
连动 才能に応じて登用する;才能の大小を考慮して,相応の用い方をする。適材適所。“**量**”ははかる。“**录用**”は採用する。

量力而行　**liànglì'érxíng**
状中 能力に応じて行う;力相応に行動し無理をしない。“**量**”ははかる。“**量力而为**”(liànglì'érwéi)とも。¶**你大病方愈,干活要～。**君は大病が癒えたばかりだから,仕事は体力相応に無理をしてはならない。

量入为出　**liàngrù-wéichū**
连动 入るを計りて出づるを制す;収入を計算して支出を決める。

量体裁衣　**liàngtǐ-cáiyī**
目的 身の丈に合わせて着物を裁断する;実際の状況に即して物事を処理する。¶**制定计划要～,不能脱离实际。**計画は現実に即して立てるべきで,実際から遊離してはならない。

liao

聊胜于无　**liáoshèngyúwú**
补充 無いよりはましである。“**聊**”は少しは,いささか。

聊以自慰　**liáoyǐ-zìwèi**
状中 ともかく自らを慰める;しばらくの気休めにする。“**聊以**”は何とか,とりあえず,差し当たっては…。¶**虽说收入不高,尚可～。**収入は多くないが,まあこんなところかと満足している。¶**切不可有了几分成绩就～,不求上进。**わずかばかりの成果で自己満足に陥り,向上を求めないのは絶対によくない。

聊以卒岁　**liáoyǐ-zúsuì**
状中 何とか一年を過ごす;何とか年を越す。

寥寥无几　**liáoliáo-wújǐ**
状中 寥々(りょうりょう)たるものである;ごくわずかである。めったにない。“**寥寥**”は数の少ないさま。¶**这样的企业家在全国也～。**このような企業家は全国でも数えるほどしかいない。

寥若晨星　**liáo-ruòchénxīng**
补充 暁の星のようにまばらである;極めて数の少ないことのたとえ。“**寥**”はまばらなさま。¶**像他这样的天才可以说～。**彼のような天才はめったにいないと言っていい。

了如指掌　**liǎo-rúzhǐzhǎng**
补充 明らかなること掌(たなごころ)を指すがごとし;自分の手のひらにある物を指すようにはっきりしている。正確に理解していることのたとえ。『論語』八佾篇に見える孔子のことばから。¶**他对这一带的地形～。**彼はこの辺りの地形にはまるでたなごころを指すようによく通じている。

料事如神　**liàoshì-rúshén**
主谓 事を推し量ること神のごとし;予測・推測の的確なさま。先見の明に富む。

lie

劣迹昭彰　**lièjì-zhāozhāng**
主谓 悪行が明々白々である;悪行が目に余る。“**劣迹昭著**”(lièjì-zhāozhù)とも。

lin

临渴掘井　**línkě-juéjǐng**
连动 渇して井を穿つ;のどが渇いてから井戸を掘る。事が起こってから,慌てて対策を考える。泥棒を捕らえて縄をなう。飢えに臨んで苗を植える。¶ **做工作要有预见性，不要～。** 仕事をするには先々の見通しを持つことが大切で，行き当たりばったりであってはならない。¶ **到现在才～，太迟了。** 今頃になって慌てて準備しても，とっくに手遅れだよ。

临危不惧　línwēi-bùjù

转折 危に臨みて惧(おそ)れず；危難を前にして少しもおじけづかない。

临危授命　línwēi-shòumìng

连动 危急存亡に際して命をささげる。¶ **～，视死如归。** 危急存亡に際して平然と命を投げ出す。

临渊羡鱼　línyuān-xiànyú

连动 淵(ふち)に臨みて魚を羨む；ただ欲しがるだけでは得られないということのたとえ。『漢書』董仲舒伝に見える語で，後に“**不如退而结网**”(退きて網を結ぶに如かず)と続く。

临阵磨枪　línzhèn-móqiāng

连动 陣に臨みて槍(やり)を磨く；事に臨んでから初めて準備をする。泥棒を捕らえて縄をなう。¶ **学习要靠平时努力，不要～，到考试前才用功。** 学習は平素の努力が肝心で，泥縄式に試験の前になってから勉強するのはよくない。¶ **～也不中用。** 泥縄をなったところで役に立たない。

临阵脱逃　línzhèn-tuōtáo

连动 戦に臨んで逃げ出す；敵前逃亡する。いざという時になって尻込みすることのたとえにも。¶ **你不能走，难道遇到这一点小困难就～！** ここを離れてはいかん，ちょっとした困難に出会ったぐらいで尻込みするんじゃないだろうね。

淋漓尽致　línlí-jìnzhì

并列 (ことばや文章が)流暢(りゅうちょう)で，しかも意を尽くしている；余す所なく表現し尽くしている。小気味よく喝破している。“**淋漓**”はのびやかなさま。“**尽致**”は意を尽くしている，十二分である。

琳琅满目　línláng-mǎnmù

主调 (書籍や美術品について)すべてが目を奪うばかりに美しい；珍宝にあふれている。“**琳琅**”は美しい宝玉。¶ **在这次展览会上，各种工艺品～，美不胜收。** 今回の展覧会は，目を奪うばかりの美しい各種の工芸品が展示されていて，とても一度には鑑賞しきれない。

鳞次栉比　líncì-zhìbǐ

并列 魚の鱗か櫛(くし)の歯のようにびっしり並んでいる；家屋や船の密集しているさま。櫛比(しっぴ)。“**栉比鳞次**”(zhìbǐ-líncì)とも。

麟凤龟龙　línfèng-guīlóng

并列 麒麟(きりん)・鳳凰(ほうおう)・神亀・竜；珍しく貴重なもの。また，徳高く立派な人のたとえにも。古代，“**麟**”(きりん)，“**凤**”(ほう)，“**龟**”(かめ)，“**龙**”(りゅう)を四霊と称して貴んだ。

ling

伶牙俐齿　língyá-lìchǐ

并列 弁舌爽やかである；また口が達者である。口がうまい。弁が立つ。立て板に水。“**伶**”“**俐**”は共に賢い，利口な。¶ **她是个～的姑娘。** あの子は爽やかな口の利き方をする娘だ。

灵丹妙药　língdān-miàoyào

并列 霊薬；万病に効く薬。万能薬。特効薬。妙薬。“**灵丹圣药**”(língdān-shèngyào)とも。

玲珑剔透　línglóng-tītòu

并列 極めて精巧である；(透し彫りの工芸品や観賞用の太湖石などについて)細工が極めて精巧にできている。また，(人が)聡明(そうめい)で機転が利く，きびきびしている意にも。“**玲珑**”は精巧である，聡明である。“**剔透**”は透き通るようである。

零打碎敲　língdǎ-suìqiāo

并列 途切れ途切れに行う。☞“**零敲碎打**”(língqiāo-suìdǎ)

零敲碎打　língqiāo-suìdǎ
并列 少しずつ途切れ途切れに行う；断片的に片づけていく。“**零打碎敲**”(língdǎ-suìqiāo)とも。¶ **把这事一气儿解决了吧，别～了。**この事を一気に片づけよう，ばらばらにやるのはやめにして。

另起炉灶　lìngqǐ-lúzào
动宾 新たにかまどを起こす；新たにやりなおす。新規まき直しをする。構想を新たにする。別な手段を講じる。¶ **～，从头再干。**新規まき直しで，最初からやり直す。

另眼相看　lìngyǎn-xiāngkàn
状中 他とは違った眼で見る；これまでと違った眼で見る。特別視する。また，見直す，目をかける。

令人发指　lìngrénfàzhǐ
兼语 髪を逆立たせる；人を激しく怒らせることの形容。“**令**”は…に…させる。“**发指**”は髪の毛が逆立つ。¶ **法西斯的暴行～。**ファシストの暴行は激しい怒りを催させる。

令人神往　lìngrénshénwǎng
兼语 人をうっとりさせる。“**神往**”はあこがれる，思いを馳せる。

令人作呕　lìngrénzuò'ǒu
兼语 吐き気を催させる；激しい嫌悪感を抱かせる。“**呕**”は吐く，もどす。¶ **她那种装腔作势的样子～。**彼女のあの仰々しいそぶりには，吐き気を催させられる。

令行禁止　lìngxíng-jìnzhǐ
并列 命令は必ず実行し，禁令は必ず守らせる；法の執行が厳正で迅速なさま。

liu

溜须拍马　liūxū-pāimǎ
并列 (相手の)ひげをこすり馬の尻をなでる；すり寄っておべっかを使う。ひげの塵を払う。お世辞を言う。ごまをする。

溜之大吉　liūzhī-dàjí
补充 逃げるが勝ち。“**溜**”はこっそり姿を消す，ずらかる。

留连忘返　liúlián-wàngfǎn
补充 名残惜しくて家に帰るのを忘れる。☞“**流连忘返**”(liúlián-wàngfǎn)

留有余地　liúyǒu-yúdì
动宾 余地を残しておく。¶ **订计划时，要注意～。**計画を立てる時は，ゆとりを残しておく必要がある。

流芳百世　liúfāng-bǎishì
补充 芳を百世に流す；名声が後々まで伝えられる。千古に名を残す。“**百世**”は長い年月。

流金铄石　liújīn-shuòshí
并列 金を流し石を鑠(と)かす；炎暑のたとえ。焼けつくように暑い。“**铄石流金**”(shuòshí-liújīn)とも。

流离失所　liúlí-shīsuǒ
并列 安住の地を失って各地をさまよい歩く；流れ歩く。流浪(るろう)する。路頭に迷う。“**流离**”は流れ歩く，流浪する。“**失所**”は住む所を失う。¶ **数百万人因战争而～。**何百万人もの人が戦争で家を失い路頭に迷っている。

流连忘返　liúlián-wàngfǎn
补充 名残惜しくて家に帰るのを忘れる；美しい景色にひかれて立ち去り難い。名残惜しくて去り難いこと。“**留连忘返**”(liúlián-wàngfǎn)とも。¶ **美丽的山城景色使人～。**美しい山地の町の景色を見ていると，名残惜しくて立ち去ることができない。

流言飞语　liúyán-fēiyǔ
并列 流言飛語；根も葉もないうわさ。デマ。“**飞**”は飛ぶ，“**蜚**”とも。“**流言**”“**飞语**”は共に根拠のないうわさ。

柳暗花明　liǔ'àn-huāmíng
并列 柳暗花明；柳がほの暗く茂り，花が明るく咲いている。春の野の美しい眺めをたとえる。また，困難の中で希望を見いだすことのたとえ。陸游『游山西村』中の詩句から。

六神无主　liùshén-wúzhǔ
主谓 六神主なし;びっくり仰天するさま。肝をつぶす。“六神”は,道教で心・肺・肝・腎・脾・胆の六臓の神。¶**他这时已经心慌意乱,～了。**彼はこの時すでにすっかり気持ちを取り乱し,正気を失っていた。

long

龙飞凤舞　lóngfēi-fèngwǔ
并列 竜飛び,鳳(おおとり)舞う;気勢の盛んなさま。また,筆勢・書体が力強い形容。¶**他的书法高超,写起字来～。**彼の書は衆にぬきんでていて,じつに生き生きとしている。

龙盘虎踞　lóngpán-hǔjù
并列 竜わだかまり,虎うずくまる。☞“**虎踞龙盘**”(hǔjù-lóngpán)

龙生九子　lóng-shēngjiǔzǐ
主谓 竜が9匹の子を生む;同じ兄弟でもそれぞれに性格を異にするということのたとえ。

龙潭虎穴　lóngtán-hǔxué
并列 竜のすむ淵(ふち)と虎のすむ穴;極めて危険な場所のたとえ。また,極めて険しい地勢のたとえ。“**虎穴龙潭**”(hǔxué-lóngtán)とも。

龙腾虎跃　lóngténg-hǔyuè
并列 (竜や虎が躍るように)極めて威勢のよいさま;活気にあふれるさま。竜虎さながら。“**虎跃龙腾**”(hǔyuè-lóngténg)とも。¶**工地上～,热气腾腾。**工事現場は活気にあふれ,熱気が漂っている。

龙争虎斗　lóngzhēng-hǔdòu
并列 竜虎相打つ;両者が激しく争うことの形容。¶**两个篮球队～,不分胜负。**両バスケットチームが四つに組んで,なかなか勝負がつかない。

笼络人心　lǒngluò-rénxīn
动宾 人心を籠絡(ろうらく)する。“**笼络**”はうまく言いくるめて他人を自分の思いどおりにすること。

lou

镂骨铭心　lòugǔ-míngxīn
并列 骨に刻み肝に銘じる。☞“**刻骨铭心**”(kègǔ-míngxīn)

漏洞百出　lòudòng-bǎichū
主谓 次々とぼろが出る。“**漏洞**”はもれ穴,破綻,手ぬかり。¶**他的解释～,不能自圆其说。**彼の説明は穴だらけで,とてもつじつまを合わせることができない。

漏网之鱼　lòuwǎngzhīyú
定中 網の目から逃れた魚;法網から逃れた悪人や敵。

lu

炉火纯青　lúhuǒ-chúnqīng
主谓 (学問や技芸が)最高の境地に到達する;名人の域に達する。道教で丹薬を練る時,炉の炎が純青色になれば成功と見なしたところから。¶**他画山水的技巧达到了～的地步。**彼の山水画の技巧は,名人の域に達している。

鲁鱼亥豕　lǔyú-hàishǐ
并列 魯魚亥豕(ろぎょがいし)の誤り;似た文字を書き違えること。魯魚の誤り。“**鲁**”を“**鱼**”と書き,“**亥**”を“**豕**”と書く。“**鲁鱼帝虎**”(lǔyú-dìhǔ)とも。

鹿死谁手　lù-sǐshéishǒu
主谓 鹿誰(た)が手にか死せん;誰が鹿を手に入れるかわからない。形勢混沌として勝負のゆくえがわからないことのたとえ。¶**双方实力都很强,～,尚难预料。**双方力が伯仲していて,勝利の女神がいずれにほほえむかは,なおも予測し難い。

碌碌无为　lùlù-wúwéi
状中 平凡でなすところがない;平々凡々としている。“**碌碌**”は凡庸なさま,なすところのないさま。

路不拾遗　lù-bùshíyí
状中 路に遺を拾わず;道路に落ちて

いる物を拾って私する者がいない。世の中がよく治まっていることのたとえ。“**道不拾遗**”(dào-bùshíyí)とも。¶～, **夜不闭户**。道に落ちている物を拾う人もなく, 夜間に戸締りをする家もない。

戮力同心　**lùlì-tóngxīn**
[并列] 力を合わせ心を一つにする;一致協力する。一心同体となって力を出す。

露宿风餐　**lùsù-fēngcān**
[并列] 露宿風餐(ろしゅくふうさん) ☞“**风餐露宿**”(fēngcān-lùsù)

lü

旅进旅退　**lǚjìn-lǚtuì**
[并列] 皆と一緒に進み皆と一緒に退く;自分に考えがなく, 人の後に付いてばかりいることのたとえ。“**旅**”は共に, 一緒に。

屡次三番　**lǚcì-sānfān**
[并列] 再三再四;何度も何度も。たびたび。¶**我～地提醒他要谨慎**。私は何度も繰り返し彼に慎重にするよう注意を促した。

屡见不鲜　**lǚjiàn-bùxiān**
[因果] 何度も目にしていて珍しくもない。“**数见不鲜**”(shuòjiàn-bùxiān)とも。¶**这种动人的事例, 在我们那里～**。こういう感動的な事例は, 我々の所ではしばしば見られ, 少しも珍しくはない。

屡教不改　**lǚjiào-bùgǎi**
[转折] 何度論しても改めようとしない。“**累教不改**”(lěijiào-bùgǎi)とも。¶**对于～的坏人, 必须给予严厉惩处**。何度戒めても改めようとしない悪人には, 厳罰をもって臨むしかない。

屡试不爽　**lǚshì-bùshuǎng**
[补充] 何度試みても間違いがない;幾度試しても必ずよい結果が現れる。“**爽**”はたがう, 背く。¶**这种杀虫剂的效果很好, ～**。この殺虫剤の効き目はなかなかよく, 何度試しても結果に変わりはない。

履险如夷　**lǚxiǎn-rúyí**
[补充] 険しい道をまるで平地のごとく歩く;困難をものともしないことのたとえ。“**履**”は踏む, 歩く。“**夷**”は平坦な道。

luan

乱七八糟　**luànqībāzāo**
[并列] ごたごたとして無秩序なさま;しっちゃかめっちゃかである。¶**你把屋子里弄得～的, 连下脚的地方都没有**。おまえったら部屋中散らかしっぱなしにして, 足の踏み場もないではないか。

lüe

略见一斑　**lüèjiàn-yībān**
[动宾] 一斑(いっぱん)を窺う。“**管中窥豹**”(guǎnzhōng-kuībào)参照。

略胜一筹　**lüèshèng-yīchóu**
[补充] (比較してみると)やや優れている;少し勝っている。“**胜**”は優れている, 超えている。“**筹**”は数取り棒。¶**他的棋艺比我～**。彼の将棋の腕前は私より一段上だ。

略识之无　**lüèshí-zhīwú**
[动宾] “**之**”や“**无**”のようなよく目にする平易な字しか知らない;わずかしか字を知らないことのたとえ。《謙》としても。

lun

沦肌浃髓　**lúnjī-jiāsuǐ**
[并列] 肌や骨の髄まで染み透る;深い感銘や強い影響を受けることのたとえ。“**沦**”は(水に)沈む。“**浃**”は染み透る。

论功行赏　**lùngōng-xíngshǎng**
[连动] 論功行賞;手柄や功績の有無・大小などを勘案して, 相応の賞を与えること。

luo

荦荦大端　luòluò-dàduān
定中 大切な項目。はっきりした要点。“荦荦”は明らかである。

洛阳纸贵　luòyáng-zhǐguì
主调 洛陽の紙価を高める；書物の売れ行きがよいこと。晋の左思が『三都賦』を著した際，人々がこぞってこれを転写したため，洛陽での紙の需要が高まり，値が上がったという。『晋書』文苑伝。

络绎不绝　luòyì-bùjué
状中 ひっきりなしに続く；人や車馬の往来が絶え間なく続くことの形容。“络绎”は連なり続くさま。¶ **参观展览会的人～**。展覧会を観に来る人が跡を絶たない。

落花流水　luòhuā-liúshuǐ
并列 落下した花と流れる水；もと，行く春の景色の形容。のち，大敗を喫することの形容。無惨に打ちのめされる。こてんぱんにやられる。¶ **敌人被我们打得～**。敵は我々にこてんぱんに打ちのめされた。

落井下石　luòjǐng-xiàshí
转折 穴に落ちた人に石を投げ込む；人の弱みに付け込んで痛めつける。“投井下石”(tóujǐng-xiàshí)とも。¶ **别人有难要尽力相助，可不能～**。他人が困っている時にはできるだけ助けてやらなければならず，弱みに付け込んで痛めつけるなどもってのほかだ。

落落大方　luòluò-dàfāng
状中 ゆったりとしていて，細事にこだわらない；鷹揚(おうよう)である。“落落”は態度がおうようである，飾り気がない，さっぱりしているさま。¶ **他谈笑自若，举止～**。彼は屈託のない話しぶりで，態度にこせこせしたところがない。

落落寡合　luòluò-guǎhé
状中 孤独で他人と折り合わない；人づきあいを避け，一人で閉じこもる癖がある。

落叶归根　luòyè-guīgēn
连动 葉落ちて根に帰る。☞“叶落归根”(yèluò-guīgēn)

L

M

马不停蹄

ma

麻痹大意　mábì-dàyi

[并列] 警戒心を失い気が緩んでいる。“麻痹”は麻痺(まひ)する。¶ **要注意防火，千万不能～。**防火に注意し，決して警戒心を緩めることのないように。

麻木不仁　mámù-bùrén

[并列] 麻痺(まひ)して感覚がなくなる；(外界の事物に対して)反応が鈍い，無関心である。¶ **有些领导对违纪违法～，熟视无睹。**一部の指導者は法規違反に対する感覚が麻痺していて，慣れっこになっている。

马不停蹄　mǎ-bùtíngtí

[主谓] 馬が蹄(ひづめ)を休めることなくひた走る；しばしも休むことなく仕事を続ける。

马齿徒增　mǎchǐ-túzēng

[主谓] いたずらに馬齢を重ねる；なすことなく年をとる。“马齿”は馬齢。自分の年齢を謙遜していう。¶ **说来惭愧，我这几年～，成就甚微。**恥ずかしながら，私はここ数年むなしく年を重ねるばかりで，ほとんど何もしていません。

马到成功　mǎdào-chénggōng

[承接] 戦場に到着してただちに勝利を収める；任務に着いてたちまち成果を挙げる。もとは“**旗开得胜**”(qíkāi-déshèng—旗を掲げるや勝利を収める)と連用して，戦場で素早く勝利を収めることを祝するのに用いた。

马翻人仰　mǎfān-rényǎng

[并列] 馬はひっくり返り，人は倒れる。☞“**人仰马翻**”(rényǎng-mǎfān)

马革裹尸　mǎgé-guǒshī

[状中] 馬の革でしかばねを包む；軍人が戦場で死ぬことをいう。

马首是瞻　mǎshǒu-shìzhān

[动宾] (倒置)馬の首を見る；指揮官の馬の向かう方向を見て，自分もその方向に進む。他人に追随すること，指揮・命令に従うことのたとえ。“**瞻**”は見る。[注]語順は“**瞻**”の目的語の“**马首**”が前置され，さらにそれを“**是**”が受けている。

马仰人翻　mǎyǎng-rénfān

[并列] 馬は倒れ，人はひっくり返る。☞“**人仰马翻**”(rényǎng-mǎfān)

mai

埋头苦干　máitóu-kǔgàn

[状中] 仕事に没頭する；脇目も振らずにやる。¶ **他工作一向都兢兢业业，～。**彼はこれまで脇目も振らず，仕事に没頭してきた。

买椟还珠　mǎidú-huánzhū

[连动] 櫝(とく)を買い珠(たま)を還す；美しい外箱だけを買って中身の真珠を返す。物の真価を知らないこと，取捨選択が適切でないことのたとえ。見る目がない。眼識を欠く。“**椟**”は木箱。“**珠**”は真珠。『韓非子』外儲説・左上に見える語。

买空卖空　mǎikōng-màikōng

[对比] 空買い空売りをする；投機取引を行う。また，ペテン師的にふるまうことのたとえにも。

卖官鬻爵　màiguān-yùjué

[并列] (賄賂を取って)官職や爵位を与える。“**鬻**”は売る。

man

蛮横无理　**mánhèng-wúlǐ**
[并列] 横暴で道理をわきまえない;理不尽である。強引に横車を押す。[注] “横”は hèng。¶ **这种态度显然是～的。** このような態度は明らかに理不尽である。

瞒上欺下　**mánshàng-qīxià**
[并列] 上を欺き下を虐げる;自分より上の者を欺き,下の者を虐げる。

瞒天过海　**mántiān-guòhǎi**
[连动] 天を欺き海を過(あやま)たす;天も海も欺く。陰でこっそり悪事をはたらいて人をだます。こそこそとした手段で世を欺く。

满不在乎　**mǎn-bùzàihu**
[状中] 少しも気にかけない;一向に平気である。¶ **他故意做出～的样子。** 彼はわざと気にしていないふりをしている。

满城风雨　**mǎnchéng-fēngyǔ**
[主谓] 町中騒然としている;あちこちでセンセーションを巻き起こしている。各方面で紛々たる議論を呼んでいる。¶ **消息一经传开,弄得～。** うわさが伝わるや,町中大騒ぎになった。

满腹经纶　**mǎnfù-jīnglún**
[主谓] 経綸(けいりん)胸にあふる;大きな抱負や豊かな識見を有していることのたとえ。“**经纶**”は国を治める方策。¶ **虽有～,却无用武之地。** 豊かな治世の識見を有しているが,発揮する場がない。

满面春风　**mǎnmiàn-chūnfēng**
[主谓] 満面に笑みを浮かべる;にこやかな顔つきをしている。“**春风满面**”(chūnfēng-mǎnmiàn)とも。¶ **他～地走上领奖台。** 彼は喜びにあふれた表情で表彰台に上った。

满目疮痍　**mǎnmù-chuāngyí**
[主谓] どこもかしこも傷だらけである。☞“**疮痍满目**”(chuāngyí-mǎnmù)

满载而归　**mǎnzài'érguī**
[状中] 満載して帰る;大きな収穫を得て帰る。¶ **出海的渔船～。** 出漁した船が満載して帰ってくる。

漫不经心　**màn-bùjīngxīn**
[状中] 漫然として気にとめない;無関心である。うわの空である。“**漫不经意**”(màn-bùjīngyì)とも。¶ **他～地回答。** 彼はいかにも気のなさそうに答えた。

漫山遍野　**mànshān-biànyě**
[并列] 野山に満ちる;野にも山にも。至る所。どこもかしこも。

漫无边际　**màn-wúbiānjì**
[状中] 広々として果てしない。また,話や文章が散漫でとりとめがない。¶ **这个人讲起话来常常海阔天空,～。** この人は話し始めたらいつもあれからこれへと,それこそとどまる所を知らない。

慢条斯理　**màntiáosīlǐ**
[并列] 落ち着いてゆったりしている;悠揚迫らぬ。¶ **他说话～,不紧不慢的。** 彼は話し方が落ち着き払って,ゆったりしている。

mang

芒刺在背　**mángcì-zàibèi**
[主谓] 芒刺(ぼうし)背(はい)に在り;背中にとげが刺さっている。恐れや不安で心が落ち着かないことの形容。居ても立ってもいられない。

忙里偷闲　**mánglǐ-tōuxián**
[状中] 忙中閑を盗む;忙しい中にも暇を見つける。忙中閑有り。¶ **他～,带小孩儿玩儿了半天。** 彼は忙しい中に時間を割いて,子供を連れて半日遊んだ。

盲人摸象　**mángrén-mōxiàng**
[主谓] 群盲象をなでる;(多くの盲人が象をなでてみて,自分の手に触れた部分だけで象についてあれこれ言うように)自分だけの狭い理解や限ら

れた経験から，物事の全体について判断を下そうとすることのたとえ。

盲人瞎马　**mángrén-xiāmǎ**

[并列] 盲人瞎馬(かつば)に騎(の)る；盲人が目の見えない馬に乗る。極めて危険なことのたとえ。

mao

毛骨悚然　**máogǔ-sǒngrán**

[主调] 身の毛がよだつ；ぞっとするほど恐ろしい。寒気(さむけ)立つ。総毛(そうけ)立つ。慄然(りつぜん)とする。肌に粟ができる。“**悚然**”は恐れてぞっとするさま。¶**漆黑的山洞，阴森潮湿，真叫人～。**真っ暗な洞穴は，じめじめとして，本当に気味が悪い。

毛手毛脚　**máoshǒu-máojiǎo**

[并列] いいかげんである；そそっかしい。大ざっぱである。手抜かりが多い。¶**这孩子，干什么都～的。**この子ときたら，何をやらせてもそそっかしくていいかげんだ。

毛遂自荐　**máosuì-zìjiàn**

[主调] 毛遂(もうすい)自らを薦む；(仕事や任務の担当を)自ら名乗り出ること。自薦する。戦国時代，秦が趙を攻撃した時，趙の平原君の食客毛遂が自ら志願して楚に赴き，楚を説いて援軍を求め，国家の危急を救った故事から。『史記』平原君虞卿列伝。

茅塞顿开　**máosè-dùnkāi**

[主调] 行く手がぱっと開ける；はっと迷いから覚め，急に思い当たる。目からうろこが落ちる。“**茅塞**”は道を塞いでいる茅(かや)。“**顿开**”はたちどころに開ける。“**顿开茅塞**”(dùnkāi-máosè)とも。¶**你这一番话使我～。**お話を伺って，たちまち目からうろこが落ちる思いです。

貌合神离　**màohé-shénlí**

[对比] 外面は一致しているが内面は一致していない；表面は親しそうにしているが内心は懸け離れている。うわべと心が大違いである。“**貌**”は外観，うわべ。“**神**”は内心。¶**他们～，明争暗斗。**彼らはうわべと心は大違いで，陰に陽に争い合っている。

mei

没精打采　**méijīng-dǎcǎi**

[并列] すっかり元気を失ったさま；精彩がない。打ち萎(しお)れる。しょげかえる。“**打**”は失う，なくす。“**采**”は興，興趣。“**无精打采**”(wújīng-dǎcǎi)とも。¶**他这两天情绪不好，总是～的。**彼はこの二三日気分がすぐれず，いつもしょんぼりしている。

眉飞色舞　**méifēi-sèwǔ**

[并列] 眉(まゆ)をほころばせ喜びの表情を浮かべる；喜色満面。“**色**”は顔色，表情。

眉开眼笑　**méikāi-yǎnxiào**

[并列] にこにことうれしそうに笑うさま；相好(そうごう)を崩す。¶**一说到孙子的事，奶奶不觉～。**孫の話になると，祖母はいかにもうれしそうな表情を見せる。

眉来眼去　**méilái-yǎnqù**

[并列] 目で情を伝える；目くばせする。転じて，ひそかに通じ合う意にも。

眉清目秀　**méiqīng-mùxiù**

[并列] 眉目秀麗である；顔立ちが端正である。

每况愈下　**měikuàng-yùxià**

[承接] ますます悪化する；悪くなる一方である。じり貧に陥る。“**况**”は比べる。もと“**每下愈况**”(měixià-yùkuàng)。『荘子』知北遊に見える語で，「下がれば下がるほど，よくわかる」。¶**敌人的处境～。**敵方の立場は日に日に悪くなる。

美不胜收　**měi-bùshèngshōu**

[主调] すばらしいものが多すぎて一度に見切れない。¶**琳琅满目，～。**立派なものが多くあり，一度に全部は見切れない。

美中不足　měizhōng-bùzú

状中 すばらしいことはすばらしいが，なおわずかな欠点がある；玉に瑕(きず)。¶**这次游览，大家都感到满意，～的是时间太短促。**今回の遊覧はみんな満足しているが，ただ一つの難は時間が短すぎたことだ。

men

门当户对　méndāng-hùduì

并列 (縁組で)双方の家柄・身分が釣り合っている。

门户之见　ménhùzhījiàn

定中 一派の見解；派閥的なものの見方。多く学術・芸術に関して用いる。“门户”は宗派，派閥。

门可罗雀　mén-kěluóquè

主谓 門前雀羅(じゃくら)を張る；訪れる人がないので，門前に雀が群がって網を張って捕らえることができるほどである。

门庭若市　méntíng-ruòshì

主谓 門前市を成す；訪れる人が多く，門の前がにぎやかなことのたとえ。

扪心无愧　ménxīn-wúkuì

补充 我が胸に問うて恥じるところがない。“扪”は手を当てる，なでる。

扪心自问　ménxīn-zìwèn

连动 胸に手を当てて反省する；気を静めてじっと考える。¶**您把我估计过高了，～，我根本没法和您比。**あなたは私を買いかぶりすぎです。我が胸に問うてみて，私はどうみてもあなたの比ではありません。

meng

蒙混过关　ménghùn-guòguān

连动 ごまかしてその場を切り抜ける；不正な手段で人の目を欺く。“蒙混”は偽る，ごまかす。

梦幻泡影　mènghuàn-pàoyǐng

并列 (夢や幻，泡や影のように)はかないもの；むなしい幻想。

梦寐以求　mèngmèiyǐqiú

状中 夢寐(むび)にも忘れない；眠っている間も忘れたことがない。切実に求めることの形容。片時も忘れない。¶**～的愿望终于实现了。**夢にまで見た願いがついにかなえられた。

mi

弥天大谎　mítiān-dàhuǎng

定中 とてつもない大うそ；真っ赤なうそ。“**弥天**”は空に満ちる。転じて，極めて大きいことという。

弥天大罪　mítiān-dàzuì

定中 極悪(ごくあく)の大罪。¶**犯下了～。**この上なく大きな罪を犯した。

迷途知返　mítú-zhīfǎn

转折 道に迷ったが正道に立ち返る；過ちを悟って，これを改めようとする。“**返**”は“**反**”とも，戻る，返る。¶**希望你能～，和过去的错误一刀两断。**君が正道に立ち返り，これまでの過ちとすっかり縁を切ることを望む。

米珠薪桂　mǐzhū-xīnguì

并列 米は真珠のごとく薪は桂のごとし；物価が高く生活が苦しいこと。“**珠**”は真珠。“**桂**”は木犀(もくせい)。『戦国策』楚策・三に見える語。

密云不雨　mìyún-bùyǔ

转折 密雲雨降らず；雲が低くたれこめていて雨はまだ降らない。事がまさに起ころうとして，まだ起こるに至っていないことのたとえ。

mian

绵里藏针　miánlǐ-cángzhēn

状中 真綿に針を包むよう；表面はやさしいが，内心に害意があることのたとえ。綿に針。底意地が悪い。

勉为其难　miǎn-wéiqínán

动宾 努めて難事に当たる；力の及ばないことを無理に引き受ける。¶**请不必～。**ご無理いただくには及びません。

面红耳赤　miànhóng-ěrchì
并列 耳まで赤くなる;顔を赤らめる。¶**羞得～**。恥ずかしさに顔を赤らめる。¶**争得～**。顔を真っ赤にして言い争う。

面黄肌瘦　miànhuáng-jīshòu
并列 顔色が悪く,痩せ細っている;病み衰えているさま。¶**由于重病,他变得～**。重い病気で,彼はやつれはてている。

面面俱到　miànmiàn-jùdào
主调 すみずみまで配慮がなされている;至れり尽くせりである。抜かりがない。また,すべてに配慮がなされているが,おざなりである意にも。¶**他办起事来～**。彼の仕事ぶりは何もかも行き届いている。¶**一篇好的论文,应当重点突出,不要～**。優れた論文は重点がはっきりしていなければならず,どこもかしこも通り一遍というのではいけない。

面面相觑　miànmiàn-xiāngqù
主调 互いに顔を見合わせるばかりである;どうしてよいかわからないことのたとえ。"**觑**"は見る。¶**我们俩～,一时拿不出主意**。私たちふたりは顔を見合わせるばかりで,即座には考えが浮かばなかった。

面目全非　miànmù-quánfēi
主调 様子がすっかり変わる;昔の様相をとどめていない。見る影もない。似ても似つかぬ。多く《貶》。¶**文章经他修改后,已～**。文章は彼の手が加えられた後,見るも無惨なものになってしまった。

面目一新　miànmù-yīxīn
主调 面目を一新する;様子がすっかり改まる。¶**装修后的商场～**。改装後のデパートは,前とはすっかり様子が変わった。

面如土色　miàn-rútǔsè
主调 顔色が真っ青である。¶**吓得～**。驚いて顔色を失っている。

miao

苗而不秀　miáo'érbùxiù
转折 苗にして秀でず;芽は出るが花がつかない。よい資質は有しているが,何も成就しないことのたとえ。見掛け倒し。『論語』子罕篇の孔子のことば"**苗而不秀者有矣夫,秀而不实者有矣夫**"(苗にして秀でざる者有り,秀でて実らざる者有り)から。

妙趣横生　miàoqù-héngshēng
主调 妙趣が横溢(おういつ)する;すばらしさに満ちている。

妙手回春　miàoshǒu-huíchūn
主调 妙手春を取り戻す;医者が優れた腕を有していることのたとえ。回春の妙手。"**回春**"は生命を回復させる。"**着手成春**"(zhuóshǒu-chéngchūn)とも。¶**他长于医道,有～的本领**。彼は医術に長じ,回春の妙手を心得ている。

mie

灭此朝食　miècǐ-zhāoshí
连动 敵を滅ぼしてから朝食をとる;一刻も早く敵を滅ぼしたいという気持ちをたとえる。

灭顶之灾　mièdǐngzhīzāi
定中 溺れてしまうほどの災害;甚だしい災難。致命的な災い。"**灭顶**"は水中に頭が沈む,溺れる。

min

民不聊生　mín-bùliáoshēng
主调 民は安んじて生活できない;人々が生活の手立てを失って苦しんでいることのたとえ。"**聊**"は頼る,よりどころとする。¶**军阀混战,～**。軍閥が入り乱れて戦い,民は塗炭の苦しみをなめている。

民怨沸腾　mínyuàn-fèiténg
主调 民の恨みが沸騰する;(為政者に対する)人民の恨みが満ち満ちる。

民脂民膏　mínzhī-míngāo
[并列] 人民の膏血(こうけつ);人民の血と汗。"脂""膏"は共にあぶら。¶**搜刮～,以肥自己。**民の膏血を搾り,私腹を肥やす。

ming

名不副实　míng-bùfùshí
[主谓] 名が実に伴わない;名声・評判と実際とが一致していない。有名無実である。虚名を博している。"**副**"は一致する,合致する。"**名不符实**"(míng-bùfúshí)とも。

名不虚传　míng-bùxūchuán
[主谓] その名に背かない;評判どおりである。¶**人们都说"桂林山水甲天下",今日得见,果然～。**人はみな「桂林の風景は天下第一だ」と言うが,きょうこの目で見て,評判どおりだということを知った。

名垂千古　míng-chuíqiāngǔ
[主谓] 名,千古に垂る;名が千年の後に残る。名が永遠に伝えられる。"**名垂千秋**"(míng-chuíqiānqiū)とも。

名垂青史　míng-chuíqīngshǐ
[主谓] 名,青史に垂る;名が後世に伝えられる。"**青史**"は歴史。紙の無かった時代,青竹の札に書き記したところから。

名存实亡　míngcún-shíwáng
[对比] 有名無実である;名ばかりで実質がない。すでに形骸化している。

名符其实　míng-fúqíshí
[主谓] 名実相伴う。☞"**名副其实**"(míng-fùqíshí)

名副其实　míng-fùqíshí
[主谓] 名実相伴う;名声・評判と実際とが一致している。その名に恥じない。看板に偽りなし。花も実もある。"**名符其实**"(míng-fúqíshí)とも。

名过其实　míng-guòqíshí
[主谓] 名,その実を過ぐ;評判が実際以上である。評判倒れである。

名缰利锁　míngjiāng-lìsuǒ
[并列] 名声という絆と利欲という鎖;身を束縛する世俗的な名利の欲。¶**挣脱～。**名利の絆を断ち切る。

名列前茅　míng-lièqiánmáo
[主谓] 前茅(ぜんぼう)に名を連ぬ;席次が上位にある。昔,茅(かや)を旗の代わりにして,隊列の前を歩いたところから。

名落孙山　míng-luòsūnshān
[主谓] 名,孫山より落つ;名が孫山より後にある。試験に落ちること,落第することのたとえ。宋代,最下位で挙人に合格した孫山が,ある人から息子の合否を聞かれ,「最下位が私で,ご子息は私より後でした」と答えたという故事から。范公偁『過庭録』に見える。¶**在今年的高考中,他～。**今年の大学入試で彼は不合格だった。

名正言顺　míngzhèng-yánshùn
[并列] 名正しく言順(したが)う;道理があり筋が通っている。

明察暗访　míngchá-ànfǎng
[并列] おおっぴらに調べたり,こっそりと探ったりする;あれこれと手を尽くして調べる。

明察秋毫　míngchá-qiūháo
[动宾] 毛筋ほどの小さな事でも見抜く;どんな小さな物でも見逃さない。"**秋毫**"は鳥や獣の秋になって生え替わった極めて細い毛。冬毛。¶**他有一双～的眼睛。**彼は何物をも見抜く目を具えている。

明火执仗　mínghuǒ-zhízhàng
[并列] 松明(たいまつ)をかざし武器を手にする;公然と略奪する。おおっぴらに盗みをはたらく。公然と悪事をはたらくことのたとえ。"**明火**"はたいまつをともす。"**执仗**"は武器を手にする。

明目张胆　míngmù-zhāngdǎn
[并列] 目を見開き,肝を大きくする;何物も恐れない。だいそれたことを平気でやる。おおっぴらに悪事をはたらく。大胆不敵である。¶**这是对别国**

内政～的干涉。これは他国の内政に対する公然たる干涉だ。

明枪暗箭　**míngqiāng-ànjiàn**
并列 公然たる攻撃と陰で行う中傷;陰に陽に行う中傷·攻撃。“**明枪易躲,暗箭难防**”(míngqiāng-yìduǒ, ànjiàn-nán fáng—正面からの攻撃はかわしやすいが,闇打ちは防ぎがたい)ということわざがある。

明日黄花　**míngrì-huánghuā**
定中 あしたの菊;(旧暦九月九日の重陽の節句の後の)盛りを過ぎた菊の花。時節外れで役に立たないもの,時期を逸したもののたとえ。十日の菊。六日のあやめ。喧嘩過ぎての棒乳切り。¶ **这篇通讯虽然写得不错,但报道不及时,已是～了**。この記事はなかなかよく書けているが,すぐに報道されなかったので,すでに時期遅れとなっている。

明效大验　**míngxiào-dàyàn**
并列 顕著な効き目と大きな効果;あらたかなしるし。“**效**”“**验**”は共に効き目,効果。

明哲保身　**míngzhé-bǎoshēn**
主谓 明哲保身;聡明(そうめい)な人は身の処し方をよく心得ていて,危害を被ることなく身を全うする。“**明哲**”は聡明で事理に通じている人。

明争暗斗　**míngzhēng-àndòu**
并列 陰に陽に闘う。¶ **敌人内部～,有增无已**。敵の内部における公然たる,また陰然たる争いは,日に日に激しくなる。

明知故犯　**míngzhī-gùfàn**
转折 明らかに悪いと知りながら,わざと違反する。見る穴へ落ちる。

明知故问　**míngzhī-gùwèn**
转折 よく知っていながら,わざと人に尋ねる。

明珠暗投　**míngzhū-àntóu**
主谓 明珠(めいしゅ)暗に投ず;輝く玉が暗い所に投げ出される。才能のある人が重用されずにいること,善い人間が悪い仲間に入ることのたとえ。また,貴重な物がその価値を知らない人の手に渡ることのたとえにも。

鸣锣开道　**míngluó-kāidào**
连动 (旧時,役人が外出する時に)ドラを鳴らして道を開けさせる;鳴り物入りで露を払う。いま,ある目的のために世論作りをすることのたとえ。地ならしをする。

冥思苦想　**míngsī-kǔxiǎng**
并列 深く考えを巡らす;知恵をしぼる。脳みそをしぼる。“**冥**”は深く。“**苦**”はしきりに。“**苦思冥想**”(kǔsī-míngxiǎng),“**冥思苦索**”(míngsī-kǔsuǒ)とも。

铭心刻骨　**míngxīn-kègǔ**
并列 肝に銘じ骨に刻む。☞“**刻骨铭心**”(kègǔ-míngxīn)

miu

谬种流传　**miùzhǒng-liúchuán**
主谓 誤りがそのまま伝わっていく。“**谬种**”は誤った言論や学説。

mo

模棱两可　**móléng-liǎngkě**
状中 あいまいでどっちつかずである;態度が煮え切らず,はっきりした主張を持たない。ああでもよい,こうでもよい。“**模棱**”はあいまいである,はっきりしない。“**两可**”はどちらでもよい。¶ **对原则问题态度要明朗,立场要坚定,不能～**。原則に関わる問題に対しては態度を明らかにして,立場をはっきりさせるべきで,どっちつかずであってはならない。

摩肩接踵　**mójiān-jiēzhǒng**
并列 肩が触れ合い,踵(くびす・きびす)が接する;人が多く,混み合っていることのたとえ。“**肩摩踵接**”(jiānmó-zhǒngjiē)とも。¶ **五月的颐和园,游人～,分外拥挤**。五月の頤和園(いわえん)は,遊覧客がどっと繰り出し,とりわけ混雑する。

摩拳擦掌　móquán-cāzhǎng
并列 拳をさすり，手のひらをこする；準備万端を整えて待ち構える。腕を鳴らす。手ぐすねを引く。

磨杵成针　móchǔ-chéngzhēn
目的 斧を研いで針にする；鉄杵(てっしょ)を磨く。忍耐強く努力を重ねればどんな事でも必ず成し遂げられるということのたとえ。“**铁杵磨成针**”(tiě chǔ móchéng zhēn―鉄の棒も磨けば針になる)ということわざを縮めたもの。

没齿不忘　mòchǐ-bùwàng
状中 一生忘れない；生涯恩に着る。“**没**”は終わる，終える。“**齿**”は年齢。“**没齿**”はよわいを終える。“**没世不忘**”(mòshì-bùwàng)とも。¶ **大恩大德，～。**御恩は生涯忘れません。

没世不忘　mòshì-bùwàng
状中 一生忘れない。☞“**没齿不忘**”(mòchǐ-bùwàng)

莫测高深　mòcè-gāoshēn
动宾 (文章や話の内容が)測り知れないほど奥深い；難しすぎて理解できない。時に揶揄(やゆ)の意味を含む。“**高深莫测**”(gāoshēn-mòcè)とも。

莫可指数　mòkě-zhǐshǔ
动宾 (数が多くて)指折り数えても数え切れない。

莫名其妙　mòmíng-qímiào
动宾 その不思議さを説明できる者がいない；何が何だかわけがわからない。狐につままれたかのよう。摩訶(まか)不思議。“**名**”は説く，明らかにする。しばしば“**莫明其妙**”(mòmíng-qímiào)と通じて使われる。¶ **这件事真叫人～。**この件はまったく何が何だかさっぱりわからない。

莫明其妙　mòmíng-qímiào
动宾 その不思議さを理解できる者がいない；何が何だかわけがわからない。しばしば“**莫名其妙**”(mòmíng-qímiào)と通じて使われる。

莫逆之交　mònìzhījiāo
定中 莫逆(ばくげき・ばくぎゃく)の交わり；互いに心の通い合った親しい間柄。意気投合して極めて親密な友。莫逆の友。“**莫逆**”は逆らうことがない。¶ **两人虽然相处不久，但已经成了～。**ふたりは付き合いは長くないが，すでに心を許し合った友となっている。

莫衷一是　mòzhōng-yīshì
动宾 一つの意見にまとまらない；意見がまちまちで一致した結論が得られない。¶ **对于这个问题，众说纷纷，～。**この問題に対して，諸説紛々で，なかなか一つにまとまらない。

秣马厉兵　mòmǎ-lìbīng
并列 武器を研ぎ馬を養う；戦の準備をする。“**秣**”はまぐさを与える。“**厉**”は研ぐ，磨く。“**兵**”は武器。“**厉兵秣马**”(lìbīng-mòmǎ)とも。

漠不关心　mò-bùguānxīn
状中 さっぱり関心を示さない；冷然として取り合わない。まったく無関心である。“**漠**”は冷ややかなさま。¶ **对集体不能～。**集団に対して無関心であることは許されない。

漠然置之　mòrán-zhìzhī
状中 放置して構わない；冷淡に放置しておく。¶ **朋友遇到这么大的困难，我不能～。**友人がこんなに大きな困難に遭遇しているのに，私は見捨てておくわけにはいかない。

墨迹未干　mòjì-wèigān
主谓 墨も乾かぬうちに；協定を締結したり声明を出したりした後，すぐこれに背くこと。

墨守成规　mòshǒu-chéngguī
动宾 旧套(きゅうとう)を墨守(ぼくしゅ)する；自説や旧習をかたくなに守る。古いしきたりを固守する。“**墨守**”は固く守る。戦国時代，墨子が巧みに城を守り通したところから。“**成规**”は古いしきたり。¶ **他不是一个～的人。**彼は旧套を墨守するような人物ではない。

M

默默无闻　mòmò-wúwén
状中 ひっそりとして人のうわさにならない;世に知られない。¶ **他在山地～地工作一辈子。**彼は山間地区で世に知られることなく一生を終えた。

mu

木雕泥塑　mùdiāo-nísù
并列 泥人形と木彫りの人形;無表情で動作の鈍い人,ぼんやりして気の利かない人の形容。でくのぼう。“**泥塑木雕**”(nísù-mùdiāo)とも。

木已成舟　mù-yǐchéngzhōu
主谓 木すでに舟と成れり;大勢はすでに定まり,もはや元に戻しようがない。後の祭り。¶ **你有话为什么不早说? 如今是～,难更改了!** 言いたい事があるのならどうして早く言わなかったのか。もはや手遅れで,改めようがないよ。

目不见睫　mù-bùjiànjié
主谓 目は睫(まつげ)を見ず;身近なものほどわからない。自分の欠点には気がつきにくい。灯台もと暗し。

目不交睫　mù-bùjiāojié
主谓 まんじりともしない;一睡もしない。“**交睫**”は目を閉じる。¶ **～,通宵达旦。**一睡もせずに,夜を明かす。

目不窥园　mù-bùkuīyuán
主谓 目,園(その)を窺わず;自分の家の庭に目もくれない。脇目も振らずにひたすら勉学にいそしむ。三年園を窺わず。漢の董仲舒は三年間自分の家の庭に下りずに,一心不乱に学問に励んだと伝えられる。『漢書』董仲舒伝に見える。

目不忍睹　mù-bùrěndǔ
主谓 見るに忍びない。“**睹**”は見る。¶ **～的惨状。**目も当てられないほどのむごたらしい光景。

目不识丁　mù-bùshídīng
主谓 目に一丁字(いっていじ)なし;一つの文字もわからない。無学文盲である。“**丁**”は“**个**”の誤り。“**不识一丁**”(bù shí-yīdīng)とも。¶ **他从前是一个～的文盲,如今已经能看报读书了。**彼は以前はまったくの無学文盲であったが,今では新聞や本を読めるようになった。

目不暇接　mù-bùxiájiē
主谓 応接に暇(いとま)なし;物が多くていちいち目を配っていられない。“**目不暇给**”(mù-bùxiájǐ)とも。¶ **货架上摆满了各色商品,真叫人～。**棚一杯にいろいろな商品が並んでいて,とても一つ一つ見ていられない。

目不转睛　mù-bùzhuǎnjīng
主谓 まばたきもしない;じっと見つめる。瞳を凝らす。¶ **他～地注视着黑板。**彼はじっと黒板を見つめている。

目瞪口呆　mùdèng-kǒudāi
并列 目を大きく見開いて口をぽかんと開けている;(驚きや恐怖で)呆然(ぼうぜん)としているさま。¶ **他吓得～,不知道说什么好。**彼はびっくりしてあっけにとられたまま,何と言ってよいのかわからなかった。

目光如豆　mùguāng-rúdòu
主谓 眼光が豆粒のように小さい。“**目光**”は眼光,視野。¶ **～,见识短浅。**視野が狭く,見識が浅い。

目光如炬　mùguāng-rújù
主谓 目の光が松明(たいまつ)のように明るい。¶ **～,见识高远。**視野が広く,見識が高い。

目空一切　mù-kōngyīqiè
主谓 眼中に何物も置かない;ひどく高慢なことのたとえ。眼中に人なし。¶ **骄傲自大,～,怎么能进步呢?** 驕(おご)りたかぶり,眼中に人なしの態度をとっていたのではどうして進歩が望めようか。

目迷五色　mù-míwǔsè
主谓 多くの色が入り交じっていて目がくらむ;事物が錯綜していて見分けがつかない。

目无余子　mù-wúyúzǐ

主谓 眼中に人なし；他人など目に入らない。極めて傲慢(ごうまん)なさま。“余子”は自分以外の人。

目中无人　mùzhōng-wúrén

主谓 眼中に人なし；他人の存在を無視して勝手気ままにふるまう。傍若無人(ぼうじゃくぶじん)。¶ **自高自大**，～。思い上がって，眼中に人なきがごとくだ。

沐猴而冠　mùhóu'érguàn

主谓 沐猴(もっこう)にして冠す；猿のくせに冠をかぶる。猿にえぼし。見かけだけは立派に飾り立てているが，内実の伴わないことのたとえ。もと，項羽をそしって言った。楚の項羽が秦の都咸陽(かんよう)を攻め落とした後，故郷に錦を飾ろうとするのを側の者が，“**人言楚人沐猴而冠耳，果然**”（人は，楚人《そひと》は猿がえぼしをかぶっただけだというが，まさにそのとおりだ）と陰口をたたいたところ，怒った項羽に釜ゆでにされたという。『史記』項羽本紀。

暮气沉沉　mùqì-chénchén

主谓 意気消沈したさま；しょんぼりしている。

N

南柯一梦

na

拿手好戏　náshǒu-hǎoxì

定中 十八番；得意芸·技(わざ)。おはこ。“拿手”は得意である。¶ **放心吧，这是我的～。**ご安心ください，これは私の得意とするところですから。

nai

耐人寻味　nàirénxúnwèi

兼语 よく味わうだけの値打ちがある。“寻味”は玩味する，よく味わう。¶ **他的话包含很多的道理，句句都～。**彼の話には多くの道理が含まれていて，ひと言ひと言に味わいがある。

nan

男盗女娼　nándào-nǚchāng

并列 男はといえば泥棒，女はといえば娼婦；男も女もろくでなしばかりである。また，思想·行為が乱れ切っている意にも。

南柯一梦　nánkē-yīmèng

定中 南柯(なんか)の夢；はかない夢。唐代の小説『南柯大守伝』に，ある男が邸内の槐(えんじゅ)の下で眠り，夢で大槐安(だいかいあん)国の王の娘を娶り，南柯郡の郡守に任ぜられたが，夢から覚めると元のままであったとあるところから。槐安(かいあん)の夢。

南腔北调　nánqiāng-běidiào

并列 南北各地の方言が入り交じっている形容。

南辕北辙　nányuán-běizhé

对比 轅(ながえ)を南にし轍(わだち)を北にする；目的と行動が正反対であることのたとえ。轅を北にして楚に行く。ある男が南の楚へ行こうとして車を北へ走らせたという話から。『戦国策』魏策·四に見える。¶ **企图用压制的办法使人心服，岂不是～！** 強圧的な方法で人を従わせようとするのは，目的と方法がまったくあべこべだ。

南征北战　nánzhēng-běizhàn

并列 南に遠征し北で戦闘する；南北各地に転戦する。あちこちで戦う。

难分难解　nánfēn-nánjiě

并列 (双方がなかなか譲らないので)仲裁し難い。また，(双方の関係が親密で)仲を割き難い。“**难解难分**”(nánjiě-nánfēn)とも。

难解难分　nánjiě-nánfēn

并列 仲裁し難い。仲を割き難い。☞“**难分难解**”(nánfēn-nánjiě)

难能可贵　nánnéng-kěguì

因果 (そんな難しい事ができるとは)殊勝なことである；なかなか奇特なことである。並大抵の事ではない。“**难能**”は簡単にできない事をやってのける。“**可贵**”は貴ぶべきである。¶ **十岁的孩子就能写出这样的文章，实在是～。**十歳の子供がこのような文章が書けるなんて，何とも見上げたものだ。

难兄难弟　nánxiōng-nándì

并列 兄(けい)たり難く弟(てい)たり難し；本来は「二人の間に優劣をつけにくいほどに立派だ」という意味であるが，今はよく「双方とも負けず劣らず悪い」という意味に使われる。どっちもどっち。注“**难兄难弟**”(nànxiōng-nàndì)は「苦難を共にした仲間」。

难言之隐　nányánzhīyǐn
[定中] 口に出して言えない苦しみ；苦しい心の中。¶ **他一语不发，定有～。** 彼は一言もしゃべらないが，きっとなにか口に出しにくい込み入った事情でもあるのだろう。

nang

囊空如洗　nángkōng-rúxǐ
[主调] 囊(ふくろ)の中がまるで洗い流したように空っぽである；財布の中が空っぽであることのたとえ。囊中(のうちゅう)無一物。¶ **这个月开销太大，没到月底就～了。** 今月は出費が多くて，まだ月末になってないのに，もう財布が空っぽだ。

nao

恼羞成怒　nǎoxiū-chéngnù
[主调] 恥ずかしさのあまり怒り出す。¶ **听了大家的批评，他～。** 皆の批判を聞いて，彼は逆上した。

脑满肠肥　nǎomǎn-chángféi
[并列] 頭部にたっぷり肉がつき，腹がでっぷりと出ている；終日飽食して醜く太っている姿の形容。

nei

内外交困　nèiwài-jiāokùn
[主调] 内憂外患こもごも至る；内外ともに行き詰まる。

内忧外患　nèiyōu-wàihuàn
[并列] 内憂外患；内部におけるもめ事と外部から被る心配事。

neng

能屈能伸　néngqū-néngshēn
[并列] 屈することもできるし伸ばすこともできる；逆境にあってはじっと耐え，順境にあっては大いに腕を振るうことができる。¶ **他是～的大丈夫。** 彼は順境でも逆境でもやっていける快男児だ。

能说会道　néngshuō-huìdào
[并列] 弁が立つ；口達者である。¶ **做生意要～。** 商売をするには口が達者でなければならない。¶ **～的人。** 弁の立つ人物。

能者多劳　néngzhě-duōláo
[主调] 有能な人ほど多く働く；能力のある人はそれだけよく働く。揶揄(やゆ)やおだてにも用いる。器用貧乏。¶ **～，这两篇稿子也请您修改一下吧！** 有能な人ほどご苦労も多いとか，この二篇の原稿もひとつ貴兄に手を入れてもらうことにしましょう。

ni

泥牛入海　níniú-rùhǎi
[主调] 泥で出来た牛が海に入る；行ったきり帰ってこない。杳(よう)としてゆくえが知れない。梨(なし)のつぶて。後に“**无消息**”（wú xiāoxi—音さたがない）と続く歇後語としても使われる。

泥沙俱下　níshā-jùxià
[主调] 泥も砂も一緒に流れてくる；善人と悪人，良い物と悪い物とが一緒に混じっていることのたとえ。玉石混淆(こんこう)。みそもくそも一緒くた。よく“**鱼龙混杂**”（yúlóng-hùnzá—魚と竜が一緒に混じっている）と連用される。

泥塑木雕　nísù-mùdiāo
[并列] 泥人形と木彫りの人形；でくのぼう。☞“木雕泥塑”（mùdiāo-nísù）

你死我活　nǐsǐ-wǒhuó
[对比] 死ぬか生きるか；食うか食われるか。[注]“你…我…”は「一方が…一方が…」。¶ **这是一场～的斗争。** これは食うか食われるかの闘いだ。

逆来顺受　nìlái-shùnshòu
[转折] 耐えがたきを耐える；抑圧・困難などをじっと受け止める。¶ **我可没那样的好脾气，不能～。** 私はそんな無理難題にじっと耐えるほどのお人好しではない。

N

逆水行舟　**nìshuǐ-xíngzhōu**
[状中] 流れに逆らって舟を進める;(手を緩めれば押し戻されるところから)努力しなければ後退してしまうことをたとえる。よく“**不进则退**”(bùjìn zétuì—進まなければ押し戻される)と連用される。¶ **学习就像～,不努力就会落后。**学習は流れに逆らって舟を進めるようなもので,努力を怠ればたちまち後戻りしてしまう。

匿影藏形　**nìyǐng-cángxíng**
[并列] 姿を隠しゆくえをくらます。本当の姿を見せない。“**匿影潜形**”(nìyǐng-qiánxíng)とも。

nian

拈轻怕重　**niānqīng-pàzhòng**
[并列] 軽い方を取り重い方を避ける;楽な仕事を選び苦しい仕事を嫌う。えり好みをする。“**拈**”はつまむ。¶ **干工作不能～。**仕事はえり好みをしてはならない。

年富力强　**niánfù-lìqiáng**
[并列] 年が若くて気力がある;春秋に富む。¶ **他～,当厂长正合适。**彼は若くて精力が旺盛であるから,工場長に最適任である。

年高德劭　**niángāo-déshào**
[并列] 高齢で徳が高い。“**劭**”は立派である,優れている。

年深日久　**niánshēn-rìjiǔ**
[并列] 歳月を経る;年月がたつ。¶ **那些～的往事已渐渐被人们淡忘。**それらの遠い昔の出来事は次第に人々の記憶から薄れていった。

念念不忘　**niànniàn-bùwàng**
[状中] 片時も忘れない;いつも心にかけている。¶ **～你对我的好意。**あなたのご好意は生涯忘れません。

niao

鸟尽弓藏　**niǎojìn-gōngcáng**
[条件] 飛鳥尽きて良弓蔵(おさ)めらる;捕らえるべき鳥がいなくなると良い弓も不用になってしまわれてしまう。事が成功してしまうと力を尽くした人が退けられてしまうということのたとえ。『史記』越世家に見える范蠡(はんれい)のことばから。“**兔死狗烹**”(tùsǐ-gǒupēng)参照。

鸟语花香　**niǎoyǔ-huāxiāng**
[并列] 鳥さえずり花香る;春のうららかな景色の形容。¶ **风和日丽,到处～。**風穏やかに日うららで,至る所で鳥がさえずり花が香っている。

nie

蹑手蹑脚　**nièshǒu-nièjiǎo**
[并列] 抜き足差し足;音のしないようにそっと歩くさま。“**蹑**”は足音を忍ばせる。¶ **他～地走了进来。**彼は足音を忍ばせて入ってきた。

ning

宁缺毋滥　**nìngquē-wúlàn**
[选择] 多すぎるよりは,むしろ欠けているほうがよい;(人や物を選ぶ際に)一定の水準に満たなければ欠けたままにしておくほうがよい。“**宁**”はむしろ。“**毋**”は…するな,…してはいけない。“**滥**”は多すぎる。

宁死不屈　**nìngsǐ-bùqū**
[选择] 死んでも屈しない;屈するぐらいなら死を選ぶ。¶ **真正的革命者～。**真の革命家は死すとも屈しない。

niu

牛刀小试　**niúdāo-xiǎoshì**
[主谓] 牛刀をちょっと試してみる;本式に始める前に試しにやってみる。小手調べをする。

牛鬼蛇神　**niúguǐ-shéshén**
[并列] 牛の形をした鬼と蛇の姿をした化け物;妖怪変化。さまざまな悪人・悪事をたとえる。“**牛鬼**”は頭が牛の形をした鬼。“**蛇神**”は蛇の化身。

牛郎织女 niúláng-zhīnǚ

并列 (七夕伝説の)牽牛と織女。仕事のため長期にわたって離れ離れに暮らす夫婦のたとえに，よく使われる。

牛头马面 niútóu-mǎmiàn

并列 牛頭馬頭(ごずめず)；地獄の獄卒。牛頭人身の者と馬頭人身の者。醜悪な人物や事物のたとえ。

nong

浓墨重彩 nóngmò-zhòngcǎi

并列 濃い墨と絵の具を用いる；力強く描写することのたとえ。

弄假成真 nòngjiǎ-chéngzhēn

转折 かりそめに言ったことが事実となって現れる；虚は実を引く，うそから出たまこと。

弄巧成拙 nòngqiǎo-chéngzhuō

转折 うまくやろうとして，かえってまずい結果になる；小細工をして，かえって失敗する。策士策におぼれる。気が利きすぎて間が抜ける。¶ **脱离实际搞设计，往往～**。現実離れした設計をしたのでは，えてして理想倒れになってしまう。

弄虚作假 nòngxū-zuòjiǎ

并列 偽計をもてあそぶ；ペテンにかける。インチキをやる。¶ **别再～了**。人をだますのはほどほどにしろ。

nu

奴颜婢膝 núyán-bìxī

并列 (下僕か下女のように)卑屈にこびへつらう；奴隷根性を丸出しにする。¶ **他～的样子，让人作呕**。彼の卑屈にこびへつらう態度は，人に吐き気を催させる。

奴颜媚骨 núyán-mèigǔ

并列 まるで奴隷のように卑しく人に取り入ろうとする様子をいう；奴隷根性丸出し。

怒不可遏 nù-bùkě'è

主调 怒りを抑え切れない；こらえ切れずに激怒する。"遏"は制する，抑える。¶ **他～地冲了出去**。彼は怒りを抑え切れずに飛び出していった。

怒发冲冠 nùfà-chōngguān

主调 怒髪冠を衝(つ)く；髪の毛が逆立ち冠を突き上げるほど激しく怒る。怒り心頭に発す。¶ **他听到这事，顿时～**。彼はこの事を耳にするや，たちまち怒りに身を震わせた。

怒火中烧 nùhuǒ-zhōngshāo

主调 怒りの炎が心の中で燃え上がる；激しい怒りが胸中に込み上げる。¶ **听到这个消息，他不由得～**。この知らせを聞いて，彼は込み上げる怒りを抑えられなかった。

nuo

诺诺连声 nuònuò-liánshēng

状中 ハイハイと答える；何でも人の言うとおりにする。人の言いなり。"诺"は「ハイ」と答える声。"喏"とも書く。

O

藕断丝连

ou

呕心沥血　ǒuxīn-lìxuè

并列 心血を注ぐ;非常に苦心することのたとえ。全精神を傾注する。全力を傾ける。"呕"は吐き出す。"沥"は滴らせる。¶ **这本小说是他的～之作。**この小説は彼が心血を注いだ作品だ。

偶一为之　ǒuyī-wéizhī

状中 時たま行う;たまにやってみる。

藕断丝连　ǒuduàn-sīlián

转折 蓮は根が折れても糸でつながっている;主に男女の間の関係がはっきり断ち切れないことのたとえとして。腐れ縁が続く。¶ **他们已经断绝了来往,但在感情上还有些～。**彼らはすでに行き来を断っているが,気持ちの上ではまだふっきれないものが残っているようだ。

P

拍案而起

pai

拍案而起　**pāi’àn’érqǐ**

[连动] テーブルをたたいて立ち上がる；激怒するさま。

拍手称快　**pāishǒu-chēngkuài**

[连动] 手をたたいて快哉(かいさい)を叫ぶ。

排斥异己　**páichì-yìjǐ**

[动宾] 己と相いれない者を排除する。☞“排除异己”(páichú-yìjǐ)

排除万难　**páichú-wànnán**

[动宾] 万難を排す；さまざまな困難を克服する。¶ **～，奋勇直前。**万難を排して，勇ましく前進する。

排除异己　**páichú-yìjǐ**

[动宾] 己と相いれない者を排除する；異分子を排斥する。“**排斥异己**”(páichì-yìjǐ)とも。

排难解纷　**páinàn-jiěfēn**

[并列] 危難を排除し紛糾を解く；紛争やもめ事を調停する。¶ **他善于给人家～，大家有了争论都来找他。**彼は争い事を仲裁するのがうまいので，何かあると誰もが彼を訪ねてくる。

排山倒海　**páishān-dǎohǎi**

[并列] 山を押しのけ海を覆す；勢いの盛んなさま。当たるべからざる勢い。怒濤(どとう)の勢い。¶ **我们正以～之势猛攻科学技术堡垒。**我々は激しい意気込みをもって科学技術のとりでを攻めたてているところだ。

pan

攀龙附凤　**pānlóng-fùfèng**

[并列] 竜につかまり鳳(ほう)に従う；(出世・栄達のために)権勢に取り入る。

盘根错节　**pángēn-cuòjié**

[并列] 盤根錯節(ばんこんさくせつ)；曲がりくねった根と入り組んだ節。事柄が複雑に込み入っていて容易に解きほぐせないことのたとえ。また，旧勢力が深く根を張っていて排除し難いことのたとえ。

盘马弯弓　**pánmǎ-wāngōng**

[并列] 馬に乗って旋回し弓を引き絞って構える；威嚇(いかく)の姿勢を取りながら実際の行動には出ない。韓愈『雉帯箭』詩に“**盘马弯弓惜不发**”とある。

判若云泥　**pàn-ruòyúnní**

[主谓] 雲泥の差がある；二者の違いに天と地ほどの差がある。月とすっぽん。“**判**”は区別，違い。“**判若天渊**”(pàn-ruòtiānyuān)とも。¶ **眼前的这一切同他想象的竟是～。**眼前のすべては彼が想像していた事とはまるで雲泥の差だった。

pang

庞然大物　**pángrán-dàwù**

[定中] とてつもなく大きなもの；ばかでかいもの。多く，見掛けは大きいが内実を伴わない事物や組織・機構の形容として。うどの大木。見掛け倒し。

旁观者清　**pángguānzhě-qīng**

[主谓] 傍目八目(おかめはちもく)。よく“**当局者迷，～**”として使われる。☞“**当局者迷**”(dāngjúzhě-mí)

旁门左道　**pángmén-zuǒdào**

[并列] よこしまな道；邪道。☞“**左道旁门**”(zuǒdào-pángmén)

旁敲侧击　pángqiāo-cèjī
[并列] (正面から言わず)わざともって回った言い方をする;遠回しに言う。¶ **有意见,就痛痛快快地说出来,何必~?** 意見があるなら,奥歯に物が挟まったような言い方をしないで,はっきりと言ったらどうか。

旁若无人　páng-ruòwúrén
[主谓] 傍若無人;まるで周りに人がいないかのようにふるまうさま。周りを気にせず落ち着きはらったさま。また,勝手気ままにふるまうさま。¶ **他们高谈阔论,~。** 彼らはあたりかまわず,大声で議論している。

旁征博引　pángzhēng-bóyǐn
[并列] 博引旁証;広く例を引用したり証拠を示したりして論じること。

pao

抛头露面　pāotóu-lùmiàn
[并列] もと,女性が人前に顔を出すこと。いま,臆面もなく人前に姿を現すこと。"抛"はさらす。多く《貶》。

抛砖引玉　pāozhuān-yǐnyù
[目的] れんがを投げて玉を引き寄せる;最初に自分の未熟な意見を述べて他人の立派な意見を引き出す。¶ **我先谈这些,就算~吧!** 私がまず少しお話して,皆さんのご意見を頂戴することに致しましょう。

pen

喷云吐雾　pēnyún-tǔwù
[并列] タバコやアヘンを盛んにふかすさま。☞"吞云吐雾"(tūnyún-tǔwù)

peng

朋比为奸　péngbǐ-wéijiān
[状中] ぐるになって悪事をはたらく;仲間を作って悪い事をする。"朋比"は結託する,ぐるになる。

蓬头垢面　péngtóu-gòumiàn
[并列] ぼさぼさの髪と垢だらけの顔。

鹏程万里　péngchéng-wànlǐ
[主谓] 前途洋々としたさま。"鹏"は伝説上の大きな鳥,万里を飛ぶという。『荘子』逍遥遊に見える。

pi

披肝沥胆　pīgān-lìdǎn
[并列] 肝胆を披(ひら)く;心底を打ち明ける。真心を示す。"披"はさらけ出す。"沥"はしたたらす。¶ **俩人~地谈了一夜。** ふたりは胸襟を開いて一晩語り合った。

披坚执锐　pījiān-zhíruì
[并列] 鎧(よろい)を身に着け武器を手にとる;甲冑(かっちゅう)で身を固める。出陣のいでたちをする。"披"は身に着ける。"坚"はよろい。"执"は手にとる。"锐"は武器。

披荆斩棘　pījīng-zhǎnjí
[并列] 荆棘(けいきょく)の道を切り開く;苦難を乗り越えて前途を切り開くこと。"披"はかきわける。"斩"は切り開く。"荆""棘"はともにいばら。¶ **打破陈规,~向前进。** 古いしきたりを打破し,困難を克服して前進する。

披沙拣金　pīshā-jiǎnjīn
[目的] 砂の中から金を選び出す;多数の物の中から少数のよい物を選び出す。精選する。厳選する。

披星戴月　pīxīng-dàiyuè
[并列] 星を戴き月光を浴びる;朝早くから夜遅くまで勤勉に働くことの形容。朝は朝星,夜は夜星。星に起き月に臥す。

劈头盖脸　pītóu-gàiliǎn
[并列] (頭·顔に向けて)真っ向うから;真正面から激しく。"劈头盖顶"(pītóu-gàidǐng),"劈头盖脑"(pītóu-gàinǎo)とも。¶ **雨来得很猛,没走出几步,就~地下起来了。** 雨が非常に激しく,数歩も歩まないうちに,真っ向うから降りそそいできた。¶ **~地责骂。** 頭ごなしに叱りつける。

皮开肉绽　píkāi-ròuzhàn

[并列] 皮膚が破れ肉が裂ける;受けた傷のひどいことをいう。“绽”は裂ける。¶ **被打得～**。殴られて全身傷だらけである。

皮里阳秋　pílǐ-yángqiū

[定中] 皮裏の春秋;口にしないで心の奥に秘めた批評·批判。“**皮里**”は皮膚の中,転じて心の中。“**阳秋**”は“**春秋**”に同じ。『春秋』は五経の一つ。孔子が編んだとされる編年体の歴史書で,毀誉褒貶(きよほうへん)の意を含むとされる。

蚍蜉撼树　pífú-hànshù

[主调] 蚍蜉(ひふ)大樹を動かす;自分の力量や身の程をわきまえずに,大それたことをすることのたとえ。身の程知らず。大黒柱を蟻(あり)がせせる。“**蚍蜉撼大树**”(pífú hàn dàshù)とも。

疲于奔命　píyúbēnmìng

[补充] 奔命に疲れる;(命令·催促を受けて)疲れ果てるまで忙しく走り回る。¶ **整天忙得～**。日がな一日忙しく駆けずり回っている。

匹夫有责　pǐfū-yǒuzé

[主调] 匹夫も責めあり;一般の人々にも責任がある。“**匹夫**”は並みの男。転じて,一般人民。¶ **天下兴亡,～**。国家の大事には,誰もが責任がある。

匹夫之勇　pǐfūzhīyǒng

[定中] 匹夫の勇;ただ血気にはやるばかりの小勇。¶ **只凭～,不能成大事**。血気にはやるばかりでは,大事を成し遂げることができない。『孟子』梁恵王·下に見える“**此匹夫之勇,敌一人者也**”(これは匹夫の勇で,一人を相手にするだけである)という語から。

匹马单枪　pǐmǎ-dānqiāng

[并列] 一本の槍を手に単騎で敵陣に斬り込む。☞“**单枪匹马**”(dānqiāng-pǐmǎ)

否极泰来　pǐjí-tàilái

[条件] 否(ひ)極まれば泰(たい)来る;塞がって開けない運命もその極に達すると,徐々に好転してくる。もと,易の占いのことば。“否”は不祥の卦。“泰”は安泰の卦。

pian

偏听偏信　piāntīng-piānxìn

[并列] 一方の言い分のみを聞いて信じる。¶ **作为领导应该听取各方面的意见,不能～**。人の上に立つ者は各方面の意見を聞くべきで,一方的な言を聞いて信用すべきでない。

片言只语　piànyán-zhīyǔ

[并列] 片言隻語;ほんの短いことば。ひと言ふた言。

片言只字　piànyán-zhīzì

[并列] わずかなことばや文字。☞“**片纸只字**”(piànzhǐ-zhīzì)

片纸只字　piànzhǐ-zhīzì

[并列] わずかなことばや文字;断片的な字句。残簡。断編。“**片言只字**”(piànyán-zhīzì)とも。

pin

贫嘴薄舌　pínzuǐ-bóshé

[并列] 多弁で口が悪い;口さがない。憎まれ口ばかり利く。“**贫嘴**”は口数の多いこと。“**薄舌**”は言うことが刻薄である,口が悪い。

品头论足　pǐntóu-lùnzú

[并列] あれこれとあげつらう。☞“**评头论足**”(píngtóu-lùnzú)

ping

平白无故　píngbái-wúgù

[并列] 何のいわれもない;何の理由もなく。わけもなく。“**平白**”は理由なく,根拠なしに。¶ **他～大发雷霆**。彼はいわれもなくかんしゃく玉を爆発させた。

平步青云　píngbù-qīngyún

[动宾] やすやすと高い地位に就く。多く《貶》。“**平步**”は平地を歩くように容易に到達すること。“**青云**”は青空。転じて,高位·高官のたとえ。

平淡无奇　píngdàn-wúqí
并列 平凡で何の変哲もない。¶ **这篇文章～，没有什么新的见解。**この文章はありきたりで，何ら新しい見解がない。

平地风波　píngdì-fēngbō
定中 平地の風波；突然発生した思いがけない事件やもめ事。

平分秋色　píngfēn-qiūsè
动宾 秋色を平分す；秋の景色を昼夜半分ずつ公平に分ける。双方で公平に分かち合うことのたとえ。双方が半分ずつ手に入れる。¶ **这次田径赛的各项冠军，由他们两个队～。**今回の陸上競技の各種目の優勝は，あの両チームが分かち合った。

平铺直叙　píngpū-zhíxù
并列 修飾を加えず直截に述べる。また，平板で変化に乏しい，めりはりが利いていない意にも。¶ **这部小说写得～，枯燥乏味。**この小説は描写が平板で，無味乾燥だ。

平起平坐　píngqǐ-píngzuò
并列 対等にふるまう；同等の地位や権力を有する。

平心而论　píngxīn'érlùn
状中 公平に論じる；感情にとらわれずに冷静な気持ちで論じる。¶ **～，小王的看法还是比较正确的。**公平に見て，どちらかといえば王さんの見方のほうが正しい。

平心静气　píngxīn-jìngqì
并列 心を落ち着け平静を保つ；感情にとらわれることなく冷静に判断する。¶ **他～地给儿子讲道理。**彼は心を落ち着けて息子に道理を説いて聞かせた。

平易近人　píngyì-jìnrén
并列 温和で親しみやすい。また，平易でわかりやすい。¶ **厂长～，大家有事情都愿找他谈。**工場長は気さくな人柄なので，なにか事があるとみな彼のところへ相談に行く。

评头论足　píngtóu-lùnzú
并列 あれこれとあげつらう；もと，(暇に任せて)女性の品定めをする意。雨夜の品定め。“**品头论足**”(pǐntóu-lùnzú)，“**评头品足**”(píngtóu-pǐnzú)とも。

萍水相逢　píngshuǐ-xiāngféng
主谓 萍水(へいすい)相逢(あ)う；(水のままに漂っていた浮き草がぶつかり合うように)縁もゆかりもなかった人どうしが偶然に出会う。ゆくりなくも巡り合う。“**萍水**”は浮き草と水。流浪する者のたとえ。

po

迫不得已　pò-bùdéyǐ
补充 強いられてやむをえず；仕方なしに。¶ **我军～进行了自卫反击。**我が軍はやむをえず自衛のための反撃に出た。

迫不及待　pò-bùjídài
补充 事態がせっぱ詰まってぐずぐずしていられない；一刻の猶予もできない。矢も盾もたまらない。¶ **他～地想知道昨晚足球比赛的结果。**彼は昨晩のサッカーの結果を知りたくてじりじりしている。

迫在眉睫　pò-zàiméijié
补充 目睫(もくしょう)に迫っている；事態が眼前に迫っている。対応に急を要することのたとえ。“**眉睫**”は眉とまつげの間ほどの近い距離。¶ **事情已经～，别再犹豫了！**事態は目睫に迫っている，これ以上ぐずぐずしていてはいかん。

破釜沉舟　pòfǔ-chénzhōu
并列 釜(かま)を破り舟を沈む；不退転の決意を示す。糧(かて)を捨てて舟を沈む。項羽が秦との戦で川を渡った後，釜を壊し舟を沈めて不退転の決意を示した故事から。『史記』項羽本紀。¶ **他们抱着～的决心。**彼らは不退転の決意を固めている。

破罐破摔　pòguàn-pòshuāi

主调 壊れた器(うつわ)を修理するどころか，逆に粉々にしてしまう；欠点·誤りを改めようとしない。自暴自棄になる。やぶれかぶれになる。¶ **知错就改，可不能～啊！** 過ちに気づいたら，やけを起こさずにただちに改めるべきだ。

破镜重圆　pòjìng-chóngyuán

主调 破鏡再び合う；離ればなれになっていた夫婦が再び会うこと。また，一度別れた夫婦がまた一緒になること。元の鞘(さや)に納まる。陳の徐徳信が乱に遭って妻と別れるに際し，一枚の鏡を二つに割って半分ずつ所持し後日再会のあかしとしたという故事から。唐·孟棨の『本事詩』。¶ **如今他们俩已～，和好如初。**今はあのふたりは元の鞘に納まり，元どおり仲好く暮している。

破旧立新　pòjiù-lìxīn

连动 旧いものを捨てて新しいものを打ち立てる。¶ **～，移风易俗。**旧習を打破し，風俗を改める。

破涕为笑　pòtìwéixiào

兼语 涙を拭って笑顔になる；悲しみを転じて喜びとする。"**涕**"は涙。

破绽百出　pòzhàn-bǎichū

主调 破綻百出；言うことやすることにぬかりが多いこと。次から次へとぼろが出る。"**绽**"は裂ける。¶ **这个人讲话～，不能自圆其说。**この人は話す尻からぼろが出て，取り繕うすべもない。

pu

扑朔迷离　pūshuò-mílí

并列 事物が入り組んでいて区別がつかない；雲をつかむよう。もと，雌雄の兎が入り交じっていて見分けにくい意。"**扑朔**"はおすの兔が足をばたつかせるさま。"**迷离**"はめすの兔が目を細めるさま。

铺天盖地　pūtiān-gàidì

并列 天地を覆う；勢いの盛んなさま。¶ **媒体关于这件事的报道～。**マスコミはこの事に関して一斉に大々的に報道している。

铺张浪费　pūzhāng-làngfèi

并列 見えを張って無駄遣いする；派手に浪費する。¶ **反对～。**派手な浪費に反対する。

铺张扬厉　pūzhāng-yánglì

并列 仰々しく飾り立てる；派手に誇張する。

璞玉浑金　púyù-húnjīn

并列 あらたまとあらがね；磨いてない玉と精練されていない金。人の手が加わっていない天然の美質のたとえ。素朴で飾り気のない人柄の形容。"**浑金璞玉**"(húnjīn-púyù)とも。

普天同庆　pǔtiān-tóngqìng

主调 天下の人々が共に喜び祝う；国中，世界中が大喜びする。¶ **五一佳节，～。**メーデーのよき日を，国を挙げて祝っている。

P

Q

欺软怕硬

qi

七零八落　**qīlíngbāluò**
[并列] ちりぢりばらばらなさま。[注] “**七…八…**”は多くのものが無秩序に入り交じっていることを示す。¶ **会场里椅子～，还没收拾好。**会場には椅子が散らばったままで，まだ片づけられていない。

七拼八凑　**qīpīnbācòu**
[并列] あちこちから寄せ集める；工面して掻き集める。¶ **他们～，搞了一个临时内阁。**彼らはやりくり算段の末，臨時内閣を組織した。

七窍生烟　**qīqiào-shēngyān**
[主谓] 七竅(しちきょう)煙を生ず；まるで七つの穴から火が燃え出るよう。激しく怒る形容。“**七窍**”は人の顔にある七つの穴，目・耳・鼻および口の総称。¶ **这句话把他气得～。**このことばは彼を烈火のごとく怒らせた。

七上八下　**qīshàngbāxià**
[并列] 心が千々に乱れるさま；胸がドキドキする。居ても立ってもいられない。歇後語“**十五个吊桶打水—七上八下**”（十五個のつるべで水をくむ—七個が上がり八個が下がる）から。¶ **他坐在那里，一声不响，心里～。**彼はそこに座ったままで，一言も発しなかったが，心は千々に乱れていた。

七手八脚　**qīshǒubājiǎo**
[并列] 大勢の人が忙しく動き回るさま。¶ **忽然来了一阵雷雨，大家赶紧～地往房里搬粮食。**突如激しい雷雨が襲ってきて，みんな大慌てで穀物を屋内へ運んだ。

七嘴八舌　**qīzuǐbāshé**
[并列] 大勢の人々が思い思いにしゃべるさま。¶ **好几个人～地说起来。**何人もの人たちが思い思いにしゃべりだした。

妻离子散　**qīlí-zǐsàn**
[并列] 妻や子と生別れになる；一家離散する。

凄风苦雨　**qīfēng-kǔyǔ**
[并列] 寒い風と長い雨；激しい風雨。悲惨な境遇のたとえ。“**凄风冷雨**”（qīfēng lěngyǔ）とも。

欺软怕硬　**qīruǎn-pàyìng**
[并列] 弱い者をいじめ強い者を恐れる；下の者に威張りちらし，上の者にペコペコする。¶ **他是一个～的家伙。**あいつは弱い者をいじめ強い者にペコペコする野郎だ。

欺世盗名　**qīshì-dàomíng**
[目的] 世を欺き名を盗む；世間の人々をだまし名声を得る。¶ **他是个～的伪君子。**彼は世間を欺き名誉を盗むえせ君子だ。

漆黑一团　**qīhēi-yītuán**
[主谓] 漆黒の闇(やみ)に包まれている；真っ暗闇である。また，皆目見当がつかないことの形容にも。さっぱりわからない。まったく見当がつかない。“**一团漆黑**”（yītuán-qīhēi）とも。¶ **深夜，树林里～，伸手不见五指。**真夜中，森の中は真っ暗闇で，一寸先も見えない。¶ **他对这事心里～，闹不清谁对谁错。**彼はこの事について皆目見当がつかず，どちらが正しくどちらが間違っているのかさっぱりわからない。

齐心协力　qíxīn-xiélì
并列 心を一つにし協力する；一致団結して励む。“**齐心合力**”(qíxīn-hélì)とも。¶ **只要大家～，天大的困难也能克服。**みんなが心を一つにして頑張りさえすれば，どんなに大きな困難でも克服できる。

其乐无穷　qílè-wúqióng
主谓 楽しみが尽きない；無上の喜びがある。¶ **西湖赏月，～。**西湖での月見には，尽きせぬ楽しみがある。

其貌不扬　qímào-bùyáng
主谓 容貌がぱっとしない；風采があがらない。“**不扬**”はぱっとしない。¶ **别看他～，可特别有才华。**彼は見かけはぱっとしないが，なかなかの才能の持ち主だ。

奇耻大辱　qíchǐ-dàrǔ
并列 大いなる恥辱；たいへんな屈辱。¶ **这真是～。**これは屈辱極りないことだ。

奇货可居　qíhuò-kějū
主谓 奇貨居(お)くべし；珍しい品物を買いだめしておいて値が上がるのを待って売ること。広く，品物を独占してぼろもうけを図ること。“**奇货**”は珍しい品物。“**居**”は蔵する。秦の大商人呂不韋が，趙の国に人質として預けられていた秦の王子・子楚(後の荘襄王，すなわち始皇帝の父)を奇貨と見て援助した故事による。『史記』呂不韋伝。

奇谈怪论　qítán-guàilùn
并列 現実離れした奇怪な論調；荒唐無稽な議論。

奇形怪状　qíxíng-guàizhuàng
并列 奇妙な格好；グロテスクな姿。

骑虎难下　qíhǔ-nánxià
连动 騎虎の勢い；行きがかり上，途中でやめたり後へ引いたりできないたとえ。引くに引けない。乗りかかった舟。『新五代史』唐臣伝に俚語として見える。

骑马找马　qímǎ-zhǎomǎ
连动 馬に乗って馬を探す；身近にあるのも忘れて遠くを探す。すでにある地位に就いていながら，さらによい仕事を探す。また，すでに品物を手にしていながら，さらにあちこち探し求めるたとえ。

棋逢对手　qí-féngduìshǒu
主谓 自分と同程度の碁(ご)の相手に出会う；好敵手に巡り合うことのたとえ。“**棋逢敌手**”(qí-féngdíshǒu)とも。よく“**将遇良才**”(jiàng-yùliángcái—良将は好敵手に出会う)と連用される。¶ **今天的这场篮球赛真是～，打了好久还未分胜负。**きょうのバスケットボールの試合は実力が伯仲していて，もうずいぶんたつのにまだ勝負がつかない。

旗鼓相当　qígǔ-xiāngdāng
主谓 旗鼓相当たる；双方の力が伯仲していることの形容。“**旗鼓**”は軍旗と太鼓。¶ **双方～，一时很难分出胜负。**双方力は互角で，にわかには勝敗を決しがたい。

旗开得胜　qíkāi-déshèng
承接 旗が揚がるやいなや勝利を収める；物事を始めてすぐに好い成績を挙げることのたとえ。よく“**马到成功**”(mǎdào-chénggōng)と連用される。¶ **你第一次考试就获得了成功，祝贺你～。**初めての試験で見事合格され，幸先のよいスタートを祝福いたします。

乞哀告怜　qǐ'āi-gàolián
并列 哀れみを乞う；人に同情を求める。泣きつく。

岂有此理　qǐyǒu-cǐlǐ
动宾 あにこの理あらんや；そんな道理があるだろうか。もってのほかだ。言語道断である。¶ **你也不问一声，就把书拿走了，真是～！**君はひと言もなく，本を持って行ってしまって，そんなことってないよ。

企足而待　qǐzú'érdài
连动 爪立ちして待つ;期して待つことができる。近い将来に実現することができる。

杞人忧天　qǐrén-yōutiān
主调 杞人(きじん)天を憂う;杞人の憂い。杞憂(きゆう)。無用の心配。取り越し苦労。杞の国の人が,天地が崩れ落ちたらどうしようかと心配して,寝食をとらなかったという故事から。『列子』天瑞。後に"**担心过分了**"(dānxīn-guòfèn le—心配しすぎ)と続く歇後語としても用いられる。¶ **你这是~,自找烦恼。**それは君の杞憂,取り越し苦労というものだ。

起承转合　qǐ-chéng-zhuǎn-hé
并列 起承転結;絶句の各四句の組立てをいう。起句で言い始め,承句で展開し,転句で転換し,結句でまとめる。広く,文章の構成法。

起死回生　qǐsǐ-huíshēng
并列 起死回生;今にも死にそうな人を生き返らせる。医術が優れていること。また,今にもだめになりそうな物事を立ち直らせることにも。¶ **他行医多年,经验丰富,有~的本领。**彼は長年医を業としていて,経験が豊かで,起死回生の腕を有している。

起早贪黑　qǐzǎo-tānhēi
并列 朝早く起きて夜遅く寝る;朝から晩まで勤勉に働く。"**贪黑**"は夜遅くまで起きていること。"**起早摸黑**"(qǐzǎo-mōhēi)とも。

气冲霄汉　qì-chōngxiāohàn
主调 意気天を衝(つ)く;気概の盛んなさま。気魄(きはく)の激しいさま。"**霄**"は大空。"**汉**"は銀河。

气贯长虹　qì-guànchánghóng
主调 (虹を貫かんばかりに)気勢が盛んである;意気天を衝(つ)く。

气急败坏　qìjí-bàihuài
补充 息もつけないほど取り乱す;怒りや焦りで節度を失うさま。¶ **骗术被人识破,他~地走了。**騙(だま)しの手口を見破られて,彼はほうほうの体(てい)で逃げ去った。

气势磅礴　qìshì-pángbó
主调 気魄(きはく)がみなぎる;迫力に富む。"**磅礴**"は果てしないさま。

气势汹汹　qìshì-xiōngxiōng
主调 勢いがすさまじい;激しい見幕である。鼻息が荒い。居丈高である。"**汹汹**"は勢いの激しいさま。

气吞山河　qì-tūnshānhé
主调 気,山河を呑(の)む;気魄(きはく)に満ちていることの形容。意気軒昂(けんこう)なさま。¶ **壮志凌云,~。**壮志雲を凌ぎ,意気軒昂である。

气味相投　qìwèi-xiāngtóu
主调 互いに気が合う;考えが一致する。意気投合する。ぐるになる。多く《貶》。"**投**"は息が合う。

气象万千　qìxiàng-wànqiān
主调 (景色や事物が)変化に富むさま;千変万化する。¶ **祖国的壮丽河山~。**祖国のうるわしい山河はさまざまの景勝に富む。

气壮山河　qì-zhuàngshānhé
主调 気は山河を壮(さか)んならしむ;気概が山河を圧せんばかりの勢いである。極めて意気盛んなさま。

弃暗投明　qì'àn-tóumíng
连动 暗い所から離れて明るい所に向かう;反動勢力から離脱して進歩勢力に就く。

弃甲曳兵　qìjiǎ-yèbīng
并列 よろいを捨て武器を引きずる;あたふたと敗走するさま。"**甲**"はよろい。"**兵**"は武器。¶ **敌军~而逃。**敵軍はよろいを捨て武器を投げ出して敗走した。

弃旧图新　qìjiù-túxīn
连动 古いものを捨て新しいものを求める;悪事から手を引き正道に立ち返る。¶ **翻然改悔,~。**翻然として悔い改め,正道に立ち返る。

泣不成声　qì-bùchéngshēng
[补充] 悲しみのあまり声も出ないほど泣く。

qia

掐头去尾　qiātóu-qùwěi
[并列] 頭をもぎ取り尾を捨て去る；不要な部分を取り去ることのたとえ。

恰到好处　qiàdào-hǎochù
[动宾]（言うことやすることが）当を得ている；至極妥当である。つぼにはまる。かゆいところに手が届く。¶ **他把大大小小的事都处理得～**。彼は大小さまざまの仕事をすべてきちんとやり終えた。

恰如其分　qiàrú-qífèn
[动宾]（仕事ぶりやことば遣い・態度が）分にかなっている；ちょうど適切である。当を得ている。¶ **～的评价**。当を得た評価。

qian

千变万化　qiānbiàn-wànhuà
[并列] 千変万化する；さまざまに変化する。めまぐるしく変わる。

千差万别　qiānchā-wànbié
[并列] 千差万別である；種類が非常に多くそれぞれに異なっている。¶ **世界上的事物是～的**。世の中の事物は千差万別だ。

千疮百孔　qiānchuāng-bǎikǒng
[并列] 何千という傷と何百という穴。☞“**百孔千疮**”（bǎikǒng-qiānchuāng）

千锤百炼　qiānchuí-bǎiliàn
[并列] 何度も何度も繰り返し鍛える；鍛え抜く。幾多の困難と試練を経ること。また，文芸作品などを何度も練り直す意味にも。推敲を重ねる。“**锤**”はかなづちで打つ。“**炼**”は焼きを入れる。

千方百计　qiānfāng-bǎijì
[并列] 百計を巡らす；ありとあらゆる手を講じる。あの手この手を尽くす。

千夫所指　qiānfū-suǒzhǐ
[定中] 千夫の指さすところ；衆人の非難するところ。大衆の指弾の的。“**千夫**”は多くの人，衆人。“**指**”は指弾する，つまはじきする。

千军万马　qiānjūn-wànmǎ
[并列] 千軍万馬；おびただしい数の兵士と軍馬。強力な軍隊。また，勢いのはなはだ盛んなことの形容。¶ **指挥～，转战南北**。千軍万馬を指揮し，南北に転戦する。

千钧一发　qiānjūn-yīfà
[对比] 一髪千鈞（いっぱつせんきん）を引く；極めて危険なことのたとえ。☞“**一发千钧**”（yīfà-qiānjūn）

千里迢迢　qiānlǐ-tiáotiáo
[主谓] 千里はるばる；路程の遠いさま。“**迢迢**”は遠くはるかなさま。¶ **从西藏～来到北京**。チベットからはるばる北京までやって来た。

千虑一得　qiānlǜ-yīdé
[连动] 千慮の一得；愚者でも多くの考えの中には一つぐらいよい考えがある。愚者も千慮に一得あり。“**千虑一失**”（qiānlǜ-yīshī）に対して。“**智者千虑，必有一失；愚者千虑，必有一得**”（どんな聡明な人でもたまには失敗することがある，どんな愚かな人でもたまにはよい知恵を出すことがある）から。『史記』淮陰侯列伝。¶ **即使再笨的人，也有～的时候**。いかに愚かな者でも，たまにはよい知恵を出すことがある。

千虑一失　qiānlǜ-yīshī
[转折] 千慮の一失；智者でも多くの考えを出す中には一つ二つの間違いがあるということ。まさかと思うような失敗を犯すこと。智者も千慮に一失あり。弘法も筆の誤り。“**千虑一得**”（qiānlǜ-yīdé）に対して。

千难万险　qiānnán-wànxiǎn
[并列] 幾多の困難や危険。¶ **排除～**。ありとあらゆる危難を排する。

千篇一律　**qiānpiān-yīlǜ**
[主谓] 千篇一律；(詩歌や文章が)どれもこれも同じ調子や内容で変化に乏しいこと。また，一つの方式で機械的に事を行うこと。一本調子。¶ **文章可长可短，但不能～。**文章は長くても短くても構わないが，千篇一律にならないように。¶ **处理问题，要根据具体情况作具体分析，不能～。**問題を処理するには，具体的情況に基づいて具体的に分析すべきで，ワンパターンに陥ってはならない。

千奇百怪　**qiānqí-bǎiguài**
[并列] 奇怪千万である；極めて不思議である。

千秋万代　**qiānqiū-wàndài**
[并列] 千年万年；世々代々。永久に。永遠に。いついつまでも。とことわに。

千丝万缕　**qiānsī-wànlǚ**
[并列] (何本もの糸がからみあうように)事柄が複雑に入り組んでいるさま。また，関係が密接につながりあっているさま。“丝”“缕”は共に糸。

千头万绪　**qiāntóu-wànxù**
[并列] 糸口が多すぎてどこから手をつけてよいかわからないさま；事柄が複雑に入り組んでいるさま。“绪”は糸の端，解決の手がかり。¶ **想说的话很多，可是～，不知从何说起。**話したい事はたくさんあるが，込み入っていて，どこから話してよいのかわからない。

千辛万苦　**qiānxīn-wànkǔ**
[并列] ありとあらゆる苦労。¶ **历尽～。**苦難の限りをなめ尽くす。

千载难逢　**qiānzǎi-nánféng**
[状中] 千年に一度もないほど得難い；めったに巡り合えないことをいう。¶ **～的机会。**千載一遇の好機。

千载一时　**qiānzǎi-yīshí**
[对比] 千載一遇である；千年に一度しか出合えないほどのまれな機会である。得がたいチャンスである。

千真万确　**qiānzhēn-wànquè**
[并列] 極めて確かである；紛れもない。¶ **实践是检验真理的唯一标准，这是～的道理。**実践は真理を検証する唯一の標準であるというのは，動かし難い道理である。

牵肠挂肚　**qiāncháng-guàdù**
[并列] 心にかかって離れない；はなはだ気がかりである。¶ **不要为这点小事～，整天坐卧不安。**これしきの事を気にして，一日中気を揉んでいることはない。

牵强附会　**qiānqiǎng-fùhuì**
[并列] 牽強付会(けんきょうふかい)する；道理に合わないことを無理にこじつける。¶ **他的批评缺乏具体分析，有些～。**彼の批判は具体的分析に欠け，牽強付会の気味がある。

前车之鉴　**qiánchēzhījiàn**
[定中] 前車の鑑(かがみ)；前に進む人の失敗は後から来る人の戒めとなるということのたとえ。覆車の戒め。“覆车之鉴”(fùchēzhījiàn)とも。『漢書』賈誼伝に見える“前车覆，后车诫”(qiánchē fù, hòuchē jiè—前車の覆るは後車の戒め)から。¶ **他犯的错误可以作为我们的～。**彼の犯した過ちはわれわれの戒めとすることができる。

前赴后继　**qiánfù-hòujì**
[承接] 前の者が倒れても後の者が続く；犠牲を恐れずに勇ましく前進すること。しかばねを越えて進む。

前功尽弃　**qiángōng-jìnqì**
[主谓] 今までの苦労がすべてむだになる；これまでの努力が水泡に帰す。¶ **学习外语一定要坚持到底，如果半途而废，就会～。**外国語を学ぶには根気よく続けることが肝要で，途中で投げ出したら，それまでの努力が水の泡だ。

前所未闻　**qián-suǒwèiwén**
[状中] 前代未聞である；これまで聞いたことがない。

前所未有　**qián-suǒwèiyǒu**
状中 かつてない;未曾有の。空前の。¶ **~的盛况。**空前の盛況。¶ **~的规模。**これまでにない規模。

前无古人　**qián-wúgǔrén**
主谓 前人未到;これまで誰も到達したことのない。空前の。¶ **创造了~的奇迹。**これまでに誰も成し遂げたことのない奇跡を成就した。

前因后果　**qiányīn-hòuguǒ**
对比 原因と結果;事柄のすべての経緯。事の顚末(てんまつ)。一部始終。¶ **经过周密的调查，这件事情的~已经很清楚了。**詳しい調査の結果，この事件の一部始終が明らかになった。

钳口结舌　**qiánkǒu-jiéshé**
并列 口をつぐんでしゃべらない;(言うべき事を)はばかって口出ししない。“**钳口**”は口を閉ざす。“**结舌**”は舌が回らない。

潜移默化　**qiányí-mòhuà**
并列 知らず知らずのうちに感化される;いつの間にか影響を受ける。¶ **起~的熏陶作用。**知らず知らずのうちの感化作用を及ぼす。

黔驴技穷　**qiánlǘ-jìqióng**
主谓 黔驢(けんろ)の技窮まる;わずかしかない能力を使い尽くす。“**黔驴之技**”(qiánlǘzhījì)参照。

黔驴之技　**qiánlǘzhījì**
定中 黔驢(けんろ)の技;見掛け倒しの手腕。“**黔**”は今の貴州。黔の地にロバを連れてきたところ，これまでロバを見たことのない虎は，その図体と鳴き声の大きさに恐れをなしたが，近寄ってみるとロバが足で蹴ったので，虎はロバにそれだけの能力しかないことを知って飛びかかって食い殺したという。柳宗元『三戒』黔之驢。¶ **这不过是~罢了。**これはほんの見掛け倒しの技に過ぎない。

浅尝辄止　**qiǎncháng-zhézhǐ**
连动 ちょっと試してみてやめる;上っ面だけをなでて，深く吟味しようとしない。“**辄**”はすなわち，すぐに。

qiang

枪林弹雨　**qiānglín-dànyǔ**
并列 鉄砲が林のように立ち並び，弾が雨あられと飛び交う。

强弩之末　**qiángnǔzhīmò**
定中 強弩(きょうど)の末;強い大弓から放たれた矢も最後には勢いが衰える。強い者でもやがては衰えて，何もできなくなるということのたとえ。“**弩**”は，ばね仕掛けで射る大型の弓。

强词夺理　**qiǎngcí-duólǐ**
并列 無理やりに筋の通らぬことを言う;強弁する。屁(へ)理屈をこねる。“**强**”は qiǎng，無理強いする。¶ **你明明错了，怎么还~呢?** 君は明らかに間違っているのに，どうしていつまでも屁理屈をこねるのか。

强人所难　**qiǎng-rénsuǒnán**
动宾 人ができないこと，またはしたがらないことを無理強いする;無理難題を吹きかける。¶ **他不会唱歌，你偏要他上台演唱，这不是~吗?** 彼は歌えないのに，舞台に上げて歌わせようとするのは，無理強いというものではないか。

qiao

敲骨吸髓　**qiāogǔ-xīsuǐ**
目的 骨の髄まで搾り取る;骨までしゃぶる。“**敲**”は打ち砕く。¶ **~地剥削。**骨の髄まで搾取する。

敲诈勒索　**qiāozhà-lèsuǒ**
并列 脅したりすかしたりして金品を奪い取る。“**敲诈**”は言いがかりをつけて巻き上げる。“**勒索**”は脅し取る。

乔装打扮　**qiáozhuāng-dǎbàn**
并列 (身分を隠すために)変装して姿を変える;表面を取り繕う。“**乔装**”は変装する。“**打扮**”は装う。“**乔装改扮**”(qiáozhuāng-gǎibàn)とも。

巧夺天工　**qiǎoduó-tiāngōng**
[动宾] 天然をしのぐほど技術が巧みである；とても人工の物とは思えない。¶**这个象牙雕刻,真是～。**この象牙雕刻は,まったく目を見張るばかりの出来栄えだ。

巧立名目　**qiǎolì-míngmù**
[动宾] 巧みに名目を立てる；うまい口実を設ける。

巧取豪夺　**qiǎoqǔ-háoduó**
[并列] だましたり力づくで奪ったりする；(財産や権利などを)あの手この手で巻き上げる。

巧言令色　**qiǎoyán-lìngsè**
[并列] 巧言令色；口先だけのたくみなことばとうわべだけの人を喜ばせる表情。『論語』学而篇に見える孔子のことば“**巧言令色,鲜矣仁**”(巧言令色,鮮《すくな》し仁)から。

qie

切磋琢磨　**qiēcuō-zhuómó**
[并列] 切磋琢磨(せっさたくま)；(玉や石を磨くように)互いに励まし合って向上に努めること。『詩経』衛風·淇澳に見える“**如切如磋,如琢如磨**”(切するがごとく,磋するがごとく,琢するがごとく,磨するがごとし)から。

切肤之痛　**qièfūzhītòng**
[定中] 骨身にこたえる痛み；身をもって体験した苦しみ。身を切られるような痛み。“**切肤**”は切実な。

窃窃私语　**qièqiè-sīyǔ**
[状中] ひそひそと話す。¶**他们在～,好像是商量什么事情。**彼らはひそひそと話をしているが,何か相談事でもしているのだろう。

锲而不舍　**qiè'érbùshě**
[连动] 手を休めずに彫り続ける；怠ることなく努力することのたとえ。倦(う)まずたゆまず励む。“**锲**”は刻む。“**舍**”は停止する。『荀子』勧学に見える“**锲而不舍,金石可镂**”(鍥《きざ》みて舎《お》かざれば,金石も鏤《え》るべし)から。¶**学习要有～的精神。**学習には倦まずたゆまず努力を重ねる心構えがなくてはならない。

qin

钦差大臣　**qīnchāi-dàchén**
[定中] 欽差(きんさ)大臣；清代,皇帝から全権を与えられて重要な国務の処理に赴いた大官。勅使。上級機関から派遣されてきて,やたらに指図したがる役人を風刺していう。天降り大臣。

亲密无间　**qīnmì-wújiàn**
[补充] 親密で少しの隔たりもない。“**间**”は jiàn,すきま,へだて。¶**她们俩～,像亲姐妹一样。**あのふたりは,まるで実の姉妹のように仲がよい。

亲如手足　**qīn-rúshǒuzú**
[补充] 兄弟のように親しい。“**手足**”は,兄弟のたとえ。¶**同学们朝夕相处,～。**学友たちは朝夕起居を共にしていて,まるで兄弟のように仲がよい。

亲痛仇快　**qīntòng-chóukuài**
[对比] 味方を痛めつけ敵を喜ばせる；敵を利するだけのことをする。利敵行為をする。¶**奉劝你们不要再做～的事了。**諸君がこれ以上味方を苦しめ敵を喜ばせるような事をなさらないよう,ご忠告申し上げる。

沁人心脾　**qìn-rénxīnpí**
[动宾] 深く人の心に染み渡る；よい香りやすがすがしい空気が体のすみずみに染み入ること。転じて,美しい詩歌や文章が人に深い感銘を与えること。肺腑(はいふ)を衝(つ)く。¶**她的歌声悠扬,～。**彼女の歌声は高く低く流れ,聴く者の胸に染み渡る。

qing

青出于蓝　**qīng-chūyúlán**
[主调] 出藍(しゅつらん)の誉れ；弟子のほうが教えた先生よりも優れること。青色の染料は藍(あい)から取るが,原料の藍

よりも青いことから。よく“**青出于蓝而胜于蓝**”(青は藍より出でて藍より青し)と続けて用いられる。『荀子』勧学に見える語。

青红皂白　qīnghóngzàobái

并列 理非曲直のたとえ;事の是非,黒白。¶ **不分～**。委細構わず。¶ **不问～**。事の是非を問わない。

青黄不接　qīnghuáng-bùjiē

主谓 古い穀物が乏しくなり,新しい穀物がまだ出回っていない;端境期にある。広く,物や人材が一時的に欠乏することのたとえにも。“**青**”はまだ熟していない作物。“**黄**”は熟した作物。

青梅竹马　qīngméi-zhúmǎ

并列 幼少の児女の無邪気で仲のよいことをいう。李白『長干行』詩の中の“**郎骑竹马来,绕床弄青梅**”(郎は竹馬に騎りて来り,床を遶《めぐ》りて青梅を弄す)から。¶ **他们夫妻俩原是～,感情一直很好**。彼ら夫婦はもともと幼なじみで,ずっと仲がよい。

青面獠牙　qīngmiàn-liáoyá

并列 青い顔をして牙をむき出しにしている;すさまじい形相をいう。“**獠牙**”は突き出た牙。

青天霹雳　qīngtiān-pīlì

定中 青天の霹靂(へきれき)。☞“**晴天霹雳**”(qíngtiān-pīlì)

青云直上　qīngyún-zhíshàng

主谓 官位が急に上昇する;とんとん拍子に出世する。“**青云**”は高位·高官のたとえ。

轻车熟路　qīngchē-shúlù

并列 軽車を駆って慣れた道を行く;習熟した仕事であるのでたやすくできることをいう。

轻而易举　qīng'éryìjǔ

状中 軽々と持ち上げることができる;造作なくできる。¶ **要完成这项任务,不是～的事**。この任務を仕上げるのは,容易な事ではない。

轻歌曼舞　qīnggē-mànwǔ

并列 軽やかに歌いしなやかに舞う。“**曼**”は身のこなしが優美である。

轻举妄动　qīngjǔ-wàngdòng

并列 軽挙妄動する;深く考えないで軽はずみで向こう見ずな行動をすること。¶ **你要审时度势,千万不要～**。きみはよく時勢を見極め,決して軽はずみな行動をとらないようにしなければならない。

轻描淡写　qīngmiáo-dànxiě

并列 絵を描く時,表面だけをさっとなでる;薄い色で描く。転じて,(話したり書いたりする時)重要問題をいいかげんに扱うことのたとえ。

轻诺寡信　qīngnuò-guǎxìn

主谓 軽々しい承諾には信を置けない;安請け合いする人は信用できない。『老子』六十三章に見える“**夫轻诺必寡信**”(夫れ軽がるしく諾するは必ず信寡《すく》なし)から。¶ **他对别人提出的要求,一向是～**。彼は他人の要求に対して,いつも安請け合いばかりしてきた。

轻于鸿毛　qīngyúhóngmáo

补充 鴻毛(こうもう)より軽し;鴻(おおとり)の毛よりもなお軽い。無意味な死に方をすることをいう。司馬遷『報任少卿書』に見える“**人固有一死,或重于泰山,或轻于鸿毛**”(人間は必ず一度は死ぬが,その死は泰山より重いものもあれば,鴻毛より軽いものもある)という語から。

轻重倒置　qīngzhòng-dàozhì

动宾 (倒置)本末を転倒する。¶ **工作要有主次,不能～**。仕事には順序というものがなければならず,軽重を取り違えてはならない。

轻重缓急　qīngzhòng-huǎnjí

并列 軽重と緩急;事に対処する上での重要度と緊急度。

倾城倾国　qīngchéng-qīngguó

并列 城を傾け国を傾く;国を傾け滅

ぼすほどの美人。傾城(けいせい)。傾国。絶世の美女。『漢書』孝武李夫人伝に見える“**一顾倾人城,再顾倾人国**”(一たび顧みれば人の城を傾け,再び顧みれば人の国を傾く)という語から。

倾家荡产　**qīngjiā-dàngchǎn**

并列 家を傾け産を蕩(とう)ず;家産を使い尽くす。産を傾ける。身上(しんしょう)をつぶす。

倾盆大雨　**qīngpén-dàyǔ**

定中 バケツをひっくり返したような雨;どしゃ降りの雨。篠(しの)突く雨。

清规戒律　**qīngguī-jièlǜ**

并列 清規(しんぎ)戒律;僧侶の守るべき規則や戒め。転じて,煩瑣な規則や制度。¶**打破一切束缚生产力发展的～。**生産力の発展を束縛する煩わしい戒めをすべて打ち破る。

蜻蜓点水　**qīngtíng-diǎnshuǐ**

主谓(とんぼがしっぽを水面につけるように)表面的に事を行う;上っ面だけなでる。

情不自禁　**qíng-bùzìjīn**

主谓 感情を抑え切れない;思わず知らず。¶**她心里高兴,～地唱了起来。**彼女はうれしさのあまり,感情を抑え切れずに歌い出した。

情景交融　**qíngjǐng-jiāoróng**

主谓 叙情と叙景とが融合している;(文学作品において)心理や感情の描写と外界の景物の描写が渾然(こんぜん)一体となっている。

情随事迁　**qíng-suíshìqiān**

主谓 人の思想や感情は状況の変化とともに変わる;状況が変われば気持ちも変わる。

情同手足　**qíng-tóngshǒuzú**

主谓 手足のように情が通っている;まるで実の兄弟のように親しい。“**手足**”は兄弟のたとえ。¶**他们两个人从小就是好朋友,～。**あのふたりは小さい頃から仲良しで,まるで実の兄弟のようだ。

情投意合　**qíngtóu-yìhé**

并列 意気投合する;すっかり気が合う。¶**两人～,不久结为伴侣。**ふたりは意気投合し,やがて結ばれた。

情有可原　**qíng-yǒukěyuán**

主谓 情状酌量の余地がある。

晴天霹雳　**qíngtiān-pīlì**

定中 青天の霹靂(へきれき);青く晴れた空に突然に鳴る雷。思いがけない出来事のたとえ。突発的事変。“**青天霹雳**”(qīngtiān-pīlì)とも。¶**老友突然逝世的消息,对他说来,真如～。**親友の突然の死の知らせは,彼にとっては,まさに寝耳に水であった。

请君入瓮　**qǐngjūnrùwèng**

兼语 どうぞあなた自身が甕(かめ)にお入りください;相手が考え出した方法で相手を懲らしめる。則天武后の命で周興の謀反の企ての取り調べに当たった来俊臣が,周興が考案した甕に入れて炭火であぶる拷問にかけると脅して罪を白状させた故事による。『資治通鑑』唐紀。

罄竹难书　**qìngzhú-nánshū**

假设 竹簡を使い尽くしても書き尽くせない;罪状の多いことのたとえ。“**罄**”は使い尽くす。

qiong

穷兵黩武　**qióngbīng-dúwǔ**

并列 みだりに兵を動かし武を用いる;兵力·武力を乱用する。はなはだ好戦的であることのたとえ。“**穷兵**”は兵力を使い尽くす。“**黩武**”はみだりに戦争をしかける。

穷极思变　**qióngjí-sībiàn**

条件 行き詰まると考えが変わる。☞“**穷则思变**”(qióngzésībiàn)

穷极无聊　**qióng-jíwúliáo**

补充 退屈この上ない;無聊(ぶりょう)の極みである。“**极**”は甚だしく,極端に。“**无聊**”は退屈である,やるせない。¶**他每天靠打牌混日子,真是～。**彼は退屈この上なく，毎日トランプをして過ごしている。

穷年累月　**qióngnián-lěiyuè**
[并列] 長い年月を重ねる。¶ **～，潜心治学。**長年に渡って，ひたすら学問研究に打ち込む。

穷山恶水　**qióngshān-èshuǐ**
[并列] 険しい山と危険な川；自然条件の極めて悪い土地をいう。不毛の地。

穷奢极欲　**qióngshē-jíyù**
[并列] 奢侈(しゃし)を極める；欲望の限りを尽くす。“**穷奢极侈**”(qióngshē-jíchǐ)とも。

穷途末路　**qióngtú-mòlù**
[并列] 道が行き詰まる；窮地に陥る。袋小路に突き当たる。

穷乡僻壤　**qióngxiāng-pìrǎng**
[并列] 辺鄙(へんぴ)な所；僻遠の地。

穷凶极恶　**qióngxiōng-jí'è**
[并列] 凶悪窮まる；極悪非道である。¶ **敌人露出一付～的面孔。**敵は凶悪な本性をむき出しにした。

穷原竟委　**qióngyuán-jìngwěi**
[并列] 事の原因・結果を究明する；委細を調べる。

穷则思变　**qióngzésībiàn**
[条件] 行き詰まると考えが変わる；追い詰められると新たな解決法が思い浮かぶ。“**穷极思变**”(qióngjí-sībiàn)とも。

穷追不舍　**qióngzhuī-bùshě**
[连动] どこまでも追いかける；どこまでも追い詰める。¶ **记者们～，向新闻发言人连连发问。**記者たちはどこまでも食い下がり，スポークスマンに次々と質問を浴びせた。

qiu

秋高气爽　**qiūgāo-qìshuǎng**
[并列] 秋の空が高く澄みわたり，空気が爽やかである。¶ **九月过后，北京就进入了～的季节。**九月が過ぎ，北京は秋の好季節を迎えた。

秋毫无犯　**qiūháo-wúfàn**
[状中] 秋毫(しゅうごう)も犯さず；軍紀が厳しく守られ，人民にいささかの迷惑もかけない。“**秋毫**”は秋になって生え変わる獣の細い毛。転じて，ほんの少し，ごくわずかなこと。

秋后算账　**qiūhòu-suànzhàng**
[状中] 秋の収穫後に清算する；事が一段落するのを待って，態度を決める。

囚首垢面　**qiúshǒu-gòumiàn**
[并列] 囚人のようにばさばさに乱れた髪と長く洗っていない汚れた顔；長い間理髪や洗面をしていないことのたとえ。

求全责备　**qiúquán-zébèi**
[并列] 完全無欠を求める；一つの欠点も許さない。完璧を求める。“**责**”は求める。“**备**”は備わる。¶ **对人不应～。**他人に対して完全無欠を求めるのはよくない。

求同存异　**qiútóng-cúnyì**
[并列] 一致点を求めて意見の異なる点は保留する；大同に就き小異を残す。

求之不得　**qiúzhī-bùdé**
[补充] 求めても得られない；願っても無い。¶ **这真是～的好事啊！**これは願っても無いよい事だ。

qu

曲突徙薪　**qūtū-xǐxīn**
[并列] (火事を防ぐために)煙突を外に曲げ薪をかまどから遠ざける；災いを未然に防ぐために予防措置を講じる。

曲意逢迎　**qūyì-féngyíng**
[连动] 意志を曲げてまで相手の気に入ろうとする；不本意ながら承服する。阿諛追従(あゆついしょう)する。阿諛迎合する。¶ **你干什么对他这样～，不讲原则？**君はどうして，原則を重んじないで，彼にそのように迎合するのか。

屈打成招　**qūdǎ-chéngzhāo**
[连动] 拷問を受け，こらえきれずに白

状する。“**招**”は白状する。¶ ～，**蒙冤入狱**。拷問に耐え切れずに白状し，無実のまま獄につながれる。

屈指可数　**qūzhǐ-kěshǔ**
[条件] 指折り数えるほどしかない；数の少ないことの形容。¶ **像他这样的人才真是～**。彼のような優れた人材はめったにいない。

趋炎附势　**qūyán-fùshì**
[并列] 権勢におもねる；権力のある人，勢力のある人に取り入る。綺羅（きら）に付く。襟元（えりもと）に付く。“**趋**”は迎合する。“**炎**”は熱い。転じて，権勢のある人。¶ **彼乃一～之徒，切莫与之交往**。彼は権勢におもねる輩ですから，どうか往き来なされませぬよう。

趋之若鹜　**qūzhī-ruòwù**
[补充] あひるのように群れをなして走っていく；わんさと押しかける。殺到する。多く《貶》。“**鹜**”はあひる。

曲高和寡　**qǔgāo-hèguǎ**
[因果] 曲が高尚すぎると和する者が少ない；ことばや文章が難しすぎて理解できる人が少ない。高尚に過ぎて俗受けしない。

取长补短　**qǔcháng-bǔduǎn**
[目的] 長を取り短を補う；長所を取り入れ短所を補う。“**取人之长，补己之短**”（qǔ rén zhī cháng, bǔ jǐ zhī duǎn—人の長を取り，己の短を補う）を縮めた。¶ **互相学习，互相帮助，～**。互いに学び合い，助け合い，長所を取り短所を補い合う。

取而代之　**qǔ'érdàizhī**
[连动] 取って代わる。秦の始皇帝の行列を見物した項羽が発したことば“**彼可取而代之也**”（あいつは取って代わることができる）から。『史記』項羽本紀。

取精用宏　**qǔjīng-yònghóng**
[连动]（大量の材料の中から）精華を取り出し，存分に活用する。“**用宏**”は“**用弘**”とも。

取之不尽　**qǔzhī-bùjìn**
[转折] 取れども尽きぬ；いくら取ってもなくなることがない。汲めども尽きぬ。よく“**用之不竭**”（yòngzhī-bùjié—用うれども尽きぬ）と連用される。

去伪存真　**qùwěi-cúnzhēn**
[并列] 偽物を捨てて本物を残す；本物と偽物をえり分ける。

quan

权衡轻重　**quánhéng-qīngzhòng**
[动宾] 軽重を比べる；重大なことと重大でないこととを区別する。“**权**”は秤（はかり）の重り，“**衡**”は秤。

权宜之计　**quányízhījì**
[定中] 便宜的なやり方；その場に応じた措置。“**权**”は仮の。“**宜**”は便宜的な。¶ **如果不从根本上下手，只采取一些～，就不能很好地解决问题**。根本から着手せずに，場当たり的なやり方をしていたのでは，きちんと問題を解決することができない。

全力以赴　**quánlì-yǐfù**
[状中] 全力で事に当たる；全力を投入する。全力投球する。¶ ～**搞好工作**。全力を挙げて仕事を成し遂げる。

全神贯注　**quánshén-guànzhù**
[主谓] 全神経を注ぐ；全身全霊を傾ける。¶ **上课时要～**。授業は全神経を注いで受けなければならない。¶ ～**地搞技术革新**。全力を傾けて技術革新に取り組む。

全始全终　**quánshǐ-quánzhōng**
[并列] 始めから終わりまできちんとやりとげる；終始一貫している。¶ **既然接受了这个任务，就要～地努力完成**。この任務を引き受けたからには，途中で投げ出すことなく頑張ってやりとげなければならない。

全心全意　**quánxīn-quányì**
[并列] 誠心誠意；全身全霊を傾けて。一心に。¶ ～**为人民服务**。誠心誠意人民に奉仕する。

Q

全知全能 **quánzhī-quánnéng**

[并列] 全知全能である;あらゆる事を知り,あらゆる事ができる。

犬马之劳 **quǎnmǎzhīláo**

[定中] 犬馬の労;主君のために,(馬か犬のように駆け回って)精一杯尽くすこと。主人のために骨を折ること。

犬牙交错 **quǎnyá-jiāocuò**

[主谓] 犬牙交錯す;犬の上下の歯のごとくじぐざぐに交錯している。境界線の複雑に入り組んでいることのたとえ。情勢が複雑に入り組んでいることのたとえにも。

que

缺一不可 **quēyī-bùkě**

[主谓] 一つも欠かせない。¶ **这些零件都有用,~。**これらの部品はいずれも有用で,どれも欠かせない。

却之不恭 **quèzhī-bùgōng**

[主谓] 辞退するのは失礼である。人から物を贈られたり招待を受けたりする時の決まり文句。¶ **~,受之有愧。**お断りするのも失礼だし,受けるのも恐縮である。

鹊巢鸠占 **quècháo-jiūzhàn**

[转折] 鵲(かささぎ)の巣に鳩が住む;悪人が他人の家や土地を占拠する。『詩経』召南·鵲巣の詩句に基づく語で,もとは女子が嫁入りして夫の家にしっかり住む意。

qun

群策群力 **qúncè-qúnlì**

[并列] みんなで知恵と力を出し合う;衆知を集める。¶ **~办事业。**衆力を結集して事業を行う。

群龙无首 **qúnlóng-wúshǒu**

[主谓] 群竜首なし;指導者を欠き,物事がうまく運ばないことのたとえ。舵(かじ)取りを欠く。『易経』から出た語。¶ **我们这里要推选一个人负责,否则~,什么事都不好办。**私たちの所は誰か一人責任者を選ばないことには,烏合(うごう)の衆と同じで,何事もうまく運ばない。

群魔乱舞 **qúnmó-luànwǔ**

[主谓] 群魔乱舞す;大勢の悪人が跳梁(ちょうりょう)する。百鬼夜行(ひゃっきやぎょう)。

群威群胆 **qúnwēi-qúndǎn**

[并列] 大勢の力と勇気;一致団結して大いに力を発揮すること。

群蚁附膻 **qúnyǐ-fùshān**

[主谓] 群蟻(ぐんぎ)羶(せん)に付く;(蟻《あり》が羊の肉に群がるように)衆人が利に走る。“膻”は羊の肉のなまぐさいにおい。

R

燃眉之急

ran

燃眉之急　**ránméizhījí**
[定中] 焦眉の急;(眉を焦がすほどに火が迫っている意から)事態が差し迫っていることのたとえ。¶ **缓解～。** 差し迫った事態を緩和する。

rao

饶有风趣　**ráoyǒu-fēngqù**
[动宾] 風趣に富む;味がある。趣がある。"**饶有**"は…に富む。¶ **他谈吐幽默，～。** 彼の話しぶりはユーモアに富み，なかなか趣がある。

re

惹是生非　**rěshì-shēngfēi**
[并列] 悶着(もんちゃく)を起こす;波風を立てる。物議をかもす。"**惹**"は引き起こす。"**是非**"はごたごた，面倒。¶ **你可别再～了！** これ以上面倒を起こすんじゃないよ。

热火朝天　**rèhuǒ-cháotiān**
[主谓] 天を焦がす勢い;熱気あふれるさま。¶ **建筑工地上，大家干得～。** 建築現場では，みな激しい意気込みで働いている。

热血沸腾　**rèxuè-fèiténg**
[主谓] 熱い血がたぎる;怒りや興奮で感情が激するさま。¶ **满腔怒火，～。** 満腔の怒りで，血が沸き立つ。

ren

人才辈出　**réncái-bèichū**
[主谓] 人材が輩出する;優れた人物が次々と現れる。

人地生疏　**réndì-shēngshū**
[主谓] 人も土地も共に不案内である。

人定胜天　**rénding-shèngtiān**
[条件] 人定まれば天に勝つ;決意して努力すればどんな困難にも打ち勝つことができる。

人浮于事　**rén-fúyúshì**
[主谓] 人の数が仕事の量よりも多い;仕事が少なく人が余っている。人員過剰である。¶ **要精简机构，消除～的现象。** 機構を簡素化し，人のだぶつきをなくさなければならない。

人杰地灵　**rénjié-dìlíng**
[并列] 人物が傑出していて土地もすばらしい;優れた人物を生んだ土地としてその地が知られることをいう。

人尽其才　**rén-jìnqícái**
[主谓] 各人がその才を尽くす;それぞれがその才能を十分に発揮する。

人困马乏　**rénkùn-mǎfá**
[并列] 人馬ともに疲れ果てる;長旅で疲れ果てることの形容。また，広く仕事などで疲れ切ることの形容。へとへとになる。

人面兽心　**rénmiàn-shòuxīn**
[对比] 人面獣心;人の皮をかぶった獣(けだもの)。残忍・卑劣な人間の形容。人でなし。犬畜生。¶ **～、作恶多端的杀人凶手。** 人面獣心，悪事の限りを尽くした殺人犯。

人莫予毒　**rén-mòyúdú**
[主谓] 人，予(われ)を毒するなし;自分を害する者は誰もいない。怖いものなし。すべてわが意のまま。[注]"**莫予毒**"は，否定詞"**莫**"を用いたため，目的語の"**予**"が動詞"**毒**"の前に出たもの。

人山人海　rénshān-rénhǎi
[并列] 人の山, 人の海;人出の多いことの形容。黒山の人だかり。¶ **集市上～, 热闹非凡。**市は黒山の人だかりで, 非常ににぎわっている。

人声鼎沸　rénshēng-dǐngfèi
[主谓] 人の声がまるで釜の湯が沸き立つように騒々しい;人声(ひとごえ)が沸き立つ。人声で沸き返る。¶ **工地上, ～, 热闹非凡。**工事現場は, 人々の声で湧き立ち, 非常ににぎやかだ。

人寿年丰　rénshòu-niánfēng
[并列] 人は長寿で, 実りは豊か;人は健康に恵まれ, 作柄は上々である。安楽でなんの憂いもない暮らしの形容。

人微言轻　rénwēi-yánqīng
[并列] 人卑しく言軽し;身分が低く, 言うことも軽んじられる。

人心所向　rénxīn-suǒxiàng
[定中] 人心の向かうところ;人々が一致して認め, 支持するところ。人心の帰するところ。"人心归向"(rénxīn-guīxiàng)とも。

人心向背　rénxīn-xiàngbèi
[定中] 人心の向背;人々が支持するか, 反対するか。¶ **最后决定战争胜负的, 不是武器, 而是～。**戦の勝敗を最後に決するものは, 武器ではなく, 人心の向背である。

人仰马翻　rényǎng-mǎfān
[并列] 人は倒れ, 馬はひっくり返る;戦で惨敗を喫することの形容。また, 収拾のつかぬ混乱のたとえにも。てんやわんやの大騒ぎ。"**马翻人仰**"(mǎfān-rényǎng), "**马仰人翻**"(mǎyǎng-rénfān)とも。

人云亦云　rényún-yìyún
[承接] 人がこう言えば自分もこう言う;定見がなく主体性を欠くこと。すべて人の言いなり。¶ **事事都要问一个"为什么?", 不能～。**何事も「なぜ」と問うことが大切で, すべて人の言いなりであってはならない。

人之常情　rénzhīchángqíng
[定中] 人情の常;人なら誰でも持っている心情。当たり前の感情。

仁至义尽　rénzhì-yìjìn
[并列] 仁と義の限りを尽くす;(過ちを犯した人が立ち直れるように)精いっぱい助力すること。¶ **朋友们对他的帮助已经做到～了。**友人たちは彼に対してすでに精いっぱいのところまで援助している。

忍俊不禁　rěnjùn-bùjīn
[补充] 笑いをかみ殺す;こらえきれずに笑いだす。笑いを禁じえない。"**忍俊**"は笑みを浮かべる, 自然に笑顔になる。

忍气吞声　rěnqì-tūnshēng
[并列] 怒りを抑えて黙って辛抱する;じっとこらえる。じっと我慢する。¶ **尽管在家中受尽折磨, 她也只能～。**家でさんざん痛めつけられたが, 彼女はじっとこらえるしかなかった。

忍辱负重　rěnrǔ-fùzhòng
[并列] 屈辱を忍んで重責を担う;人から何と言われようとも, 自分の責任を全うする。¶ **为了民族的利益, 他～。**民族の利益のため, 彼は屈辱を忍んで重責を全うした。

忍辱含垢　rěnrǔ-hángòu
[并列] 辱めを忍び垢(はじ)を含む;じっと屈辱に耐える。☞"**含垢忍辱**"(hángòu-rěnrǔ)

忍无可忍　rěn-wúkěrěn
[补充] 忍ぶにも忍びようがない;もうこれ以上辛抱できない。我慢の限度を越えている。堪忍袋の緒が切れる。¶ **我～, 回敬了他几句。**私は我慢しきれず, 彼に二言三言ことばを返した。

认贼作父　rènzéizuòfù
[兼语] 仇敵を父と頼む;よくない人間を頼りとする。敵に身を売り渡す。

任劳任怨　rènláo-rènyuàn
[并列] 労苦を厭(いと)わず, いかなる非難にも耐える。¶ **～, 勤勤恳恳地工作。**

労苦や非難をものともせず，ひたすらまじめに働く。

任人唯亲　rènrén-wéiqīn

[主调] 専ら身内の者だけを任用する；好き嫌いや縁故関係によって人を任用する。**“任人唯贤”**(rènrén-wéixián)に対して。¶ **他～，拉帮结派。**彼は縁故関係や好き嫌いで人を集め，徒党·派閥を組みたがる。

任人唯贤　rènrén-wéixián

[主调] 専ら賢人のみを登用する；人徳·才能の有無だけを考慮して人を任用する。**“任人唯亲”**(rènrén-wéiqīn)に対して。¶ **～，人尽其才。**人徳·才能の有無によって任用して，人それぞれの能力を発揮させる。

任重道远　rènzhòng-dàoyuǎn

[并列] 任重く道遠し；まだまだ重責を負い続けなければならない。『論語』泰伯篇に見える曾子のことば**“任重而道远”**(任重くして道遠し)から。

ri

日薄西山　rì-bóxīshān

[主调] 日，西山に薄(せま)る；太陽が西の山に沈もうとしている。余命いくばくもないことのたとえ。**“薄”**は迫る。

日积月累　rìjī-yuèlěi

[并列] 月日を重ねる；日に日に積み重なっていく。積もりに積もっていく。¶ **丰富的知识是靠努力学习，～得来的。**豊かな知識というものは，こつこつと努力し学習し続けることによって得られるものだ。

日久天长　rìjiǔ-tiāncháng

[并列] 長い年月を経る；歳月を重ねる。月日がたつにつれて。¶ **～，这间茅屋都漏雨了。**年月を経て，このあばら屋はついに雨漏りしだした。

日理万机　rìlǐ-wànjī

[动宾] 毎日膨大な量の政務を処理する；仕事が繁忙を極めること。**“万机”**は，もと天子の日常の政務。

日暮途穷　rìmù-túqióng

[并列] 日暮れて途(みち)窮す；方策の尽き果てたさま。窮地に陥ってなすすべがない。万策尽きる。

日上三竿　rì-shàngsāngān

[补充] 日，三竿(さんかん)に昇る；太陽が地面から竹竿を三本つなぎ合わせたぐらいの高さに昇っている。日が高く昇っている形容。¶ **一觉醒来，已～。**目が覚めると，もう日はすっかり昇っていた。

日新月异　rìxīn-yuèyì

[并列] 日進月歩；日ごと月ごとに新しくなる。絶え間なく進歩発展する。¶ **祖国的面貌～。**祖国の姿は日に日に改まる。

日以继夜　rìyǐ-jìyè

[状中] 夜を日に継ぐ。☞**“夜以继日”**(yèyǐ-jìrì)

rong

融会贯通　rónghuì-guàntōng

[并列] さまざまの知識や道理を勘案して徹底した理解を得る。**“融会”**は融合する。**“贯通”**は徹底的に理解する。¶ **学习要做到～。**学習は何の疑問も残らないところまで徹底しなければならない。

ru

如出一辙　rú-chūyīzhé

[动宾] 一轍(いってつ)に出づるがごとし；まるで一つのわだちから出たかのようだ。言うことやすることが非常によく似ていることのたとえ。**“辙”**はわだち，車輪の跡。

如法炮制　rúfǎ-páozhì

[状中] 処方どおりに薬を調合する；既成の方法に従って，型どおりに事を行うことのたとえ。**“炮制”**は(漢方薬を)精製する。

如虎添翼　rú-hǔtiānyì

[动宾] 虎が翼を得たよう；勢いのある

者が，さらに威力を加えること。鬼に金棒。悪人·悪勢力がいっそう狂暴になることのたとえにも。¶**那关羽得了赤兔马，简直是～**。あの関羽が赤兎馬を得れば，まさに虎に翼だ。

如花似锦　rúhuā-sìjǐn
并列 まるで花か錦のように美しい；風景が美しいこと，人の前途が輝かしいことをいう。

如火如荼　rúhuǒ-rútú
并列 火のように赤く，荼(つばな)のように白い；軍容の盛大なさま。意気盛んなさま。“荼”はつばな，茅(ちがや)の一種，白い花をつける。¶**革命运动～地开展起来**。革命運動が燃え盛る炎のように繰り広げられた。

如获至宝　rú-huòzhìbǎo
动宾 珍しい宝物を手に入れたかのようである；鬼の首を取ったかのようである。

如饥似渴　rújī-sìkě
并列 飢えるがごとく渇くがごとし；差し迫って必要としている。渇望している。“如饥如渴”(rújī-rúkě)とも。¶**～地学习**。むさぼるように学ぶ。

如胶似漆　rújiāo-sìqī
并列（まるでゴムか膠《にかわ》のように）ぴったりとくっついて離れがたい。¶**他们两个人～，形影不离**。あの二人はこのうえなく親密で，いつも寄り添っている。

如雷贯耳　rú-léiguàn'ěr
动宾 雷のごとく鳴り響いている；名声が非常に高いことのたとえ。“贯”はつらぬく。¶**久闻大名，～**。ご高名はかねてより承っております。

如临大敌　rú-líndàdí
动宾 大敵に臨むがごとし；強大な敵を前にしたかのように緊張している。

如梦初醒　rú-mèngchūxǐng
动宾 夢から覚めたかのよう；急にこれまでの非や愚に気づくこと。はっと我に返る。

如鸟兽散　rú-niǎoshòusàn
动宾 まるで鳥か獣のように逃げ散る；驚いて四方に逃げ散る。くもの子を散らすよう。《貶》

如牛负重　rú-niúfùzhòng
动宾 まるで牛が重い荷物を背負っているかのようである；負担が非常に重いことのたとえ。

如日中天　rú-rìzhōngtiān
动宾 日が中天にあるかのようである；物事が盛んな状態にあることのたとえ。昇天の勢い。¶**他的事业～**。彼の事業は隆盛を極めている。

如丧考妣　rú-sàngkǎobǐ
动宾 あたかも両親を亡くしたかのようである；悲しみ取り乱すさま。《貶》。“考”は亡父，“妣”は亡母。

如释重负　rú-shìzhòngfù
动宾 重荷を降ろしたかのようである；重責を果たして心中ほっとするさま。¶**她感到一种～的愉快**。彼女は肩の重荷を降ろしたかのような解放感を味わった。

如数家珍　rú-shǔjiāzhēn
动宾 家宝を数えるかのようである；事柄によく通じているたとえ。すらすらと並べ立てる。

如蚁附膻　rú-yǐfùshān
动宾 群蟻(ぐんぎ)の腥羶(せいせん)に付くがごとし；蟻が腥(なまぐさ)にたかるようである。金や力のある人に迎合するたとえ。また，あくせくと名利を追い求めるたとえ。

如意算盘　rúyì-suànpan
状中 自分勝手なそろばん；虫のよい計算。捕らぬ狸の皮算用。¶**打错了～**。皮算用がはずれた。

如影随形　rú-yǐngsuíxíng
动宾 影の形に添うがごとし；両者の関係が極めて密接で，離れられないことのたとえ。形影相伴う。¶**他们俩～，总在一起**。あのふたりは影の形に添うがごとく，いつも一緒にいる。

如鱼得水　rú-yúdéshuǐ
动宾 魚の水を得たるがごとし;気の合った友や自分にふさわしい環境を得たことのたとえ。水を得た魚。

如愿以偿　rúyuàn-yǐcháng
状中 願いどおりになる;望みがかなえられる。願ったり叶(かな)ったり。"**偿**"はかなえる,満たす。¶ **这次他终于～了。**今度は彼も宿願がかなった。

如坐针毡　rú-zuòzhēnzhān
动宾 針のむしろに座るかのようである;気持ちが休まらないこと,心が落ち着かないことのたとえ。¶ **他听到这个消息,茶饭无心,～。**この知らせを聞いて彼は,飯ものどに通らず,居ても立ってもいられなかった。

茹苦含辛　rúkǔ-hánxīn
并列 辛酸をなめる。☞"**含辛茹苦**"(hánxīn-rúkǔ)

茹毛饮血　rúmáo-yǐnxuè
并列 毛のついたまま食べ,血のしたたるまま飲み込む;火を知らない原始人が野蛮な生活をすることのたとえ。"**茹**"は食べる。¶ **火的使用,使原始人类～的时代宣告结束。**火の使用によって,原始人が鳥獣を生食する時代は終わりを告げた。

乳臭未干　rǔxiù-wèigān
主调 乳臭さがまだ抜けない;若くて未熟なことをいう。乳臭い。くちばしが黄色い。尻が青い。"**臭**"はxiù,におい。"**干**"は乾く,消える。¶ **～的青年人。**青臭い若者。

入不敷出　rù-bùfūchū
主调 収入が支出に足りない;収支が釣り合わない。入るよりも出るほうが多い。¶ **家计萧条,～。**暮らし向きが苦しくて,収入が支出をまかないきれない。

入国问禁　rùguó-wènjìn
连动 よその国に行けばまずその国のおきてを問う;郷に入りては郷に従え。"**入境问俗**"(rùjìng-wènsú)参照。

入境问俗　rùjìng-wènsú
连动 よその地に行けばまずその地の習俗を問う;郷に入りては郷に従え。"**入国问禁**"(rùguó-wènjìn)参照。

入木三分　rùmù-sānfēn
补充 木に三分もめり込む;鋭い筆勢の形容。また,問題の分析が鋭いことのたとえ。晋の王羲之は筆勢が鋭く,ある時,三分も木にめり込んだという。

入情入理　rùqíng-rùlǐ
并列 情にかない理にかなう;道理にかなっている。"**入**"は合う,かなう。¶ **他的话讲得～,听的人无不点头赞许。**彼の話は理を尽くしているので,聴衆はみなうなずき賛同した。

入乡随俗　rùxiāng-suísú
连动 郷に入りては郷に従え。"**入乡随乡**"(rùxiāng-suíxiāng),"**随乡入乡**"(suíxiāng-rùxiāng)とも。

入主出奴　rùzhǔ-chūnú
并列 他の学説・学派を排斥する学術上のセクト主義をいう。唐宋八大家の一人韓愈の『原道』に,大略次のようにあるのに基づく。新たに信じた学説は主人のように扱い,捨て去った学説は召し使いのように扱う。

ruan

软硬兼施　ruǎnyìng-jiānshī
主调 硬軟両面の手を用いる;脅したりすかしたりする。あめとむちを使う。《貶》

rui

锐不可当　ruì-bùkědāng
补充 勢い当たるべからず;勢いが激しくて阻みようがない。¶ **～的攻势。**当たるべからざる勢いの攻め。

ruo

若即若离　ruòjí-ruòlí
对比 不即不離;(他人に対して)付か

R

ず離れずの態度をとる。どっちつかずの態度をとる。¶ **他们俩上次吵架之后，关系一直～，既不和好，也不分手。**あの二人はこの前けんかして以来ずっと付かず離れずで，仲直りするわけでもなく，かといって手を切るわけでもない。

若明若暗　ruòmíng-ruò'àn

対比 明るいような暗いような；あいまいではっきりしない。わかったようなわからないような。¶ **我自己对情况的了解～，所以不可能做出正确的判断。**私自身まだ情況がもう一つよくつかめていないので，正しい判断を下すことができない。

若无其事　ruò-wúqíshì

动宾 何事もなかったかのようである；少しも動じぬさま。まったく意に介さぬさま。事もなげである。¶ **他装出～的样子继续谈下去。**彼はまったく意に介さぬふうを装って，話し続けた。

若隐若现　ruòyǐn-ruòxiàn

对比 見え隠れする。¶ **远望白云缭绕，峰峦～。**遠くに白雲がたなびき，いくつもの峰が見え隠れする。

若有所失　ruò-yǒusuǒshī

动宾 何かを失ったかのようである；心の中が空虚なさま。気が抜けたさま。¶ **儿子走后，母亲心中～。**息子が行ってしまって，母親はなにやら空虚な気持ちになった。

若有所思　ruò-yǒusuǒsī

动宾 何か考えるところがあるかのようである。¶ **他默默地站在那里，～。**彼は黙ってそこに立ち止まり，何か考え事をしているふうだった。

弱不禁风　ruò-bùjīnfēng

补充 風にも耐えられないほど弱々しい；身体が虚弱なさま。触れなば倒れん。注 "禁" は jīn。¶ **久病之后他变得～。**長患いの末，彼はひ弱な体になった。

弱肉强食　ruòròu-qiángshí

主谓 弱肉強食；弱い者が強い者の餌食となること。弱者が強者に虐げられたり犠牲にされたりすること。弱者が滅び強者が勝ち栄えること。

R

S

塞翁失马

sa

飒爽英姿　**sàshuǎng-yīngzī**
[定中] 飒爽(さっそう)たる英姿。☞“**英姿飒爽**”(yīngzī-sàshuǎng)

sai

塞翁失马　**sàiwēng-shīmǎ**
[主调] 塞翁(さいおう)馬を失う；人生における吉凶・禍福の転変は予測し難いということのたとえ。人間万事塞翁が馬。よく“**安知非福**”(ānzhī-fēifú—いずくんぞ福にあらざるを知らん)と連用される。辺境の塞(とりで)に住む翁(おきな)の持ち馬が胡地に逃げたが，やがてその馬は駿馬(しゅんめ)を連れて戻ってきたという故事から。『淮南子』人間訓。

san

三长两短　**sāncháng-liǎngduǎn**
[并列] もしもの事；不慮の災いや事故。特に人の死をいう。一説に三枚の長い板と二枚の短い板で棺桶(かんおけ)を指す。¶ **万一你有个～，我怎么办呢？** あなたに万一の事があれば，私はどうすればよいの？

三番五次　**sānfān-wǔcì**
[并列] 何度も何度も；繰り返し。たびたび。続けざまに。¶ **～地劝说。** 口を酸っぱくして説いて聞かせる。

三顾茅庐　**sāngù-máolú**
[动宾] 三たび茅廬(ぼうろ)を訪れる；礼を厚くして人を迎えることのたとえ。三顧の礼をとる。三国時代，蜀の劉備が諸葛孔明を軍師として迎えるのに，三たび孔明の住む茅屋(ぼうおく)を訪ねたという故事から。諸葛亮『出師表』。

三教九流　**sānjiào-jiǔliú**
[并列] 三教九流；(宗教・学術上の)さまざまの流派をいう。また，もろもろの職業。“**三教**”は儒教，仏教，道教の三つの宗教。“**九流**”は儒家，道家，陰陽家，法家，名家，墨家，縦横家，雑家，農家の九つの学派。“**九流三教**”(jiǔliú-sānjiào)とも。

三令五申　**sānlìng-wǔshēn**
[并列] 繰り返し命令や警告を発すること。“**令**”は命令する。“**申**”は申し伝える。“三”“五”は共に何度も，繰り返し。¶ **～地强调。** 繰り返し強調する。

三思而行　**sānsī’érxíng**
[连动] 三たび思いて行う；よくよく考えたうえで実行に移す。“三”は何度も。“三思而后行”(sānsī érhòu xíng—三たび思いて後に行う)とも。¶ **这件事关系重大，望你～。** これは重大な事だから，よく考えたうえで実行してもらいたい。

三头六臂　**sāntóu-liùbì**
[并列] 三面六臂(さんめんろっぴ)；三つの顔と六本の臂(ひじ)。一人で何人分もの活躍をすること。八面六臂。¶ **你怕什么，他又不是～。** 何をびくびくしているんだい，彼だって何も腕が六本あるわけではないのだから。

三位一体　**sānwèi-yītǐ**
[主调] 三位一体(さんみいったい)；三者が心を合わせて一つになること。また，三つの異なるものが統一されて一つになること。もと，キリスト教で父なる神(天帝)，子なる神(キリスト)，聖霊の

三つは,唯一の神が三つの姿となって現れたものであるという考え方。

三心二意　**sānxīn-èryì**
并列 あれこれ考えて心に落ち着きがないこと;集中心が欠けていること。心が散漫である。¶**他干一行爱一行,从不～**。彼は何をするにも懸命に行い,いまだかつていいかげんにしたことがない。

三言两语　**sānyán-liǎngyǔ**
并列 二言三言;わずかなことば。¶**这件事不是～说得完的**。この件は二言や三言で話し切れるものではない。

散兵游勇　**sǎnbīng-yóuyǒng**
并列 指揮から外れてばらばらになった兵士;散兵。転じて,集団に属さずに独自の行動をする人の意にも。一匹狼。“**兵**”“**勇**”は共に兵士。

sang

桑榆暮景　**sāngyú-mùjǐng**
定中 桑や楡(にれ)の木に夕日が影を落とす景色;人の晩年を沈みゆく夕日にたとえていう。

丧魂落魄　**sànghún-luòpò**
并列 肝を潰す;非常に恐れるさま。たまげる。度肝を抜かれる。

丧家之犬　**sàngjiāzhīquǎn**
定中 喪家の狗(いぬ);帰るべき家をもたない犬。宿無し犬。身の置き所をなくし,あちこちさまよっている人のたとえ。宿無し。注“**丧**”は sàng,なくす,失う。《貶》。“**丧家之狗**”(sàngjiāzhīgǒu)とも。

丧尽天良　**sàngjìn-tiānliáng**
动宾 すっかり良心をなくす;残忍極まりないこと,この上なく悪辣(あくらつ)なことのたとえ。¶**这种～的行为绝不能容忍**。このような残忍極まりない行為は断じて許せない。

丧权辱国　**sàngquán-rǔguó**
并列 主権を喪失して国家を辱める。¶**废除～的不平等条约**。主権を喪失し国家が恥辱を被る不平等条約を破棄する。

丧心病狂　**sàngxīn-bìngkuáng**
并列 理性を失って狂気じみたふるまいをする。

sao

扫地出门　**sǎodì-chūmén**
状中 (地を掃くように)財産をすっかり取り上げ,家から追い出す。

se

色厉内荏　**sèlì-nèirěn**
对比 外見はいかめしいが,内心はもろい;見掛け倒し。“**色**”は外観。“**厉**”はいかめしい。“**荏**”は弱い。

seng

僧多粥少　**sēngduō-zhōushǎo**
转折 坊主が多いのに粥(かゆ)は少ない。
☞“**粥少僧多**”(zhōushǎo-sēngduō)

sha

杀鸡取卵　**shājī-qǔluǎn**
目的 鶏を殺して卵を取る;目先の利益にとらわれて長い先のことを考えないことのたとえ。割に合わないことをする。

杀鸡吓猴　**shājī-xiàhóu**
目的 鶏を殺して猿を驚かす;一人を罰して他の見せしめにすること。“**杀鸡儆猴**”(shājī-jǐnghóu),“**杀鸡给猴看**”(shā jī gěi hóu kàn)とも。

杀人越货　**shārén-yuèhuò**
目的 人を殺害して金品を奪う。“**越**”は略奪する。

杀身成仁　**shāshēn-chéngrén**
目的 身を殺して仁を成す;正義のために命を投げ出す。

杀一儆百　**shāyī-jǐngbǎi**
目的 一罰百戒;一人を罰して多くの人の見せしめにすること。衆人の見せしめにする。“**儆**”は“**警**”とも。

沙里淘金　**shālǐ-táojīn**
状中 砂の中から金を選び出す;労多くして功少ないことのたとえ。骨折り損のくたびれもうけ。“淘”は水に浸して不純物を取り除く。¶ **想要从这堆废弃材料中找出有用的东西，等于是～**。この廃材の中から役に立つ物を探すのは，砂の中から金を選び出そうとするようなものだ。

煞费苦心　**shàfèi-kǔxīn**
动宾 苦心惨憺(さんたん)する;たいへん苦心する。心を砕く。“煞”は甚だしく。

煞有介事　**shàyǒu-jièshì**
动宾 いかにももっともらしい;まことしやかである。もと，呉方言。“**像煞有介事**”(xiàng shàyǒu-jièshì)の形で使われることが多い。

shan

山高水低　**shāngāo-shuǐdī**
对比 もしもの事;不測の事態。万一の事。多く人の死を婉曲にいう。

山盟海誓　**shānméng-hǎishì**
并列 固く愛を誓う。☞“**海誓山盟**”(hǎishì-shānméng)

山明水秀　**shānmíng-shuǐxiù**
并列 山紫水明。☞“**山清水秀**”(shānqīng-shuǐxiù)

山清水秀　**shānqīng-shuǐxiù**
并列 山紫水明;風景の美しいことの形容。風光明媚(めいび)。“**山明水秀**”(shānmíng-shuǐxiù)とも。

山穷水尽　**shānqióng-shuǐjìn**
并列 山窮まり水尽く;行き着くところまで行く。行き詰まる。絶体絶命である。¶ **因为挥霍无度，他最终走到了～的地步**。浪費の限りを尽くしたために，彼はついににっちもさっちもいかなくなってしまった。

山珍海味　**shānzhēn-hǎiwèi**
并列 山海の珍味;海や山でとれる珍しい食べ物。海の幸山の幸。“**山珍海错**”(shānzhēn-hǎicuò)とも。

删繁就简　**shānfán-jiùjiǎn**
连动 繁を刪(けず)り簡に就く;よけいな文字や記述を削って簡潔なものにする。¶ **教材要～**。教材は複雑な所を削って簡潔でなければならない。

姗姗来迟　**shānshān-láichí**
状中 ゆっくりやってくる;わざと目立つように遅れてくる。“**姗姗**”はゆっくり歩くさま。¶ **大家都按时到了，就是她一个人～**。みんな時間どおりに来たのに，彼女一人だけがのんびりと遅れて来た。

煽风点火　**shānfēng-diǎnhuǒ**
并列 人を唆して悪事をはたらかせる;扇動する。たきつける。¶ **我们终于查出了在背后～的坏家伙**。我々はついに背後でたきつけている悪党を見つけ出した。

闪烁其辞　**shǎnshuò-qící**
动宾 ことばを濁して本当のことを言わない;問題点を避ける。はぐらかす。口を濁す。本筋を外す。煙(けむ)に巻く。“**闪烁**”は光がちらちらする。転じて，ことばをはぐらかすこと。

善罢甘休　**shànbà-gānxiū**
并列 うまくやめてあっさり引き下がる;何もしないでそのまま手を引く。多く否定表現を伴って“**不能善罢甘休**”(おいそれと引き下がれない)，“**决不善罢甘休**”(決してこのまま引き下がりはしない)などのように用いる。“**善**”“**甘**”は共に上手に，やすやすと。

善男信女　**shànnán-xìnnǚ**
并列 善男善女;仏法に帰依した人，また信仰の厚い人。

善始善终　**shànshǐ-shànzhōng**
并列 初めから終わりまできちんとやりとげる;終始最善を尽くす。首尾を全うする。また，始めよければ終わりよしの意にも。¶ **做任何工作都要～**。いかなる仕事も終始最善を尽くさなければならない。

shang

伤风败俗　shāngfēng-bàisú
并列 風紀を乱し良俗を損なう。¶ **封建社会把男女间正当的恋爱看成是～的事。**封建社会は男女のまじめな恋愛を風紀を乱すものと見なした。

伤天害理　shāngtiān-hàilǐ
并列 天の理に背く;行いが残忍であること。良心のかけらもない。¶ **～的行为。**天理にもとる行為。

赏心悦目　shǎngxīn-yuèmù
并列 心を喜ばせ目を楽しませる;美しい風景についていう。

上下其手　shàngxià-qíshǒu
动宾 あの手この手を使って悪事をたくらむ;手練手管を弄ぶ。

上行下效　shàngxíng-xiàxiào
假设 上行えば下倣(なら)う;上の者のすることを下の者がまねる。多くは悪事について。

shao

稍纵即逝　shāozòng-jíshì
假设 ちょっと油断すると過ぎ去ってしまう;(時間や機会が)あっという間に過ぎ去ることをいう。"纵"は手を緩める。"逝"は過ぎ去る。¶ **光阴～,我们应当分秒必争。**時は瞬く間に過ぎ去るから,我々は寸暇もむだに費してはならない。

少安毋躁　shǎo'ān-wúzào
并列 しばらく落ち着いてじっとしていなさい;焦らずにしばらく辛抱しているように。"毋"は"无"とも。…するなかれ,…してはいけない。"躁"は焦る,慌てる。

少见多怪　shǎojiàn-duōguài
因果 見聞の狭い人は何を見ても珍しがる。¶ **这是个很普通的化学反应,你干吗那么～?** これはごくありふれた化学反応に過ぎないのに,君はどうしてそんなに不思議がるのかね。

少不更事　shào-bùgēngshì
补充 若くて経験が浅い;若くて世間知らずである。注"少"は shào,年が若い。"更"は gēng,経る,経験する。

she

舌敝唇焦　shébì-chúnjiāo
并列 舌破れ唇乾く;口を酸っぱくして言う。"敝"は破れる。"焦"は乾く。¶ **亲戚本家都说得～,他硬是不听。**親類縁者が口を酸っぱくして説得したが,彼はどうしても聞き入れようとしない。

舌剑唇枪　shéjiàn-chúnqiāng
并列 舌端火を吐く。☞"唇枪舌剑"(chúnqiāng-shéjiàn)

舍本逐末　shěběn-zhúmò
并列 本(もと)を捨てて末を逐(お)う;根本を忘れて枝葉末節に気を取られる。本末を転倒する。"舍"は捨てる,放棄する。"逐"は追う,追い求める。¶ **只重形式而不注意内容是～。**形式のみを重んじて内容に注意しないのは,本末転倒である。

舍己救人　shějǐ-jiùrén
连动 己を捨てて人を救う;身を犠牲にして人を助ける。

舍己为公　shějǐ-wèigōng
连动 己を捨てて公のために尽くす;個人の得失を忘れて公共のために尽くす。

舍己为人　shějǐ-wèirén
连动 己を捨てて人に尽くす;自分のことは顧みずに他人のために役立とうとする。¶ **他～的高尚品格值得我们学习。**彼のひたすら人に尽くす高潔な精神に我々は学ばなければならない。

舍近求远　shějìn-qiúyuǎn
并列 近きを捨て遠きを求む;わざわざ迂遠(うえん)な方法をとる。回り道をする。"舍近图远"(shějìn-túyuǎn)とも。¶ **这种日用品本地就生产,何必～**

S

到外地去采购呢！この種の日用品は当地で生産しているのに，それをほっておいてなにもよそから買い付けることはなかろうに。

舍生取义　shěshēng-qǔyì
連动 命を捨てて義を取る；正義のために生命を投げ出す。

设身处地　shèshēnchǔdì
兼语 相手の立場に身を置く；人の身になる。¶ **～为他人着想。**他人の身になって考える。

shen

身败名裂　shēnbài-mínglìe
并列 身敗れ名裂かる；地位も名誉も失う。

身不由己　shēn-bùyóujǐ
主谓 身が思うに任せない；体が自分の思いどおりにならない。"**身不由主**"(shēn-bùyóuzhǔ)とも。¶ **她只觉一阵头晕，就～地倒在了地上。**彼女はちょっとめまいがしたかと思うと，体がいうことをきかずそのまま地面に倒れてしまった。

身价百倍　shēnjià-bǎibèi
主谓 身価百倍す；名誉や地位が急に上昇する。一躍有名になる。多く《貶》。

身临其境　shēn-línqíjìng
主谓 その場に身を置く。¶ **这篇报道写得具体生动，使人看了有～的感觉。**この報道は具体的でいきいきと書かれており，読む者をまるでその場にいるような気にさせる。

身体力行　shēntǐ-lìxíng
并列 自ら体験し努めて行う；実践躬行(きゅうこう)する。¶ **他不仅出主意，想办法，而且～，参加实际工作。**彼は考えを出し，方策を練っただけでなしに，身をもって実際の仕事に加わった。

身外之物　shēnwàizhīwù
定中 体以外の物；多く地位・名誉・財産などを指す。¶ **金钱是～。**金銭など重んじるに足りない。

身先士卒　shēn-xiānshìzú
主谓 自ら兵士の先に立つ；指導者が大衆の先頭に立って率いる。¶ **～，冲锋陷阵。**自ら兵士の先頭に立ち，突撃して敵陣を陥れる。

深不可测　shēn-bùkěcè
补充 深くて測りようがない；難しくて推し量ることができない。推測し難い。

深藏若虚　shēncáng-ruòxū
补充 深く蔵して虚しきがごとし；深くしまい込んで，有るようには見えない。真の知識・才能を持っている人は人前でやたらにひけらかそうとしないことのたとえ。能ある鷹(たか)は爪を隠す。

深仇大恨　shēnchóu-dàhèn
并列 深い恨みと大きな憎しみ。¶ **这～早晚要报。**この深い恨みはいずれは晴らさねば。

深居简出　shēnjū-jiǎnchū
并列 家に閉じ込もってめったに外に出ない。"**简**"は少ない，めったに…しない。

深谋远虑　shēnmóu-yuǎnlǜ
并列 深謀遠慮；深く考えを巡らせ，遠い先のことをも考えて計画を練ること。深慮遠謀。¶ **作为一个领导人应当～，不能只顾眼前。**指導者たる者は当然遠い先の見通しがなければならず，ただ目先のことだけを考えているようではだめだ。

深情厚谊　shēnqíng-hòuyì
并列 深く厚い情誼。

深入浅出　shēnrù-qiǎnchū
并列 深く掘り下げて平易に表現する；内容は奥深いが，表現はわかりやすいこと。¶ **王老师讲课～，很受同学们的欢迎。**王先生の授業は深い内容を平易に説くので，学生たちにとても人気がある。

深思熟虑　shēnsī-shúlǜ
并列 深くじっくりと考える；熟慮・熟

考する。¶**这是经过～才作出的决定。**これはとくと考えたうえでの決定だ。

深文周纳　**shēnwén-zhōunà**

连动 法律を厳しくして，巧みに人を罪に陥れる；無理やりに罪をかぶせる。“深文”は厳しく条文を定める。“周纳”は巧みに人に罪をかぶせる。

深恶痛绝　**shēnwù-tòngjué**

并列 ひどく忌み嫌う；憎悪する。“深恶”はひどく嫌う。“痛绝”は激しく憎む。¶**他对以权谋私的行为～。**彼は権力を利用して私利を謀る行為をひどく憎悪する。

神采奕奕　**shéncǎi-yìyì**

主调 表情が生き生きしている；元気があふれているさま。“神采”は顔の表情。“奕奕”は元気あふれるさま。¶**老校长～地登上讲台。**老学長は元気あふれる表情で演台に上った。

神差鬼使　**shénchāi-guǐshǐ**

并列 まったく予期しない結果に出合うこと。☞“鬼使神差”(guǐshǐ-shénchāi)

神出鬼没　**shénchū-guǐmò**

并列 神出鬼没；自由自在に出没し，その所在が測り知れないこと。“没”は mò，没する，隠れる。

神工鬼斧　**shéngōng-guǐfǔ**

并列 入神の技。☞“鬼斧神工”(guǐfǔ-shéngōng)

神乎其神　**shénhū-qíshén**

补充 極めて神秘的なさま；世にも不思議である。“神”は神妙な。“乎”は，文語の語気詞。¶**小赵真会说活，平平常常一件事，他都能说得～。**趙さんは話術がじつに巧みで，ごくありふれた出来事を，摩可不思議な話に仕立ててしまう。

神魂颠倒　**shénhún-diāndǎo**

主调 気が転倒する；魅せられて心を奪われる。魂が抜ける。¶**听了她的歌唱，无不～。**彼女の歌を聞いて，とりこにならない者はない。

神机妙算　**shénjī-miàosuàn**

并列 計り知ることのできない妙算；巧みなはかりごと。巧妙な策略。

神使鬼差　**shénshǐ-guǐchāi**

并列 まったく予期しない結果に出会うこと。☞“鬼使神差”(guǐshǐ-shénchāi)

神思恍惚　**shénsī-huǎnghū**

主调 気が抜けてぼんやりする；茫然(ぼうぜん)自失する。恍惚(こうこつ)状態に陥る。“神思”は精神，気分。“恍惚”はぼんやりしているさま。¶**这个突然打击使他～，日渐消瘦。**この突然の打撃に彼はすっかり取り乱し，日ましに痩せ細っていった。

神通广大　**shéntōng-guǎngdà**

主调 広く神通力が及ぶ；すばらしい能力を有している。大した腕前である。《風》

审时度势　**shěnshí-duóshì**

并列 よく時勢を見極める。“审”は調べる。“度”は duó，推し量る。

甚嚣尘上　**shènxiāo-chénshàng**

补充 人々の声が騒がしく，ほこりが舞い上がる；軍隊が出動の準備に忙しい形容。転じて，(うわさなどで)世間が騒々しいことのたとえ。議論紛々たるさま。“嚣”は騒がしい，かまびすしい。

sheng

升堂入室　**shēngtáng-rùshì**

连动 堂に昇り室に入る；学問や芸術が次第に最高の域に進み至るたとえ。“堂”は表座敷。“室”は奥の間。“登堂入室”(dēngtáng-rùshì)とも。

生搬硬套　**shēngbān-yìngtào**

并列 無理やりに当てはめる；他人の経験や方法をそのままうのみにする。¶**学习外国经验不能～，要结合本国的实际情况。**外国の経験に学ぶには，そのまま無理やりに当てはめるのではなく，自国での実際の状況と結び付けなければならない。

S

生拉硬拽　shēnglā-yìngzhuài
并列 むりやりに引っ張って自分の意に従わせること。また，むりやりにこじつけること。牽強付会する。“**生拉硬扯**”(shēnglā-yìngchě)とも。

生离死别　shēnglí-sǐbié
并列 生き別れと死に別れ；再会を期し難い別れ。永遠の別れ。

生灵涂炭　shēnglíng-tútàn
主调 生霊が塗炭の苦しみに遭う；人民が非常な苦しみをなめる。“**生灵**”は人民。“**涂炭**”は泥水と炭火，転じてひどい苦しみ。

生龙活虎　shēnglóng-huóhǔ
并列（竜か虎のように）元気はつらつとしている；ぴちぴちしている。生き生きしている。¶ **这群小伙子干起活儿来～一般。**この若者たちは仕事を始めると竜虎さながら元気にあふれている。

生杀予夺　shēngshā-yǔduó
并列 生殺与奪；権勢を頼んで横暴を極め，他人の生命・財産を意のままにすること。

生死存亡　shēngsǐ-cúnwáng
并列 生死存亡；生きるか死ぬか。情勢が緊迫していることのたとえ。危急存亡。瀬戸際。

生死攸关　shēngsǐ-yōuguān
主调 生死のかかわるところ；死ぬか生きるかの瀬戸際。“**攸**”は…するところ。“**所**”に同じ。¶ **病人～。**病人は死ぬか生きるかの瀬戸際にある。

生吞活剥　shēngtūn-huóbō
并列 生きたまま呑み込み，生きたままはぎとる；（他人の理論や経験を）そのままあてはめようとする。丸ごとうのみにする。¶ **不要～地搬用外国的经验。**外国の経験を機械的にあてはめようとするのはよくない。

声东击西　shēngdōng-jīxī
对比 東に声を上げて西を撃つ；一方を攻めると言い触らしておいて他方を撃つ。陽動作戦に出る。¶ **这是敌人～，我们一定要加紧防范。**これは敵の陽動作戦だ，われわれは一層警戒を強めなければならない。

声泪俱下　shēnglèi-jùxià
主调 声涙ともに下る；涙ながらに訴えるさま。¶ **慷慨陈词，～。**激越な口調で，涙ながらに訴える。

声名狼藉　shēngmíng-lángjí
主调 名声地を掃う；評判ががた落ちする。名声地に落つ。“**狼藉**”はひどく乱れているさま。

声情并茂　shēngqíng-bìngmào
主调（芝居で）声もよいし情もこもっている；のどもよいし演技もうまい。

声色俱厉　shēngsè-jùlì
主调 声色を励ます；声と表情を共に厳しくする。¶ **孩子做了错事，要耐心教育，不要～地训斥他。**子供が過ちを犯したら，辛抱強く教育すべきであって，声を荒らげ，こわい顔で叱りつけるのはよくない。

声势浩大　shēngshì-hàodà
主调 勢いが盛んである；威勢がよい。¶ **举行～的群众示威游行。**勢い盛んな大衆デモを行う。

声嘶力竭　shēngsī-lìjié
并列 声枯れ力尽く；あらん限りの声を出す。声を限りに。“**嘶**”は声がかすれる。“**竭**”は尽きる。“**力竭声嘶**”(lìjié-shēngsī)とも。¶ **地势越来越高，汽车～地吼叫着往上爬。**地勢がいよいよ険しくなり，車は激しいうなりを発しながら上り続けた。

胜任愉快　shèngrèn-yúkuài
并列 その任に堪えて満足のいく成果を挙げることができる；はまり役である。¶ **他有丰富的教学经验，教这门课是能～的。**彼は豊かな教学経験を有しているので，この科目を教えるにはうってつけである。

盛气凌人　shèngqì-língrén
主调 盛気人を凌ぐ；人を頭ごなしに

S

抑えつける。威張り散らす。¶**他为人谦和，从不～。**彼は謙虚な人物で，人を抑えつけたことなどない。

shi

尸位素餐　shīwèi-sùcān
并列 いたずらに禄(ろく)を食(は)む；禄を盗む。むだめしを食う。“**尸位**”はその地位にありながら仕事をしない。“**素餐**”は働かずに飯を食う。¶**旧官僚大都是些～的寄生虫。**旧時の官僚はたいていはいたずらに禄を食む寄生虫であった。

失道寡助　shīdào-guǎzhù
条件 道理に背けば助けを得られない。¶**得道多助，～。**道理にかなえば助けを得られるが，道理に背けば助けを得られない。『孟子』公孫丑・下。

失魂落魄　shīhún-luòpò
并列 肝を潰す；心を取り乱したり，慌てふためいたりするさま。たまげる。¶**你怎么啦，整天～的样子？**いったいどうしたんだい，一日中魂が抜けたような様子をして。

失之交臂　shīzhī-jiāobì
补充 擦れ違っていながら機会を逸す。“**交臂**”は腕と腕とが触れ合う。¶**机会难得，幸勿～。**得がたい機会だから，むだにすることのないように。

师出无名　shīchū-wúmíng
主调 師出づるに名(めい)なし；正当な理由なしに兵を出す。“**师**”は軍隊。義にかなわない戦をする。また，正当な理由なしに事を行う意にも。¶**～，士气低落。**出兵に正当な理由がなく，士気が上がらない。

诗情画意　shīqíng-huàyì
并列 詩情と画趣；(風景が)まるで詩か絵のように美しいこと。¶**富于～。**詩情・画趣に富む。

十恶不赦　shí'è-bùshè
主调 十悪赦(ゆる)すべからず；許すことのできない数々の大罪を犯している。

十拿九稳　shíná-jiǔwěn
并列 十分見込みがあって確実なこと；自信たっぷりなこと。“**十拿九准**”(shíná-jiǔzhǔn)とも。¶**他做这件事～，肯定能办好。**彼はこの事に十分自信があり，きっとみごとに成し遂げるだろう。

十年寒窗　shínián-hánchuāng
定中 長い間書斎に閉じ込もり，勉学にいそしむことをいう。“**十年**”は長い年月。“**寒窗**”は寒々とした書斎。

十全十美　shíquán-shíměi
并列 完全無欠である；まったく欠点がない。非の打ち所がない。¶**世界上～的人是没有的。**世の中に完全無欠な人など存在しない。

十室九空　shíshì-jiǔkōng
主调 十軒のうち九軒は空き家である；(死ぬ者は死に逃げる者は逃げて)すっかり荒れ果てたさま。¶**临解放时，这个地区被敌人破坏得～。**解放時，この地区は敵に破壊されて荒廃しきっていた。

十万火急　shíwàn-huǒjí
状中 火急を要する；大急ぎでしなければならないことをいう。多く電報や公文書に用いる。¶**情况～。**事態は急を要する。

十字街头　shízì-jiētóu
定中 十字路；四つ辻。繁華街。転じて，分岐点。また，世間，現実社会の意にも。ちまた。巷間。

石沉大海　shí-chéndàhǎi
主调 石が大海に沈む；何の音沙汰もないことをいう。梨(なし)のつぶて。¶**他一连写了几封信，都如～，不见回音。**彼は続けて数通の手紙を書いたが，いずれも梨のつぶてで，返事がなかった。

石破天惊　shípò-tiānjīng
并列 (妙《たえ》なる楽器の音に)石破れ天驚く；(文章や議論が)すこぶる奇抜で人を驚かせることのたとえ。

S

时不我待　**shí-bùwǒdài**

主调 歳月人を待たず;歳月は人の都合にかかわりなく刻々に過ぎ去ってゆく。注“**不我待**”は,否定詞“**不**”を用いたために,客語の“**我**”が動詞“**待**”の前に出たもの。¶**任务紧迫,～**。任務が差し迫っていて,一刻の猶予も許されない。

时过境迁　**shíguò-jìngqiān**

并列 時がたち状況が変化する。

实事求是　**shíshì-qiúshì**

状中 実事求是;実際の対象から出発して,その発展の規則性を探求し,事物の本質を認識すること。また,実際に即して事を行うこと。¶**说话要～,不能夸大其词**。話は実際に即したものでなければならず,大げさに誇張してはならない。

拾金不昧　**shíjīn-bùmèi**

连动 金を拾ってもごまかさない;拾得物を隠匿(いんとく)しない。猫ばばしない。“**昧**”は隠す,ごまかす。

拾人牙慧　**shí-rényáhuì**

动宾 他人のことばや意見をそのまま自分のものとして用いる;剽窃(ひょうせつ)したり受け売りしたりすること。

食不甘味　**shí-bùgānwèi**

主调 食べてもうまくない;悩みや不安があって食事の味がわからない。“**甘**”はうまい。¶**～,寝不安席**。飯も喉を通らず,夜もおちおち眠れない。

食古不化　**shígǔ-bùhuà**

补充 古い物を学んで消化できない;学んだ古い事を現在に活かすことができない。¶**研究古书,切忌～**。古書を研究するには,それをうのみにして消化不良を起こさないようにしなければならない。

食言而肥　**shíyán'érféi**

承接 言を食らいて肥ゆ;約束を守らないで自分の利益ばかり求める。“**食言**”は前に言った事を口の中にしまう意。

史无前例　**shǐ-wúqiánlì**

主调 史上空前;歴史に前例がない。未曾有(みぞう)の事である。¶**我们的事业是～的**。われわれの事業はこれまでに例のないものだ。

矢口抵赖　**shǐkǒu-dǐlài**

状中 口をつぐんで否認する;あくまでもしらをきる。“**矢口**”はかたく口を閉ざす。“**抵赖**”は言い逃れする。¶**人证物证俱在,他竟～**。人証も物証もそろっているのに,彼は頑として認めようとしない。

矢口否认　**shǐkǒu-fǒurèn**

状中 固く否認する;頑として口を割らない。

始终不懈　**shǐzhōng-bùxiè**

状中 始めから終わりまで気を緩めない;倦まずたゆまず。終始一貫して。“**懈**”はたゆむ,怠ける。

始终不渝　**shǐzhōng-bùyú**

状中 始めから終わりまで態度を変えない;終始一貫している。“**渝**”は変わる,変える。

始作俑者　**shǐzuòyǒng-zhě**

定中 初めて俑(よう)を作った人;悪い風習を作り出した人,悪例を開いた人のたとえ。“**俑**”は素焼の人形。殉葬の代わりに用いた。孔子は俑を死者とともに埋葬する習慣を憎んで,“**始作俑者,其无后乎**”(始めて俑を作った者は,その子孫は断絶したであろう)と言ったと伝えられる。『孟子』梁恵王・上。

世态炎凉　**shìtài-yánliáng**

主调 人情の移ろいやすい形容;(人と人とのありさまは)羽振りのよい時は近づくが,一度衰えると急によそよそしくなることのたとえ。“**炎**”は近寄ること,“**凉**”は離れること。人情紙のごとし。

世外桃源　**shìwài-táoyuán**

定中 俗世間と隔絶した別天地;桃源郷。ユートピア。“**桃源**”は桃林の中を流れる谷川の源。晋の陶淵明の『桃花源記』に俗界から忘れられた平和な別天地として描かれている。

势不可当 **shì-bùkědāng**

主调 勢い当たるべからず；勢いが激しくとても阻みようがない。滔天(とうてん)の勢い。日の出の勢い。“**势不可挡**”(shì-bùkědǎng)とも。

势不两立 **shì-bùliǎnglì**

主调 勢い並び立たず；成り行きから見てとても両立できそうにない。二つながら立たず。¶ **他们俩～**。あのふたりは並び立つことができない。

势均力敌 **shìjūn-lìdí**

并列 力が伯仲している。“**敌**”は釣り合う，匹敵する。¶ **今天这场足球赛，双方～，结果一比一，踢成平局**。きょうのサッカーの試合は，双方の力が伯仲していて，結果は1対1の引き分けであった。

势如破竹 **shì-rúpòzhú**

主调 破竹の勢い；(竹は最初の一節に割れ目を入れると一挙に割れていくところから)勢いが盛んで，抑え難いこと。激しい勢いで進撃し，次々と勝利を収めていくこと。

势在必行 **shì-zàibìxíng**

主调 勢いから見て必ず行われなければならない；避けて通るわけにはいかない。¶ **～的各种改革**。必ずやらなければならない各種の改革。

事半功倍 **shìbàn-gōngbèi**

转折 事半ばにして功倍す；労力は半分で倍の効果を挙げる。¶ **方法正确，才能起到～的效果**。方法が正しくて，はじめて少ない労力で大きな成果を挙げることができる。

事倍功半 **shìbèi-gōngbàn**

转折 倍の労力を費して半分しか成果が得られない；労多くして功少なし。

事出有因 **shìchū-yǒuyīn**

主调 事が起こるには原因がある；事にはよってきたるところがある。¶ **群众对你有意见，确实是～**。皆が君に対して不満を持っているのは，確かにゆえあってのことだ。

事过境迁 **shìguò-jìngqiān**

并列 事は過ぎ去り状況も変わっている；客観情勢がすでに変わっていることをいう。

事与愿违 **shì-yǔyuànwéi**

主调 事，志と違(たが)う；意図したとおりに事が運ばなかったことをいう。¶ **只凭主观想象办事，必然会～**。主観的想像のみによって事を行えば，きっと意図したところとは違った結果が生まれる。

事在人为 **shì-zàirénwéi**

主调 事が成るかどうかはやる人いかんによる；事の成否はやる人の努力次第である。

视而不见 **shì'érbùjiàn**

转折 視(み)れども見えず；見ていながら気が付かないこと。また，そのふりをすること。¶ **对于工作中的缺点，我们不应～**。仕事の中での欠点に対して，目をつぶって見ないふりをするのはよくない。¶ **心不在焉，～，听而不闻**。心ここにあらざれば，視れども見えず，聴けども聞こえず。『四書』の一つ『大学』に見える語。

视如敝屣 **shì-rúbìxǐ**

动宾 弊履(へいり)のごとく見なす；まるで破れた履き物のように粗末に扱う。非常に軽視することのたとえ。

视若无睹 **shì-ruòwúdǔ**

补充 見て見ぬふりをする；物事に少しも関心を示さない。“**睹**”は見る，目に入る。¶ **对浪费现象不能～**。浪費現象に対しては見て見ぬふりをしているわけにはいかない。

视死如归 **shìsǐ-rúguī**

补充 死を見ること帰するがごとし；死ぬことをまるで自分の家に帰ることのように思っている。死ぬことを正義のために少しも恐れないさま。

视同儿戏　**shì-tóng'érxì**
动宾 まるで子供の戯れのように扱う；児戯視する。“视同”は，…と見なす。¶**这次任务非常重要，决不可～。**今回の任務はとても重要だから，決してあなどってはならない。

拭目以待　**shìmù-yǐdài**
状中 刮目(かつもく)して待つ；目をこすりよく見開いて待つ。事の実現を切に望むこと。また，実現を確信すること。期待の眼で見る。

适得其反　**shìdé-qífǎn**
动宾 ちょうど反対になる；正反対の結果が出る。“适”はちょうど。¶**想以权势使人心服，结果总是～。**力ずくで人を服従させようとしても，結果は必ず反対になる。

适可而止　**shìkě'érzhǐ**
状中 ちょうどよいところでやめる；度が過ぎないようにする。ほどほどにしておく。¶**喝酒要～。**酒は度を越さないようにしなければならない。

恃才傲物　**shìcái-àowù**
因果 才を恃(たの)んで人を見下す。“恃”はたのむ，たよる。“物”は自分以外の人，他人。

誓死不二　**shìsǐ-bù'èr**
补充 誓って二心を抱かない；命をかけても心変わりしないと誓う。“不二”は二心がない，心変わりしない。

噬脐莫及　**shìqí-mòjí**
补充 臍(ほぞ)をかむも及ばず；（自分のへそをかもうとしても届かないように）後悔しても間に合わない。後悔先に立たず。

shou

手不释卷　**shǒu-bùshìjuàn**
主调 手から書物を放さない；勉学や読書に励むことの形容。

手到病除　**shǒudào-bìngchú**
条件 手で触れると病が治る；医術に優れていることの形容。また，広く仕事の腕がよく，問題の解決が速いことのたとえ。¶**这位外科医生经验丰富，真是～。**この外科医は経験が豊富で，本当に優れた腕をしている。

手疾眼快　**shǒují-yǎnkuài**
并列 手が早くて目が敏(さと)い；動作が敏捷で機転が利く。“眼疾手快”（yǎnjí-shǒukuài）とも。

手忙脚乱　**shǒumáng-jiǎoluàn**
并列 てんてこまいする；あわてうろたえる。¶**在那紧张的时刻，他没有～，而是从容不迫。**その息詰まりそうな時に，彼は少しも取り乱さず，かえって落ち着きはらっていた。

手无寸铁　**shǒu-wúcùntiě**
主调 身に寸鉄も帯びず；何の武器も持たない。“寸铁”は小さな刃物。

手舞足蹈　**shǒuwǔ-zúdǎo**
并列 手舞い足躍る；躍り上がって喜ぶ。小躍りする。

手足无措　**shǒuzú-wúcuò**
主调 手足措(お)く所なし；手足の置き所がない。手の下しようがない。

守口如瓶　**shǒukǒu-rúpíng**
主调 口を守ること瓶(かめ)のごとし；固く秘密を守り，他に漏らさない。¶**关于他们之间的秘密，他一直～。**彼らの間の秘密について，彼はこれまでずっと口をつぐんできた。

守株待兔　**shǒuzhū-dàitù**
连动 株(かぶ・くいぜ)を守りて兎を待つ；労せずしてうまい事にありつこうとすること。転じて，旧習にこだわって融通が利かないことのたとえにも。守株。株を守る。宋の国の農夫が急に飛び出してきた一匹の兎が切り株にぶつかって死んだのを見て，農作業をやめ，株のそばで兎がまた飛び出してくるのを待ち続けたという故事から。『韓非子』五蠹。

首当其冲　**shǒudāng-qíchōng**
动宾 真っ先に衝に当たる；最初に矢面に立つ。“冲”（衝）は要衝，要所。

首屈一指　shǒuqū-yīzhǐ
动宾 最初に指を屈する；(指折り数える場合に)最初に数えられる。第一番である。ぬきんでている。¶ **这个厂生产的手表在国内是～的。**この工場の腕時計は国内でいちばんよい。

首鼠两端　shǒushǔ-liǎngduān
状中 首鼠(しゅそ)両端；(どうしたらよいか迷って)いずれとも決めかねること，態度を決しかねることのたとえ。心がふらつく。“**首鼠**”はためらうさま，ちゅうちょするさま。注“**首鼠**”を穴から首を出して外の様子を窺う鼠とするのは俗解。¶ **在这一问题上，你不能～。**この問題に関して，君はどっちつかずの態度をとることは許されない。

寿比南山　shòu-bǐnánshān
主谓 寿(よわい)は南山のごとし；長寿を祝う語。“**寿**”は寿命。“**南山**”は終南山。長安(西安)の南にある。¶ **福如东海，～。**福は東海のごとく，寿は南山のごとし。

寿终正寝　shòu-zhōngzhèngqǐn
补充 母屋で寿命を終える；天寿を全うする。畳の上で死ぬ。転じて，事物が消滅するたとえ。多く《風》。おだぶつする。“**正寝**”は正屋。人が死ぬと正屋に安置した。¶ **那个脱离实际的方案，只能落个～的下场。**その現実離れした案は，めでたく葬り去られるしかなかった。

受宠若惊　shòuchǒng-ruòjīng
补充 身に余る賞賛·寵愛を受けて，かえって驚く；うれしくもあり不安でもある。¶ **听了这番话，他感到～。**この話を聞いて，彼は過分のほめことばにかえって戸惑いを覚えた。

shu

殊途同归　shūtú-tóngguī
转折 異なる道を行き同じ目的地に着く；異なる方法で同じ結果を得る。

熟能生巧　shú-néngshēngqiǎo
主谓 熟練すれば上手になる；習うより慣れろ。好きこそ物の上手なれ。¶ **外语要天天讲，～。**外国語は毎日話し，習うより慣れろで行かなければならない。

熟视无睹　shúshì-wúdǔ
转折 よく見ていても関心がなければ見ていないのと同じである。また，よく見ていながら見ぬふりをする。“**无睹**”は見ない，目に入らない。¶ **对坏人坏事绝对不能～。**悪人や悪事に対しては絶対にこれを見過ごしてはならない。

蜀犬吠日　shǔquǎn-fèirì
主谓 蜀犬日に吠(ほ)ゆ；蜀の地は霧が深いので，そこの犬はたまに日が出ると驚いて吠えだす。見聞の狭い者が何でも珍しがるのを風刺していう。“**蜀**”は四川省成都一帯。

鼠肚鸡肠　shǔdù-jīcháng
并列 (鼠か鶏のように)度量が狭い。☞“**小肚鸡肠**”(xiǎodù-jīcháng)

鼠目寸光　shǔmù-cùnguāng
主谓 鼠のように近くしか見えない；物の見方が極めて狭いことのたとえ。目先の事しか見えない。視野が狭い。近視眼的である。

鼠窃狗盗　shǔqiè-gǒudào
并列 鼠や犬のようにこそこそと物を盗む；こそ泥をはたらく。“**鼠窃狗偷**”(shǔqiè-gǒutōu)とも。

数典忘祖　shǔdiǎn-wàngzǔ
转折 典を数えて祖を忘る；物事の根本·根元を忘れておろそかにすることのたとえ。また，自国の歴史に無知なことのたとえにも。“**数**”は数え上げる。“**典**”は典籍，典故。春秋時代，晋の大夫籍談が周室に使いした際，史官の家に生まれ記録をつかさどっていながら，自分の祖先のことは忘れていることをそしられた故事から。『左伝』昭公十五年。

S

数一数二　**shǔyī-shǔ'èr**
并列 一二に数えられる;際立っている。指折りである。¶ **他是我们这儿~的好大夫。**彼はここでは一二に数えられるよい医者だ。

束手待毙　**shùshǒu-dàibì**
状中 手をこまぬいて死を待つ;座して死を待つ。"束"は縛る,束ねる。"毙"は死ぬ。¶ **那也不能就此~呀。**だからといって,このまま何もしないでいるわけにはいかないだろう。

束手就擒　**shùshǒu-jiùqín**
状中 おとなしく縛(ばく)に就く;手向かわないで捕らえられる。

束手束脚　**shùshǒu-shùjiǎo**
并列 手足を縛られたかのよう;あれこれ考えて動きがとれないさま。¶ **要大胆开展工作,不要~。**あれこれためらっていないで,思い切って大胆に仕事を展開すべきだ。

束手无策　**shùshǒu-wúcè**
状中 なす術(すべ)を知らない;手の施しようがない。お手上げである。¶ **平时不认真学习,考试就会~。**平素からまじめに勉強をしておかなければ,試験はお手上げになるだろう。

束之高阁　**shùzhī-gāogé**
动宾 高閣に束(つか)ぬ;高い棚(たな)に束(たば)ねて放り上げておく。(書物などを)放置して活用しないことのたとえ。¶ **请不要把这件事~。**どうかこの件を棚上げにしてしまわないでください。

树碑立传　**shùbēi-lìzhuàn**
并列 碑を立て伝を作る;石碑に刻んだり伝記にしたりして後世に残す。策を講じて個人の威信や名誉を高めようとする。《貶》

树大招风　**shùdà-zhāofēng**
条件 樹が大きければ風を受けやすい;地位や名声を得ると,風当たりも強くなり,ねたまれやすい。喬木(きょうぼく)風に折らる。出る杭は打たれる。

shuang

双管齐下　**shuāngguǎn-qíxià**
主谓 (絵を描く時に)二本の筆を同時に用いる;同時に二つの方法をとったり二つの事を進めたりすることのたとえ。同時進行。唐代の画家張璪(ちょうそう)が松を描くのに,二本の絵筆を手にし,片方で生きた枝を描き,もう一方で枯れた枝を描いたという故事から。宋·郭若虚『図画見聞志』。

shui

水到渠成　**shuǐdào-qúchéng**
条件 水到(いた)りて渠(きょ)成る;条件が熟すると事は自然に成るということのたとえ。"渠"は水路。¶ ~,**着急也无用。**時が来ればうまくいくさ,慌ててもしかたがない。

水滴石穿　**shuǐdī-shíchuān**
因果 点滴石をも穿(うが)つ;小さな努力でも,長い時間をかけて根気よく続けると大きな事を成し遂げることができる。雨垂れ石を穿つ。"**滴水穿石**"(dīshuǐ-chuānshí)とも。

水火无情　**shuǐhuǒ-wúqíng**
主谓 水火に情なし;水害と火災は容赦なく襲ってくる。

水落石出　**shuǐluò-shíchū**
承接 水落ち石出(い)づ;(冬になり水位が下がると自然に石が露出してくるように)事の真相がはっきりすることをいう。¶ **我们一定调查这件事,非弄个~不可。**われわれは必ずこの件を調査し,真相を洗い出さなければならない。

水清无鱼　**shuǐqīng-wúyú**
条件 水清ければ魚棲(す)まず;人格が清廉すぎると,かえって人から親しまれない。

水乳交融　**shuǐrǔ-jiāoróng**
主谓 水と乳が一つに溶け合う;思想や感情が溶け合うこと,意見がぴったり一致するということのたとえ。“交融”は溶け合う。

水深火热　shuǐshēn-huórè
并列 水深く火熱し；(水におぼれ火に焼かれるように)庶民の生活が悲惨を極めることをたとえる。塗炭の苦しみをなめる。

水泄不通　shuǐ-xièbùtōng
主谓 水も漏らさぬ；非常に込み合っていることの形容。立錐(りっすい)の余地もない。また，警戒の極めて厳重なことの形容。蟻(あり)のはい出る隙もない。¶ **屋里挤得～**。部屋は込み合って立錐(りっすい)の余地もない。

水性杨花　shuǐxìng-yánghuā
并列 (定まりのない水の流れや風に従って揺れ動く柳の花のように)女性が浮気っぽいことのたとえ；水性(みずしょう)である。

水长船高　shuǐzhǎng-chuángāo
条件 水位が高くなれば船の位置も自然に高くなる。☞“**水涨船高**”(shuǐzhǎng-chuángāo)

水涨船高　shuǐzhǎng-chuángāo
条件 水位が高くなれば船の位置も自然に高くなる；土台や基礎になっている物が上がれば，その上にある物も自然に上がる。周りの者が向上すれば自分も向上する。“**水长船高**”(shuǐzhǎng-chuángāo)とも。

水中捞月　shuǐzhōng-lāoyuè
状中 水中に月をすくう。☞“**海底捞月**”(hǎidǐ-lāoyuè)

shun

吮痈舐痔　shǔnyōng-shìzhì
并列 瘍(よう)を吸い痔(じ)をなむ；手段を選ばず人に取り入ることのたとえ。

顺风转舵　shùnfēng-zhuǎnduò
状中 風向きに従って舵(かじ)を切る；その時の情勢に合わせて態度を変える。《貶》。“**随风转舵**”(suífēng-zhuǎnduò)とも。

顺理成章　shùnlǐ-chéngzhāng
并列 理に従い章を成す；文章が筋道にかなっていること，仕事が秩序立っていることなどのたとえ。

顺手牵羊　shùnshǒu-qiānyáng
状中 ついでに羊を引いて行く；その場にあったものを無断で持ち去ることのたとえ。行きがけの駄賃。“**顺手**”は手の動くままに，手当たり次第に。¶ **讲义放在桌上，不知被谁～拿去看了**。プリントは机の上に置いておいたら，知らぬ間に誰かに持ち去られて見られてしまった。

顺水推舟　shùnshuǐ-tuīzhōu
状中 流れに従って船を進める；成り行きを見て事を運ぶ。場当たり的に事を行う。¶ **大家都同意了，小陈～也表示赞成**。皆が賛成したので，陳さんも成り行き任せに賛成した。

顺藤摸瓜　shùnténg-mōguā
状中 蔓(つる)をたぐって瓜(うり)を探る；何かを手がかりにして本質を探る。筋道に従って物事を理解する。

瞬息万变　shùnxī-wànbiàn
状中 わずかの間に多くの変化が生じる；瞬く間に変わる。“**瞬**”はまばたきする。“**息**”は呼吸する。¶ **高原的气候～**。高原の気候は瞬く間に変わる。

shuo

说长道短　shuōcháng-dàoduǎn
并列 あれこれ言う；(他人の欠点などを)あげつらう。¶ **在背后～**。陰で人のことをあれこれあげつらう。

说一不二　shuōyī-bù'èr
并列 二言(にごん)はない；言ったとおりにする。二枚舌を使わない。¶ **他是个～的人，咱们大伙信得过他**。彼は一度うんと言えば必ず守る男だから，私たちはみな彼を信頼している。

铄石流金　shuòshí-liújīn
并列 石を鑠(と)かし金を流す。☞“**流金铄石**”(liújīn-shuòshí)

硕大无朋 **shuòdà-wúpéng**
补充 比べるものがないほど大きい。『詩経』唐風中の詩句。“**硕大**”は極めて大きい。“**朋**”は同類。

硕果仅存 **shuòguǒ-jǐncún**
主谓 大きな果実がわずかに枝に残っている;貴重な人や物がわずかに残っていることのたとえ。

数见不鲜 **shuòjiàn-bùxiān**
因果 何度も目にしていて珍しくもない。“**数**”は shuò, しばしば。☞“**屡见不鲜**”(lǚjiàn-bùxiān)

si

司空见惯 **sīkōng-jiànguàn**
主谓 見慣れると少しも変に思わない。“**司空**”は官職名。唐の劉禹錫(りゅううしゃく)の酒場の女を詠んだ詩句“**司空见惯浑闲事,断尽江南刺史肠**”(司空は見慣る渾閒の事,断ち尽くす江南刺史の腸—(こんな美女は)司空は見慣れていて何とも思わないかもしれないが,江南刺史の私には腸を断たれるほどの驚きである)から。¶ **这种现象已是～**。このような現象はよくあることで,もう少しも珍しくない。

丝丝入扣 **sīsī-rùkòu**
主谓 糸々簆(こう)に入る;どの糸もみな簆にはまる。文章などが非常によく整っていること,演技などがぴったりと調子が合っていること。“**扣**”は,織機の部品,簆。

思前想后 **sīqián-xiǎnghòu**
并列 (事のいきさつと成り行きを考えて)あれこれ思い悩む。

斯文扫地 **sīwén-sǎodì**
主谓 斯文(しぶん)地を払う;文化あるいはその担い手である文化人がまったく尊重されないこと。また,文化人が堕落しきること。“**斯文**”は文化,文化の担い手。

死不瞑目 **sǐ-bùmíngmù**
补充 死んでも目をつぶらない;死んでも死に切れない。転じて,容易に引き下がろうとしない,なかなかあきらめない。どこまでもねばる。

死得其所 **sǐ-déqísuǒ**
主谓 死に場所を得る;意義のある死に方をする。死に花を咲かす。

死而后已 **sǐ'érhòuyǐ**
连动 死して後已(や)む;生きているかぎり精一杯努力する。“**鞠躬尽瘁**”(jūgōng-jìncuì)参照。

死灰复燃 **sǐhuī-fùrán**
主谓 消えた灰が再び燃え出す;一度勢力を失ったものがもう一度力を得る。特に,悪勢力が息を吹き返す。

死里逃生 **sǐlǐ-táoshēng**
状中 死地を脱する;九死に一生を得る。命からがら逃げ出す。

死皮赖脸 **sǐpí-làiliǎn**
并列 面(つら)の皮が厚い;厚かましいさま。なりふり構わないさま。¶ **别～地纠缠他啦**! そうしつこく彼にまとわりつかないように。

死气沉沉 **sǐqì-chénchén**
主谓 沈滞しきっている;活気がないさま。

死去活来 **sǐqù-huólái**
并列 死んだり生きたり;ひどく打たれたり,激しく悲しんだりするさま。気を失わんばかり。¶ **哭得～**。身も世もなく泣く。

死心塌地 **sǐxīn-tādì**
并列 一途に思い込む;何もかも忘れて懸命になる。死に物狂いになる。多く《貶》。

死有余辜 **sǐ-yǒuyúgū**
转折 死んでもまだ罪が残る;罪が極めて深いことのたとえ。“**辜**”は罪,罪悪。¶ **罪大恶极**,～。罪悪が極めて大きく,死んでも償い切れない。

死于非命 **sǐyúfēimìng**
补充 非業の死を遂げる;横死する。

四分五裂 **sìfēn-wǔliè**
并列 四分五裂;ばらばらに分散する

S

こと。¶**敌人营垒内部早已～**。敵の陣営内はすでに四分五裂の状態である。

四海为家　**sìhǎi-wéijiā**

主谓 四海を家となす;天下どこにでも家があると考える。人間(じんかん)到(いた)る処(ところ)青山あり。

四面八方　**sìmiàn-bāfāng**

并列 四方八方;あらゆる方角。

四面楚歌　**sìmiàn-chǔgē**

主谓 四面楚歌;孤立無援の状態に陥ること。楚の項羽が漢の劉邦の軍隊に包囲された時,四方の軍中から楚の歌声が聞こえてくるのを聞き,楚の地がはや漢の手中に落ちたものと思って嘆いたという故事から。『史記』項羽本紀。

四平八稳　**sìpíng-bāwěn**

并列 四方八方平穏無事である;(物が)安定していること,(ことばや文章が)しっかりしていること,(仕事が)着実であることなどをいう。転じて,積極性·創造性に欠けることの形容。のんきに構えている。¶**办事～,总怕出毛病**。仕事が事無かれ主義的で,失敗を恐れてばかりいる。

四通八达　**sìtōng-bādá**

并列 四通八達である;四方八方に通じている。¶**这里交通～,非常方便**。ここは交通が四方八方に通じていて,とても便利だ。

似是而非　**sìshì'érfēi**

转折 似て非なり;見かけは似ているが,実はそうではない。えせ。まやかし。¶**他讲的道理～,经不起仔细推敲**。彼の説いている道理はいいかげんなもので,細かな検証に堪ええない。

肆无忌惮　**sì-wújìdàn**

补充 好き放題にふるまう;したい放題をする。"**肆**"はほしいままである。"**忌**"は遠慮する,"**惮**"ははばかる。¶**有些人在网上～地诽谤他人**。ネット上で好き放題に他人を誹謗(ひぼう)する人がいる。

song

耸人听闻　**sǒng-réntīngwén**

动宾 人の耳目を驚かす;(大げさなこと,ありもしないことを言って)聞く人をびっくりさせる。"**耸**"は耳をそばだてる。

sou

搜索枯肠　**sōusuǒ-kūcháng**

动宾 苦心惨憺(さんたん)する;(詩文の構想に)頭をひねる。"**枯肠**"は,知恵を絞り尽くして空っぽになった頭。¶**这篇短文是我～,花了整整一天时间才写完的**。この短い文章は私が無い知恵を絞って,まる一日かけてやっと書き上げたものだ。

su

俗不可耐　**sú-bùkěnài**

补充 俗に過ぎて我慢がならない;俗っぽくて鼻持ちならない。

夙兴夜寐　**sùxīng-yèmèi**

并列 朝早く起き,夜遅く寝る;骨身を惜しまず勤勉に働く形容。"**夙**"は朝早く,朝まだき。

肃然起敬　**sùrán-qǐjìng**

状中 粛然として襟(えり)を正す;尊敬の念に強く打たれることの形容。¶**听了他的话人们对他～**。彼の話を聴いて,人々はみな粛然と尊敬の念を抱いた。

素昧平生　**sùmèi-píngshēng**

补充 平素互いに知り合っていない;これまで付き合いがない。一面識もない。¶**我与他～,因此对于他的情况一无所知**。私は彼とふだんから付き合いがないので,彼の様子は何も知らない。

速战速决　**sùzhàn-sùjué**

连动 速戦即決する;一気に勝敗を決する。¶**咱们来个～,一个星期就把任务完成吧**。短期決戦で行って,一週間で任務を完成しよう。

suan

酸甜苦辣　**suān-tián-kǔ-là**

[并列] 酸い・甘い・苦い・辛い；人生におけるさまざまな経験をいう。酸いも甘いも。¶ **遍尝人生的～。**生涯のあらゆる苦楽をなめ尽くす。

sui

随波逐流　**suíbō-zhúliú**

[并列] 波のまにまに流れる；定見に乏しいことのたとえ。時流に従う。流れに身を任す。¶ **你怎么能毫无主见、～呢？** 自分の考えがまったくなくてどうするの，流れに身を委ねるとでも？

随风转舵　**suífēng-zhuǎnduò**

[状中] 風向きに従って舵(かじ)を切る。☞ "顺风转舵" (shùnfēng-zhuǎnduò)

随机应变　**suíjī-yìngbiàn**

[状中] 臨機応変である；時と場合に応じて適切な処置を取ること。

随声附和　**suíshēng-fùhè**

[状中] 付和雷同する；定見なく，他人の言いなりになる。¶ **对别人提出的意见，要认真考虑，不能～。**他人の出した意見には，よく検討を加え，付和雷同することのないようにしなければならない。

随乡入乡　**suíxiāng-rùxiāng**

[状中] 郷に入りては郷に従え。☞ "**入乡随俗**" (rùxiāng-suísú)

随心所欲　**suí-xīnsuǒyù**

[动宾] すべて思いのまま；何事も欲するまま。

随遇而安　**suíyù'ér'ān**

[状中] どんな環境・境遇にも安んじて適応する。

sun

损公肥私　**sǔngōng-féisī**

[并列] 公益を損ない私腹を肥やす。

损人利己　**sǔnrén-lìjǐ**

[并列] 人に害を与え己を利する；他人の迷惑を顧みず自分の利益を図る。¶ **不能做～的事。**他人の迷惑を顧みず，自分の利益ばかり考えるような事をしてはいけない。

suo

缩手缩脚　**suōshǒu-suōjiǎo**

[并列] 手足を縮こめる；(おじけづいて)手出しができない。萎縮(いしゅく)する。¶ **他工作有魄力，做事从不～的。**彼は気魄(きはく)を込めて仕事をし，いまだかつて引っ込み思案になったことがない。

缩衣节食　**suōyī-jiéshí**

[并列] 衣服を節約し食事を切り詰める。☞ "节衣缩食" (jiéyī-suōshí)

所向披靡　**suǒxiàng-pīmǐ**

[主谓] 向かうところ敵なし；何の障害もなく進むことのたとえ。破竹の勢い。"披靡"は草木がなびく。

所向无敌　**suǒxiàng-wúdí**

[主谓] 向かうところ敵なし。¶ **在战场上纵横驰骋，～。**戦場を縦横に駆け回り，向かうところ敵なしである。

索然寡味　**suǒrán-guǎwèi**

[状中] (文章に)味わいが乏しい；何の面白みもない。無味乾燥である。砂をかむよう。¶ **这本书～，看了一半就看不下去了。**この本は無味乾燥で，途中まで読んだら，もう読む気がしなくなった。

T

谈虎色变

tai

泰然处之　tàirán-chǔzhī

状中 泰然と構える。☞“**处之泰然**”(chǔzhī-tàirán)とも。¶ ~, **行若无事**。泰然として処し, 事もなげである。

泰然自若　tàirán-zìruò

并列 泰然自若;落ち着き払っていて少しも動じないさま。¶ **临危不惧**, ~。危機に臨んで恐れず, 泰然自若としている。

tan

贪得无厌　tāndé-wúyàn

补充 飽くことなく貪る;貪欲この上ない。¶ **得陇望蜀**, ~。隴(ろう)を得て蜀を望むで, 貪欲この上ない。

贪天之功　tān-tiānzhīgōng

动宾 天の功を貪る;別人の功に帰すべきものを我が手柄によるものと言い触らす。人の手柄を横取りする。¶ **成绩全靠大伙努力, 我怎能~, 据为己有?** 成果はすべて皆の努力によるものだ, どうして自分の功績として独り占めにできようか。

贪赃枉法　tānzāng-wǎngfǎ

并列 賄賂を取り法を曲げる。“**赃**”は不法に得た財物。“**枉**”は曲げる。

昙花一现　tánhuā-yīxiàn

主调 (うどんげの花のように)現れてすぐ消え去ることのたとえ;朝顔の露。朝顔の花一時。“**昙花**”はうどんげ。その花は咲いてすぐしぼむ。¶ **这种盛况, 也许只是~**。こんな盛況は, 或いは一時的なものに過ぎないかもしれない。

谈何容易　tán-héróngyì

补充 口で言うのは簡単である;口で言うほどたやすくはない。言うは易く行うは難し。

谈虎色变　tánhǔ-sèbiàn

条件 虎に襲われたことのある者は虎の話を聞いただけで顔色が変わる;恐れていることを持ち出されてびくっとする。極めて臆病なことのたとえ。

谈笑风生　tánxiào-fēngshēng

主调 打ち解けて談笑する;和やかに談笑するさま。話に花が咲く。¶ **校长和同学们在一起~**。学長は学生たちと和やかに語り合っている。

谈笑自若　tánxiào-zìruò

主调 (困難な状況のもとにおいても)平生と変わりなく談笑する。“**谈笑自如**”(tánxiào-zìrú)とも。

弹冠相庆　tánguān-xiāngqìng

连动 冠の塵を弾き落として喜び合う;他人の任官や昇進に乗じて取り巻きたちが自分も仕官や出仕の機会を得られることを期待してことほぐ。《贬》

忐忑不安　tǎntè-bù'ān

状中 不安で胸がどきどきする。“**忐忑**”は気持ちが落ち着かないさま。¶ **她听说母亲病了, 心中~**。彼女は母親が病気だと聞いて, 不安で胸がどきどきし気が気でなかった。

叹观止矣　tàn-guānzhǐyǐ

动宾 賛嘆してやまない。☞“**叹为观止**”(tànwéi-guānzhǐ)

叹为观止　tànwéi-guānzhǐ

动宾 賛嘆してやまない;見たり読ん

だりした物を称賛してやまない。“**叹**”はほめる，称える。“**观止**”は見て堪能(たんのう)する，これ以上見るのをやめる。“**叹观止矣**”(tàn-guānzhǐyǐ)とも。¶ **杂技演员高超的演技使观众～**。曲芸師のすばらしい演技に観衆は心ゆくまで満足した。

探囊取物　**tànnáng-qǔwù**
连动 嚢中(のうちゅう)の物を探るがごとし；袋の中の物を取り出すようなものである。極めて容易に成し遂げられることのたとえ。目をつぶっていてもできる。お茶のこさいさい。

tang

螳臂当车　**tángbì-dāngchē**
主谓 蟷螂(とうろう)車に当たる；かまきりが前足を振り上げて車を阻もうとする。自分の力をわきまえずに無益な抵抗をすることのたとえ。身の程知らず。蟷螂の斧(おの)。蟷螂が斧をかざして隆車に向かう。『荘子』人間世ほかに見える故事。“**螳臂**”はかまきりの前足。注“**当**”は dāng，阻む。

tao

滔滔不绝　**tāotāo-bùjué**
状中 滔々(とうとう)として尽きず；話がなかなか尽きない。滔々とまくしたてる。“**滔滔**”は川の水が勢いよく流れる形容。¶ **他打开了话匣子，就～，说个没完没了**。彼は話し始めると，滔々とまくしたて，いつ終わるともなく続く。

滔天大罪　**tāotiān-dàzuì**
定中 計り知れない大罪。“**滔**”は天にまであふれる。¶ **犯下～**。極悪非道の罪を犯す。

韬光养晦　**tāoguāng-yǎnghuì**
并列 才能を隠して外に現さない。“**韬**”は包み隠す。“**晦**”はくらます。

逃之夭夭　**táozhī-yāoyāo**
补充 行方をくらます。風を食らって逃げる。ずらかる。とんずらする。『詩経』周南の“**桃之夭夭**”(桃が若くて美しい)と音が通じるのにかけたもの。¶ **他见闯了大祸，赶忙～**。彼は大失敗をしでかしたことに気づいて，雲を霞と行方をくらました。

讨价还价　**tǎojià-huánjià**
并列 値段の駆け引きをする；売り手と買い手が虚々実々のやりとりをすること。転じて，交渉や談判の際に応酬を繰り返すこと。また，仕事や任務を引き受ける際に条件を話し合うこと。¶ **他对任何工作都乐意去做，从不～**。彼はどんな仕事でも喜んで引き受け，一度もあれこれ条件を付けたことがない。

te

特立独行　**tèlì-dúxíng**
并列 独立独歩；独自の見識に基いて，世に流されることなく自分の思うとおりに事を行う。“**特**”はただひとり。“**立**”は世に処す。

ti

提纲挈领　**tígāng-qièlǐng**
并列 大綱をつかみ領(えり)をとる；要領を得る。つぼを押さえる。“**纲**”は魚網の大綱(おおつな)，転じて物事の大綱(たいこう)。“**领**”は衣服のえり，転じて物事の要領。¶ **解决问题要善于～**。問題を解決するには，上手につぼを押さえる必要がある。

提心吊胆　**tíxīn-diàodǎn**
并列 はらはらどきどきする；おっかなびっくりなさま。“**心**”は心臓。“**胆**”は肝臓。¶ **她～地走过了那座独木桥**。彼女はおっかなびっくりその丸木橋を渡った。

啼饥号寒　**tíjī-háohán**
并列 飢えに泣き寒さに叫ぶ；飢えと寒さに責めさいなまれる。着る物も食べる物もない悲惨な生活の形容。

啼笑皆非 **tíxiào-jiēfēi**
主调 泣くに泣けず笑うに笑えず;どうしてよいか分からない状態をいう。¶**他说的话真令人～。**彼の話はまったく相づちの打ちようがない。

体贴入微 **tǐtiē-rùwēi**
补充 細かい点まで行き届く;行き届いた配慮を示す。至れり尽くせり。かゆいところに手が届く。"**体贴**"は思いやる。"**入微**"は細部に及ぶ。

体无完肤 **tǐ-wúwánfū**
主调 身に完膚無し;全身に傷を負うこと。また,徹底的に論破されることのたとえ。こてんぱんにやられる。

tian

天崩地裂 **tiānbēng-dìliè**
并列 天崩れ地裂ける;非常に大きな音がするさま。また大きな事変や変動が起こることの形容。"**天崩地坼**"(tiānbēng-dìchè)とも。

天长地久 **tiāncháng-dìjiǔ**
并列 (天と地が長く存在し続けるように)いつまでも変わらないことをいう;多く愛情について。

天长日久 **tiāncháng-rìjiǔ**
并列 長い年月が経過する;日がたつにつれて。¶**他初到时,对高原气候有反应,～也就习惯了。**来たばかりの頃は,彼は高原の気候に慣れなかったが,日がたつにつれて慣れてきた。

天翻地覆 **tiānfān-dìfù**
并列 天地を覆さんばかり;変化の激しいこと,また激しく騒ぎ立てることのたとえ。上を下への大騒ぎ。"**地覆天翻**"(dìfù-tiānfān),"**翻天覆地**"(fāntiān-fùdì)とも。¶**建国以来,我们祖国发生了～的变化。**建国以来,わが祖国は大きな変化が生じている。¶**经他们这样～的一闹,这会还开得成吗?**彼らにこんなふうにひっかき回されて,この会はうまく開けるのだろうか。

天高地厚 **tiāngāo-dìhòu**
并列 天より高く地より厚い;恩恵や情愛の深く厚いことをいう。また,"**不知～**"として用い,物事の実態の奥深さを知らないことをいう。身のほど知らずである。

天各一方 **tiān-gèyīfāng**
主调 それぞれが天の一方にいる;互いに遠く離れていることをいう。

天公地道 **tiāngōng-dìdào**
并列 この上なく公平である;極めて当然である。¶**多劳多得,是～的事儿。**多く働いた人が多く得るというのは,当たり前のことである。

天寒地冻 **tiānhán-dìdòng**
并列 天寒く地凍る;非常に厳しい寒さの形容。

天花乱坠 **tiānhuā-luànzhuì**
主调 天花紛々;弁舌の達者なさま。ことば巧みに大げさな話をすること。立板に水。多く《貶》。梁の武帝の時,雲光という法師が巧みに説教したので,天は感動して花を紛々と降らしたという伝説から。『高僧伝』。¶**别听他说得～,谁知道到底怎么样!** 彼がべらべらしゃべるのを真に受けてはいけない,本当かどうか知れたものではない。

天昏地暗 **tiānhūn-dì'àn**
并列 天地ともに暗し;砂塵で天空が暗くなること。転じて,社会が暗黒なことのたとえにも。また,程度の甚だしいさま。"**天昏地黑**"(tiānhūn-dìhēi)とも。¶**突然狂风大作,刮得～。**突然大風が起こり,天空が真っ暗になった。¶**哭得个～。**激しく泣き叫ぶ。

天经地义 **tiānjīng-dìyì**
并列 天地の大義;極めて正しい道理。不変の真理。また,理にかなっていて疑いを挟む余地のないこと。¶**实践出真知,这是～的道理。**実践から真の知識が生まれる,これは動かし難い真理だ。

天罗地网　tiānluó-dìwǎng
[并列] 天の羅(あみ)と地の網;四方に張りめぐらした網。厳重な包囲網をたとえる。"罗"は鳥を捕らえる網。

天马行空　tiānmǎ-xíngkōng
[主谓] 天馬空(くう)を行く;(詩文などが)豪放で自由奔放なさま。

天南地北　tiānnán-dìběi
[对比] 南北各地;遠く隔たっていること。また,あれやこれやと際限のないこと。¶ **～地闲聊**。あれやこれやとよもやま話をする。"**天南海北**"(tiānnán hǎiběi)とも。

天怒人怨　tiānnù-rényuàn
[并列] 天は怒り人は怨む;天人ともに許さない大罪を犯している。

天壤之别　tiānrǎngzhībié
[定中] 天と地の違い;隔たりが非常に大きいことのたとえ。雲泥の差。月とすっぽん。"**壤**"は地。"**天渊之别**"(tiān yuānzhībié),"**霄壤之别**"(xiāorǎngzhī bié)とも。¶ **今昔相比,有～**。今と昔とでは,天と地ほどの違いがある。

天外有天　tiānwài-yǒutiān
[主谓] 天の外に天がある;上には上がある。学問には際限がないということのたとえにも。

天网恢恢　tiānwǎng-huīhuī
[主谓] 天網恢々(かいかい);天道は厳正であって,悪事をなした者には必ず罰を与える。"**恢恢**"は広大なさま。¶ **～,疏而不漏**。天網恢々,疎にして漏らさず。『老子』に見える語。

天香国色　tiānxiāng-guósè
[并列] 色美しく香り優れたぼたんの称。転じて,絶世の美女の形容。☞"**国色天香**"(guósè-tiānxiāng)

天涯海角　tiānyá-hǎijiǎo
[并列] 空のはて海のかなた;非常に遠い所。僻遠(へきえん)の地。また,互いに遠く隔たっていること。"**天涯地角**"(tiān yá-dìjiǎo),"**海角天涯**"(hǎijiǎo-tiānyá)とも。

天衣无缝　tiānyī-wúfèng
[主谓] 天衣無縫;天人の着る衣には縫い目の跡がない。転じて,文章・詩歌などが技巧の跡をとどめず,完全無欠であるたとえ。

天渊之别　tiānyuānzhībié
[定中] 天と地の違い;雲泥の差。☞"**天壤之别**"(tiānrǎngzhībié)

天造地设　tiānzào-dìshè
[并列] 天然自然にできている;優れた自然条件をたとえる。造化の妙。

天真烂漫　tiānzhēn-lànmàn
[并列] 天真爛漫(らんまん)である;自然のままで偽りや作為がない。また,児童が無邪気で憎めないことの形容にも。"**天真**"は虚偽や作為がない。"**烂漫**"は自然のままで率直である。

天诛地灭　tiānzhū-dìmiè
[并列] 天地の誅滅(ちゅうめつ)するところ;罪悪の大きいことの形容。天地ともに許さない。"**诛**"は殺す。

天作之合　tiānzuòzhīhé
[定中] 天の配合によって成立した縁組;新婚を祝福する時に用いる。

添砖加瓦　tiānzhuān-jiāwǎ
[并列] れんがや瓦を付け加える;(大きな事業のために)微力を尽くす。

恬不知耻　tián-bùzhīchǐ
[状中] 恬(てん)として恥じない;(悪事をはたらいておきながら)何ら恥じるところがない。¶ **这个家伙真是～**。この野郎はとんでもない恥知らずだ。

甜言蜜语　tiányán-mìyǔ
[并列] 蜜のように甘いことば;人を欺いたり歓心を買ったりするためのことば。甘言。¶ **不要被他的～所蒙骗**。彼の甘いことばにだまされることのないように。

tiao

挑肥拣瘦　tiāoféi-jiǎnshòu
[并列] 気に入ったものだけを選ぶ;えり好みする。《貶》。"**肥**"は脂身。"**瘦**"

は赤身。¶ **他在工作中从不～。**彼はこれまで仕事のえり好みをしたことがない。

条分缕析　tiáofēn-lǚxī

[并列] 筋道を立てて分析する；一つ一つ整然と分析する。“**条**”“**缕**”は共に筋，筋道。

调嘴学舌　tiáozuǐ-xuéshé

[并列] 陰であれこれ言う；他人のことをあげつらう。“**调嘴**”はあれこれ言う。“**学舌**”は受け売りしてしゃべる。“**调嘴弄舌**”(tiáozuǐ-nòngshé)とも。

挑拨离间　tiǎobō-líjiàn

[并列] 挑発離間する；いさかいの種をまく。“**离间**”は仲を裂く，引き離す。[注]“**间**”は jiàn。¶ **在朋友之间，不能～。**友達の間には，挑発や離間があってはならない。

跳梁小丑　tiàoliáng-xiǎochǒu

[定中] 跳梁(ちょうりょう)する小悪人；わがもの顔にふるまうろくでもない連中。“**跳梁**”は“**跳踉**”とも，跳ね回る，転じてのさばる，はびこる。“**小丑**”は小悪人，ろくでなし，ちんぴら。

tie

铁案如山　tiě'àn-rúshān

[主谓] 鉄案山のごとし；証拠が確実で覆しがたい。“**铁案**”は証拠の確実な案件。

铁壁铜墙　tiěbì-tóngqiáng

[并列] 金城鉄壁。☞“**铜墙铁壁**”(tóngqiáng-tiěbì)

铁面无私　tiěmiàn-wúsī

[并列] 公正無私である；極めて公正で，いささかも情実にとらわれない。¶ **包公执法～。**包公(宋代の名判官)の裁きは公明正大である。

铁石心肠　tiěshí-xīncháng

[定中] 鉄石心腸；鉄か石のように非情である。容易に心を動かさないことのたとえ。また，意志堅固なこと。鉄心石腸。¶ **这种场面，即使是～的人也会流泪的。**この場面には，どんな非情な人が見ても涙を流すであろう。

铁树开花　tiěshù-kāihuā

[主谓] 蘇鉄に花が咲く；極めてまれなこと，滅多に実現しないこと。不可能に近いこと。“**铁树**”は蘇鉄。熱帯産の常緑高木で，なかなか花が咲かないといわれる。

铁证如山　tiězhèng-rúshān

[主谓] 鉄証山のごとし；証拠が確実で動かし難いこと。¶ **～，他们的罪行是抵赖不了的。**揺るぎない証拠があり，彼らの罪行は言い逃れのしようがない。

ting

听而不闻　tīng'érbùwén

[转折] 聴けども聞こえず；聞いていながら気が付かない。“**视而不见**”(shì'ér bùjiàn—視《み》れども見えず)参照。

听其自然　tīng-qízìrán

[动宾] 自然に任せる；成り行きに任せる。“**听**”は従う，任せる。¶ **对错误思想要进行批评，不能～，任其泛滥。**誤った思想に対しては批判を加えるべきで，これを放置して，はびこるに任せておいてはならない。

听天由命　tīngtiān-yóumìng

[并列] 天命に従う；運を天に任せる。“**听**”“**由**”は共に従う，任せる。¶ **事到如今，还是～吧。**事ここに至っては，運に任せることにしよう。

听之任之　tīngzhī-rènzhī

[并列] したいようにさせる；そのまま放っておく。“**听**”“**任**”は共に従う。¶ **对损害群众利益的行为，不能～。**大衆の利益を損なうような行為は，黙って見過ごすわけにはいかない。

亭亭玉立　tíngtíng-yùlì

[状中] まっすぐに美しく立つ；女性がすらりとして美しいさま。また，花や木がすらりとのびて美しいさま。“**亭亭**”はまっすぐに立つさま。“**玉立**”は

美しく立つさま。¶ **那棵桂花树～在院中，别有一番风姿。** その木犀(もくせい)の木は庭に美しく立ち，なかなかの風情がある。

挺身而出　tǐngshēn'érchū

连动 身を挺(てい)して出づ；困難にめげることなく勇敢に躍り出る。

铤而走险　tǐng'érzǒuxiǎn

状中 やぶれかぶれで危険を冒す；追い詰められて危険なことをする。危ない橋を渡る。一か八かでやる。“**铤**”は速く走るさま。¶ **他为生活所迫，～。** 彼は生きんがために危ない道を歩んだ。

tong

通情达理　tōngqíng-dálǐ

并列 事理に通じている；道理をわきまえている。“**通**”“**达**”は共に明らかである，通じている。¶ **老李是一个～的人。** 李さんは酸いも甘いも噛み分けた人だ。

通权达变　tōngquán-dábiàn

并列 情勢に応じて柔軟な処置がとれる；臨機応変である。融通無碍(むげ)である。“**通**”“**达**”は共に明らかである，通じている。“**权**”は便宜の措置。“**变**”は応変の措置。

通宵达旦　tōngxiāo-dádàn

并列 夜が明けるまで；夜通し，一晩中。“**通宵**”は夜通し。“**旦**”は朝。

同病相怜　tóngbìng-xiānglián

主调 同病相憐れむ；同じ苦しみを受けている者が互いに同情しあう。

同仇敌忾　tóngchóu-díkài

并列 共に仇(かたき)とし敵愾心(てきがいしん)を燃やす；一致協力して共通の敵に当たる。¶ **全国上下～。** 国を挙げて敵愾心を燃やしている。

同床异梦　tóngchuáng-yìmèng

转折 同床異夢；同じ立場にありながら互いに心が離れていること，共に行動しながら心の中では別な考えを抱いていることのたとえ。¶ **他们虽然勾结在一起，但是彼此之间却是～。** 彼らは結託して一緒になっているけれども，心のうちは同床異夢である。

同恶相济　tóng'è-xiāngjì

主调 悪人どうしが互いに助け合う；ぐるになる。結託する。

同甘共苦　tónggān-gòngkǔ

并列 苦楽を共にする。

同工异曲　tónggōng-yìqǔ

转折 同工異曲。☞“**异曲同工**”(yìqǔ-tónggōng)

同归于尽　tóngguīyújìn

补充 共に滅びる；同時に滅びる。¶ **和敌人～。** 敵と運命を共にする。

同流合污　tóngliú-héwū

并列 悪人と一緒になって悪事をはたらく。¶ **决不能同坏人～。** 断じて悪人と一緒に行動するわけにはいかない。

同室操戈　tóngshì-cāogē

主调 同室戈(ほこ)を操(と)る；身内どうしが争うこと。兄弟げんかをする。内輪もめする。“**同室**”は同じ家に住んでいる者，転じて身内の者。“**戈**”はほこ，転じて武器。

同心同德　tóngxīn-tóngdé

并列 心を一つにする；一心同体になる。“**心**”は思想。“**德**”は信念。¶ **～，克服困难。** 心を合わせて，困難を克服する。

同心协力　tóngxīn-xiélì

并列 一致協力する；心を合わせて努力する。¶ **～，战胜困难。** 一致団結して，困難に打ち勝つ。

同舟共济　tóngzhōu-gòngjì

连动 同舟共に済(わた)る；同じ立場に置かれた者が互いに助け合う。“**济**”は川を渡る。¶ **～，共渡难关。** 互いに助け合い，共に困難を乗り切る。

铜墙铁壁　tóngqiáng-tiěbì

并列 金城鉄壁；堅固な防備，打ち破ることのできない事物のたとえ。“**铁壁铜墙**”(tiěbì-tóngqiáng)とも。

童颜鹤发　**tóngyán-hèfà**
并列 童顔鶴髪。☞"鹤发童颜"(hèfà-tóngyán)

痛不欲生　**tòng-bùyùshēng**
补充 悲しみのあまり生きているのも嫌になる;悲痛極まりないことの形容。¶ **听到亲人遇难的噩耗,他～。**肉親が遭難したという知らせを聞いて,彼は死ぬほど辛い思いをした。

痛定思痛　**tòngdìng-sītòng**
连动 痛みが治まってからその痛みを振り返る;失敗を反省し将来に備える。¶ **事故已经造成,～,该好好分析原因,总结教训。**事故が起きてしまったからには,失敗を反省し,原因をよく分析して,教訓を総括しなければならない。

痛改前非　**tònggǎi-qiánfēi**
动宾 深く前非を悔いる。過去の誤りを徹底的に改める。

痛心疾首　**tòngxīn-jíshǒu**
并列 心を痛め頭を悩ます;(失敗・過ちを)ひどく憎む。

tou

偷工减料　**tōugōng-jiǎnliào**
并列 仕事の手を抜き材料をごまかす;手抜き工事をする。物事をいいかげんに片づける。

偷梁换柱　**tōuliáng-huànzhù**
并列 梁(はり)を偸(ぬす)み柱を換える;ひそかに物の中身や事の本質をすり替える。

偷天换日　**tōutiān-huànrì**
并列 天を偸(ぬす)み日を換える;ひそかに真相をゆがめて人を欺く。

头头是道　**tóutóu-shìdào**
主谓 (言うこと,なすことが)みな道理にかなっている。"头头"はいずれも。"道"は道理。¶ **他说得～,但做起来却另是一样。**彼は言うことはいちいちごもっともだが,実行する段になるとまた別だ。

投笔从戎　**tóubǐ-cóngróng**
连动 筆を投じて従軍する;文人が戦に加わることのたとえ。"**戎**"は軍事,軍隊。¶ **～,奔赴前线。**筆を投じて軍に従い,前線に馳せ参じる。

投畀豺虎　**tóubì-cháihǔ**
动宾 豺虎(さいこ)に投げ与える;豺狼(さいろう)の餌食(えじき)にする。悪人を深く憎むことのたとえ。"畀"は与える。"豺虎"は山犬と虎。

投鞭断流　**tóubiānduànliú**
兼语 (手にしている馬の鞭を川に投じると流れが止まるほど)人馬の数が多い;兵力の強大なことのたとえ。

投机倒把　**tóujī-dǎobǎ**
并列 投機的取り引きをする。"**倒把**"は空売りや空買いをする。

投机取巧　**tóujī-qǔqiǎo**
并列 機会に乗じてうまく立ち回る;労せずしてうまい汁を吸おうとする。"**取巧**"はずるい手段でもうける。

投井下石　**tóujǐng-xiàshí**
转折 穴に落ちた人に石を投げ込む。☞"落井下石"(luòjǐng-xiàshí)

投其所好　**tóu-qísuǒhào**
动宾 相手の好むところに合わせる;他人に迎合する。注"好"は hào。

投鼠忌器　**tóushǔ-jìqì**
转折 ねずみに物を投げつけたいが,そばの器物が壊れるのが気がかりである;悪人を懲らしめたいが,はばかるところがあって手を下せないことのたとえ。痛しかゆし。『漢書』賈誼伝に引く諺から。

投桃报李　**tóutáo-bàolǐ**
并列 桃を贈られて李(すもも)を返す;親しく交際することのたとえ。

tu

突飞猛进　**tūfēi-měngjìn**
并列 飛躍的に前進する。¶ **我们的建设事业有了～的发展。**われわれの建設事業は飛躍的な発展を示した。

T

突如其来　**tūrú-qílái**
状中 突如として来(きた)る；不意に現れる。¶**这件事发生得太～了。**この事件はあまりにも突然すぎる。

徒劳无功　**túláo-wúgōng**
并列 労して功なし；徒労に帰す。骨折り損のくたびれもうけ。“**徒劳无益**”(túláo-wúyì)とも。¶**一定要按照客观规律办事，否则会～。**客観的法則にのっとって事を行わなければ，徒労に終わってしまうであろう。

徒托空言　**tútuō-kōngyán**
动宾 口先ばかりで実行しない；空言を弄ぶ。

徒有虚名　**túyǒu-xūmíng**
动宾 いたずらに虚名を有する；ただ虚名があるだけ。名ばかり。名前負け。評判倒れ。

涂脂抹粉　**túzhī-mǒfěn**
并列 口紅を塗りおしろいをつける；うわべを繕って醜悪な本質を覆い隠す。脂粉を施す。正体を隠す。

土崩瓦解　**tǔbēng-wǎjiě**
并列 土台が崩れ瓦が壊れる；(組織や構築物などが)完全につぶれさることのたとえ。瓦解する。崩壊する。¶**敌人的阵地很快就～了。**敵の陣地はたちまちのうちに壊滅した。

土生土长　**tǔshēng-tǔzhǎng**
并列 その土地で生まれ，その土地で育つ；はえぬきである。¶**他是～的山西人。**彼は生粋の山西人である。

吐故纳新　**tǔgù-nàxīn**
连动 古いものを吐き捨てて新しいものを吸収する；新陳代謝を図る。

兔起鹘落　**tùqǐ-húluò**
承接 兎が跳び出した途端に鶻(はやぶさ)が猛烈な勢いで舞い下りてくる；動作が敏捷なたとえ。また，筆の勢いの盛んなことのたとえ。

兔死狗烹　**tùsǐ-gǒupēng**
条件 狡兎(こうと)死して走狗(そうく)煮らる；敵国が滅んでしまうと，功臣は退けられたり殺されたりすることのたとえ。注『史記』淮陰侯列伝ほかに見える古諺“**狡兔死，良狗烹**”から。“**良狗**”は“**走狗**”とも。

兔死狐悲　**tùsǐ-húbēi**
因果 兎死して狐悲しむ；同類相憐れむ。明日はわが身。多く《貶》。¶**～，物伤其类。**兎が死んで狐が悲しむように，同類相憐れむ。

tui

推本溯源　**tuīběn-sùyuán**
并列 本を探り源を求める；物事の根源を追求する。

推波助澜　**tuībō-zhùlán**
并列 波瀾を大きくする；(騒ぎ・悪事などの)勢いをあおる。火に油を注ぐ。

推陈出新　**tuīchén-chūxīn**
连动 古いものを退けて新しいものを出す；古いものを批判的に継承することをいう。

推诚相见　**tuīchéng-xiāngjiàn**
状中 誠意をもって相手に接する；真心をもって応待する。¶**既然要合作，双方就应该～。**合作するからには，双方とも誠意をもって接しなければならない。

推己及人　**tuījǐ-jírén**
连动 己を推して人に及ぼす；自分を顧みて他人のことを思いやる。

推涛作浪　**tuītāo-zuòlàng**
并列 ことさらに波風を立てる；悪人を唆かして悪事をはたらかせる。悪事を助長する。けしかける。

推心置腹　**tuīxīn-zhìfù**
连动 (自分の)真心を推して(相手の)腹に入れる；真心をもって人に接する。¶**俩人～，谈了一夜。**ふたりは胸襟を開いて語り明かした。

退避三舍　**tuìbì-sānshè**
补充 三舎を避く；相手を敬って一歩退く。“**舍**”は春秋時代の行軍時の里程。当時の三十里に当たる。晋の重耳が放浪中に庇護(ひご)を受けた楚の君との約束を守って，後に晋楚が戦った時，三舍引き下がって相手に余裕を与えたという故事から。『左伝』僖公二十三年。¶ **好厉害的嘴，我见了你也要～呢！** なんとひどい口の利き方だ，君に会ったら三舎を避けたほうがよさそうだね。

蜕化变质　tuìhuà-biànzhì

并列 (善人が)堕落変質する；腐敗堕落する。“**蜕化**”は昆虫が脱皮すること。転じて，腐敗する，堕落すること。

tun

吞云吐雾　tūnyún-tǔwù

并列 タバコやアヘンを盛んにふかすさま。“喷云吐雾”(pēnyún-tǔwù)とも。

吞舟之鱼　tūnzhōuzhīyú

定中 呑舟(どんしゅう)の魚；舟をまるごと呑み込むほどの大きな魚。転じて，大物，大悪人。『莊子』庚桑楚に見える語。

囤积居奇　túnjī-jūqí

并列 珍しい品物を買いだめしてしまい込む；値上がりを待ってぼろもうけをしようとすること。買いだめして売り惜しむ。“**囤**”は蓄える。“**居**”は貯蔵する。

tuo

拖泥带水　tuōní-dàishuǐ

并列 (話や文章が)ごたごたしてすっきりしていない。(動作が)だらだらしている。¶ **说话、办事要干脆，何必那么～的。** 言うこと，することはテキパキしていなくてはいけない，どうしてそう煮え切らないのか。

脱口而出　tuōkǒu'érchū

连动 思わず口から出る；よく考えずにいいかげんに言う。¶ **他这话是～，没经过认真考虑。** 彼のこの話は，まじめに考えたうえでのものではない。

脱胎换骨　tuōtāi-huàngǔ

并列 換骨奪胎；もと，道教で凡骨を仙骨に取り換え，胎を取って転生させること。のち，古人の詩や文章の趣旨や技巧を学んで新しい着想を得ること。また，立場や観点を徹底的に改めること。“**夺胎换骨**”(duótāi-huàngǔ)とも。

脱颖而出　tuōyǐng'érchū

连动 錐(きり)の先が袋を破って外に抜け出る；才能のある人は自然とその頭角を現すことのたとえ。“**锥处囊中**”(zhuī-chǔnángzhōng)参照。

唾面自干　tuòmiàn-zìgān

转折 顔につばをかけられても，自然に乾くのを待つ；侮辱されても，じっとこらえることのたとえ。

唾手可得　tuòshǒu-kědé

状中 手につばきして得ることができる；容易に手に入れられることのたとえ。“**唾**”はつばを吐く。¶ **这场比赛，我队的胜利～。** この試合においては，わがチームの勝利はいともたやすい。

W

完璧归赵

wa

挖空心思　**wākōng-xīnsī**

[动宾] 苦心惨憺(さんたん)する；ない知恵を絞る。¶ ～，**编造谬论**。無い知恵を絞って，謬論(びゅうろん)を捏造(ねつぞう)する。

挖肉补疮　**wāròu-bǔchuāng**

[连动] 肉をえぐって傷口をふさぐ。☞“剜肉医疮”(wānròu-yīchuāng)

瓦釜雷鸣　**wǎfǔ-léimíng**

[主调] 瓦釜(がふ)雷鳴；素焼きの釜(かま)が雷のような音を立てる。凡庸な人物が高い地位にいることのたとえ。

wai

歪风邪气　**wāifēng-xiéqì**

[并列] よくない風気；ゆがんだ風潮。

歪门邪道　**wāimén-xiédào**

[并列] よこしまなことや悪だくみ；邪道。¶ **做生意不能搞～**。商売に悪だくみは許されない。

外强中干　**wàiqiáng-zhōnggān**

[对比] 外見は強そうだが中身はからっぽである；見掛け倒し。張り子の虎。うどの大木。空威張り。¶ **敌人～**。敵は虚勢を張っているだけだ。

wan

剜肉医疮　**wānròu-yīchuāng**

[连动] 肉をえぐって傷口をふさぐ；眼前の危急を救うために，あとあとの苦しみを顧みない。“**挖肉补疮**”(wāròu-bǔchuāng)，“**剜肉补疮**”(wānròu-bǔchuāng)とも。

完璧归赵　**wánbì-guīzhào**

[连动] 璧を完うして趙に帰る；預かった物を損なうことなく持ち主に返す。戦国時代，趙の藺相如(りんしょうじょ)は十五の城と交換するために天下の名玉，和氏(かし)の璧(へき)をもって秦に使いしたが，秦王に実行する意思がないのを見て，無事に璧を持ち帰ったという故事から。『史記』廉頗·藺相如列伝。¶ **书我已经看完了，现在～**。本はもう読み終わりましたので，ここに確かにお返し致します。

完美无缺　**wánměi-wúquē**

[并列] 完全無欠である；欠点がまったくない。

玩火自焚　**wánhuǒ-zìfén**

[连动] 火を玩(もてあそ)んで自ら焼け死ぬ；自業自得。

玩世不恭　**wánshì-bùgōng**

[补充] 世を玩(もてあそ)び不遜(ふそん)な態度をとる；世をすねる。“**不恭**”はまじめでない。¶ **他看起来有点～**。彼は少々世をすねたところが見受けられる。

玩物丧志　**wánwù-sàngzhì**

[连动] 玩物喪志(がんぶつそうし)；物を玩(もてあそ)び志を喪(うしな)う。無用の物を愛玩して大切な志を失う。

万不得已　**wàn-bùdéyǐ**

[状中] 万やむをえぬ；やむにやまれぬ。¶ **他这个人到～时才求人帮助**。あの男は万やむをえぬ時にしか他人の援助を求めない。

万古长青　**wàngǔ-chángqīng**

[状中]（松柏の緑のように）いつまでも色があせない；（友情などが）永遠に変わらない。（優れた精神が）いつまでも伝えられる。“**万古长春**”(wàngǔ-chángchūn)とも。¶ **我们两国人民的**

友谊～。我々両国人民の友誼は永遠に変わらない。

万古流芳　**wàngǔ-liúfāng**

[状中] 永遠に名声が伝えられる。“**芳**”は香り，転じて名声。¶ **革命先烈～，永垂不朽**。革命烈士の名は永遠に伝えられ，忘れられることがない。

万劫不复　**wànjié-bùfù**

[状中] 永遠に回復できない。“**万劫**”は極めて長い時間。

万籁俱寂　**wànlài-jùjì**

[主谓] 万籟(ばんらい)寂として声なし；物音一つせず，あたり一面静まり返っている。物みな静まる。“**万籁**”は万物が発する音，さまざまな物音。“**万籁无声**”とも。¶ **在这～的深夜里，只有他还在辛勤地工作着**。この物みな静まり返った真夜中に，彼だけがまだ仕事に打ち込んでいる。

万马奔腾　**wànmǎ-bēnténg**

[主谓] 万馬奔騰(ほんとう)す；(万馬が駆けるように)勢い・意気込みが盛んである。奔馬(ほんば)の勢い。“**奔腾**”は勢いよく駆ける，跳ねる。

万马齐喑　**wànmǎ-qíyīn**

[主谓] 万馬声なし；圧政のもとで人々がみな口をつぐんでしまい，活気が見られなくなった状態をたとえる。“**喑**”は黙る。¶ **打破～的沉闷局面**。誰も口をつぐんで物を言わない閉塞(へいそく)状況を打ち破る。

万念俱灰　**wànniàn-jùhuī**

[主谓] あらゆる考えがみな無に帰する；すべての望みが消え失せる。¶ **这次失恋使他～**。今回の失恋は彼を失意のどん底に落とした。

万人空巷　**wànrén-kōngxiàng**

[主谓] 町中総出でにぎわう；祝賀や歓迎でにぎわうさま。“**空巷**”は路地・横町を空にする。

万事大吉　**wànshì-dàjí**

[主谓] 万事大吉；万事めでたしめでたし。¶ **不要以为革命胜利就～了**。革命が成功したからといって万事めでたしだなどと思ってはいけない。

万水千山　**wànshuǐ-qiānshān**

[并列] 千山万水；多くの山や河。遥かなる道程の形容。¶ **我们虽然相隔～，但是永远心心相连**。我々は幾山河を隔ててはいるが，心は永遠につながっている。

万无一失　**wànwú-yīshī**

[动宾] 万に一つの失敗もない；絶対に失敗はない。間違いっこない。“**百无一失**”(bǎiwú-yīshī)とも。¶ **～的办法**。絶対に失敗しない方法。

万象更新　**wànxiàng-gēngxīn**

[主谓] 万象あらたまる；すべての物が装いを新たにする。物みなあらたまる。“**更**”は gēng，あらたまる。¶ **春回大地，～**。大地に春が訪れ，物みなあらたまる。

万众一心　**wànzhòng-yīxīn**

[主谓] 多くの人が心を一つにする；一致団結する。

万紫千红　**wànzǐ-qiānhóng**

[并列] 千紫万紅；色とりどりの花が咲き乱れているさま。また，事物が豊富多彩なことのたとえにも。¶ **一年来，文艺园地～，美不胜收**。この一年，文芸界は百花乱れ咲き，数え切れないほどの秀作を生んだ。

wang

亡羊补牢　**wángyáng-bǔláo**

[连动] 羊を亡(うしな)いて牢を補う；羊に逃げられたあとで檻(おり)の修理をする。問題が発生してからでも手だてを講じる。よく“**犹未为晚**”(yóu wèi wéi wǎn—決して遅すぎることはない)と連用される。

枉费心机　**wǎngfèi-xīnjī**

[动宾] むだに心を労する；思案がむだになる。¶ **他们的一切阻挠都是～**。彼らがいくら邪魔をしようと無駄な骨折りだ。

惘然若失　**wǎngrán-ruòshī**
状中 茫然自失する；気が抜けてぼんやりしているさま。“惘然”は気落ちするさま。¶**她呆呆地坐在那里，～。**彼女はぼんやりとそこに座り，まるで気が抜けたようであった。

妄自菲薄　**wàngzì-fěibó**
状中 みだりに自己を軽んじる；いたずらに卑下する。“菲薄”は軽んじる。¶**～的人必将一事无成。**いたずらに卑下ばかりしている人は，何事をも成し遂げることができない。

妄自尊大　**wàngzì-zūndà**
状中 むやみに尊大ぶる；¶**～，目空一切。**威張り返って，何物も眼中にない。¶**闭关自守，～。**外界との往来を断ち，やたらに尊大ぶる。

忘恩负义　**wàng'ēn-fùyì**
并列 恩を忘れ義理に背く；恩知らずなことをする。¶**我不是一个～的人。**私は忘恩の徒ではない。

忘乎所以　**wànghū-suǒyǐ**
动宾 本分を忘れる；(得意になりすぎて)何もかも忘れる。我を忘れる。有頂天になる。“忘其所以”(wàngqísuǒyǐ)とも。¶**不要因为有一点成绩受到表扬，就～。**ちょっとばかり成果を挙げて表彰されたからと言って，有頂天になってはいけない。

忘其所以　**wàng-qísuǒyǐ**
动宾 本分を忘れる。☞“忘乎所以”(wànghū-suǒyǐ)

望尘莫及　**wàngchén-mòjí**
连动 前を行く人馬が巻き上げる砂ぼこりを見て追い付けないと悟る；落伍してはるかに取り残される。後塵を拝する。¶**他的写作技巧，我～。**描写のうまさでは，私は彼の足下にも及ばない。

望穿秋水　**wàngchuān-qiūshuǐ**
动宾 じっと見つめる；瞳を凝らす。遠く離れている人を待ち焦がれるさま。首を長くして待つ。“望穿”は穴のあくほど見つめる。“秋水”は秋の澄みきった水。目のたとえに用いる。¶**盼他能够回来，妻子～。**夫が戻ってくる日を，妻はひたすら待ち焦がれている。

望而却步　**wàng'érquèbù**
连动 (強い敵や大きな困難を前にして)後ずさりする；尻込みする。

望而生畏　**wàng'érshēngwèi**
连动 見て恐れを抱く；眺めただけでおじけづく。¶**此人满脸横肉，令人～。**この男の凶悪な顔つきには，見ただけで恐れをなしてしまう。

望风而逃　**wàngfēng'ér-táo**
连动 風をくらって逃げる；(形勢悪しと見て)一目散に逃げ去る。

望风披靡　**wàngfēng-pīmǐ**
连动 風になびく；(軍隊が)遠くに敵を見ただけで逃げ散ってしまう。戦わずして潰走《かいそう》する。“披靡”は，(草木が)風になびく。

望梅止渴　**wàngméi-zhǐkě**
连动 梅を望みて渇《かつ》をとどむ；空想によって願望を満たすことのたとえ。曹操の軍隊が行軍中，将兵が渇きを訴えると，曹操は「前方に大きな梅林がある」と偽って励ましたので，将兵は口につばきをためて渇きを癒やしたという故事から。『世説新語』仮譎。

望文生义　**wàngwén-shēngyì**
连动 望文生義；字面《じづら》だけで見ていいかげんに解釈すること。¶**切不要～，乱加解释。**字面だけ眺めて，いいかげんな解釈をしては，絶対にいけない。

望眼欲穿　**wàng-yǎnyùchuān**
补充 穴のあくほど見つめる；じっと待ち望む。非常に待ち焦がれる。

望洋兴叹　**wàngyáng-xīngtàn**
连动 仰ぎ見てため息をつく；(人の偉大なさまを見て)己の非力であること，その任に堪えないことを知って嘆息する。"望洋"は仰ぎ見るさま。"兴"は発する。

望子成龙　wàngzǐchénglóng
兼语 子供が竜になることを望む;自分の子が衆にぬきんでた人材になることを願う。

wei

危如累卵　wēi-rúlěiluǎn
补充 危うきこと累卵(るいらん)のごとし;(積み重ねた卵がいつ崩れるかわからないように)たいへん危うい状態にあることのたとえ。累卵の危うき。注"累"は lěi。

危如朝露　wēi-rúzhāolù
补充 危うきこと朝露のごとし;(朝の露の早く消えるように)人の運命のはかないことをいう。朝顔の露。

危言耸听　wēiyán-sǒngtīng
主调 わざと大げさな話をして人の耳を驚かせる。"危言"は人を驚かすような話。"耸听"は耳をそばだてる。

危在旦夕　wēi-zàidànxī
主调 危機が眼前に迫っている。"旦夕"は朝と晩,転じて短時間。¶ **生命～**。命旦夕(たんせき)に迫る。

威武不屈　wēiwǔ-bùqū
主调 威武にも屈せず;権勢にも武力にも屈服しない。"**威武不能屈**"(wēiwǔ bù néng qū)とも。『孟子』滕文公・下に見える語。

威信扫地　wēixìn-sǎodì
主调 威信地を掃(はら)う;威厳・信望がすっかりなくなる。¶ **继续坚持错误,只能使自己～**。過ちを押し通そうとすれば,己の威信を失墜するだけだ。

微不足道　wēi-bùzúdào
补充 微小で取るに足りない。¶ **这不过是～的小事**。これは微々たる些事だ。

微乎其微　wēihūqíwēi
补充 極めて小さい;微々たるものである。¶ **个人的力量是～的**。個人の力は微々たるものだ。

微言大义　wēiyán-dàyì
并列 微言大義;微妙なことばと奥に含まれている深い道理。

巍然屹立　wēirán-yìlì
状中 高々とそびえ立つ;山のように揺るぎない。"**巍然**"は高大なさま。"**屹立**"はそびえ立つ。

为非作歹　wéifēi-zuòdǎi
并列 悪事をはたらく;あれこれと悪い事をする。悪逆非道の限りを尽くす。"非""歹"は共に悪事。

为富不仁　wéifù-bùrén
假设 富をなそうとする者は薄情なことをする;金持ちは血も涙もない。

为所欲为　wéi-suǒyùwéi
动宾 したい放題のことをする;ほしいままにふるまう。《貶》。¶ **要有纪律约束,不能～**。規律や制約があってしかるべきで,勝手放題なふるまいは許されない。

违法乱纪　wéifǎ-luànjì
并列 法に背き紀律を乱す。¶ **坚决查处～的行为**。違法な行為に断固として対処する。

围魏救赵　wéiwèi-jiùzhào
连动 魏を囲んで趙を救う;一方を牵制しておいて他方を救う。戦国時代,斉の参謀・孫臏(そんぴん)は趙を救うのにまず主力軍が出払って空っぽの魏を囲み,慌てて引き揚げようとした魏軍を疲れに乗じて打ち負かした。『史記』孫子・呉起列伝。

唯利是图　wéilì-shìtú
动宾 (客語前置)ひたすら利益のみを追求する;もうけになることなら何でもやる。"**唯**"は"**惟**"とも,「ただ…のみ」。¶ **他是一个～的人**。彼は利益ばかりを追う人物だ。

唯命是听　wéimìng-shìtīng
动宾 (客語前置)ひたすら命令に従う;言われるままに何でも実行する。ご無理ごもっとも。"**唯**"は"**惟**"とも。"**唯命是从**"(wéimìng-shìcóng)とも。

唯我独尊　**wéiwǒ-dúzūn**
条件 唯我独尊;自分だけが偉いとうぬぼれる。“唯”は“惟”とも。¶ **他这个人狂妄自大,~,严重脱离群众。**あの男はこの上なく傲慢で,唯我独尊,すっかり周りから浮いている。

惟妙惟肖　**wéimiào-wéixiào**
并列 描写や模倣が本物そっくりであること。

尾大不掉　**wěidà-bùdiào**
因果 尾大掉(ふる)わず;尾が大きすぎて振ることができない。部下の勢力が強すぎて統制がとれないこと。また,機構が膨大すぎて非能率的であることのたとえ。“掉”は振る。¶ **附属机关庞大臃肿,~。**付属機構が膨れ上がりすぎて,非能率的である。

委靡不振　**wěimǐ-bùzhèn**
状中 萎靡(いび)して振わず;しおれて元気がない。“萎靡不振”(wěimǐ-bùzhèn)とも。

委曲求全　**wěiqū-qiúquán**
状中 何とかこらえて事の成就を図る;不満をこらえて全体がうまくいくようにする。“委曲”はじっとこらえる,譲歩する。¶ **在原则问题上,必须据理力争,不能~。**原則的な問題では,道理に基づいて大いに争うべきで,いいかげんに譲歩してしまうのはよくない。

娓娓动听　**wěiwěi-dòngtīng**
状中 よどみなく話して相手を引き付ける。“娓娓”は次から次へと話すさま。¶ **她口齿伶俐,说话~。**彼女は弁舌が爽やかで,人を引き付ける。

萎靡不振　**wěimǐ-bùzhèn**
状中 萎靡(いび)して振わず。☞“委靡不振”(wěimǐ-bùzhèn)

唯唯诺诺　**wěiwěinuònuò**
并列 唯々諾々(いいだくだく);(事の是非にかかわらず)何もかも他人の言いなりになるさま。何でもハイハイ。“唯”“诺”は共に同意を表す声。

为虎傅翼　**wèihǔ-fùyì**
状中 虎に翼を付けてやる;悪人に加勢することのたとえ。“**为虎添翼**”(wèihǔ-tiānyì)とも。

为虎作伥　**wèihǔ-zuòchāng**
状中 虎のために伥(ちょう)となる;悪人の手先となって悪事をはたらくことのたとえ。“**伥**”は迷信で虎に食い殺された人の幽霊。伥,伥鬼。虎が人を食うのを手助けするという。『太平広記』巻四百三十。

为人作嫁　**wèirén-zuòjià**
状中 (貧家の娘が)他人のために花嫁衣裳を作る;むなしく他人の手助けをすることのたとえ。

为渊驱鱼　**wèiyuān-qūyú**
状中 渊(ふち)のために魚を駆る;(かわうそがせっかく渊から出てきた魚をまた渊へ追いやるように)敵の陣営を離脱しようとしている者を味方に引き入れることができずに,また敵方に追いやってしまうことのたとえ。よく“**为丛驱雀**”(wèicōng-qūquè—叢《くさむら》のために雀を追いやる)と連用される。

未卜先知　**wèibǔ-xiānzhī**
转折 占わずして知る;予見能力が高いこと,先見の明があることのたとえ。

未可厚非　**wèikě-hòufēi**
动宾 過度に非難すべきではない。☞“无可厚非”(wúkě-hòufēi)

未老先衰　**wèilǎo-xiānshuāi**
转折 若くして老け込む。“衰”は老ける,老い込む。¶ **旧社会的摧残使得她~。**旧社会で痛めつけられて彼女は若くして老け込んでしまった。

未能免俗　**wèinéng-miǎnsú**
动宾 俗習から抜け切っていない。

未雨绸缪　**wèiyǔ-chóumóu**
转折 雨の降らないうちに雨戸を修理する;事前によく準備しておくことのたとえ。降らぬ先の傘。転ばぬ先の杖。“绸缪”は修理する,補修する。¶

～，**防患于未然**。事前によく準備して，災いを未然に防ぐ。¶ **做事要～**。事を行うには事前によく準備しておくことが大切だ。

味同嚼蜡　**wèi-tóngjiáolà**

主谓 蠟(ろう)をかむがごとし；多く話や文章が無味乾燥で面白みのないことのたとえ。砂をかむように味気ない。“**嚼**”はかむ，味わう。¶ **这篇文章写得很糟，读起来～**。この文章はできが悪く，蠟をかんでいるようで面白みがない。

畏首畏尾　**wèishǒu-wèiwěi**

并列 首を縮め尾を縮める；恐れてびくびくする。気が小さくあちこち気兼ねして，思い切った行動がとれない。¶ **你就大胆工作吧，别～的**！大胆にやりなさい，あれこれ気を遣っていないで。

畏缩不前　**wèisuō-bùqián**

状中 おじけづいて進まない；尻込みする。ちゅうちょする。¶ **决不应在困难面前～**。困難を前に決しておじけづいてはならない。

蔚然成风　**wèirán-chéngfēng**

状中 物事が盛んになり好ましい気風を形成している；立派に日常化している。“**蔚然**”は草木が生い茂っているさま。

蔚为大观　**wèiwéi-dàguān**

动宾 みごとに生い茂っている；豊富・多彩で盛観を極める。壮観である。¶ **展出的中外名画～**。展覧された内外の名画は壮観を呈した。

wen

温故知新　**wēngù-zhīxīn**

连动 温故知新；故(ふる)きを温めて新しきを知る。古いことをよく研究して，そこから新しい知識を得る。過去を振り返って，現在のことを一層よく理解する。『論語』為政篇に見える孔子のことばから。

温情脉脉　**wēnqíng-mòmò**

主谓 情愛こまやかである。“**脉脉**”は目で気持ちを伝えるさま。

温文尔雅　**wēnwén-ěryǎ**

并列 おとなしくしとやかである；態度が温和で物腰が上品である。“**温文**”は温和で礼儀正しい。“**尔雅**”はしとやかである，上品である。¶ **举止～**。立居ふるまいが礼儀正しく優雅だ。

文不对题　**wén-bùduìtí**

主谓 文，題に対(こた)えず；話や文章の内容が題目と合っていない。

文不加点　**wén-bùjiādiǎn**

主谓 文，点を加えず；一気に文章を書き上げ一点の修正も必要としない。“**点**”は書かれた文字の上に墨で点を打って削除を示すこと。

文从字顺　**wéncóng-zìshùn**

并列 文意がよく通り表現も滑らかである；文章が平明である。

文过饰非　**wénguò-shìfēi**

并列 過ちを隠し非を飾る；過失や失敗を巧みに繕う。過ちを飾る。“**文**”“**饰**”は共に飾る。

文人相轻　**wénrén-xiāngqīng**

主谓 文人相軽んず；文人どうしは軽蔑しあうものである。曹丕『典論』に“**文人相轻，自古而然**”(文人が互いに軽んじあうのは，古来世の常である)とある。

文如其人　**wén-rúqírén**

主谓 文は人なり；文章はその書き手の性格や考えを表すものである。

文恬武嬉　**wéntián-wǔxī**

并列 文官はのんびり構え，武官は遊びに耽っている；官界全体の綱紀が緩んでいることをいう。“**恬**”はやすらかな，のんびりしている。“**嬉**”は遊び戯れる。

文质彬彬　**wénzhì-bīnbīn**

主谓 文質彬々(ひんぴん)たり；外見と内容が調和を得ている。上品で礼儀正しいことの形容。“**文**”は色彩，いろどり。"质"は実質。"彬彬"はほどよく調和を得ているさま。『論語』雍也篇に見える孔子のことばから。¶ **别看这姑娘～，做起事来，既泼辣又大胆。**この娘さんはおとなしそうだけれど，仕事となると，腕も確かだし，思い切ったことをする。

纹丝不动　wénsī-bùdòng
状中 微動だにしない；びくともしない。¶ **连下几镐，那块冻土还～。**何度もつるはしを打ちおろしたが，いてついた土はびくともしない。

闻风而动　wénfēng'érdòng
连动 うわさを聞いてすぐさま立ち上がる。

闻风丧胆　wénfēng-sàngdǎn
承接 うわさを聞いただけで肝をつぶす；非常に恐れるさま。

闻过则喜　wénguò-zéxǐ
连动 過ちを指摘されて喜ぶ；謙虚に人の意見を受け入れる。¶ **要严于解剖自己，要有～的精神。**厳しく自己を分析し，謙虚に批判を受け入れる精神を持たなければならない。

闻所未闻　wén-suǒwèiwén
动宾 これまで聞いたことのない事を耳にする；初耳である。¶ **他们给了我很多～的知识。**彼らは私に初めて聞く多くの知識をもたらした。

稳操胜券　wěncāo-shèngquàn
动宾 しっかり勝算を握っている；胸に勝算あり。"稳操胜算"（wěncāo-shèngsuàn），"稳操左券"（wěncāo-zuǒquàn）とも。

稳如泰山　wěn-rútàishān
补充 安きこと泰山のごとし。☞"安如泰山"（ān-rútàishān）

稳扎稳打　wěnzhā-wěndǎ
并列 着実に地歩を固め着実に闘う；一歩一歩着実に事を行う。"扎"は駐屯する。¶ **他做事～，从不忙乱。**彼はする事に落ち着きがあり，これまでばたばたしたことがない。

问道于盲　wèndàoyúmáng
补充 盲人に道を聞く；何もわからない人にものを尋ねる。お門違い。

问寒问暖　wènhán-wènnuǎn
并列 寒さ暖かさを問う；他人の暮らしにあれこれと気を配る。

weng

瓮中之鳖　wèngzhōngzhībiē
定中 甕(かめ)の中のすっぽん；相手はすでに我が手中にあって逃げられないということのたとえ。"瓮"はかめ。"鳖"はすっぽん。¶ **敌人已成了～。**敵はすでに袋の中のねずみだ。

瓮中捉鳖　wèngzhōng-zhuōbiē
状中 甕(かめ)の中のすっぽんを捕らえる；容易に目的を達成できること，十分に自信があることのたとえ。

wo

我行我素　wǒ-xíngwǒsù
主谓（他人が何と言おうと）自分は自分の行き方で行く；自分のペースを崩さない。人は人，我は我。マイペースで行く。¶ **他谁的意见也不听，一味地～，照这样下去，很危险。**彼は誰の意見にも耳を貸そうとせず，ただ自分の行き方を通している。もしこのまま行けば，はなはだ危険だ。

卧薪尝胆　wòxīn-chángdǎn
并列 臥薪嘗胆(がしんしょうたん)；目的を達成するために苦しい試練を自分に課することの形容。春秋末期，越に敗れた呉王・夫差は薪の上に臥して身を苦しめ，一方，呉に負けた越王・勾践(こうせん)は部屋に苦い胆をつるして自らを励まして復仇を図ったという故事から。

wu

乌合之众　wūhézhīzhòng
定中 烏合(うごう)の衆；一時的に集まっただけで，組織も規律もない集団をたとえる。

乌烟瘴气　**wūyān-zhàngqì**
并列 烏烟瘴気(うえんしょうき)；黒いもやと湿熱の毒気。社会の秩序が混乱しているさま。また社会が暗黒の状態にあることのたとえ。

污泥浊水　**wūní-zhuóshuǐ**
并列 汚い泥と濁った水；腐敗したものや立ち遅れたもの，反動的なもののたとえ。

呜呼哀哉　**wūhū-āizāi**
状中 ああ哀しいかな；旧時，死者を哀悼する語。多く，風刺・皮肉の意味を込めて用いる。(人が)おだぶつになる。(物事が)おじゃんになる。“**一命呜呼**”(yīmìng-wūhū)参照。

无病呻吟　**wúbìng-shēnyín**
转折 病気でもないのに呻吟(しんぎん)する；わざと大げさに嘆いてみせる。

无地自容　**wúdì-zìróng**
连动 身の置き所がない；立つ瀬がない。穴があったら入りたい。

无的放矢　**wúdì-fàngshǐ**
连动 的無くして矢を放つ；明確な目標なしに行動を起こす。目当てなしに事を行う。闇(やみ)に鉄砲。“**有的放矢**”(yǒudì-fàngshǐ)に対して。¶ **发表这种谈话简直是～**。このような談話を発表するのは，的なくして矢を放つようなものだ。

无动于衷　**wúdòngyúzhōng**
补充 少しも心を動かされることがない；無関心・無感動であることのたとえ。“**衷**”は“**中**”とも，内心。¶ **对于铺张浪费现象，决不能熟视无睹，～**。見栄を張って派手に浪費する現象に対して，見て見ぬふりをし，無関心でいるのは絶対によくない。

无独有偶　**wúdú-yǒu'ǒu**
并列 単独でなく必ず対(つい)になっている；一事・一人にとどまらない。多く悪人・悪事について。¶ **两人一样固执，真是～**。ふたりとも意地っ張りで，どっちもどっちだ。

无恶不作　**wú'è-bùzuò**
连动 悪事の限りを尽くす；ありとあらゆる悪事をはたらく。¶ **为所欲为，～**。したい放題にふるまい，悪事の限りを尽くす。

无法无天　**wúfǎ-wútiān**
并列 法もなければ天もない；何らの束縛も受けずに勝手気ままにふるまう。¶ **你们这些人简直是～了!** お前たちときたらまったく度しがたいね。

无功受禄　**wúgōng-shòulù**
转折 功なくして禄を食(は)む；功労がないのに厚遇される。ろくな仕事もせずに高給を取る。月給どろぼう。¶ **不能～**。ろくな仕事もせずに高給を取るわけにはいかない。

无关宏旨　**wúguān-hóngzhǐ**
动宾 主旨と関係がない；大筋と関わりをもたない。大して重要ではない。“**宏旨**”は主旨。

无关痛痒　**wúguān-tòngyǎng**
动宾 痛痒(つうよう)を感じない；自己の利害と関わりがないことをいう。痛くも痒(かゆ)くもない。

无稽之谈　**wújīzhītán**
定中 荒唐無稽(こうとうむけい)の談；でたらめな話。何のよりどころもない話。“**稽**”は調べる，考える。¶ **这种～是不值一驳的**。こんなでたらめな話は反駁するに値しない。

无济于事　**wújìyúshì**
补充 何の益するところもない；何の足しにもならない。問題を解決する上で役に立たない。“**济**”は増す，益する。¶ **这块地里的虫子特别多，一架喷雾器根本～**。この畑は虫がとても多いので，一台の噴霧器ぐらいでは何の役にも立たない。

无价之宝　**wújiàzhībǎo**
定中 値の付けようがない宝；掛け替えのない宝物。¶ **这些出土文物件件都是～**。これらの出土文物は一つ一つが掛け替えのない宝だ。

无坚不摧　**wújiān-bùcuī**
连动 どんな堅い物でも打ち砕くことができる；極めて強力なことのたとえ。いかなる困難をも克服することができる。¶ ～，**无往不利**。何物にも打ち克ち，何事も順調に運ぶ。

无精打采　**wújīng-dǎcǎi**
并列 すっかり元気を失ったさま。☞“没精打采”（méijīng-dǎcǎi）¶ **小李这两天～，必定是有心事**。李さんはここ数日しょんぼりしているが，何か悩み事があるに違いない。

无拘无束　**wújū-wúshù**
并列 何の束縛もない；自由自在である，何のこだわりもない。

无可非议　**wúkě-fēiyì**
动宾 何ら非難すべき所がない。“非议”は批判する，責める。¶ **我认为他的话是～的**。私は彼の話には非難すべき所がないと思う。

无可厚非　**wúkě-hòufēi**
动宾 過度に非難すべきではない；（欠点はあるが）長所なしとはしない。“厚非”はひどく責める。“未可厚非”（wèi kě-hòufēi）とも。¶ **这本小说虽然不无缺点，却也～**。この小説は欠点がないわけではないが，全面的に否定するほどでもない。

无可奈何　**wúkě-nàihé**
动宾 いかんともしがたい；どうしようもない。¶ **弟弟真调皮，妈妈对他～**。弟はまったくやんちゃで，母はどうにも手の施しようがない。

无可争辩　**wúkě-zhēngbiàn**
动宾 論争のしようがない；確実で疑う余地がない。¶ **这是～的事实**。これは動かし難い事実だ。

无可置疑　**wúkě-zhìyí**
动宾 疑いを差し挟む余地がない。“置疑”は疑いを抱く。“毋庸置疑”（wúyōng-zhìyí）とも。

无孔不入　**wúkǒng-bùrù**
连动 穴さえあれば入り込む；いかなる機会も逃さず利用する。隙さえあれば付け込む。抜け目がない。

无理取闹　**wúlǐ-qǔnào**
连动 いわれもなく騒ぎを起こす；わざと騒ぎ立てる。“取闹”は騒ぎ立てる。¶ **群众对他的这种～，非常气愤**。彼がいわれもなく騒ぎ立てるので，みんなとても腹を立てている。

无米之炊　**wúmǐzhīchuī**
定中 米なしで炊(かし)ぐこと；無い袖を振ること。できない相談。¶ **巧妇难为～**。どんな器用な主婦でも米がなくては飯を炊けない。

无能为力　**wúnéng-wéilì**
连动 力がなくてどうすることもできない；とても手に負えない。¶ **你们之间的矛盾，要靠你们自己解决，别人～**。君たちの間の矛盾は，君たち自身で解決してもらいたい，他人にはどうしようもないのだから。

无奇不有　**wúqí-bùyǒu**
连动 どんな珍しい物でもある；珍しい物だらけである。¶ **他们编造的谣言～**。彼らはありとあらゆるデマを作り上げた。

无穷无尽　**wúqióng-wújìn**
并列 尽きることがない；無尽蔵である。¶ **群众的智慧和力量是～的**。大衆の知恵と力は尽きるところのないものだ。

无人问津　**wúrénwènjīn**
兼语 津(しん)を問う人なし；渡し場のありかを尋ねようとする人はいない。誰も顧みようとしない。手を出そうとする人は誰もいない。

无伤大体　**wúshāng-dàtǐ**
动宾 全体に支障を及ぼすことはない；大勢に影響がない。¶ **这篇论文写得很出色，虽有一两处可以商榷的地方，但也～**。この論文はなかなかよく書けている。二三検討を要する箇所もないではないが，全体に関わるものではない。

W

无伤大雅　wúshāng-dàyǎ
动宾 品格を傷つけるほどのことはない;(事の本質を損うほどの)大きな差し障りはない。“**大雅**”は品位,上品さ。

无声无臭　wúshēng-wúxiù
并列 音もなければにおいもない;無名で誰にも知られることのないたとえ。鳴かず飛ばず。注“**臭**”は xiù。

无时无刻　wúshí-wúkè
并列 いつも;絶え間なく。四六時中。¶**我们～不在想念着你。**私たちは片ときもあなたのことを忘れたことはない。

无事生非　wúshì-shēngfēi
转折 ことさらに騒ぎを起こす;わざと事を構える。平地に波風を立てる。¶**别理他,我看他这是～。**放っておきなさい,彼はわざと事を構えようとしているのだから。

无私有弊　wúsī-yǒubì
转折 私心がないのに疑いをかけられる;痛くもない腹を探られる。

无所不为　wú-suǒbùwéi
动宾 なさざるところなし;どんな悪い事でもする。

无所不至　wú-suǒbùzhì
动宾 至らざるところなし;あらゆる範囲に及ぶ。また,どんな悪い事でもすること。

无所事事　wú-suǒshìshì
动宾 暇で何もする事がない;ぶらぶらする。無為に過ごす。“**事事**”はある事に従事する。¶**整日～,四处游荡。**一日中何もせずに,あちこちほっつき歩いている。

无所适从　wú-suǒshìcóng
动宾 誰に従ったらよいのかわからない;去就に迷う。“**适**”は行く。“**从**”は従う。¶**你这样说,他那样说,倒叫我～。**みなそれぞれに違うことを言うので,私は誰に従ったらよいのかわからない。

无所用心　wú-suǒyòngxīn
动宾 少しも頭を働かせない;何事にも関心を示さない。¶**饱食终日,～。**終日飽食して,少しも頭を働かせない。

无所作为　wú-suǒzuòwéi
动宾 何もしようとしない;現状に甘んじ無為に日を過ごす。

无往不利　wúwǎng-bùlì
连动 どこもかしこもうまくいかない所はない;すべて順調に運ぶ。何もかもうまくいく。

无往不胜　wúwǎng-bùshèng
连动 どこへ行っても勝利を収める;向かうところ敵なし。

无妄之灾　wúwàngzhīzāi
定中 思いもかけない災い;不慮の災難。『易経』に見える語。“**无妄**”は意外な,思いがけない。¶**遭受了～。**思わぬ災難にみまわれた。

无微不至　wúwēi-bùzhì
补充 至れり尽くせりである;(気配り・心遣いなどが)行き届いていること。かゆいところに手が届く。“**微**”は微細な,細かな。¶**感谢您对我～的关怀。**あなたの行き届いた配慮に感謝いたします。

无隙可乘　wúxì-kěchéng
连动 乗じる隙がない;付け込む隙がない。

无懈可击　wúxiè-kějī
连动 乗じられるような緩みがない;寸分の隙もない。“**懈**”は怠たる,緩める。¶**他的设计～。**彼の設計は寸分の隙もない。

无以复加　wúyǐfùjiā
动宾 これ以上加えるものがない;すでに極限に達している。“**复**”はさらに,これ以上。¶**这个虚构的故事,荒唐得～。**この作り話は,荒唐無稽(こうとうむけい)この上なしだ。

无翼而飞　wúyì'érfēi
转折 羽がないのに飛び去る。☞“**不翼而飞**”(bùyì'érfēi)

W

无影无踪　**wúyǐng-wúzōng**
[并列] 影も形もない；行方がまったく知れない。¶ **消失得～**。跡形もなく消え失せた。

无与伦比　**wú-yǔlúnbǐ**
[动宾] 比べうるものがない；比類がない。"**伦**"は類，仲間。

无缘无故　**wúyuán-wúgù**
[并列] 何のいわれもない；まったく関係がない。¶ **世上决没有～的爱，也没有～的恨**。世の中にはいわれのない愛もないし，またいわれのない憎しみもない。

无中生有　**wúzhōng-shēngyǒu**
[状中] ありもしない事を作りだす；事実を捏造(ねつぞう)する。¶ **这些诬蔑完全是～**。これらの中傷はまったくのデッチ上げだ。

无足轻重　**wúzú-qīngzhòng**
[动宾]（軽かろうと重かろうと）全体に影響がない；重視するに足りない。取るに足りない。"**无足重轻**"（wúzú-zhòngqīng）とも。¶ **生活作风决不是～的小事**。生活態度は決して取るに足りない小事ではない。

毋庸讳言　**wúyōng-huìyán**
[动宾] 隠し立てするに及ばない。"**毋庸**"は…するに及ばない，＝"**无须**"（wúxū）。

毋庸置疑　**wúyōng-zhìyí**
[动宾] 疑いを差し挟む余地がない。

毋庸赘言　**wúyōng-zhuìyán**
[动宾] くどくど言うまでもない。

吴牛喘月　**wúniú-chuǎnyuè**
[主谓] 呉牛月に喘(あえ)ぐ。呉牛（中国南方，呉の地の牛，水牛のこと）は昼間太陽の暑さに苦しんでいるため，夜，月を見ても太陽と思って喘ぐという。『世説新語』言語。過度に恐れるあまり，取り越し苦労をすることのたとえ。

五彩缤纷　**wǔcǎi-bīnfēn**
[主谓] 五色に輝く。☞"**五色缤纷**"（wǔsè-bīnfēn）

五大三粗　**wǔdà-sāncū**
[并列] 体が大きくてたくましいことをいう。"**五大**"は体，頭，口，手，足が大きいこと，"**三粗**"は腰，脚，腕が太いこと。

五方杂处　**wǔfāng-záchǔ**
[主谓] 諸方から来た人が入り交じっている；あちこちの人が雑居している。

五谷不分　**wǔgǔ-bùfēn**
[主谓] 五穀分かたず；五穀の区別もできない。『論語』微子篇に見える"**四体不勤，五谷不分**"（四体勤めず，五穀分かたず）という語から。"**四体**"は両手両足。"**五谷**"は五種の主要な穀物。米・麦・粟・豆・黍(きび)または稗(ひえ)など諸説がある。

五谷丰登　**wǔgǔ-fēngdēng**
[主谓] 五穀豊穣(ほうじょう)；穀物が豊かに実ること。¶ **又是一个～的好年头**。また五穀豊穣の好収穫年だ。

五光十色　**wǔguāng-shísè**
[并列] 色とりどりで鮮やかなさま；目もあやである。¶ **展品～，琳琅满目**。展示品は鮮やかで，どれも目を奪うばかりに美しい。

五湖四海　**wǔhú-sìhǎi**
[并列] 全国各地；津々浦々。また，世界各地の意にも。¶ **我们都是来自～**。我々はみな全国津々浦々からやってきた。

五花八门　**wǔhuā-bāmén**
[并列] 多種多様である；種々様々である。"**花**"はがら，模様。"**门**"は部門，種類。¶ **～，应有尽有**。多種多様，ありとあらゆるものがある。

五色缤纷　**wǔsè-bīnfēn**
[主谓] 五色に輝く；彩り鮮やかなさま。"**五彩缤纷**"（wǔcǎi-bīnfēn）とも。

五体投地　**wǔtǐ-tóudì**
[主谓] 五体投地；五体を地に伏せる。両手・両膝および額を地に伏せて行う仏教の最敬礼。この上なく敬うことのたとえ。ひれ伏す。¶ **我对他刻苦学**

习的精神真是佩服得～。彼の骨身を惜しまず学習に励む精神にはただただ頭が下がるばかりだ。

五颜六色　**wǔyán-liùsè**
并列 色とりどりなさま。"**五…六…**"は数や種類が多いことを示す。¶**花园里开满了～的鲜花**。花園には色とりどりのきれいな花が咲き乱れている。¶**～的花布**。色とりどりのプリント生地。¶**～的彩旗**。色とりどりの旗。

忤逆不孝　**wǔnì-bùxiào**
并列 親不孝である。"**忤逆**"は逆らう，従順でない。

舞文弄墨　**wǔwén-nòngmò**
并列 法律の条文を歪曲(わいきょく)して不正をはたらく。また，文章の技巧をもてあそぶ意にも。前者は"**舞文弄法**"(wǔwén-nòngfǎ)とも。

物换星移　**wùhuàn-xīngyí**
并列 物変わり星移る；世の中が移り変わること。"**物换**"は事物が変化すること，"**星移**"は星の位置が移動すること，転じて時が移ること。"**星移物换**"(xīngyí-wùhuàn)とも。

物极必反　**wùjí-bìfǎn**
条件 物極まれば必ず反す；物事は極点に達すると，必ず反対方向へ展開する。

物尽其用　**wù-jìnqíyòng**
主谓 物はその用を尽くす；むだなく利用し尽くすことのたとえ。¶**要真正做到～，杜绝浪费**。役立つものはすべて用い，無駄をなくさなければならない。

物美价廉　**wùměi-jiàlián**
并列 物は良く値は安い。¶**我们应当生产更多～的商品**。我々は一層多くの安くてよい商品を生産しなければならない。

物伤其类　**wù-shāngqílèi**
主谓 同類相哀れむ；同類の不幸を悲しむ。"**物**"は人，動物。多く《貶》。

物是人非　**wùshì-rénfēi**
转折 風物は元のままだが，人間だけは同じでない。故人に対する哀惜の念や世相の変化を嘆く気持ちを表すのに用いる。

物以类聚　**wù-yǐlèijù**
主谓 物は類をもって集まる；類は友を呼ぶ。同気相求む。悪人どうしがぐるになる意味にも。¶**～，人以群分**。物は類をもって集まり，人は群をもって分かる。

雾里看花　**wùlǐ-kànhuā**
状中 霧の中で花を見ているかのよう；年老いて目がかすむこと。転じて，事柄の本質がよくつかめないことのたとえにも。

X

洗耳恭听

xi

息事宁人　**xīshì-níngrén**
[连动] 事を収めて人を安心させる;いざこざを解決して人々を落ち着かせる。"**息事**"は事を解決する。円満に事を解決する。丸く収める。

息息相关　**xīxī-xiāngguān**
[主谓] 息が通い合っている;密接な関係にあることのたとえ。息が合う。"**息息相通**"(xīxī-xiāngtōng)とも。¶**我们是～、生死与共的兄弟。**我々は息の合った,生死を共にする兄弟だ。

惜墨如金　**xīmò-rújīn**
[补充] 墨を惜しむこと金のごとし;書画や文章の筆を軽々しく下ろそうとしない。¶**他是～的作家,不轻易下笔。**彼は極めて慎重な作家で,軽々しく筆を下ろさない。

熙来攘往　**xīlái-rǎngwǎng**
[并列] 人の往来が盛んでにぎやかなさま。☞"**熙熙攘攘**"(xīxī-rǎngrǎng)

熙熙攘攘　**xīxī-rǎngrǎng**
[并列] 人の往来が盛んでにぎやかなさま。"**熙熙**"は和やかなさま。"**攘攘**"はごったがえしているさま。"**熙来攘往**"(xīlái-rǎngwǎng)とも。

嘻皮笑脸　**xīpí-xiàoliǎn**
[并列] にやにや笑うさま。☞"**嬉皮笑脸**"(xīpí-xiàoliǎn)

嬉皮笑脸　**xīpí-xiàoliǎn**
[并列] にやにや笑うさま;ふざけてうす笑いするさま。"**嘻皮笑脸**"(xīpí-xiàoliǎn)とも。¶**人家在说正经事,你不要～的。**人がまじめな話をしているのに,にやにや笑っていてはいかん。

习非成是　**xífēi-chéngshì**
[连动] 誤った事やよくない事に慣れてしまい,それを正しいと信じ込む;慣れてしまって是非·善悪の判断がつかなくなる。慣れっこになる。

习焉不察　**xíyān-bùchá**
[连动] 習いて察せず;習慣になってしまって気が付かない。"**焉**"は文語の語気助詞。

习以为常　**xíyǐ-wéicháng**
[状中] 慣れてしまってあたりまえのことのように思う。¶**他每天写日记已经～了。**彼は毎日日記を書くのが,すでに習慣化している。

习与性成　**xí-yǔxìngchéng**
[主谓] 習い性(せい)となる;習慣が性格となる。¶**他从小就不大爱说活,～,现在还是话不多。**彼は小さい頃から話し好きではなかったが,それが天性となって,いまだに口数が少ない。

席不暇暖　**xí-bùxiánuǎn**
[主谓] 席の暖まる暇もない;極めて多忙なさま。¶**他成天到晚忙个不停,简直是～。**彼は日がな一日忙しくて,全く席の暖まる暇がない。

洗耳恭听　**xǐ'ěr-gōngtīng**
[连动] 耳を洗って恭しく聞く;篤(とく)と拝聴する。からかい気味に使われることがある。¶**你就说吧,我们大家都～。**お話しなさいな,私たちは篤と拝聴させていただきますから。

洗心革面　**xǐxīn-gémiàn**
[并列] 心を洗い,面目を改める;(悪人が)徹底的に悔い改める。改心して一から出直す。"**革面洗心**"(gémiàn-xǐxīn)とも。

喜出望外　**xǐ-chūwàngwài**
主调 望外の喜びである；この上なくうれしい。¶ **收到亲人来信，我真是～。** 肉親から手紙を受け取って，私はとてもうれしい。

喜怒无常　**xǐnù-wúcháng**
主调 喜怒常ならず；感情がめまぐるしく変わる。

喜气洋洋　**xǐqì-yángyáng**
主调 喜びに満ちあふれている；喜色満面である。

喜闻乐见　**xǐwén-lèjiàn**
并列 喜んで聞き，楽しんで見る；人々から歓迎される。¶ **多创作为群众所～的作品。** 大衆が喜んで受け入れてくれる作品をたくさん作る。

喜笑颜开　**xǐxiào-yánkāi**
并列 うれしさに顔がほころぶ；うれしくてにこにこしている。頬が緩む。

喜新厌旧　**xǐxīn-yànjiù**
并列 新しいものを好み，古いものを嫌う；飽きっぽい。移り気である。多くは男女の愛情について。

喜形于色　**xǐ-xíngyúsè**
主调 喜びが表情に現れる；うれしさを隠し切れない。¶ **听到竞赛获胜的消息，个个～。** 競争に勝ったという知らせを聞いて，みんな喜びを隠し切れないでいる。

细水长流　**xìshuǐ-chángliú**
主调 ほそぼそといつまでも流れ続ける；金銭や物資を倹約して使い長持ちさせること。また，こつこつと息長くやり続けること。¶ **居家过日子要有计划，～，不要大手大脚。** 毎日の暮らしは計画性を持って，倹約を心がけるべきで，派手に浪費するのはよくない。

细枝末节　**xìzhī-mòjié**
并列 枝葉末節；枝葉(えだは)や末端のふしぶし。事柄や問題の中心から外れたつまらない部分。瑣事(さじ)。瑣末事。¶ **他把事情的前后经过，连同～，都讲得清清楚楚。** 彼は事の前後の経過を，こまごまとした瑣事まで含めて，すべてはっきりと語った。

xia

虾兵蟹将　**xiābīng-xièjiàng**
并列 蝦(えび)の兵隊と蟹(かに)の将軍；民間伝説にいう竜王の将兵。敵の手先や役立たずの将兵のたとえ。

狭路相逢　**xiálù-xiāngféng**
状中 (敵《かたき》どうしが)狭い道で行き交う；狭くて譲りようがない。衝突は避けられない。そのままでは済まない。

瑕不掩瑜　**xiá-bùyǎnyú**
主调 欠点はあるが長所を帳消しにしてしまうほどのものではない；欠点をおおうに足る長所がある。“瑕”は玉のきず。“瑜”は玉の光。

瑕瑜互见　**xiáyú-hùjiàn**
主调 長所もあれば短所もある；多く文章について。¶ **集子中选的几篇小说～。** 作品集に収められている何編かの小説には，長所もあれば欠点も見られる。

下不为例　**xià-bùwéilì**
主调 次回からはこの限りではない；これを前例としない。¶ **仅此一次，～。** 今回限りで，これを前例としない。

下车伊始　**xiàchē-yīshǐ**
连动 役人が任に着くやいなやすぐさま；広く，任地に行ってすぐに。着任したばかりなのに。“**下车**”は(官吏が)任に着く。“**伊**”は文語の助詞，“**伊始**”は始める，開始する。¶ **到了新的工作岗位，千万不要～就大发议论。** 新しい任地に行っても，決して着任早々やかましく言い立てたりするんじゃないよ。

下里巴人　**xiàlǐ-bārén**
并列 通俗的な文学芸術作品のたとえ；もと，戦国時代の楚国の民間歌曲。よく“**阳春白雪**”(yángchūn-báixuě — 高尚な文芸作品)と対比的に用いられる。¶**他们错误地认为，广大群众欢迎的作品是～，不值一提。**彼らは勘違いして，大衆から歓迎される作品は通俗的で，まったく取るに足りないものと考えている。

下马看花　**xiàmǎ-kànhuā**
连动 馬から下りて花を見る；そこにとどまり，じっくり考察する。“**走马观花**”(zǒumǎ-guānhuā)に対して。

xian

先睹为快　**xiāndǔ-wéikuài**
主调 いちばん先に見ることを喜びとする；(書籍や演劇などの)出現を待ち望むこと。待望久しい。

先发制人　**xiānfā-zhìrén**
连动 先んずれば人を制す。“**后发制人**”(hòufā-zhìrén)に対して。

先见之明　**xiānjiànzhīmíng**
定中 先見の明；事前に問題の本質を見抜く眼力。¶**多亏他有～，咱们才没上敌人的圈套。**彼が先見の明を有していたお陰で，われわれは敵のわなにはまらないですんだ。

先礼后兵　**xiānlǐ-hòubīng**
连动 先ず礼をもって接し，通じなかったらはじめて力に訴える；うまく行かなかったら手加減しない。

先人后己　**xiānrén-hòujǐ**
连动 人を先にし己を後にする；まず人のためを考え，自分のことは後回しにする。

先入为主　**xiānrù-wéizhǔ**
主调 先入観にとらわれる。¶**有了～的看法，即使进行调查，往往也不能得出客观的结论。**先入観にとらわれると，たとえ調査を行なっても，なかなか客観的な結論は得られないものだ。

先声夺人　**xiānshēng-duórén**
目的 先に気勢を挙げて相手を威圧する；先手をとる。機先を制する。“**声**”は勢い，威勢。“**夺人**”は心を揺るがす，動揺させる。

先天不足　**xiāntiān-bùzú**
主调 先天的に虚弱である。転じて，物事の基礎がしっかりしていない意にも。¶**这孩子没足月就出生了，～，要特别精心照料。**この子は月足らずで生まれ，体が弱いので，特によく面倒を見てやらなければならない。

先斩后奏　**xiānzhǎn-hòuzòu**
连动 先に刑を執行して後に奏上する；先に処置して後に報告すること。事後報告する。¶**你们事先不向领导请示，～，这是违反组织纪律的。**諸君は事前に指導者の指示を仰がず，事後報告で済ませようとしているが，これは組織の規律に背くものだ。

闲情逸致　**xiánqíng-yìzhì**
并列 のんびりとした楽しい境地。“**逸致**”は楽しい興趣。¶**大家都在紧张地工作，谁还有～去钓鱼呢！**みんな忙しく仕事をしているのに，のんびりと魚釣りに行っている暇などあるものですか。

弦外之音　**xiánwàizhīyīn**
定中 弦外の音；言外の意。表面に出ていない意味。ことばの裏。¶**老王这番话的～，是他受了委屈。**王さんのこの話は，言外に彼がぬれぎぬを着せられたことを訴えている。

显而易见　**xiǎn'éryìjiàn**
因果 はっきりしていてすぐわかる；誰の目にも明らかである。¶**不经一事，不长一智，这是～的道理。**一つ経験すれば一つ賢くなるというのは，疑いようのない道理である。

现身说法　**xiànshēn-shuōfǎ**
连动 仏が種々の姿でこの世に現れ，衆生に法を説くこと。転じて，自分の経験や体験に基づいて人に教訓を垂れること。

陷身囹圄　**xiànshēn-língyǔ**
动宾 牢獄に入れられる；捕らわれの身となる。“**陷身**”は身を落とす，…の身となる。“**囹圄**”は牢屋，牢獄。

xiang

相安无事　xiāng'ān-wúshì
并列 (何のもめ事もなく)互いに仲良く暮らす。

相得益彰　xiāngdé-yìzhāng
补充 互いに力を合わせることによって,双方の長所がいっそう発揮される。"益"はますます。"彰"は明らかな。

相反相成　xiāngfǎn-xiāngchéng
对比 相反していながら互いに成り立っている;互いに矛盾するかに見えて,実は依存しあっている。¶**刻苦学习与积极锻炼身体是～的,并不矛盾。**骨身を惜しまず勉強することと進んで身体を鍛えることとは相容れないようだが,決して矛盾するものではない。

相辅相成　xiāngfǔ-xiāngchéng
并列 互いに補い合い助け合う。¶**读书和写作是～。**読むことと書くこととは相補い合う関係にある。

相煎何急　xiāngjiān-héjí
主调 相煎(い)ることなんぞ急なる;兄弟どうし·味方どうしが互いに害し合うことを指す。"**相煎太急**"(xiāngjiān-tàijí)とも。"**煮豆燃萁**"(zhǔdòu-ránqí)参照。

相敬如宾　xiāngjìng-rúbīn
补充 (夫婦が)賓客に対するように敬い合う。

相忍为国　xiāngrěn-wèiguó
补充 国家のために耐え忍ぶ。

相濡以沫　xiāngrú-yǐmò
补充 あぶくでもって相濡(うるお)す;困っている時,微力を尽くして助け合う。苦楽を共にする。枯れた泉の魚があぶくでうるおしあうというたとえ話から。『荘子』大宗師。

相提并论　xiāngtí-bìnglùn
并列 (相異なる二つのものを)合わせて論じる;同列に論じる。一緒くたにする。¶**这两类矛盾性质不同,不能～。**この二種の矛盾は性質が異なるから,同列に扱うわけにはいかない。

相形见绌　xiāngxíng-jiànchù
连动 比較して見劣りがする;他よりも劣る。"形"は比べる。"绌"は足りない。¶**看到劳模们的工作,自己～,差距太大了。**模範労働者たちの仕事ぶりを見ると,自分は劣っており,ずいぶん開きがあるのがわかる。

相依为命　xiāngyī-wéimìng
状中 互いに頼り合って生きる。¶**母女俩～。**母と娘は寄り添うようにして生きている。

相映成趣　xiāngyìng-chéngqù
状中 互いに引き立て合う。¶**湖光塔影,～。**湖水のきらめきと塔の影が対照の妙を成している。

降龙伏虎　xiánglóng-fúhǔ
并列 もと,高僧が法力で竜を降ろし虎を伏す。転じて,強大な勢力に打ち勝つことのたとえ。

响彻云霄　xiǎng-chèyúnxiāo
主调 声や音が雲のかなたまで響き渡る。"彻"は突き通す。"云霄"は大空。¶**欢呼声～。**歓呼の声が遠くまで響き渡る。

响遏行云　xiǎng-èxíngyún
主调 声や音が空を行く雲を引き止める;歌声が高らかに響き渡ることの形容。"遏"は止める,阻む。

想方设法　xiǎngfāng-shèfǎ
并列 あれこれと方法を考える。¶**无论遇到什么困难,也得～完成任务。**どんな困難に出合おうとも,八方手を尽くして任務を完成しなければならない。

想入非非　xiǎng-rùfēifēi
主调 考えが幻の世界に及ぶ;妄想に陥る。わけのわからないことを考える。"非非"は仏典で幻の世界,無想の境地。¶**你不要坐在那里～了。**じっとそこで座ったままで妄想にふけるのはよしたまえ。

向壁虚构　**xiàngbì-xūgòu**
[状中] 壁に向かってでたらめな想像をする;無根の事実を作り上げる。“向壁虚造”(xiàngbì-xūzào)とも。

象牙之塔　**xiàngyázhītǎ**
[定中] 象牙の塔;(学者や芸術家の)現実の世界から遊離した小天地。“象牙宝塔”(xiàngyá-bǎotǎ)とも。¶**知识分子应该走出～。**知識人は象牙の塔から出なければならない。

xiao

逍遥法外　**xiāoyáo-fǎwài**
[补充] 法の外に逍遥する;法の制裁を逃れて悠々としている。¶**绝不能让犯罪分子～。**断じて犯罪者を野放しにしておいてはならない。

逍遥自在　**xiāoyáo-zìzài**
[并列] 何の拘束も受けない;自由自在である。悠然としている。¶**他一个人～地在林间散步。**彼は一人のんびりと森の中を散歩している。

销声匿迹　**xiāoshēng-nìjì**
[并列] 声を消し跡を隠す;声も出さず姿も見せない。鳴りをひそめる。¶**一到寒冬，活跃在田间草际的昆虫便～了。**寒い冬が訪れると，畑や草むらを飛び回っていた昆虫が，たちまち姿を消してしまった。

霄壤之别　**xiāorǎngzhībié**
[定中] 天と地の違い。☞“天壤之别”(tiānrǎngzhībié)

小肚鸡肠　**xiǎodù-jīcháng**
[并列] (鶏のように)度量が狭く小事に拘泥する;大局を顧みない。“鼠肚鸡肠”(shǔdù-jīcháng)とも。

小恩小惠　**xiǎo'ēn-xiǎohuì**
[并列] (人を丸め込むための)わずかばかりの恩恵。¶**用～拉拢一些人。**ちょっと飴(あめ)をしゃぶらせて一部の人を抱き込む。

小巧玲珑　**xiǎoqiǎo-línglóng**
[并列] 小さくて精巧である。¶**这副牙雕～，特别惹人喜爱。**この象牙細工は非常に凝っていて，なかなか受けがよい。

小题大做　**xiǎotí-dàzuò**
[主调] 小さな問題を大げさに取り上げる;些細なことを大げさに扱う。¶**芝麻大的一点事，何必～。**ごま粒ほどのちっぽけな問題なのに，大げさに取り上げることはないだろう。

小心翼翼　**xiǎoxīn-yìyì**
[补充] 極めて慎重でおろそかにしないさま。¶**她～地翻开纪念册。**彼女はそっと注意深くアルバムを開いた。

笑里藏刀　**xiàolǐ-cángdāo**
[状中] 笑いの内に刀を蔵(かく)している;表面は柔和であるが，内心は陰険である。人当たりはよいが腹黒い。真綿に針を包む。

笑容可掬　**xiàoróng-kějū**
[主调] こぼれんばかりの笑みを浮かべる;満面に笑みをたたえる。“掬”は両手ですくう。¶**他～地同每一个到会的人打招呼。**彼はにこにこしながら参加者一人一人と挨拶した。

笑逐颜开　**xiào-zhúyánkāi**
[主调] 笑いが顔中に広がる;満面に笑みを浮かべる。“逐”は駆り立てる。¶**听到儿子考上大学的消息，爸爸～。**息子が大学に合格したという知らせを聞いて父親は顔をほころばせた。

xie

邪门歪道　**xiémén-wāidào**
[并列] 邪道;まっとうでない方法。よこしまなやり方。

胁肩谄笑　**xiéjiān-chǎnxiào**
[连动] 肩をすくめて追従笑いをする;こびへつらうさま。

卸磨杀驴　**xièmò-shālǘ**
[连动] 磨(うす)から外してロバを殺す;粉をひき終わるとロバを殺してしまう。用が済むと恩義のある人を見捨ててしまうことのたとえ。

谢天谢地　xiètiān-xièdì
并列 天地に感謝する；この上なくありがたい。¶ ～，**这次考试终于通过了。**ありがたいことに，やっとのことで今回の試験に合格した。

xin

心安理得　xīn'ān-lǐdé
并列 行いが道理にかなっていて落ち着き払っている；うしろめたいところがないので心が安らかである。

心不在焉　xīn-bùzàiyān
主谓 心ここにあらず；うわの空である。"焉"は文語の助詞。¶ **他看上去好像～。**見たところどうも彼は心ここにあらずのようだ。

心潮澎湃　xīncháo-péngpài
主谓 心が大きく波打つ；感情が激しく揺れ動くこと。"澎湃"は波がぶつかりあうさま。

心驰神往　xīnchí-shénwǎng
并列 ひたすら思いを馳せる；心から憧れる。¶ **那个美丽的地方令人～。**あの美しい場所は人をうっとりさせる。

心胆俱裂　xīndǎn-jùliè
主谓 心肝ともに裂く；非常に驚くことの形容。肝が潰れる。

心烦意乱　xīnfán-yìluàn
并列 頭が混乱して，思い乱れる；心が千々(ちぢ)に乱れる。¶ **他～，书也看不下去。**彼は気持ちが乱れて，本も読み続けることができない。

心腹之患　xīnfùzhīhuàn
定中 内部に潜む禍根；獅子身中の虫。

心甘情愿　xīngān-qíngyuàn
并列 心から願う；(苦しみなどを)甘んじて受ける。"**心甘**"は満足する。"**甘心情愿**"(gānxīn-qíngyuàn)とも。¶ **我～去农村工作。**私は喜んで農村へ働きに行く。

心广体胖　xīnguǎng-tǐpán
并列 心広く体(たい)胖(ゆた)かなり；心が安らかで気持ちがのびのびしている。注"**胖**"は pán，ゆったりしている。"**心宽体胖**"(xīnkuān-tǐpán)とも。

心狠手辣　xīnhěn-shǒulà
并列 残忍で悪辣(あくらつ)である。

心花怒放　xīnhuā-nùfàng
主谓 胸中に花が咲く；喜びにあふれるさま。"**怒放**"は一斉に咲く。¶ **他考了一百分，妈妈听了～。**彼が満点を取ったと聞いて，母親の胸に喜びが込み上げた。

心怀叵测　xīnhuái-pǒcè
主谓 心底が測り知れない。☞"**居心叵测**"(jūxīn-pǒcè)

心慌意乱　xīnhuāng-yìluàn
并列 慌てて気持ちが乱れる；取り乱す。¶ **他～、手足无措地站着。**彼は慌てふためき，なすすべもなく立ち尽くしている。

心灰意懒　xīnhuī-yìlǎn
并列 意気消沈する；すっかりしょげ返る。"**心灰意冷**"(xīnhuī-yìlěng)とも。¶ **高考失利后，他～。**大学入試をしくじって以来，彼はすっかり落ち込んでいる。

心急火燎　xīnjí-huǒliǎo
补充 火がついたように焦る；気が気でないさま。居ても立ってもいられない。"**心急如焚**"(xīnjí-rúfén)，"**心急如火**"(xīnjí-rúhuǒ)とも。¶ **她～地赶来。**彼女は焦り切った様子で駆けつけてきた。

心惊胆战　xīnjīng-dǎnzhàn
并列 恐れおののくさま。☞"**胆战心惊**"(dǎnzhàn-xīnjīng)

心惊肉跳　xīnjīng-ròutiào
并列 胸がどきどきする；恐れおののくさま。怖くてびくびくする。

心口如一　xīnkǒu-rúyī
主谓 口と腹とが一致している；思っていることと言うこととが一致している。¶ **他这个人从来就是言行一致、～的。**彼は常に言うこととすること

X

とが一致していて，口と腹とが違っていたことがない。

心宽体胖　**xīnkuān-tǐpán**
并列 心寛（ひろ）く体（たい）胖（ゆた）かなり。☞“心广体胖”（xīnguǎng-tǐpán）

心旷神怡　**xīnkuàng-shényí**
并列 心がのびのびして愉快である。“旷”は広い。“怡”は（心が）和らぐ。¶**登上庐山远望，真叫人～。**廬山に登って遠くを眺めると，本当に胸のすく思いがする。

心劳日拙　**xīnláo-rìzhuō**
转折 あれこれ心を労するばかりで，かえって苦しくなっていく；悪巧みをすればするほど立場が苦しくなる。

心领神会　**xīnlǐng-shénhuì**
并列 心の中で理解する；以心伝心で悟る。¶**他的话虽然不多，我们每个人却都能～。**彼は多くを話さないが，私たちはみなその言わんとするところを汲むことができる。

心乱如麻　**xīnluàn-rúmá**
补充 心が麻のごとく乱れる；千々（ちぢ）に心が乱れる。

心满意足　**xīnmǎn-yìzú**
并列 心から満足する；何一つ不満がない。

心明眼亮　**xīnmíng-yǎnliàng**
并列 目も心もくもりがない；洞察力に富むさま。

心平气和　**xīnpíng-qìhé**
并列 心が平静で態度が穏やかである。¶**～地交换意见，才能取得相互谅解。**心静かに意見を交換して，はじめて互いに了解しあうことができる。

心如刀割　**xīn-rúdāogē**
主调 胸をえぐられる思いである。“**心如刀绞**”（xīn-rúdāojiǎo）とも。¶**听到战友逝世的消息，每个人都～。**戦友が死んだという知らせに，みんな胸を刺される思いをした。

心心相印　**xīnxīn-xiāngyìn**
主调 心と心が一致する；互いに心が通じ合う。以心伝心で理解する。“印”は合う，一致する。¶**他们俩早已～。**彼らふたりは早くから気持ちがぴったり合っている。

心血来潮　**xīnxuè-láicháo**
主调 ある考えが突然に浮かぶ；ふと思いが兆す。“**心血**”は考え，思い。¶**不能凭一时～，想干什么就干什么。**一時の思いつきで，やりたいことをやろうとするのはよくない。

心有余悸　**xīn-yǒuyújì**
主调 （恐ろしくて）胸の動悸（どうき）が収まらない；恐怖が過ぎ去らず，びくびくしているさま。“**悸**”は心臓がどきどきする。

心猿意马　**xīnyuán-yìmǎ**
并列 意馬心猿；（猿が騒ぎたて馬が奔走するように）心が乱れて落ち着かない。¶**每一件工作都应专心致志地去干，不要～。**どんな仕事も心を打ち込んでやるべきで，落ち着きなく専念しないのはよくない。

心悦诚服　**xīnyuè-chéngfú**
并列 心から喜んで従う；心服する。

心照不宣　**xīnzhào-bùxuān**
因果 口に出して言わないが心の中で理解している；暗黙のうちに了解する。“照”は知る。“宣”は述べる。¶**彼此～。**互いに心の中で察している。

心直口快　**xīnzhí-kǒukuài**
并列 率直で思ったことをすぐ口にする。¶**他性情豪爽，～。**彼は太っ腹な性格で，思ったことは何でも口にする。

心中无数　**xīnzhōng-wúshù**
主调 胸に成算がない；よく呑み込んでいない。“**心中有数**”（xīnzhōng-yǒushù）に対して。☞“**胸中无数**”（xiōngzhōng-wúshù）

心中有数　**xīnzhōng-yǒushù**
主调 胸に成算がある；よく呑み込んでいる。“**心中无数**”に対して。☞“**胸中有数**”（xiōngzhōng-yǒushù）

欣喜若狂　xīnxǐ-ruòkuáng
补充 夢中になって喜ぶ;狂喜する。¶**听到喜讯,～。**吉報を耳にして,みな大喜びした。

欣欣向荣　xīnxīn-xiàngróng
状中 草木の盛んに茂るさま;活気にあふれるさま。発展・繁栄の一途をたどることのたとえ。¶**文化艺术事业～。**文化芸術事業が活気にあふれている。

新陈代谢　xīnchén-dàixiè
主调 新陳代謝;新しいものが生長・発展して古いものに取って代わること。

信口雌黄　xìnkǒu-cíhuáng
状中 口から出任せに好き勝手な事を話す。口から出任せにしゃべる。“**雌黄**”は石黄(せきおう)。古人はこれを用いて字句を塗りつぶして書き改めた。

信口开河　xìnkǒu-kāihé
状中 口から出任せにしゃべる;いいかげんなことをべらべらとしゃべる。“**信口开合**”(xìnkǒu-kāihé)とも。¶**～,胡说八道。**口から出まかせに,でたらめをまくしたてる。

信马由缰　xìnmǎ-yóujiāng
并列 馬の進むに任せる;成り行きに任せる。思いのままにさせておく。¶**做父母的对孩子要严格要求,不能～。**親たる者は子供を厳しくしつけるべきで,放任しておいてはいけない。

信赏必罚　xìnshǎng-bìfá
并列 信賞必罰;手柄のあった者は必ず褒め,罪を犯した者は必ず罰する。賞罰を厳正に行う。

信誓旦旦　xìnshì-dàndàn
主调 誓いに誠意がこもっていて信用できる。“**信誓**”は偽りのない誓いのことば。“**旦旦**”は誠実なさま。

信手拈来　xìnshǒu-niānlái
状中 手当たり次第につまんでくる;著作時に,古典からの引用や語句の選択を自由自在に行うこと。“**信手**”は手に任せる,手当たり次第に。“**拈**”は指でつまむ。¶**他熟悉历史典故,写作时～,妙趣横生。**彼は故事来歴に精通していて,物を書く時,自在に使いこなして趣に満ちている。

信以为真　xìnyǐwéizhēn
连动 真実であると信じ込む;真に受ける。¶**这是开玩笑,你可别～。**これは冗談だから,真に受けないように。

xing

兴风作浪　xīngfēng-zuòlàng
并列 波風を立てる;騒動を起こす。騒ぎたてる。

兴利除弊　xīnglì-chúbì
并列 利を興し弊を除く;有益な事業を興し,無益な事業を廃する。

兴师动众　xīngshī-dòngzhòng
并列 (大規模に)出兵・動員する;多くの人を動員して事を大げさに行う。¶**这么点儿小事,何必～!** こんなちっぽけな事に,そう仰々しく取りかかることはなかろう。

兴妖作怪　xīngyāo-zuòguài
并列 悪事をはたらき,騒ぎを起こす;事を構えて破壊活動を行う。

星火燎原　xīnghuǒ-liáoyuán
主调 星火燎原(りょうげん);“**星星之火,可以燎原**”(xīngxīng zhī huǒ, kěyǐ liáo yuán—小さな火花も,原野を焼き尽くすことができる)を縮めたもの。初めは小さな勢力であっても,やがては大きな力となる無限の可能性を秘めているということのたとえ。

星罗棋布　xīngluó-qíbù
并列 (空の星や盤上の碁石のように)一面にちらばっている。“**罗**”は連なり並ぶ。“**布**”は分布する。

星移斗转　xīngyí-dǒuzhuǎn
并列 星が移り巡る;星辰(せいしん)が位置を変える。時が推移することのたとえ。星移り歳改まる。注“**斗**”はdǒu,北斗星。“**斗转星移**”(dǒuzhuǎn-xīngyí)とも。

X

星移物换　xīngyí-wùhuàn
并列 星移り物変わる。☞“**物换星移**”(wùhuàn-xīngyí)

腥风血雨　xīngfēng-xuèyǔ
并列 腥(なまぐさ)い風と血の雨;血腥い戦場,大規模な殺戮のたとえ。“**血雨腥风**”(xuèyǔ-xīngfēng)とも。

行将就木　xíngjiāng-jiùmù
状中 今にも死にそうである;棺桶(かんおけ)に片足を突っ込んでいる。老い先いくばくもない。“**行将**”はまさに…せんとする,まもなく…しようとしている。“**就木**”は棺桶に入る。

行若无事　xíng-ruòwúshì
主谓 何事もなかったかのように平然としている;(危急の際に)平気で落ち着いているさま。事もなげにふるまう。また,悪人や悪事に対して見て見ぬふりをするさま。¶ ~,**泰然处之**。まるで何事もなかったかのように,泰然と構えている。

行尸走肉　xíngshī-zǒuròu
并列 歩く屍(しかばね)と走る肉体;何の取り柄もない凡庸な人物のたとえ。無為徒食の徒。生ける屍。

行云流水　xíngyún-liúshuǐ
并列 行雲流水;(空を行く雲,川を流れる水のように)自由自在である。多く文章について。

行之有效　xíngzhī-yǒuxiào
主谓 やって効果がある;(方法・措置について)その有効性がすでに実証済みである。¶ **这些都是~的办法**。これらはいずれも間違いなく効果のある方法である。

形单影只　xíngdān-yǐngzhī
并列 形も一つ影も一つ;孤独なさま。我が身一つ。形影相弔う。“只”(隻)はzhī,ただ一つ,単独。“**形只影单**”(xíngzhī-yǐngdān)とも。¶ **来到一个陌生的地方,~,不禁有些凄然**。見知らぬ土地に来て,知る人とてなく,寂しさを禁じえない。

形格势禁　xínggé-shìjìn
并列 情勢の妨げや環境の制限を受ける;情勢や環境に制約される。“**格**”は阻む,妨げる。“**禁**”は制止する。

形迹可疑　xíngjì-kěyí
主谓 挙動不審である;立ち居ふるまいに疑わしい点が多い。¶ **~的人**。挙動不審な人物。

形形色色　xíngxíngsèsè
并列 種々さまざまなさま。多く《貶》。¶ **~的人物**。さまざまな人物。

形影不离　xíngyǐng-bùlí
主谓 形影離れず;(影が形に添うように)いつも離れずにいる。形影相伴う。¶ **这两个孩子成天~,比亲姐妹还亲**。このふたりの子供は一日中ずっと一緒で,実の姉妹よりなお仲がよい。

形影相吊　xíngyǐng-xiāngdiào
主谓 形影相吊(とむら)う;形と影が互いに慰め合う。¶ **茕茕孑立,~**。孤独で訪れる人がなく,わが身とその影が互いに慰め合うばかりである。

形影相随　xíngyǐng-xiāngsuí
主谓 形影相伴う;(形とその影のように)いつも一緒にいる;極めて仲のよいこと,密接な関係にあることのたとえ。影の形に添うがごとし。

形只影单　xíngzhī-yǐngdān
并列 形も一つ影も一つ;我が身一つ。形影相弔う。

兴高采烈　xìnggāo-cǎiliè
并列 興が高ぶり胸が躍る;興奮して張り切るさま。“采”は心,精神。¶ **同学们~地上学去**。学生たちは張り切って登校していく。

xiong

凶多吉少　xiōngduō-jíshǎo
并列 悪い事が多くよい事が少ない;将来の見通しが暗い。¶ **他的病情进一步恶化了,看来~**。彼の病状は悪化の一途をたどっていて,どうも先行きが思わしくない。

汹涌澎湃　**xiōngyǒng-péngpài**

并列 澎湃(ほうはい)として湧き上がる；勢いが激しくて防ぎようのないことの形容。“**汹涌**”は水が湧き立つさま。“**澎湃**”は波がぶつかりあうさま。¶ **民族解放斗争～**。民族解放闘争が激しく湧き起こる。

胸无城府　**xiōng-wúchéngfǔ**

主谓 胸に城府なし；胸に隠し立てがない。

胸无点墨　**xiōng-wúdiǎnmò**

主谓 胸の中に一滴の墨汁もない；少しも学問がないことのたとえ。教養の程度が低い。無学である。“**点**”は少しの，わずかな。“**墨**”は墨，墨汁。転じて，教養，読み書きの能力。

胸有成竹　**xiōngyǒu-chéngzhú**

主谓 胸に成竹あり；成算胸にあり。竹の絵を描くのに，まず胸中に完全な竹の形を思い浮かべてから筆を下ろす。着手する前にすでに完成の見込みがついていることのたとえ。成竹を胸中に得(う)。宋の文同が竹を描くのが得意であったのを，蘇軾が称賛して「竹を画くに必ず先ず成竹を胸中に得」と言った故事から。蘇軾『文与可画篔簹谷偃竹記』。“**成竹在胸**”(chéngzhú-zàixiōng)とも。¶ **他对解决这个问题早已～**。彼はこの問題の解決に対して，すでに早くから成算を抱いている。

胸中无数　**xiōngzhōng-wúshù**

主谓 胸に成算がない；よく呑み込んでいない。まだよく実情を把握していない。“**胸中有数**”(xiōngzhōng-yǒushù)に対して。“**心中无数**”(xīnzhōng-wúshù)とも。

胸中有数　**xiōngzhōng-yǒushù**

主谓 胸に成算がある；よく呑み込んでいる。実情を理解·把握している。“**胸中无数**”(xiōngzhōng-wúshù)に対して。“**心中有数**”(xīnzhōng-yǒushù)とも。

雄才大略　**xióngcái-dàlüè**

并列 優れた才能と大きな智略；非凡な才略。¶ **此人～，不可等闲视之**。この人物は非凡な才略を有しているから，ないがしろにしてはならない。

雄心壮志　**xióngxīn-zhuàngzhì**

并列 雄大な理想と盛んな志。

xiu

休戚相关　**xiūqī-xiāngguān**

主谓 喜びも憂いも相互に深く関わっている；両者の関係が密接で利害が深く関わっている。関係が密である。“**休**”は喜び。“**戚**”は悲しみ。

休戚与共　**xiūqī-yǔgòng**

主谓 喜びと憂いを共にする；相互の関係が密接で利害が一致していることの形容。

休养生息　**xiūyǎng-shēngxī**

并列 人民を休養させ人口の増加を図る；大きな動乱の後，人民の負担を軽減させ生活の安定を図ること。民力を養う。“**生息**”は生んで増やす。¶ **减轻不合理的负担，以利于农民～**。不合理な負担を軽減し，農民が鋭気を養えるようにする。

秀而不实　**xiù'érbùshí**

转折 秀でて実らず；花はつけたが，実はならない。ほんの上っ面を学習しただけで，何も身に付いていないことのたとえ。あだばな。“**秀**”は(穀類植物が)花を咲かせる。

秀外慧中　**xiùwài-huìzhōng**

并列 容貌は秀麗で資質も聡明である；見目麗しく才たけている。多く女性について用いる。

袖手旁观　**xiùshǒu-pángguān**

连动 手をこまぬいて傍観する；何もしないでただ見守っている。高みの見物を決め込む。¶ **大伙儿这样紧张地工作，我岂能～！** みんながこのように懸命に働いているのに，どうして私は手をこまぬいて見ていられようか。

xu

虚怀若谷　xūhuái-ruògǔ
主调 素直な胸のうちが谷間のように奥深い；非常に謙虚なことの形容。虚心坦懐(きょしんたんかい)である。また，包容力に富むさま。懐が深い。¶**老张～，非常注意听取别人的意见。**張さんは心の広い人で，たいへん注意深く他人の意見に耳を傾ける。

虚位以待　xūwèi-yǐdài
连动 席を空けて待つ；ポストを空けて待つ。“**虚席以待**”（xūxí-yǐdài）とも。

虚无缥缈　xūwú-piāomiǎo
并列 茫漠(ぼうばく)として果てしなく広がる；つかみどころがないことのたとえ。“**缥缈**”はぼんやりとして正体がはっきりしないこと。

虚席以待　xūxí-yǐdài
连动 席を空けて待つ。☞“**虚位以待**”（xūwèi-yǐdài）

虚应故事　xūyìng-gùshì
动宾 旧例に従って型どおりにやる；いいかげんにあしらう。申し訳程度にやる。

虚有其表　xūyǒu-qíbiǎo
动宾 見掛け倒しである；外見は立派だが内実がない。¶**此人～，成不了大器。**この人は見掛け倒しで，大人物になれそうもない。

虚与委蛇　xūyǔwēiyí
状中 うわべだけ取り繕って相手に調子を合わせる；いいかげんにあしらう。“**虚**”は偽っている。“**与**”は…とともに。“**委蛇**”はいいかげんにやる。

虚张声势　xūzhāng-shēngshì
动宾 虚勢を張る；空威張りする。犬の遠吠(ほ)え。¶**敌人为了替自己壮胆，往往～。**敵は自分を元気づけるために，しばしば虚勢を張ってみせる。

嘘寒问暖　xūhán-wènnuǎn
并列 暑さ寒さを気遣う；他人の生活に深く気を配ることの形容。“**嘘寒**”は息を吹きかけて寒がっている人を暖める。“**问暖**”は寒くないかどうか尋ねる。

栩栩如生　xǔxǔ-rúshēng
状中 （芸術作品が）真に迫っている；まるで生きているかのようである。“**栩栩**”は生き生きとしているさま。¶**画面上的人物～。**画面の人物はまるで生きているかのようだ。

旭日东升　xùrì-dōngshēng
主调 旭日(きょくじつ)東より昇る；朝日が東から昇る。元気にあふれるさま。清新の気がみなぎるさま。

xuan

轩然大波　xuānrán-dàbō
定中 高く上がる大波；大きな紛争やもめ事。大きな風波。“**轩然**”は高く上がるさま。¶**谁也没想到，为这点小事竟然引起了一场～。**こんな小さな事が大きなもめ事を引き起こすとは，誰も予想しなかった。

喧宾夺主　xuānbīn-duózhǔ
主调 客の声が主人の声を圧倒する；客が主人の地位を奪ってしまうこと。副次的なものが主要なものの地位を圧倒する。主客転倒。“**喧**”は声が大きくて騒がしい。

玄之又玄　xuánzhī-yòuxuán
并列 玄のまた玄；非常に深遠で理解しがたい。この上なく奥深い。『老子』に見える語。

悬心吊胆　xuánxīn-diàodǎn
并列 心配で胸がどきどきする；おっかなびっくりなさま。

悬崖勒马　xuányá-lèmǎ
状中 崖っぷちで馬を引き止める；瀬戸際で危険に気づく。堕落寸前に悟って引き返す。¶**你的错误已经发展到危险的地步，必须～。**君の過ちはたいへん危険なところまで来ている，改心して踏みとどまらなくてはならない。

旋乾转坤　**xuánqián-zhuǎnkūn**
[并列] 乾(けん)を旋(めぐ)らし坤(こん)を転ず。☞“**旋转乾坤**”(xuánzhuǎn-qiánkūn)

旋转乾坤　**xuánzhuǎn-qiánkūn**
[动宾] 乾坤(けんこん)を旋転す;天地をひっくり返す。天下の形勢を一変させる。“**乾**”は天,“**坤**”は地。“**旋乾转坤**”(xuánqián-zhuǎnkūn)とも。

烜赫一时　**xuǎnhè-yīshí**
[补充] 一時名をとどろかせる;一時期羽振りを利かせる。多く《貶》。[注]“**烜赫**”は“**煊赫**”(xuānhè)とも。名声が響き渡る,威勢が盛んである。

xue

削足适履　**xuēzú-shìlǚ**
[目的] 足を削って履(くつ)に合わせる;方法を間違えていることのたとえ。また,規準などを無理やりに当てはめようとすることのたとえ。¶ **要因地制宜,不能～。**その土地の事情に合わせて対処すべきで,無理やりに規準を当てはめようとするようなやり方はよくない。

穴居野处　**xuéjū-yěchǔ**
[并列] 洞窟に住み原野で暮らす;原始時代の生活をたとえる。また,野外で生活すること,隠居して簡素な暮らしをすることなどのたとえにも。

学而不厌　**xué'érbùyàn**
[连动] 飽きることなく学ぶ;うまずたゆまず学び続ける。『論語』述而篇に見える孔子のことば。¶ **对自己～,对人家诲人不倦。**自分に対しては飽くことなく学ぶことを求め,他人には辛抱強く教え導く。

学以致用　**xuéyǐzhìyòng**
[连动] 学んで実際に役立てる;実際に役立てるために学ぶ。“**致**”は到達する。¶ **我们要做到理论联系实际,～。**我々は理論と実際を結び付け,学問を実際に役立てるようにしなければならない。

雪泥鸿爪　**xuění-hóngzhǎo**
[定中] 雪解けの泥土の上に残した鴻(おおかり)の足跡;往時の痕跡,昔をしのぶよすが。

雪上加霜　**xuěshàng-jiāshuāng**
[状中] 雪の上に霜が降る;災いや苦しみが重なり続くことの形容。泣き面に蜂。

雪中送炭　**xuězhōng-sòngtàn**
[状中] 雪中に炭を送る;時宜を得た援助を与えることのたとえ。急場を救う。¶ **～比锦上添花更重要。**雪中に炭を送ることは錦上に花を添えること以上に大切である。

血海深仇　**xuèhǎi-shēnchóu**
[定中] 流血を見た大きな深い恨み;肉親など身近な人が殺された場合に用いる。¶ **～一定要报。**この深い恨みは必ず晴らさなければならない。

血口喷人　**xuèkǒu-pēnrén**
[主调] 口に血を含んで人に吐きかける;あくどいことばで他人を中傷する。あしざまに人をののしる。

血气方刚　**xuèqì-fānggāng**
[主调] 血気まさに盛ん;元気に満ち満ちている。“**方**”はまさに。“**刚**”は盛んである。¶ **年轻人～,说干就干。**若い人は血気が盛んで,やると言ったらすぐやる。

血肉相连　**xuèròu-xiānglián**
[主调] 血肉相連なる;密接な関係にあることのたとえ。¶ **兄弟民族～。**兄弟民族は切っても切れない親密な関係にある。

血雨腥风　**xuèyǔ-xīngfēng**
[并列] 血の雨と腥(なまぐさ)い風。☞“**腥风血雨**”(xīngfēng-xuèyǔ)

xun

薰莸异器　**xūnyóu-yìqì**
[主调] 香りのよい草と香りのよくない草を一緒にしてはいけない;善人と悪人を混同してはいけない。

X

寻根究底　xúngēn-jiūdǐ
并列 根源を追究する；根掘り葉掘り尋ねる。“**寻根问底**”（xúngēn-wèndǐ）とも。

寻死觅活　xúnsǐ-mìhuó
对比 死ぬの生きるの大騒ぎをする。注“**寻死**”は話しことばでは xínsǐ とも発音される。

寻章摘句　xúnzhāng-zhāijù
并列（他人の文章から）語句や断片を選び出して文章をつづる；ありきたりの語句を並べて文章を書くことのたとえ。また詩や文章を読む時に片言隻句を拾うだけの読み方をすることのたとえにも。¶ **这不过是～的文字游戏，根本不能算诗。**こんなものは語句をつなぎ合わせたことばの遊びで，とても詩などと言えたものではない。

循规蹈矩　xúnguī-dǎojǔ
并列 規律を守りはめを外さない；すべてしきたりどおりにふるまうことのたとえ。融通が利かない。“**循**”は従う。“**蹈**”は踏む，履行する。“**规**”はコンパス，ぶんまわし。“**矩**”は定規，さしがね。¶ **他办事一向～，缺乏大胆创新的精神。**彼のすることはいつもしきたりどおりで，大胆な創造の精神に欠けている。

循名责实　xúnmíng-zéshí
并列 名にふさわしい内容を求める；名実が一致するように努める。“**循**”は従う。“**责**”は求める。¶ **我们一定要～，不能空有其名。**我々は名実相伴うように努めるべきで，虚名を博することのないようにしなければならない。

循序渐进　xúnxù-jiànjìn
状中 順を追ってゆっくり進む；段階を踏んで進む。¶ **学习要～。**学習は段階を踏んで一歩一歩進めなければならない。

循循善诱　xúnxún-shànyòu
状中 順序立てて上手に教え導く。“**循循**”は秩序のあるさま。¶ **～地启发学生。**順序立てて懇切ていねいに学生を指導する。『論語』子罕篇の顔淵のことば“**夫子循循然善诱人**”（夫子は循循然《じゅんじゅんぜん》として善く人を誘《いざな》う）から。

徇情枉法　xùnqíng-wǎngfǎ
连动 私情にとらわれて法を曲げる。

徇私舞弊　xùnsī-wǔbì
连动 私利にとらわれて法を犯したり不正をはたらいたりする；私曲を営む。¶ **为了个人利益～。**自分の利益のために不正をはたらく。

Y

揠苗助长

ya

鸦雀无声　**yāquè-wúshēng**

[主调] カラスやスズメの鳴き声さえしない；静まり返ったさま。寂(せき)として声なし。¶**院子里～。**庭は静まり返っている。

哑口无言　**yǎkǒu-wúyán**

[状中] 口をつぐんで黙り込む；ことばに詰まるさま，返答に窮するさま。

哑然失笑　**yǎrán-shīxiào**

[状中] 思わず笑いをもらす；こらえきれずに笑いだす。“**哑然**”は笑い声の形容。¶**他那无力的辩解，使人不禁～。**彼の無益な弁解に，笑いを禁じえなかった。

雅俗共赏　**yǎsú-gòngshǎng**

[主调] 雅俗共賞；雅人にも俗人にも喜ばれる。(風雅な人もそうでない人も)すべての人が鑑賞できる。万人向きである。¶**魔术表演～，人人爱看。**マジックの演技は誰もが楽しめるので，みんな見たがる。

揠苗助长　**yàmiáo-zhùzhǎng**

[目的] 苗を抜きて長ずるを助く；余計な力添えをして，かえって失敗してしまうことのたとえ。逆効果である。“**揠**”は抜く。宋の国の農夫が稲の苗を早く伸ばそうとして引っ張ったために，かえって苗を枯らしてしまったという故事から。『孟子』公孫丑・上。“**拔苗助长**”(bámiáo-zhùzhǎng)とも。¶**教师对学生要循循善诱，切忌～。**教師は学生を懇切ていねいに指導すべきで，安易な手助けは慎むべきである。

yan

烟消云散　**yānxiāo-yúnsàn**

[并列] 雲散霧消する；(雲や霧が消え去るように)跡形もなく消えてなくなること。“**云消雾散**”(yúnxiāo-wùsàn)とも。¶**烦恼很快～了。**悩みはすぐに消え去った。

延年益寿　**yánnián-yìshòu**

[并列] 寿命を延ばす；長生きする。“**益**”はふえる，ふやす。“**寿**”は寿命。

严惩不贷　**yánchéng-bùdài**

[补充] 容赦なく処罰する；仮借なく厳罰に処する。“**贷**”は大目に見る，刑罰を寛大にする。

严阵以待　**yánzhèn-yǐdài**

[连动] 厳重に陣を敷いて待つ；陣容を整えて待ち構える。

言必有中　**yán-bìyǒuzhòng**

[主调] 言えば必ず中(あた)る；言うことがみな的を射ている。“**中**”は zhòng，当たる。『論語』先進篇に見える孔子が弟子の閔子騫(びんしけん)の発言を評したことば“**夫人不言，言必有中**”(夫《か》の人は言わず，言えば必ず中《あた》る)から。¶**他不轻易发表意见，但是～。**彼は軽々しく意見を述べないが，言えば必ず的を射ている。

言不及义　**yán-bùjíyì**

[主调] 言，義に及ばず；まともな事は言わない。ろくでもない事ばかりしゃべる。“**义**”は，ここではまじめな事柄。¶**说了半天，～。**くだらない事ばかり長いことしゃべった。

言不尽意　**yán-bùjìnyì**

[主调] 言は意を尽くさず。『周易』繋辞

上に見える語で,「ことばですべてを言い尽くすことはできない」の意。いま,多く書翰の末尾に用い,「言いたいことがまだまだある」という意味を表す。

言不由衷　**yán-bùyóuzhōng**
[主谓] 真心から出たことばではない;口先ばかりである。口と心が裏腹である。¶ **说些～的话**。内心とは裏腹なことを言う。

言出法随　**yánchū-fǎsuí**
[承接] 言出づれば法従う;命令や布告が発せられた後は,これを厳格に執行し違反を許さない。命令や布告に記された語。“言”は,ここでは命令,布告。

言传身教　**yánchuán-shēnjiào**
[并列] 口で伝え,身をもって教える;身をもって範を垂れる。率先垂範。¶ **张老师很注重～**。張先生は口で教えるだけでなしに身をもって範を垂れることを大切にしていらっしゃる。

言归于好　**yán-guīyúhǎo**
[补充] ここによきに帰す;仲直りする。円く収まる。“言”は文語の発語の助詞。“归于”は…に帰す。

言归正传　**yán-guīzhèngzhuàn**
[主谓] 話を本題に戻す。旧時の講談や小説の決まり文句。“归”は戻る。“正传”は本題。¶ **闲话少说**,～。余談はさておき,話を本題に戻す。

言过其实　**yán-guòqíshí**
[主谓] 言,その実に過ぐ;話を実際以上に誇張する。御大層なことを言う。¶ **他的话有些～,不可完全相信**。彼の話はいささか大げさに過ぎ,すべてを信じるわけにはいかない。

言简意赅　**yánjiǎn-yìgāi**
[并列] ことばは簡潔だが,意を尽くしている;(話や文章が)簡にして要を得ている。“赅”は兼ねる,備わる。¶ **～地说明来意**。かいつまんで来意を説明する。

言近旨远　**yánjìn-zhǐyuǎn**
[并列] ことばは卑近であるが,内容は深遠である;平易なことばで深い意味を伝える。

言听计从　**yántīng-jìcóng**
[并列] 言うことは受け入れられ,計画はそのまま用いられる。信任の厚いことのたとえ。いま,多く《贬》。¶ **他对妻子～**。彼は何もかも女房の言いなりだ。

言外之意　**yánwàizhīyì**
[定中] 言外の意;ことばには表されていない真意。¶ **文章的～**。文章の行間の含み。

言为心声　**yán-wéixīnshēng**
[主谓] ことばは心の声である;ことばはその人の心の表れである。

言行一致　**yánxíng-yīzhì**
[主谓] 言行が一致している;ことばと行動とが一致している。¶ **说到做到**,～。言ったことはやり,言行が一致している。

言犹在耳　**yán-yóuzài'ěr**
[主谓] ことばがまだ耳に残っている。¶ **他人已去世,但～**。彼はすでに世を去ったが,その声は今も耳に残っている。

言之成理　**yánzhī-chénglǐ**
[主谓] 言うことが道理にかなっている。“**持之有故**”(chízhī-yǒugù—意見や主張に根拠がある)に続けて用いられることが多い。

言之无物　**yánzhī-wúwù**
[主谓] 言っていることに内容がない;文章や言論に中身がなく空疎である。¶ **这篇文章～**。この文章は中身が空っぽだ。

奄奄一息　**yǎnyǎn-yīxī**
[状中] 気息奄々(えんえん)としている;息も絶え絶えである。虫の息である。“**奄奄**”は息も絶え絶えなさま。¶ **日薄西山**,～。死期が迫り,気息奄々としている。

掩耳盗铃　yǎn'ěr-dàolíng
连动 耳を掩(おお)いて鈴を盗む；良心にふたをして悪事をはたらく。自分で自分を欺く。鐘を盗もうとした男が，大きすぎるので割って持ち去ろうとしたが，慌ててわが耳をふさいだという故事から。『呂氏春秋』自知。のち，"**盗钟**"（鐘を盗む）が"**盗铃**"（鈴を盗む）に転じた。

掩人耳目　yǎn-rén'ěrmù
动宾 人の耳目を掩(おお)う；人の目をくらます。¶ **想～是办不到的**。世間を欺こうとしたって無理というものだ。

眼高手低　yǎngāo-shǒudī
对比 眼高手低；望みは高いが，力が伴わない。批判力はあるが，実行力に乏しい。

眼花缭乱　yǎnhuā-liáoluàn
补充 （色とりどりで）目がちらちらする；目がくらむ。また，（ごたごたしたものを見て）頭がぼうっとする。

眼疾手快　yǎnjí-shǒukuài
并列 動作が敏捷で機転が利く。☞"**手疾眼快**"（shǒují-yǎnkuài）

眼明手快　yǎnmíng-shǒukuài
并列 目がよく利き，動作が機敏である。¶ **她～，投篮很准**。彼女は目がよく動作が敏捷で，正確なシュートをする。

偃旗息鼓　yǎnqí-xīgǔ
并列 旗を倒し太鼓を打つのをやめる；敵に動きを察せられないように静まり返る。転じて，事を中途でやめること，また事の勢いが衰えること。"**偃**"は倒す。¶ **只好～，按兵不动**。攻撃をやめ，兵を抑えて様子を見るよりしかたがない。

宴安鸩毒　yàn'ān-zhèndú
主调 安逸にふけるのは毒酒をあおるようなものである；快楽を貪るのは身を滅ぼす毒である。"**宴安**"は快楽，安逸。"**鸩毒**"は鴆毒(ちんどく)，鴆の羽を浸した毒酒。

yang

扬眉吐气　yángméi-tǔqì
并列 眉を上げ気を吐く；（抑圧から解放されて）気持ちが晴れ晴れするさま。大いに気を吐く。

扬清激浊　yángqīng-jīzhuó
并列 清流を導き濁流を除く。☞"**激浊扬清**"（jīzhuó-yángqīng）

扬汤止沸　yángtāng-zhǐfèi
连动 湯を揚げて沸くをとどむ；沸騰した湯を繰り返し汲んでは戻して，沸騰しないようにする。やり方の徹底しないこと，根本的に問題を解決しようとしないことのたとえ。

扬扬得意　yángyáng-déyì
状中 意気揚々；得意で意気盛んなさま。小鼻をうごめかす。"**扬扬**"は"**洋洋**"とも，得意なさま。"**得意扬扬**"（déyì-yángyáng）とも。¶ **不要因为有了一点成绩就～**。少しぐらい成果を挙げたからといって，すぐに有頂天になってはいけない。

阳春白雪　yángchūn-báixuě
并列 高尚な文学·芸術作品のたとえ；もと，戦国時代の楚国の高級な歌曲。よく"**下里巴人**"（xiàlǐ-bārén）と対比的に用いられる。

阳奉阴违　yángfèng-yīnwéi
对比 面従腹背；表面では服従しているように見せかけ，内心では背いていること。¶ **采取～的态度**。面従腹背の態度をとる。

洋为中用　yáng-wéizhōngyòng
主调 外国のものを中国に役立てる。

洋洋大观　yángyáng-dàguān
状中 見るべきものが多くあるさま；豊富多彩で見応えがあるさま。"**洋洋**"は数が多いさま，盛んなさま。"**大观**"は豊富多彩なさま。

洋洋得意　yángyáng-déyì
状中 意気揚々。☞"**扬扬得意**"（yángyáng-déyì）

Y

洋洋洒洒 yángyángsǎsǎ
并列 (文章や談話が)豊富で明快なさま。"洋洋"は数が多いさま,盛んなさま。"洒洒"は不断に続くさま。¶ **他写起文章来～,下笔如有神。**彼は文章を書き始めるとすらすらとよどみなく,生き生きとした筆遣いをする。

仰人鼻息 yǎng-rénbíxī
动宾 人の鼻息をうかがう;他人に頼って事を行う。"仰"はよる,頼る。

养虎遗患 yǎnghǔ-yíhuàn
连动 虎を養って禍根を残す;敵を放置しておいて災いを招く。情をかけて災いを招く。飼い犬に手をかまれる。

养尊处优 yǎngzūn-chǔyōu
并列 高位を得て裕福に暮らす。多く《貶》。¶ **他这个人一贯～,轻视劳动。**彼という男はずっと安楽に暮らしてきて,労働を軽視している。

yao

摇唇鼓舌 yáochún-gǔshé
并列 弁舌を弄する;ぺらぺらとまくしたてて巧みに人を煽動する。

摇旗呐喊 yáoqí-nàhǎn
并列 旗を打ち振り閧(とき)の声を上げる;鳴り物入りで助勢する。¶ **拉拉队在旁～。**応援団が傍らで気勢をあげている。

摇身一变 yáoshēn-yībiàn
连动 さっと変身する;態度·ことば·行動などをがらりと変える。《貶》

摇头摆尾 yáotóu-bǎiwěi
并列 頭を揺り動かし尾を振る;魚が悠々と泳ぐさま。転じて,得意げに体を揺するさま。

摇头晃脑 yáotóu-huàngnǎo
并列 頭をゆっくり揺り動かす;独りで悦に入るさま。

摇尾乞怜 yáowěi-qǐlián
连动 尾を振って哀れみを乞う;人に気に入られようとして卑屈にふるまうさま。こびへつらう。

摇摇欲坠 yáoyáo-yùzhuì
状中 ゆらゆら揺れて今にも落ちそうである;不安定で今にも倒れそうなさま。¶ **反动政府的统治～。**反動政府の支配は崩壊寸前である。

遥相呼应 yáo-xiānghūyìng
状中 遠く離れた所から呼応して助け合う。

杳如黄鹤 yǎo-rúhuánghè
补充 (飛び去ったまま戻ってこない黄鶴のように)杳(よう)として行方が知れない。"杳"は姿も見えず音も聞こえないこと。黄鶴の伝説は任昉『述異記』ほかに見える。¶ **他一去之后,就～,至今一点消息也没有。**彼は行ったきり梨(なし)のつぶてで,これまで何の音沙汰もない。

杳无音信 yǎowú-yīnxìn
动宾 杳(よう)として音信なし;さっぱり便りがない。梨のつぶて。

咬文嚼字 yǎowén-jiáozì
并列 字句の意味を詮索する;難しい文句を弄ぶ。¶ **写文章要通俗易懂,不要～。**文章は平易でわかりやすく書くべきで,難しい字句を弄ぶのはよくない。

咬牙切齿 yǎoyá-qièchǐ
并列 歯がみし歯ぎしりする;切歯扼腕(せっしやくわん)する。¶ **恨得～。**歯ぎしりして悔しがる。

要言不烦 yàoyán-bùfán
主谓 (話や文章が)簡にして要を得ている。¶ **他句句话都说到点子上,真可谓～。**彼の話は一言一言がつぼを押さえていて,実に要領を得ている。簡潔で核心を突いている。

耀武扬威 yàowǔ-yángwēi
并列 武威を輝かす;武力を誇示し威風を見せつける。

ye

野心勃勃 yěxīn-bóbó
主谓 野心満々である。

叶公好龙　yègōng-hàolóng

主调 葉公(しょうこう)竜を好む;口先だけで心から好むのではないことのたとえ。春秋時代,楚の葉公は竜が好きだと言っていたが,本物の竜が姿を現すと慌てふためいたという故事から。劉向『新序』雑事。注“**叶**”は,もと shè。“**好**”は hào。

叶落归根　yèluò-guīgēn

连动 葉落ちて根に帰る;他郷にあった者も最後には故郷に落ち着くということ,何事も落ち着くべき所に落ち着くということのたとえ。“**落叶归根**”(luòyè-guīgēn)とも。

夜不闭户　yè-bùbìhù

主调 夜も戸締りをしない;世の中がよく治まっていることのたとえ。

夜不成寐　yè-bùchéngmèi

主调 (心配事があって)夜もろくろく眠れない。

夜长梦多　yècháng-mèngduō

假设 夜長ければ夢多し;事が長びくといろいろと面倒な問題が起こりがちであることのたとえ。¶ **要办就马上办,免得～,再出别的问题**。やるべきことはすぐにやり,長びかせて,面倒な事が生じないようにしなければならない。

夜郎自大　yèláng-zìdà

主调 夜郎自大;身の程をわきまえずに威張ること。“**夜郎**”は漢代の中国の西南部に位置した異民族の王国。漢の広大なことを知らずに,漢の使者に向かって自国と漢とどちらが大きいかと問うたという。『史記』西南夷伝。

夜以继日　yèyǐ-jìrì

状中 夜を日に継ぐ;昼夜兼行する。“**日以继夜**”(rìyǐ-jìyè)とも。注語順は,通常と異なり,介詞“**以**”の目的語“**夜**”が前置されている。¶ **他经常～地工作**。彼はしばしば昼夜を分かたず仕事をする。

yi

一败涂地　yībài-túdì

连动 一敗地に塗(まみ)れる;完全に打ち負かされる。“**涂地**”は“**肝脑涂地**”(gān nǎo-túdì—肝脳地に塗る)の略,むごたらしい死に方をすること。

一本万利　yīběn-wànlì

主调 わずかな資本で大きな利益を得る;ぼろもうけする。¶ **～的买卖**。ぼろい商売。

一本正经　yīběn-zhèngjīng

定中 一冊の経典;まじめそのものである。きまじめである。くそまじめである。多く《風》。¶ **他～地说了下去**。彼はまじめくさって話し続けた。

一笔勾销　yībǐ-gōuxiāo

状中 一筆で抹消する;さっと取り消す。¶ **这笔账早已～了**。この貸借はとうに帳消しにした。

一笔抹煞　yībǐ-mǒshā

状中 あっさり取り消す;(成果や長所を)軽々しく否定してしまう。きっぱり帳消しにする。“**抹煞**”は“**抹杀**”とも。取り消す。¶ **他的工作虽有缺点,也不能把他的成绩～**。彼の仕事は欠点もあるが,その成果を十把ひとからげに否定することはできない。

一波三折　yībō-sānzhé

并列 (文章が)起伏に富んでいること。また,(事の進行中に)意外な変化が起こること。波瀾万丈(はらんばんじょう)。もと,書道で筆遣いが変化に富むこと。“**波**”は運筆の右払い。“**折**”は筆の運びを変えること。

一步登天　yībù-dēngtiān

状中 一遍に天まで昇る;いきなり出世する。急に金持ちになる。にわか分限。多く《風》。

一唱一和　yīchàng-yīhè

并列 一人が歌うともう一人がそれに和する;二人で示し合わせることのたとえ。多く《貶》。

Y

一尘不染　yīchén-bùrǎn
[主谓] 一塵にも染まず;少しも悪習に染まらない。また,非常に清潔なことの形容にも。¶ **屋子里窗明几净,～。**部屋の中はきちんと片づいていて,塵(ちり)一つない。

一成不变　yīchéng-bùbiàn
[假设] 一度出来上がるといつまでも変わらない。¶ **任何事物都是不断发展的,不是～的。**いかなる事物も不断に発展していて,永久に変化しないわけではない。

一筹莫展　yīchóu-mòzhǎn
[主谓] 何の方策も立たない;手の打ちようがない。にっちもさっちも行かない。八方塞がり。"筹"は方策。"展"は展開する。¶ **正当他～的时候,你们赶到了,这真是太好了!** 彼がどうにもこうにもならなくなっていたところへ,ちょうどよい具合に,諸君が来てくれた。

一触即发　yīchù-jífā
[承接] 一触即発;ちょっと触れただけでたちまち爆発しそうな状態にある。¶ **双方剑拔弩张,大有～之势。**双方対決を辞さない構えで,一触即発の形勢にある。

一蹴而就　yīcù'érjiù
[承接] 一歩踏み出しただけで成功する;容易に成し遂げることができる。極めてたやすい。一挙にして成る。"**蹴**"は踏む,踏み入れる。"**就**"は完成する,成就する。

一刀两断　yīdāo-liǎngduàn
[状中] 一刀両断;一太刀で真っ二つに切ること。転じて,きっぱりと関係を断ち切るたとえ。¶ **他要是再固执下去,我就跟他～。**彼がこれ以上意地を張り続けるなら,私はきっぱり彼と関係を断つ。

一得之功　yīdézhīgōng
[定中] ちょっとした成功;わずかな成果。¶ **不要沾沾自喜于～,要永远谦虚谨慎!** わずかな成功で得意になっていないで,常に謙虚で慎み深くなければならない。

一发千钧　yīfà-qiānjūn
[主谓] 一髪千鈞(いっぱつせんきん)を引く;一筋の髪の毛で千鈞の重さの物をつないで引っぱる。極めて危険なことのたとえ。"钧"は古代の重さの単位,一鈞は三十斤。"**千钧一发**"(qiānjūn-yīfà)とも。

一帆风顺　yīfān-fēngshùn
[主谓] 順風に帆を上げる;何の障害もなく事が順調に運ぶことのたとえ。順風満帆。¶ **祝你们～!** すべてが順調に運びますように。

一反常态　yīfǎn-chángtài
[动宾] 態度をがらりと変える。¶ **她这几天～,总是一个人在沉思。**彼女はここ数日普段と打って変わって,いつも一人で物思いにふけっている。

一概而论　yīgài'érlùn
[承接] 一概に論じる;何もかも一緒に扱う。一律に論じる。多く否定文に用いる。¶ **对不同问题,不能～。**異なる問題は,一律に論じるわけにはいかない。

一干二净　yīgān-èrjìng
[并列] 一物も残さないさま;きれいさっぱり。¶ **忘得～。**きれいさっぱり忘れてしまった。

一鼓作气　yīgǔ-zuòqì
[主谓] 精神を奮い立たせる;勇を鼓して一気に。もと,戦において最初の太鼓で勇気を奮い起こして前進すること。"**再衰三竭**"(zàishuāi-sānjié)参照。¶ **他干事从不拖拉,总是～地干完。**彼は仕事をだらだらと引き延ばしたことがなく,いつも一気に仕上げている。

一呼百应　yīhū-bǎiyìng
[承接] 一人が呼びかけると百人がこれに応じる;応じる者の多いことの形容。[注]"应"は yìng,応じる。

一技之长　yījìzhīcháng
[定中] 一つの得意業；特技，おはこ。¶**在这里，我们每个人都可以充分发挥自己的～。**ここでは，みなそれぞれの長所を十分に発揮できる。

一家之言　yījiāzhīyán
[定中] 一家の言；その人，或いはその学派の独自の主張や見解。一家言。

一见如故　yījiàn-rúgù
[承接] 初対面だが旧知さながらである；一度会っただけで昔からの友達のように打ち解けること。"**故**"は旧友，親友。¶**他俩～。**あのふたりはまるで昔からの知り合いのようだ。

一见钟情　yījiàn-zhōngqíng
[承接] 一目ぼれする；(異性に対して)一度会っただけで愛情を抱くこと。"**钟情**"は情を注ぐ。

一箭双雕　yījiàn-shuāngdiāo
[主谓] 一本の矢で二羽の雕(わし)を射る；一石二鳥。もと，射術が優れていること。転じて，一度に二つの目的を達すること。一挙両得。

一举成名　yījǔ-chéngmíng
[承接] 一挙に名を成す；たちまち有名になる。"**举**"は，もと科挙に及第すること。

一举两得　yījǔ-liǎngdé
[连动] 一挙両得；一つの事をして二つの利益を収めること。一石二鳥。

一蹶不振　yījué-bùzhèn
[承接] 一度つまずくと二度と起き上がれない；一度挫折すると二度と立ち上がれない。再起不能である。¶**一年前的打击太大了，他从此～。**一年前の打撃が強すぎて，以来彼は立ち上がれないでいる。

一刻千金　yīkè-qiānjīn
[主谓] 一刻千金；時間がはなはだ貴重なことのたとえ。"**一刻**"は短い時間。

一孔之见　yīkǒngzhījiàn
[定中] 小さな穴からのぞき見たもの；狭い見識のたとえ。管見。多く《謙》。¶**要虚心向群众学习，不能满足于个人的～。**謙虚に大衆に学ぶべきで，自己の狭い見識に満足しているべきではない。

一来二去　yīlái-èrqù
[并列] (行き来を重ねているうちに)だんだん，徐々に；とかくするうちに。¶**两家住在一个院子里，～地孩子们也都熟了。**両家は同じ屋敷内に住んでいたので，だんだん子供たちも仲良しになった。

一劳永逸　yīláo-yǒngyì
[承接] 一度苦労しておいて長く安楽に暮らす。

一了百了　yīliǎo-bǎiliǎo
[假设] 大切な一点が解決すれば他は万事うまくいく。"**了**"は終わる，解決する。¶**立刻与他断绝关系，～。**今すぐ彼との関係を断ち切れば，すべてが解決する。

一鳞半爪　yīlín-bànzhǎo
[并列] 雲間に見え隠れする竜の鱗(うろこ)や爪(つめ)；片鱗(へんりん)。一部分。断片。"**东鳞西爪**"(dōnglín-xīzhǎo)とも。¶**看问题要全面，不要抓住～就轻率地下结论。**問題は全面的に見るべきで，ほんの一面だけを見て軽率に判断を下すべきではない。

一落千丈　yīluò-qiānzhàng
[补充] 一気に千丈も落下する；(地位・名声・景気などが)急激に悪化すること。もと，琴の音が急に下がること。¶**士气～。**士気が急激に衰える。

一马当先　yīmǎ-dāngxiān
[主谓] 先頭を切って突撃する；率先して事に当たることの形容。先駆けする。先導的役割を務める。¶**这个小伙子干什么都是～。**この若者は何をするにも先頭に立って行う。

一马平川　yīmǎ-píngchuān
[定中] 馬に任せて疾駆できそうな平地；見渡す限りの平地。"**平川**"は広びろとした平原。¶**再翻过两个山岗，就**

是～了。もう二つ山を越えると，あとは見渡すかぎりの平地である。

一脉相传　yīmài-xiāngchuán

[主谓] 互いにつながっている；(思想や学説に)継承関係があることをいう。一脈相通じる。“一脉相承”(yīmài-xiāngchéng)とも。

一毛不拔　yīmáo-bùbá

[主谓] 毛一本抜こうとしない；極端に物惜しみすることのたとえ。ひどいけちである。財布の紐が長い。¶**他是一个～的吝啬鬼。**彼は髪の毛一本も抜こうとしないどけちだ。

一面之词　yīmiànzhīcí

[定中] 一方だけの言い分；(係争中の)一方だけの主張。“词”は“辞”とも。¶**你应该全面了解情况，不能只听～。**君は状況を全面的に把握すべきで，一方的な言い分だけに耳を貸すべきではない。

一面之交　yīmiànzhījiāo

[定中] 一度会っただけの交際；一面識しかないこと。“一面之雅”(yīmiànzhī yǎ)とも。¶**我们只是～，我对他并不了解。**私たちは一度しか顔を合わせていないので，私は彼のことをよく知りません。

一鸣惊人　yīmíng-jīngrén

[连动] ひとたび鳴けば人を驚かす；ふだんは目立たない人が，突然大事を成し遂げることのたとえ。¶**不鸣则已，～。**やらなければそれまでだが，やれば人が驚くようなことを成し遂げる。

一命呜呼　yīmìng-wūhū

[主谓] おだぶつになる；人の死を諧謔(かいぎゃく)的にいう。“呜呼”は文語の感嘆詞。“呜呼哀哉”(wūhū-āizāi)参照。

一模一样　yīmú-yīyàng

[并列] そっくり同じである；瓜(うり)二つ。¶**他们兄弟俩像极了，简直是～。**あの兄弟はそっくりで，ほとんど見分けがつかない。

一木难支　yīmù-nánzhī

[主谓] 一木支え難し。¶**众擎易举，～。**皆で協力すればたやすいが，一人では成就し難い。☞“**独木难支**”(dúmù-nánzhī)

一目了然　yīmù-liǎorán

[主谓] 一目瞭然(りょうぜん)；ひと目見ただけではっきりとわかる。¶**他的提纲写得很有条理，使人～。**彼のレジュメはよく筋が通っていて，とても理解しやすい。

一目十行　yīmù-shíháng

[主谓] 一目で十行を読み取る；本を読むのが非常に速いことの形容。¶**他打开书，～地往下看。**彼は本を開くと，ものすごいスピードで読み進んだ。

一念之差　yīniànzhīchā

[定中] ちょっとした考え違い；それが重大な結果を引き起こすという場合に使う。[注]“差”は chā，間違い。

一诺千金　yīnuò-qiānjīn

[主谓] 一諾千金；「承知した」のひと言に千金の重みがあること。漢の季布が一度承諾すれば必ずそれを守ったので，季布の一諾は黄金百斤に勝ると言われた。『史記』季布欒布列伝。¶**人们都说他～，答应了的事，一定办。**人々はみな彼の返事は信用ができ，引き受けた事は必ず実行すると言っている。

一盘散沙　yīpán-sǎnshā

[定中] 一皿のばらばらの砂；ばらばらでまとまりのないもののたとえ。無組織でまとまりのない群衆をいう。“盘”は大皿。

一贫如洗　yīpín-rúxǐ

[补充] 赤貧洗うがごとし；(まるで洗い流したように)一物もなく非常に貧しいさま。¶**他的家里是～。**彼の家は赤貧洗うがごとしだ。

一曝十寒　yīpù-shíhán

[并列] 一日太陽に当て，十日冷やす；学問や仕事をしたりしなかったりする

ことのたとえ。三日坊主。“曝”は日にさらす。もと“暴”と書いた。¶ **学习要有恒心，～是学不好的。**学習は根気よく続けなければならず，したりしなかったりではうまくいかない。

一气呵成　**yīqì-hēchéng**
状中 一気呵成(かせい)；文章を一息に仕上げること。また，物事の首尾が一貫していること。“呵”は息を吐く。¶ **这首长诗从头到尾～，很有气势。**この長編の詩は最初から最後まで一気に仕上げられていて，とても迫力がある。

一钱不值　**yīqián-bùzhí**
主谓 一銭の値打ちもない；一文の価値もない。¶ **再好的主张如果不付诸实现，也是～的。**どんな立派な意見も，それが実現されなければ，何の価値もない。

一窍不通　**yīqiào-bùtōng**
主谓 どの穴も塞がっていて通じない；道理がさっぱりわからない。何一つ知らない。“窍”は，目・耳・鼻および口の穴。¶ **他对音乐～。**彼は音楽にはずぶの素人だ。

一丘之貉　**yīqiūzhīhé**
定中 同じ丘に住んでいるむじな；一つ穴のむじな。同じ悪党の仲間。

一仍旧贯　**yīréng-jiùguàn**
动宾 すべて旧貫による；何もかも昔の習慣どおりにやる。“一”はすべて，みな。“仍”は照らす，よる。“贯”は“惯”に同じ，習慣。

一日千里　**yīrì-qiānlǐ**
状中 一日に千里を行く；進歩・発展が速いことのたとえ。¶ **我国工业飞速发展，～。**わが国の工業は，すさまじい勢いで発展しつつある。

一日三秋　**yīrì-sānqiū**
主谓 一日三秋；一日会わないでいると三年も会わないように感じる。会いたい気持ち，人を懐かしむ気持ちの強いことの形容。一日千秋。“秋”は一年。『詩経』国風に見える語。

一如既往　**yīrú-jìwǎng**
动宾 すべて今までどおり；まったく以前と変わらない。“一如”はまるで…と同じである。

一身是胆　**yīshēn-shìdǎn**
主谓 全身が肝っ玉である；非常に度胸があり何物をも恐れないことのたとえ。度胸の塊。

一事无成　**yīshì-wúchéng**
主谓 何事も成し遂げることができない。¶ **见异思迁的人将～。**よく気移りする人は何事も成就しない。

一视同仁　**yīshì-tóngrén**
并列 一視同仁；すべての人を差別なく平等に愛する。分け隔てをせずに平等に扱う。えこひいきをしない。¶ **对待同志应该～。**同志に対して分け隔てがあってはならない。

一手遮天　**yīshǒu-zhētiān**
主谓 片手で天を遮る；(権勢をたのみ)手段を弄(ろう)して大衆の目をくらます。¶ **你想～，这是不可能的。**策を弄してごまかそうとしても，それは無理だよ。

一丝不苟　**yīsī-bùgǒu**
状中 少しもいいかげんにしない；いささかもかりそめにしない。“一丝”はごくわずか。“苟”はいいかげんにする，なおざりにする。¶ **他工作一向认真负责，～。**彼は仕事に対する責任感が強く，少しもいいかげんにしたことがない。

一丝不挂　**yīsī-bùguà**
状中 一糸もまとわぬ；真っ裸であることのたとえ。¶ **脱得～。**脱いで丸裸になる。

一丝一毫　**yīsī-yīháo**
并列 ごくわずかなことをたとえる；ほんの少し。寸毫(すんごう)。“丝”“毫”は共に極めて短い長さの単位。“毫”は“厘”の十分の一。“丝”は“毫”の十分の一。¶ **他加工的零件，不差～。**彼が作った部品は寸分の狂いもない。

一塌糊涂　yītā-hútú
状中 めちゃくちゃで収拾がつかないさま。¶**那里的工作被这帮家伙搞得～**。そこの仕事はこの連中によってめちゃくちゃにされてしまった。¶**烂得～**。腐ってどろどろになる。¶**闹得～**。収拾がつかないほど大騒ぎをする。

一潭死水　yītán-sǐshuǐ
定中 池いっぱいのたまり水；停滞して変化のない局面のたとえ。膠着（こうちゃく）状態。“潭”は深い池。¶**这篇文章在她那像～的心中掀起了波涛**。この文章は彼女の沈みきった胸のうちに大きな波を掻き立てた。

一团和气　yītuán-héqì
定中 和やかな空気がみなぎっている；和気あいあいとしている。多く，原則を無視したなれあい状態をいう。

一团漆黑　yītuán-qīhēi
状中 漆黒の闇（やみ）に包まれている。☞“漆黑一团”（qīhēi-yītuán）

一网打尽　yīwǎng-dǎjìn
状中 一網打尽にする；一味の者を一度に捕らえ尽くすこと。徹底的に粛清する。もとは網を打って一度に多くの魚を捕らえること。¶**把暗藏的敌人～**。潜伏している敵を一網打尽にする。

一往情深　yīwǎng-qíngshēn
状中 ひたすら憧れる；（人，物に対して）一途（いちず）に思いを寄せる。

一往无前　yīwǎng-wúqián
并列 勇往邁進（まいしん）する；困難を恐れず，果敢に前進する。“一往”はひたすら進む。“无前”は行く手を阻むものがない。¶**我特别喜欢他那股子～的劲头**。私は彼のあのひたすら突き進む気力がとりわけ気に入っている。

一望无际　yīwàng-wújì
补充 見渡す限り広々としている；果てしなく広がる。¶**～的金色麦浪**。果てしなく広がる黄金の麦の波。

一文不名　yīwén-bùmíng
主谓 びた一文ない。☞“不名一文”（bùmíng-yīwén）

一无是处　yīwú-shìchù
动宾 一つとして正しいところがない；悪いところばかりである。¶**你把人家说得～，我看不尽然**。君はあの人のことをぼろくそに言うが，そうとも言い切れないよ。

一无所长　yīwú-suǒcháng
动宾 何一つ長所がない。¶**他说自己～，谦虚得未免过分了**。彼は自分には何のとりえもないと言うが，謙遜しすぎだ。

一无所有　yīwú-suǒyǒu
动宾 何一つ持っていない；一物だにない。¶**除了身上穿的，我是～**。着ている物の外は，私はまったくの無一物だ。¶**家徒四壁，～**。家財は一切無し，赤貧洗うがごとしである。

一无所知　yīwú-suǒzhī
动宾 何一つ知らない。¶**我在文学方面可以说～**。僕は文学はまったくの素人だ。

一五一十　yīwǔ-yīshí
并列 一部始終；余す所なく（述べる）。昔，数を数える時，五を単位として“一五”，“一十”，“十五”，“二十”…と数えたところから。¶**我～地把前后经过告诉他**。私は前後の経緯を余すところなく彼に話した。

一息尚存　yīxī-shàngcún
主谓 わずかに息が残っている；息の根が止まらぬ限り。¶**只要～，我就要战斗下去**。生きている限り，私は闘い続ける。

一相情愿　yīxiāng-qíngyuàn
定中 一方的な思い込み；主観的な願望。“一相”は，もと“一厢”，一方，一方面。¶**搞好协作是双方的事，～是不行的**。協力を成功させるのは双方の努力によるべきで，一方的な独り相撲ではだめだ。

一笑置之　yīxiào-zhìzhī
连动 一笑に付す；問題にしないで，笑って済ませる。ばかにして取り合わない。¶ **对这类不负责任的指责，他只是～。**この種の無責任な非難に対しては，彼は一笑に付して取り合おうとしない。

一泻千里　yīxiè-qiānlǐ
补充 一瀉（いっしゃ）千里；（ひとたび流れだすと千里も流れるほど）川の流れが速いこと。物事の勢いが激しいことのたとえ。また，筆鋒（ひっぽう）が鋭いことのたとえ。¶ **他写的文章气势磅礴，～。**彼の書く文章は気魄（きはく）に満ちていて，実に勢いが激しい。

一心一德　yīxīn-yīdé
并列 心を一つにする；一致協力して目的の達成に励む。“**心**”は思想。“**德**”は信念。¶ **我们要～建设新社会。**我々は心を一つにして新しい社会の建設に取り組まなければならない。

一心一意　yīxīn-yīyì
并列 一意専心；全心を傾けて。ひたすら。いちずに。¶ **他～照顾家庭。**彼は心を込めて家庭の面倒を見ている。

一言为定　yīyán-wéidìng
主调 きっぱりと言い切る；「話はついた」，「これで決まりだ」と念を押す場合に用いる。¶ **～，咱们明天下午四点在公园门口碰头，不见不散！**話は決まった，ではあしたの午後 4 時公園の入り口で会おう，きっとだよ。

一叶蔽目　yīyè-bìmù
主调 一葉目を蔽（おお）う；局部的な現象に惑わされて大局を見落としてしまうことのたとえ。後によく“**不见泰山**”（bùjiàn-tàishān—泰山を見ず）と続けて用いられる。“**一叶障目**”（yīyè-zhàngmù）とも。

一叶知秋　yīyè-zhīqiū
主调 一葉落ちて天下の秋を知る；わずかな兆候から，事の本質や形勢の変化を見てとることができる。

一衣带水　yīyīdài-shuǐ
定中 一衣帯水；一筋の帯のように狭く長い川や海。¶ **我们两国是～的邻邦。**われわれ両国は一衣帯水の隣国である。

一意孤行　yīyì-gūxíng
状中 ひたすら自分の意見を押し通す；独断専行する。我意を張る。¶ **你可不能～，大伙的意见值得你好好考虑。**君はかたくなに自分の考えを押し通そうとせずに，みんなの意見もよく検討してみるべきだ。

一应俱全　yīyīng-jùquán
主调 すべての物がみな揃っている；何もかも揃っている。

一隅三反　yīyú-sānfǎn
条件 一隅を挙げて三隅を反（かえ）す。☞“举一反三”（jǔyī-fǎnsān）

一语道破　yīyǔ-dàopò
主调 一言で喝破する。“**道**”は言う。“**破**”は暴く。¶ **他的秘密被小李～，引得大家哈哈大笑。**彼の秘密は李君に一言で暴かれ，みんな大笑いした。

一语破的　yīyǔ-pòdì
主调 一言で要点を衝（つ）く；ずばり言い当てる。“**破的**”は的（まと）を射る。

一张一驰　yīzhāng-yīchí
并列 引き締めたり緩めたりする。¶ **文武之道，～。**文武の道は，緩急よろしきを得るにあり。

一朝一夕　yīzhāo-yīxī
并列 一朝一夕；短い時間の形容。多く否定文に用いられる。¶ **改造荒山，决不是～就能成功的。**荒れ山の改造は，決して一朝一夕に成し遂げられるものではない。

一针见血　yīzhēn-jiànxiě
承接 そのものずばり；ことばが回りくどくなく，的（まと）を射ていること。急所を押さえる。図星を指す。¶ **王师傅对他的批评真是～。**王さんの彼に対する批判はまことによく核心を衝いている。

一枕黄粱　yīzhěn-huángliáng
定中 黄粱(こうりょう)一炊の夢。☞“黄粱美梦”(huángliáng-měimèng)

一知半解　yīzhī-bànjiě
并列 一知半解;よく知らず理解の浅いこと。生半可。半可通。生かじり。¶**他总是说人家不行,其实自己是～。**彼はいつも他人のことをだめだだめだと言っているが,その実自分の方がいいかげんであることがよくわかっていないのだ。

一纸空文　yīzhǐ-kōngwén
定中 一枚の空文;実行されない条約や取り決め。空手形。空証文。

一掷千金　yīzhì-qiānjīn
动宾 一度に大金を賭ける;金遣いが荒い。¶**他～,出手很是大方。**彼は気前よく,金離れがいい。

一字千金　yīzì-qiānjīn
主谓 一字千金;一字が千金に値する。詩や文章が極めて優れていることのたとえ。

衣钵相传　yībó-xiāngchuán
主谓 衣鉢(いはつ)を伝える;師から弟子に学問や技芸の奥義を伝えること。禅宗で師の僧が弟子に袈裟(けさ)と鉢を与えたところから。

衣冠楚楚　yīguān-chǔchǔ
主谓 身なりがきちんとして美しい;きれいに着飾っているさま。からかい半分に用いることが多い。“**楚楚**”は美しく整ったさま。

衣冠禽兽　yīguān-qínshòu
定中 衣服をまとった禽獣;畜生同然の人間。¶**这伙匪徒简直是～。**この悪党どもときたらまるで人間の皮をかぶった獣(けだもの)だ。

衣锦还乡　yījǐn-huánxiāng
连动 錦の服を着て故郷に帰る;出世して故郷に帰る。故郷に錦を飾る。“**衣锦荣归**”(yījǐn-róngguī)とも。

依样葫芦　yīyàng-húlu
状中 手本をまねてひょうたんを描く;型どおりにまねることのたとえ。“**葫芦**”はひょうたん。“**依样画葫芦**”(yīyàng huà húlu)を縮めたもの。¶**要解放思想,大胆创新,不要老是～。**既成の考えを破り,大胆に新しいものを出し,いつまでも昔のやり方をまねていないように。

依依不舍　yīyī-bùshě
状中 名残惜しくて別れ難い;未練が残って立ち去り難い。“**依依**”は未練の残るさま。“**不舍**”は立ち去らない。“**依依难舍**”(yīyī-nánshě)とも。¶**他们一直谈到深夜才～地分手。**彼らは夜更けまで語り合ってようやく名残惜しそうに別れた。

仪态万方　yítài-wànfāng
主谓 容貌・態度がはなはだ立派である。“**仪态**”は容貌,態度。

怡然自得　yírán-zìdé
状中 心が和らぎ満ち足りる。“**怡然**”は,心が和らぐさま。

贻人口实　yí-rénkǒushí
动宾 (不用意な言動により)人に口実を与える;人にことばじりをつかまえられるようなことをする。“**贻**”は与える。¶**他一举一动都特别谨慎,生怕～。**彼は一挙一動に極めて慎重で,ことばじりからあげつらわれるのをとても気にしている。

贻笑大方　yíxiào-dàfāng
补充 大方(たいほう)の笑いを買う;その道の専門家から笑われる。“**贻笑**”は笑われる。“**大方**”は専門家。多く《謙》。¶**我写得很不像样子,只怕～。**私の文章はまるでなっていない,物笑いにならなければよいが。

移风易俗　yífēng-yìsú
并列 風俗・習慣を改める。¶**～,减少疾病。**積弊を改め,病気を減らす。

移花接木　yíhuā-jiēmù
并列 花木の枝を接ぎ木する;こっそり人や物を取り替える。巧みにすり替える。

移山倒海 **yíshān-dǎohǎi**
并列 山を移し海を覆す;自然を征服する意気込みの盛んなさま。

移樽就教 **yízūn-jiùjiào**
连动 樽(そん)を移して教えを請う;酒席で他人の席まで行って教えを受ける。進んで人に教えを請うことのたとえ。"**樽**"は杯。

遗臭万年 **yíchòu-wànnián**
补充 臭(しゅう)を万代に遺す;悪名を末代に残す。"**臭**"は芳しくないうわさ。¶**出卖灵魂的人将～。**魂を売り渡した人間は末代まで悪名を残すことになる。

颐指气使 **yízhǐ-qìshǐ**
并列 頤(あご)や顔つきで指図する;横柄な態度で人を使うさま。人をあごで使う。"**气**"は顔つき,表情。

疑神疑鬼 **yíshén-yíguǐ**
并列 あれこれと疑う;疑い深いさま。疑神暗鬼。¶**他有些神经过敏,对别人的话总是～,胡猜乱想。**彼はいささか神経過敏で,いつも他人の言うことに疑いを抱き,やたらに気を回してばかりいる。

以暴易暴 **yǐbào-yìbào**
状中 暴をもって暴に易(か)う;支配者が交代しても暴虐な支配に変化のないことをいう。

以德报怨 **yǐdé-bàoyuàn**
状中 徳をもって怨みに報ゆ;恨みごとを根に持たずに好意的に接する。

以毒攻毒 **yǐdú-gōngdú**
状中 毒をもって毒を制す;悪を除くのに悪を用いる。漢方で毒薬·毒草をもって体内の毒素を除去したことから。火は火で治まる。

以讹传讹 **yǐ'é-chuán'é**
状中 間違ったことばがそのまま伝わる;誤ったうわさがそのまま広まる。誤りがだんだん事実から遠ざかって伝わっていくこと。"**讹**"は誤り。¶**这个字被人念错了,结果～,人们反而不知道它的正确读音了。**この字は間違って読まれたのが,そのまま伝わり,今ではその正しい読み方が忘れられてしまっている。

以己度人 **yǐjǐ-duórén**
状中 己をもって人を度する;自分の考え方でもって人を測る。"**度**"は duó,測る。¶**你别～了,人家根本不是那个意思。**君は自分の考えで人を測ってはいかん,あの人は決してそんなつもりで言ったのではないよ。

以儆效尤 **yǐjǐng-xiàoyóu**
状中 悪を罰してこれをまねようとする者に警告を与える。"**儆**"は戒める。¶**对主犯应严加惩办,～。**主犯者には厳罰を加え,これをまねる者が出ないようにしなければならない。

以理服人 **yǐlǐ-fúrén**
状中 道理をもって人を説き伏せる。¶**批评部下要～。**部下を叱る時は道理をもって説得すべきである。

以邻为壑 **yǐlín-wéihè**
状中 隣をもって壑(たに)と成す;隣国を洪水を流し込む谷と見なす。自分本位に考えて他の迷惑を顧みない;手前勝手である。『孟子』告子·下に見える語。

以卵击石 **yǐluǎn-jīshí**
状中 卵で石を打つ;自滅を招くようなことをすることのたとえ。身の程知らずなことをする。"**以卵投石**"(yǐ luǎn-tóushí)とも。

以貌取人 **yǐmào-qǔrén**
状中 容貌を見て人を判断する;見掛けで人の優劣を決める。¶**看人要看人品,决不能～。**人を見るには品性を見るべきで,絶対に見掛けで判断してはならない。

以身试法 **yǐshēn-shìfǎ**
状中 (法の規定を知りながら)法に触れるようなことをする。¶**千万不要～。**自ら法を犯すようなことを決してしてはならない。

以身殉职　yǐshēn-xùnzhí
状中 身をもって職に殉じる;殉職する。"殉"はわが身を犠牲にする。

以身作则　yǐshēn-zuòzé
状中 身をもって範を垂れる;自ら手本を示す。¶**他～,带头参加生产劳动。**彼は率先垂範,自ら生産労働に参加した。

以眼还眼　yǐyǎn-huányǎn
状中 眼には眼を;相手のやり方と同じ方法で相手に仕返しをすることのたとえ。¶**～,以牙还牙。**眼には眼を,歯には歯を。

以一当十　yǐyī-dāngshí
状中 一をもって十に当たる;少ない兵力で多い兵力に当たる。

以逸待劳　yǐyì-dàiláo
状中 佚(いつ)をもって労を待つ;味方の鋭気を十分養っておいたうえで疲労した敵を迎え撃つ。"逸"はもと"佚",安楽である。『孫子』軍争に見える語。¶**我军采用了～的战术,终于把敌人打垮了。**我が軍は佚をもって労を待つ戦術をとり,ついに敵を打ち負かした。

以怨报德　yǐyuàn-bàodé
状中 怨みをもって徳に報ゆ;恩を仇(あだ)で返す。

倚老卖老　yǐlǎo-màilǎo
连动 年寄り風を吹かす;年寄りぶって威張る。"倚"は頼る,たのむ。¶**他虽已年过七十,但是从不～,干劲一点儿也不比青年人差。**彼はもう七十歳を越えているが,年寄り風を吹かせたことがなく,気力は若い者に少しも劣らない。

义不容辞　yì-bùróngcí
主调 道義上後に引けない;(大義名分から言って)辞退したり断ったりするわけにはいかない。¶**这是每一个文艺工作者～的职责。**これは文芸の仕事に携わる者の一人一人が担わなければならない責務である。

义愤填膺　yìfèn-tiányīng
主调 義憤が胸に満ちる。"膺"は胸。

义无反顾　yì-wúfǎngù
主调 道義上後に引けない;道義から言ってためらっているわけにはいかない。二の足を踏んでいられない。"义无返顾"(yì-wúfǎngù)とも。

义形于色　yì-xíngyúsè
主调 義憤の心が顔色に表れる。"形"は表す,示す。

义正词严　yìzhèng-cíyán
并列 道理が正しくことばが厳しい;筋の通ったことを厳しい口調で主張する。"词"は"辞"とも。¶**～地驳斥。**厳しい口調で反駁する。

亦步亦趋　yìbù-yìqū
并列 人が歩けば自分も歩き,人が走れば自分も走る;定見がなく,人のまねばかりすることのたとえ。人の後ばかり追う。¶**这个人自己没有主见,老是跟在别人后边～。**この人は自分の考えというものがなく,いつも人の後にばかり付いている。

异端邪说　yìduān-xiéshuō
并列 異端邪説;正統でない学説や誤った教義。

异乎寻常　yìhū-xúncháng
动宾 常とは異なる;尋常でない。"乎"は"于"に同じ。…とは,…に比べて。¶**他最近的情绪有点～。**彼の近頃の情緒はちょっと異常だ。

异军突起　yìjūn-tūqǐ
主调 新しい部隊が突然立ち上がる;新勢力が突然出現する。"异军"は新しい軍隊,これまでとは異なった勢力。¶**这个球队～,在这次全国比赛中,赢得了冠军。**この球技チームはいきなり台頭して,今回の全国大会で優勝をさらった。

异口同声　yìkǒu-tóngshēng
主调 異口同音;皆が口をそろえて同じことを言う。¶**大家～地都表示赞成。**みんな異口同音に賛成した。

异曲同工 **yìqǔ-tónggōng**

[转折] 同工異曲;曲調は異なっているが同じように優れていること。(文学·芸術作品について)手法が異なるが, 同じように優れていること。また, 表現のしかたは異なるが, 意味するところが同じであることのたとえ。"**同工异曲**"(tónggōng-yìqǔ)とも。¶ **这两部影片有～之妙**。この二つの映画は異なった手法で同じような効果を挙げている。

异想天开 **yìxiǎng-tiānkāi**

[动宾] (天が裂けるなどという)著しく現実ばなれしたことを考える;奇想天外。突拍子もない。

抑扬顿挫 **yìyáng-dùncuò**

[并列] 抑揚曲折が程よく調和を保っていること。"**抑**"は抑える。"**扬**"は上げる。"**顿**"は止まる。"**挫**"ははじく。¶ **朗诵诗要有～, 要注意节奏分明**。詩の朗読は抑揚をもたせ, リズムをはっきりさせなければならない。

易如反掌 **yì-rúfǎnzhǎng**

[补充] 掌(たなごころ)を反(かえ)すがごとし;極めてたやすいことのたとえ。朝飯前。¶ **这件小事情你来办还不是～!** こんな小さな仕事は君がやればお茶の子さいさいだろう。

意气风发 **yìqì-fēngfā**

[主调] 意気軒昂(けんこう)である。"**风发**"は(風が急に起こるように)盛んなさま, 奮い立つさま。

意气用事 **yìqì-yòngshì**

[状中] 一時の感情で事を運ぶ。"**意气**"は偏った感情。¶ **批评要注意分寸, 不要～, 无限上纲**。批判にはけじめが必要で, 感情的になり, 大げさに騒ぎ立ててはならない。

意味深长 **yìwèi-shēncháng**

[主调] ことばに深い意味·感情がこもっている。¶ **他的话～, 值得深思**。彼の話には深い気持ちがこもっており, よく考えてみる価値がある。

意在言外 **yì-zàiyánwài**

[主调] 意は言外にあり;(はっきりと言わずに)言外ににおわせる。

溢于言表 **yì-yúyánbiǎo**

[动宾] 感情が語ることばにあふれでる。¶ **兴奋的心情～**。昂(たか)る気持ちがことばにあふれでる。

毅然决然 **yìrán-juérán**

[并列] きっぱりとためらわずに;ちゅうちょすることなく。決然として。¶ **～地拒绝了对方的要求**。きっぱりと相手の要求を拒絶した。

yin

因材施教 **yīncái-shījiào**

[状中] 相手の資質に応じて適した教育をする;人を見て法を説く。¶ **教师要善于根据学生的特点～**。教師はよく生徒の特徴を把握して, 相手に適した教え方をしなければならない。

因地制宜 **yīndì-zhìyí**

[状中] その土地の状況に応じて適した方法をとる。¶ **我们要～地搞农业机械化**。我々はその土地に適した方法で農業の機械化を行わなければならない。

因陋就简 **yīnlòu-jiùjiǎn**

[状中] もとからの粗末な物で何とか間に合わせる;有り合わせの物で我慢してむだを省く。¶ **他们～, 就地取材, 设计制造了一种播种机**。彼らは手持ちの条件を利用し, 有り合わせの材料を使い, 何とか種播き機を作り上げた。

因人成事 **yīnrén-chéngshì**

[状中] 他人の力を頼りにして仕事を仕上げる。"**因**"は…による, …を頼る。

因势利导 **yīnshì-lìdǎo**

[状中] 状勢に応じて事を運ぶ;成り行きを見てうまく導く。"**因**"は…に従う。

因小失大 **yīnxiǎo-shīdà**

[因果] 小利を貪って大利を失う;一文(もん)吝(おし)みの百知らず。

因循守旧　yīnxún-shǒujiù
[并列] 慣例を守って改めようとしない;保守的で進取の精神を欠く。旧套(きゅうとう)を墨守する。“因循”は(古い形式を)踏襲する。¶**不能～,故步自封。**古いしきたりを守り,自分の殻に閉じ籠もっているのはよくない。

因噎废食　yīnyē-fèishí
[因果] 噎(むせ)ぶによりて食を廃す;むせるのを恐れて食べるのをやめる。小さな失敗を恐れて肝心なことをやめる。《貶》

阴差阳错　yīnchā-yángcuò
[并列] 偶然のことで間違いが生じる。☞“阴错阳差”(yīncuò-yángchā)

阴错阳差　yīncuò-yángchā
[并列] 偶然のことで間違いが生じる;ちょっとした不注意で間違いが起きることをいう。“阴差阳错”(yīnchā-yángcuò)とも。

阴谋诡计　yīnmóu-guǐjì
[并列] 陰謀詭計(きけい);陰険で狡猾(こうかつ)な計略。¶**要光明正大,不要搞～。**公明正大にやるべきで,陰謀詭計を弄んではならない。

音容宛在　yīnróng-wǎnzài
[主谓] 音容さながら生けるがごとし;声や姿がありありと浮かんでくる。死者をしのぶことば。

吟风弄月　yínfēng-nòngyuè
[并列] 風を吟じ月を弄(ろう)する;風花雪月を詠んだ内容に乏しい詩をけなしていう。“吟风咏月”(yínfēng-yǒngyuè)とも。

寅吃卯粮　yínchī-mǎoliáng
[动宾] 寅年のうちに卯年の食糧を食べる;来年の食糧を今年のうちに食べてしまう。後の収入を見越して先に食いつなぐ。¶**他平时不节约,一到月底总要预支工资,～。**彼は平素節約しないので,月末になったらいつも前借りして,翌月分の給料を使い込んでいる。

引而不发　yǐn'érbùfā
[转折] 引きて発(はな)たず;(弓の名手が弓を引いても矢を放たないように)自己を抑制することのたとえ。十分に準備して時機を狙う。また,相手を上手に導くことのたとえ。

引吭高歌　yǐnháng-gāogē
[状中] 声を張り上げて高らかに歌う;放歌高吟する。“引”は(声を)引く。“吭”はのど。

引火烧身　yǐnhuǒ-shāoshēn
[连动] 火を引いて我が身を焼く;自分の欠点を自ら暴いて,みんなの批判を求める。

引经据典　yǐnjīng-jùdiǎn
[并列] 経典を引用してよりどころを求める。¶**他说起话来,总要～,显示自己博学。**彼は話す時,いつも経典を引用し,自分の博学ぶりをひけらかそうとする。

引狼入室　yǐnlángrùshì
[兼语] 狼を家に引き入れる;悪人や敵を内部に引き入れて災いを招くことのたとえ。¶**他们～,咎由自取。**彼らは自ら災を招いたのであって,自業自得というものだ。

引人入胜　yǐnrénrùshèng
[兼语] 人を佳境に誘う;人をうっとりさせる。多く風景や文芸作品について。“胜”は佳境,勝景。¶**杭州的西湖山明水秀,是一个～的好地方。**杭州の西湖は山紫水明で,まことにすばらしい所だ。

引人注目　yǐnrénzhùmù
[兼语] 人の注意を引く。¶**这篇报道的标题～。**この報道の見出しは人目を引く。

引以为戒　yǐnyǐwéijiè
[动补] 引きて戒めとなす;過去の失敗や過ちを引いて今後の教訓とする。¶**他们的失败的教训,我们要～。**彼らの失敗の経験を,我々は今後の戒めとしなければならない。

饮水思源　**yǐnshuǐ-sīyuán**
[连动] 水を飲む時にその源を思う；幸福になってもその幸福のよって来る所を忘れない。

饮鸩止渴　**yǐnzhèn-zhǐkě**
[连动] 鸩(ちん)を飲んで渇きを癒やす；後難を知りつつも急場しのぎに危ない解決策をとることのたとえ。“**鸩**”は鸩の羽を浸した毒酒。

隐恶扬善　**yǐn'è-yángshàn**
[并列] 悪を隠し善を揚ぐ；人の悪い所をかばい，よい所をたたえる。

隐姓埋名　**yǐnxìng-máimíng**
[并列] 姓名を隠す；偽名を使って人に知られないようにする。¶ **～逃奔他乡**。名を隠して他郷に走る。

隐约其辞　**yǐnyuē-qící**
[动宾] ことばをぼやかす；話を左右にそらす。“**隐约**”はぼんやりしている，はっきりしない。¶ **他故意讲得～，令人摸不着头脑**。彼はわざと持って回った言い方をして，人をはぐらかそうとする。

ying

应有尽有　**yīngyǒu-jìnyǒu**
[主调] 必要な物はみなある；何もかも備わっている。無い物は無い。¶ **市场上的蔬菜品种繁多，～**。市場にはいろんな種類の野菜が出回っていて，何でもそろっている。

英姿焕发　**yīngzī-huànfā**
[主调] 英姿颯爽(さっそう)たり；きりっと引き締まった姿をして元気にあふれているさま。

英姿飒爽　**yīngzī-sàshuǎng**
[主调] 英姿颯爽(さっそう)たり；きりっと引き締まった姿をしていかにも勇ましいさま。“**飒爽英姿**”(sàshuǎng-yīngzī)とも。

莺歌燕舞　**yīnggē-yànwǔ**
[并列] うぐいすは歌いつばめは舞う；小鳥が元気よくさえずる春景色の形容。転じて，国中が喜びに満ちあふれているさま。

鹦鹉学舌　**yīngwǔ-xuéshé**
[主调] 鸚鵡(おうむ)返しに人のことばを繰り返す；人の言ったことを機械的にまねる。¶ **你光知道～，毫无主见**。君は人の言ったことを繰り返しているだけで，自分の意見が何もない。

迎刃而解　**yíngrèn'érjiě**
[承接] 刃(やいば)を迎えて解く；(竹の初めの一節に刃が入ると，後は自然に割れていくように)事が容易にはかどること。すらすらと事が運ぶ。

迎头赶上　**yíngtóu-gǎnshàng**
[状中] 努力して先頭に追いつく。¶ **我们一定要～世界科学技术的先进水平**。我々は大いに努力して是が非でも世界の科学技術の先端に追いつかなければならない。

迎头痛击　**yíngtóu-tòngjī**
[状中] 真っ向から痛撃する；出合い頭に激しい一撃を食らわす。¶ **对于这种谬论，必须给予～**。この種の誤った議論に対しては，手厳しい批判を加えなければならない。

营私舞弊　**yíngsī-wǔbì**
[并列] 私利を営み不正をはたらく。“**舞弊**”は不正をはたらく。

蝇头小利　**yíngtóu-xiǎolì**
[定中] 蠅(はえ)の頭ほどの小さなもうけ；ごくわずかな利益のたとえ。すずめの涙ほどのもうけ。“**蝇头微利**”(yíngtóu-wēilì)とも。¶ **不要计较～**。ちっぽけな利益にこだわってはならない。

蝇营狗苟　**yíngyíng-gǒugǒu**
[并列] 蠅(はえ)のように飛び回り，犬のようにふるまう；手段を選ばず恥知らずなことをすることのたとえ。恥も外聞も顧みない。“**营**”は上手に立ち回る。“**苟**”はかりそめに過ごす。“**狗苟蝇营**”(gǒugǒu-yíngyíng)とも。

应接不暇　**yìngjiē-bùxiá**
[主调] 応接に暇(いとま)なし；いちいち受

け答えしていられないほど忙しい。もとは，景色が目まぐるしく変化していちいち観賞していられないことをいった。¶ **每逢节前，商店里的顾客特别多，售货员简直～。** 祝祭日の前はいつも，商店の買い物客は非常に多く，店員たちはまったく応接に暇なしの状態になる。

应运而生　yìngyùn'érshēng
[状中] 機運に乗じて生ず；時機に応じて生まれる。

yong

庸人自扰　yōngrén-zìrǎo
[主谓] 凡庸な人物は自ら騒ぎを引き起こす。¶ **他太多疑了，纯粹是～。** 彼は疑い深くて，まさしく小人は事を好むというやつだ。

永垂不朽　yǒngchuí-bùxiǔ
[并列] 永遠に消えることなく伝えられる；(輝かしい事績や偉大な精神が)永く後世に伝わることのたとえ。¶ **人民英雄～！** 人民の英雄は永遠に不滅である。

勇往直前　yǒngwǎng-zhíqián
[并列] 勇往邁進(まいしん)する；勇敢に突き進む。¶ **不怕困难，～。** 困難を恐れず，勇敢に前進する。

you

优柔寡断　yōuróu-guǎduàn
[并列] 優柔不断である；ためらっていてなかなか決断できない。¶ **～，怎么能够成就大事？** 優柔不断では，どうして大事を成し遂げられようか。

忧心忡忡　yōuxīn-chōngchōng
[主谓] 憂いに沈む；心配事があってくよくよする。"忡忡"はくよくよするさま。¶ **你的病没什么大不了的，用不着～。** 君の病気は大したことはない，何もくよくよすることはないよ。

忧心如焚　yōuxīn-rúfén
[主谓] 心配で心が焼かれるようである；居ても立ってもいられない。じりじりする。¶ **父亲病情加重，他～。** 父親の病状が悪化して，彼は居ても立ってもいられない。

悠然自得　yōurán-zìdé
[状中] 悠然としている；ゆったりとしてのびやかである。

犹豫不决　yóuyù-bùjué
[并列] ためらって決しかねる；なかなか決心がつかない。¶ **是去还是不去，他～。** 行くかどうか，彼は決断しかねている。

油腔滑调　yóuqiāng-huádiào
[并列] 口先ばかり調子のよい事を言うさま；浮ついた調子で軽薄な事をしゃべる。"油""滑"は共に浮ついている，軽薄である。"腔""调"は共に語気，語調。¶ **他说话～，令人生厌。** 彼のあの上っ調子で実のない話しぶりは，嫌悪感を催させられる。

油头滑脑　yóutóu-huánǎo
[并列] 軽薄でずる賢い；要領よく立ち回る。如才なくふるまう。"油"はずる賢い，"滑"は軽薄である。¶ **这人总是～，很不实在。** こいつはいつも要領よく立ち回り，はなはだ不誠実だ。

油嘴滑舌　yóuzuǐ-huáshé
[并列] ぺらぺらとよくしゃべる；舌がよく回る。口先だけでうまいことを言う。

游刃有余　yóurèn-yǒuyú
[主谓] 遊刃(ゆうじん)余りあり；包丁の使い方に余裕が見られる。仕事に習熟しているので余裕をもって当たることができることのたとえ。丁という料理の名人が，牛を割くのに骨と骨との間に上手に余地を見いだして刃物を使ったので，何年使っても刃こぼれしなかったという故事から。『荘子』養生主。

游山玩水　yóushān-wánshuǐ
[并列] 山や川の景色を楽しむ。"游山逛水"(yóushān-guàngshuǐ)とも。

游手好闲 **yóushǒu-hàoxián**
[并列] (仕事嫌いで)正業に就かずぶらぶらしている。“游手”は手ぶらでいる。“好闲”は遊び好きである,仕事をしたがらない。¶**此人不学无术,～。**この男は無学無能で,ぶらぶらして遊んでばかりいる。

有板有眼 **yǒubǎn-yǒuyǎn**
[并列] きちんと筋道が立っていることのたとえ;理路整然としている。もと,旧劇で謡(うたい)が伴奏の調子によく合っていることを指した。

有备无患 **yǒubèi-wúhuàn**
[条件] 備えあれば憂いなし;平生から準備をしておけば,万一の場合に慌てないですむ。

有的放矢 **yǒudì-fàngshǐ**
[连动] 的(まと)有りて矢を放つ;的確に目的·目標を定めて発言·行動する。“无的放矢”(wúdì-fàngshǐ)に対して。¶**写文章要～,不要说空话。**文章は的を絞って書くべきで,中身のない事を書いてはならない。

有机可乘 **yǒujī-kěchéng**
[连动] 乗ずる機会がある;付け込む隙がある。うまくもぐり込めそうである。¶**做好保密工作,以免对方～。**よく秘密を保持し,相手に乗じられることのないように。

有教无类 **yǒujiào-wúlèi**
[并列] 教えありて類なし;教える時に身分や賢愚によって区別しない。どんな人でもみな教育を受けることができる。誰でも教育を受ければ偉くなれる。『論語』衛霊公篇に見える孔子のことば。

有口皆碑 **yǒukǒujiēbēi**
[兼语] 人々の口がそのまま碑となる;誰もがほめたたえる。どこに行っても称賛を受ける。“碑”は石碑,人の生前の功績を記すのに用いた。¶**她的模范事迹～。**彼女の模範的な事績は誰もが称賛している。

有口难分 **yǒukǒu-nánfēn**
[转折] 口があっても言い訳がしにくい;弁解のしようがない。¶**面对众人的指责,他～。**大勢の人々の非難に遭って,彼は弁解のしようがなかった。

有口难言 **yǒukǒu-nányán**
[转折] 口に出して言いにくい;憚りがあって口に出せない。¶**你误会了我的意思,真叫我～。**君に僕の気持ちを誤解されて,僕は何とも言いようがないよ。

有口无心 **yǒukǒu-wúxīn**
[转折] 口ではずばずば言うが腹は悪くない;口は悪いが悪気がない。¶**他是个～的人,说过也就完了。**彼はずばずば言うたちだが,言ってしまえばそれまでだ。

有名无实 **yǒumíng-wúshí**
[转折] 有名無実である;名ばかりで実質が伴わない。

有目共睹 **yǒumù-gòngdǔ**
[主谓] 誰もが見ている;誰の目にも明らかである。¶**这是～的事实。**これは誰の目にも明らかな事実だ。

有目共赏 **yǒumù-gòngshǎng**
[主谓] 見る者は誰もが称賛する。¶**这真是～的好诗。**これは誰もがほめたたえるすばらしい詩だ。

有气无力 **yǒuqì-wúlì**
[转折] 息はしているが力がない;元気のないさま。ぐったりとしたさま。¶**他久病初愈,身体虚弱,说起话来～。**彼は長患いが癒えたばかりで,体が弱々しく,ことばにも力がない。

有求必应 **yǒuqiú-bìyìng**
[条件] 頼まれれば必ず承諾する。求められれば必ず応える。もと,神仏の霊験あらたかなこと。¶**别人请他帮忙,他总是～。**他人から援助を求められると,彼は必ず承諾する。

有声有色 **yǒushēng-yǒusè**
[并列] (話し方や演技が)生き生きとしているさま;真に迫っている。精彩に

Y

富む。¶**他讲起故事来，～，十分感人。**彼は話を始めると，真に迫っていて，人を引き付けて離さない。

有始无终　yǒushǐ-wúzhōng
转折 始めがあって終わりがない；やりかけた仕事を終わりまできちんとやり通さない。尻切れとんぼである。¶**这个人做事～。**この人の仕事ぶりは中途半端である。

有始有终　yǒushǐ-yǒuzhōng
并列 最初から最後まできちんとしている；終始一貫している。¶**任何工作都要～，决不能半途而废。**どんな仕事であれ始めから終わりまできちんとやるべきで，決して中途で投げ出してはならない。

有恃无恐　yǒushì-wúkǒng
因果 頼むところがあって何物も恐れない；後ろ盾があるので怖いもの無しである。《貶》

有条不紊　yǒutiáo-bùwěn
并列 きちんとしていて乱れがない；整然と秩序だっている。“紊”は乱れる。¶**他办事一向～。**彼はいつも仕事ぶりがきちんとしている。

有头无尾　yǒutóu-wúwěi
转折 始めがあって終わりがない；終わりがきちんとしていない。尻切れとんぼである。

有隙可乘　yǒuxì-kěchéng
连动 乗ずる隙(すき)がある；付け込む隙がある。

有眼无珠　yǒuyǎn-wúzhū
转折 目はあるが瞳がない；眼識を欠くことのたとえ。目が節穴同然である。¶**这都怪我～，小看了他。**これというのも私の目が節穴だったために，彼を見くびっていたからだ。

有勇无谋　yǒuyǒng-wúmóu
转折 勇気はあるが知恵がない；蛮勇をふるう。無謀なことをする。¶**他这个人～，干劲不小，就是不爱动脑筋。**あの男は猪突猛進するタイプで，やる気は十分なのだが，頭をはたらかせようとしない。

yu

余音绕梁　yúyīn-ràoliáng
主谓 余音が梁(はり)をめぐる；余韻嫋々(じょうじょう)としている。

余勇可贾　yúyǒng-kěgǔ
主谓 元気が有り余っている；まだまだ余力がある。注“贾”は gǔ，売る。

鱼龙混杂　yúlóng-hùnzá
主谓 魚と竜が一緒に交じっている；悪人と善人が入り交じっているたとえ。

鱼目混珠　yúmù-hùnzhū
主谓 魚の目を真珠に交ぜる；偽物を本物と偽る。

鱼游釜中　yú-yóufǔzhōng
主谓 魚が釜中(ふちゅう)に泳ぐ；大きな身の危険が目前に迫っていることのたとえ。釜中の魚。

愚公移山　yúgōng-yíshān
主谓 愚公山を移す；たゆまぬ努力を続ければいつかは大きな事業を成し遂げることができるということのたとえ。愚直な老人が家の前の山を他に移そうとしたため，天帝がその志に感じてこれを成就させたという寓話から。『列子』湯問。

愚昧无知　yúmèi-wúzhī
并列 無知蒙昧(もうまい)；愚かで道理に暗い。“昧”は暗い，ぼんやりしている。

与虎谋皮　yǔhǔ-móupí
状中 虎にその皮をよこせと相談する；利害の相反する人に相談をもちかけることのたとえ。転じて，悪人に悪事をやめるようにもちかけること。できない相談。無理な相談。もとは“**与狐谋皮**”(yúhú-móupí—狐にその皮をくれと相談をもちかける)。

与人为善　yǔrén-wéishàn
状中 人と共に善をなす；転じて，善意をもって人を助ける。

与日俱增　yǔrì-jùzēng
状中 日と共に増す;日に日に増加する。¶**我们两国人民之间的友谊～**。われわれ両国人民の間の友誼は日に日に発展しつつある。

与时俱进　yǔshí-jùjìn
状中 時代と共に前進する;時と共に歩む。¶**要想～,就要不断地学习**。時代と共に前進するには,絶えず学習しなければならない。

与世长辞　yǔshì-chángcí
状中 永く世に別れる;世を去る。逝去する。永別する。死を婉曲(えんきょく)にいう。¶**昨天,亲爱的爷爷～了**。昨日,愛する祖父が世を去った。

与众不同　yǔzhòng-bùtóng
状中 普通の人とは異なる;並外れている。¶**她的嗓音～,我一下子就听出来了**。彼女の声はずいぶん変わっているので,私はすぐに聞き分けることができた。

羽毛未丰　yǔmáo-wèifēng
主谓 羽がまだ十分に生えそろっていない;未熟であることのたとえ。くちばしが黄色い。青二才である。

雨后春笋　yǔhòu-chūnsǔn
定中 雨後のたけのこ;新しい事物が次々と現れることのたとえ。

语无伦次　yǔ-wúlúncì
主谓 ことばが順序立っていない;しどろもどろである。支離滅裂である。“**伦**”“**次**”は共に秩序,順序。¶**他非常紧张,说话～**。彼は緊張のあまり,言うことが支離滅裂だ。

语焉不详　yǔyān-bùxiáng
转折 言及しているが,詳しくはない;ことば足らずで意を尽くしていない。“**焉**”は文語の語気助詞。

语重心长　yǔzhòng-xīncháng
并列 ことばに重みがあり,誠意がこもっている。

玉洁冰清　yùjié-bīngqīng
并列 玉のように清らかで,氷のように澄み切っている。☞“**冰清玉洁**”(bīngqīng-yùjié)

玉石俱焚　yùshí-jùfén
主谓 玉石ともに焚(や)けてしまう;よいものも悪いものも共に滅びる。

郁郁寡欢　yùyù-guǎhuān
状中 鬱々(うつうつ)として楽しまず;気が重くて心が晴れ晴れしないさま。“**郁郁**”は心が塞ぐさま。¶**离婚后,他整天～**。離婚後,彼は一日中気が塞いだままだ。

欲罢不能　yùbà-bùnéng
转折 罷(や)まんと欲すれども能(あた)わず;やめたくてもやめられない。ひっこみがつかなくなる。『論語』子罕篇に見える語。

欲盖弥彰　yùgài-mízhāng
转折 隠れたるより現るるは無し;隠そうとすればいよいよ現れる。語るに落ちる。¶**他千方百计地想掩盖事实真相,结果反而～**。彼はあの手この手を尽くして事の真相を覆い隠そうとしたが,結果はかえって露見することになった。

欲壑难填　yùhè-nántián
主谓 欲の谷は埋めようがない;欲望には限りがない。“**壑**”は谷。

欲擒故纵　yùqín-gùzòng
目的 捕らえるために,わざとしばらく自由にさせておく;しばらく泳がせておく。“**擒**”は捕らえる。“**纵**”は緩める。

遇事生风　yùshì-shēngfēng
连动 事あるごとに波風を立てる。

愈演愈烈　yùyǎn-yùliè
连动 状況がますます厳しくなる。

yuan

冤家路窄　yuānjiā-lùzhǎi
主谓 敵(かたき)どうしはよく出会う;会いたくない者どうしはかえって顔を合わしやすいものである。“**冤家**”は敵,かたき。

原封不动　**yuánfēng-bùdòng**
主调 封をしたままで手を触れていない;元のままで少しの変動もないことのたとえ。¶～**地放着**。手つかずのまま置いてある。

原形毕露　**yuánxíng-bìlù**
主调 本来の姿がはっきりする;真相が暴露される。化けの皮がはがれる。《貶》。"**毕**"はことごとく。

原原本本　**yuányuán-běnběn**
并列 元のままそっくり;一部始終。多く,叙述が詳しいことをいう。¶**我把这件事～讲给他们听**。私はこの事をありのまま彼らに話して聞かせる。

圆颅方趾　**yuánlú-fāngzhǐ**
并列 丸い頭に四角い足;(人間の外形の特徴から)人,人間。

圆凿方枘　**yuánzáo-fāngruì**
对比 円い枘穴(ほぞあな)と四角い枘(ほぞ)。☞"**方枘圆凿**"(fāngruì-yuánzáo)

缘木求鱼　**yuánmù-qiúyú**
连动 木に縁(よ)りて魚を求む;方法を誤れば目的を達成することができないことのたとえ。山に蛤(はまぐり)を求む。

源源不绝　**yuányuán-bùjué**
状中 絶え間なく続くさま。"**源源不断**"(yuányuán-bùduàn)とも。

源远流长　**yuányuǎn-liúcháng**
并列 源は遠く流れは長い;歴史が悠久であることの形容。¶**中国文化～,有五千多年的历史**。中国文化は源が遠く,五千年を超える悠久の歴史を有している。

远见卓识　**yuǎnjiàn-zhuóshí**
并列 高遠な知識;遠くまで見通すことのできる見識。

远交近攻　**yuǎnjiāo-jìngōng**
对比 遠交近攻;遠くの国と交わり,近くの国を攻める。戦国時代に魏の范雎(はんしょ)が提唱した外交政策。¶**秦国采用～的计策,逐步吞并了六国**。秦は遠交近攻の策を用い,徐々に六国を併合していった。

远走高飞　**yuǎnzǒu-gāofēi**
并列 遠くへ飛び去る;高飛びする。また,苦境を脱して明るい前途を求める意にも。

怨声载道　**yuànshēng-zàidào**
主调 怨みの声が道に満ちる;至る所に民の不満の声があがる。"**载**"は満ちる。

怨天尤人　**yuàntiān-yóurén**
并列 天を怨み人をとがめる;挫折や失敗を他人のせいにする。

yue

约定俗成　**yuēdìng-súchéng**
并列 約定まり俗成る;事物の名称や習慣がしだいに一般化して社会的に認められるようになる。普及し定着する。¶**简化汉字应本着～的精神进行**。漢字の簡略化は習わしとなって認められるという精神で進めなければならない。

跃然纸上　**yuèrán-zhǐshàng**
补充 紙上に躍如たり;文学作品の描写や表現が生き生きとしていることの形容。

跃跃欲试　**yuèyuè-yùshì**
状中 何としてもやってみたいと思う;やってみたくてうずうずする。"**跃跃**"は(期待で)心が高ぶるさま,気がはやるさま。

越俎代庖　**yuèzǔ-dàipáo**
目的 俎(そ)を越えて庖(ほう)に代わる;司祭者がいけにえの台を踏み越えて料理人の職分を侵す。己の職分を越えて他の世話をやく。出しゃばって権限外のことをする。余計なお節介をする。"**俎**"は古代の祭祀でいけにえをのせる台。"**庖**"は料理人。『荘子』逍遥遊に見える故事から。¶**这件事归他管,你最好找他,我不能～**。この件は彼の管轄だから,彼と相談したほうがよい,僕はお節介をするわけにはいかんのでね。

yun

晕头转向　**yūntóu-zhuànxiàng**

并列 めまいがして方向を失う；頭が混乱して何が何だかわからなくなる。"晕"はくらむ。¶ **这两天我简直忙得～**。ここ数日，私は忙しくて目が回りそうだ。

云谲波诡　**yúnjué-bōguǐ**

并列 雲か波のように見える；事の変化の測り知れないことのたとえ。もと，家屋の構造が変化に富んでいること。"**谲**""**诡**"は共に欺く，変化に富む。"**波谲云诡**"(bōjué-yúnguǐ)とも。

云泥之别　**yúnnízhībié**

定中 雲泥の差；(天にある雲と地にある泥ほどの)大きな差。

云散风流　**yúnsàn-fēngliú**

并列 跡形もなく消え去る。☞"**风流云散**"(fēngliú-yúnsàn)

云山雾罩　**yúnshān-wùzhào**

主谓 雲に覆われた山に霧がたちこめる；(話が)あいまいでつかみどころのないたとえ。まるで要領を得ない。

云消雾散　**yúnxiāo-wùsàn**

并列 雲散霧消する。☞"**烟消云散**"(yān xiāo-yúnsàn)

云兴霞蔚　**yúnxīng-xiáwèi**

并列 雲が立ち昇り霞がたなびく。☞"**云蒸霞蔚**"(yúnzhēng-xiáwèi)

云蒸霞蔚　**yúnzhēng-xiáwèi**

并列 雲が湧き昇り霞がたなびく；きらびやかで美しい景観のたとえ。"**云兴霞蔚**"(yúnxīng-xiáwèi)とも。

芸芸众生　**yúnyún-zhòngshēng**

定中 (仏教で)生きとし生ける物；衆生(しゅじょう)。転じて，多くの無知な人間。縁なき衆生。"**芸芸**"は多いさま。

运筹帷幄　**yùnchóu-wéiwò**

补充 策を帷幄(いあく)のうちに巡らす；後方にあってはかりごとを巡らし指揮をとる。"**运**"は巡らす。"**筹**"は策。"**帷幄**"は陣営に張り巡らした幕。

运用自如　**yùnyòng-zìrú**

补充 自由自在に運用する；自在に操る。¶ **小华对这些数学公式～**。小華はこれらの数学の公式を自由自在に運用できる。

Z

za

杂乱无章　záluàn-wúzhāng

[并列] 乱雑で秩序がない;ごたごたとして筋が通らない。¶ **这篇文章写得～，毫无条理。**この文章はまとまりがなく，少しも筋が通っていない。

杂七杂八　záqī-zábā

[并列] ごたごたと入り交じっているさま;雑多である，乱雑である。¶ **储藏室里堆满了～的东西。**倉庫にはごたごたした物が一杯に積み上げられている。

zai

再接再厉　zàijiē-zàilì

[并列] 引き続き励む;なお一層努力する。もと，唐の韓愈と孟郊の『闘鶏聯句』中の詩句に見える語で，雄鶏が戦を交えるたびに爪をといで鋭くさせるとある。“**接**”は戦を交える。“**厉**”はもと“**砺**”，鋭くとぐ。

再衰三竭　zàishuāi-sānjié

[连动] 力を使い果たして徐々に衰えが見える;志気が落ち少しも振るわなくなる。精根尽き果て立ち上がれない。『左伝』荘公十年に見える“**再而衰，三而竭**”(軍鼓を二度打ち鳴らせば志気が衰え，三度目には尽き果てる)を縮めたもの。“**一鼓作气**”(yīgǔ-zuòqì)参照。

在劫难逃　zàijié-nántáo

[假设] 劫(ごう)は避けられぬ;宿命的な災禍からは逃れようがない。“**劫**”は，仏教用語，風·水·火の大きな災禍をいう。

赞不绝口

在所不辞　zài-suǒbùcí

[动宾] 断るようなことはない;決して辞退しない。“**在所不…**”は強調表現，「…しない状況にある」，「…するようなことはない」。¶ **如果需要我帮忙，我～。**もしお力になれるような事があれば，必ず全力を尽くします。

在所不惜　zài-suǒbùxī

[动宾] 惜しむようなことはない;決して惜しまない，喜んで投げ出す。

在所难免　zài-suǒnánmiǎn

[动宾] 免れるようなことはできない状況にある;免れがたい。絶対に免れられない。

载歌载舞　zàigē-zàiwǔ

[并列] かつ歌いかつ舞う;歌ったり踊ったりして存分に楽しむ。“**载…载…**”は二つの動作が同時に行われることをいう。…したり…したり。¶ **～庆丰牧。**歌いかつ舞って豊作を祝う。

zan

赞不绝口　zàn-bùjuékǒu

[补充] 口を極めてほめたてる;しきりにほめそやす，絶賛する。¶ **一提起小华，人们～。**小華の話になると，人々は口をそろえてほめそやす。

zao

造谣惑众　zàoyáo-huòzhòng

[连动] デマを飛ばして人々を惑わす。“**造谣**”はデマを飛ばす。¶ **不许他们～。**連中がデマを飛ばして人々を惑わすのを許さない。

造谣中伤　zàoyáo-zhòngshāng

[连动] デマをとばして中傷する。

ze

责无旁贷　zé-wúpángdài

[主调] 責任は他人に転嫁することができない；負うべき責任は進んで負わなければならない。“**旁**”は他人。“**贷**”は転嫁する。

责有攸归　zé-yǒuyōuguī

[主调] 責任には帰属するところがある；責任は誰かが負わなければならない。“**攸**”は“**所**”に同じ，…するところ。

啧有烦言　zéyǒu-fányán

[动宾] 大勢の人があれこれと不満を述べる；しきりに非難の声を上げる。勝手な言い争いをする。“**啧**”は舌打ちの音。“**烦言**”は不満のことば。

zei

贼喊捉贼　zéi-hǎnzhuōzéi

[主调] 泥棒が「泥棒をつかまえろ」と叫ぶ；泥棒が他人を泥棒呼ばわりする。悪人が他人を悪人呼ばわりする。盗人猛々しい。

zhai

债台高筑　zhàitái-gāozhù

[主调] 債台を高く築く；負債が山ほどある。借金で首が回らない。周の赧王(たんおう)が借金の返済を迫られて宮中の高い楼台の上に身を隠したという故事から。『漢書』諸侯王表序の顔師古注。¶ **他自己～，哪还有钱借人？** 彼は山ほど借金があるのに，どうして人に貸す金があろう。

zhan

沾沾自喜　zhānzhān-zìxǐ

[状中] 得意になってひとり喜ぶ；有頂天になるさま。手放しで喜ぶ。“**沾沾**”は得意なさま。¶ **他决不会因办妥一件事而～。** 彼は一つ仕事を片づけたからといっていい気になって喜ぶような男では決してない。

瞻前顾后　zhānqián-gùhòu

[并列] 前を見たり後を振り返ったりする；慎重に考えを巡らすさま。また，あれこれと考えて態度を決しかねるさま。“**瞻**”は前を見る。“**顾**”は後ろを振り返る。

斩草除根　zhǎncǎo-chúgēn

[并列] 草を斬りて根を除く；禍根を徹底的に断ち切る。根こそぎにする。¶ **一不做，二不休，～，以免后患。** やるからには徹底的にやり，後悔することのないよう禍根を断ち切る。

斩钉截铁　zhǎndīng-jiétiě

[并列] 釘を斬り鉄を截つ；(話しぶりや態度が)きっぱりしているさま。また，ためらうことなくきっぱりと物事を処理するさま。¶ **他说话～。** 彼の話しぶりには少しもあいまいな所がない。

崭露头角　zhǎnlù-tóujiǎo

[动宾] 飛び抜けて頭角を現す；(若い人が)人にぬきんでた才能を発揮する。“**崭**”はぬきんでるさま。

辗转反侧　zhǎnzhuǎn-fǎncè

[并列] 輾転(てんてん)反側す；(慕る思いや心配事で)寝つけないで何度も寝返りを打つ。“**辗转**”はしきりに体の向きを変えるさま。“**反侧**”は寝返りを打つ。¶ **～，久久不能入睡。** 何度も寝返りを打って，なかなか寝つけない。

战天斗地　zhàntiān-dòudì

[并列] 天地と戦う；勇敢に大自然の改造に挑む。

战无不胜　zhàn-wúbùshèng

[补充] 戦いて勝たざるなし；戦えば必ず勝つ。

战战兢兢　zhànzhànjīngjīng

[并列] 戦々兢々(せんせんきょうきょう)；恐れ慎むさま。¶ **大胆工作，别～地过日子。** 大胆に仕事と取り組み，小心翼々として日を過ごすことのないように。¶ **～，如履薄冰。** 戦々兢々として，薄氷を踏むがごとし。

zhang

张灯结彩　zhāngdēng-jiécǎi
[并列] ちょうちんをつるし綾絹の飾りつけをする；祝日などを祝うさま。

张冠李戴　zhāngguān-lǐdài
[主调] 張の冠を李がかぶる；対象を取り違えたり，事実を誤認したりすることのたとえ。はきちがえる。¶ **这事跟他毫无关系，你这是～，错怪人了。** これは彼と何の関係もない。君は勘違いして，人を責めているんだ。

张皇失措　zhānghuáng-shīcuò
[并列] 慌てて取り乱す；慌てふためく。うろたえる。周章狼狽(ろうばい)する。“**张皇**”は慌てる。“**失措**”は取り乱す。¶ **他～、坐立不安。** 彼は取り乱して，居ても立ってもいられない。

张口结舌　zhāngkǒu-jiéshé
[并列] 口を開いたままことばが出てこない；理に窮したり，恐れて緊張したりするさま。あっけらかんとしている。“**结舌**”は舌がもつれる。¶ **他～，一句话也说不出来。** 彼はぽかんと口を開いたままで，ひと言もことばが出てこなかった。

张牙舞爪　zhāngyá-wǔzhǎo
[并列] 歯をむき出し爪を振るう；(猛獣のように)猛々しいさま。凶暴さをむき出しにするさま。

Z

獐头鼠目　zhāngtóu-shǔmù
[并列] 醜くてずるそうな顔つきの形容。“**獐**”(のろ)は頭が小さく，“**鼠**”(ねずみ)は目が小さいところから。

彰明较著　zhāngmíng-jiàozhù
[并列] 極めて明らかである。明々白々である。“**彰**”“**明**”“**较**”“**著**”はいずれも明らかである。¶ **你的罪行已经～，还有什么可抵赖的。** おまえの罪は明々白々であるというのに，まだ言い逃れをしようというのか。

彰善瘅恶　zhāngshàn-dàn'è
[并列] 善を顕彰し悪を弾劾する。

掌上明珠　zhǎngshàng-míngzhū
[定中] 掌中の珠(たま)；父母が非常に可愛がっている女児。“**掌珠**”(zhǎngzhū)，“**掌上珠**”(zhǎngshàngzhū)，“**掌中珠**”(zhǎngzhōngzhū)などとも。¶ **她自幼聪明伶俐，父母视如～。** 彼女は幼い頃から賢くて気が利き，両親は目の中に入れても痛くないような可愛がりようであった。

仗势欺人　zhàngshì-qīrén
[连动] 権勢を笠に着て弱い者いじめをする；権柄(けんぺい)ずくに相手を押さえつける。

仗义疏财　zhàngyì-shūcái
[连动] 義を重んじて財を疏(うと)んず；正義のためには財を惜しまない。私財を投じて人の困難を救う。“**仗**”はたのむ。“**疏**”はうとんじる。¶ **他～，帮助过很多人。** 彼は惜しみなく私財を投じ，多くの人を助けてきた。

仗义执言　zhàngyì-zhíyán
[连动] 言うべきことは臆することなく言う；正論を吐く。“**仗**”はたのむ。“**执**”は堅く持する。¶ **他敢于～，令人钦佩。** 彼の言うべきことは堂々と主張する態度には，頭が下がる。

zhao

招兵买马　zhāobīng-mǎimǎ
[并列] 兵士を募り馬を買う；武力を調えること。転じて，人力を調えたり，拡充したりすること。

招降纳叛　zhāoxiáng-nàpàn
[并列] (自軍の勢力を拡大するために)投降者や反逆者を受け入れる；転じて，反動勢力が悪人を抱き込んで勢力の拡大を謀ること。

招摇过市　zhāoyáo-guòshì
[状中] 仰々しく街を行く；人の注意を引こうとして目立つように街中を歩き回る。これ見よがしのふるまいをする。“**招摇**”は大げさにふるまって人目を引こうとする。

招摇撞骗 zhāoyáo-zhuàngpiàn
状中 (大仰なふるまいをして)はったりを利かせて詐欺をはたらく。“撞骗”は公然と詐欺をはたらく。¶ **他打着革命的旗号，到处～。**彼は革命の旗を掲げて，至る所で人をたぶらかしている。

朝不保夕 zhāo-bùbǎoxī
主调 朝(あした)には夕べを測り難い；(危険が迫っていて)いつ不測の事態が生じるかわからないことをいう。明日をも知れぬ。“**朝不虑夕**”(zhāo-bùlǜ xī)とも。¶ **他的父亲病势很重，已经～。**彼の父は病が重く，もういつ死ぬかわからない。

朝发夕至 zhāofā-xīzhì
承接 朝(あした)に出(いで)て夕べに着く；道のりの遠くないことをいう。

朝令夕改 zhāolìng-xīgǎi
主调 朝令暮改；朝下した命令をその日の夕方に改めること。法令や主張がめまぐるしく変わることのたとえ。¶ **做出一项决定，必须经过深思熟虑，不应当～。**一つの決定を下すには，よく考えたうえで行うべきで，ころころ変わるようでは困る。

朝气蓬勃 zhāoqì-péngbó
主调 清新の気がみなぎる；旺盛な気力に満ちあふれている。“**朝气**”は朝の新鮮な空気，転じて旺盛な気力。“**蓬勃**”は盛んなさま。

朝秦暮楚 zhāoqín-mùchǔ
并列 朝(あした)には秦，夕べには楚；無原則にあっちについたりこっちについたりすること。“**秦**”“**楚**”は戦国時代に相対立していた二つの大国。

朝三暮四 zhāosān-mùsì
并列 朝三暮四；ことば巧みに人を欺くこと。転じて，ことばや態度がころころとよく変わること。猿にトチの実を与えるのに，朝に三つ夕方に四つ与えようと言ったところ怒ったが，朝に四つ夕方に三つ与えようと言ったところ喜んだという寓話から。『荘子』斉物論。¶ **一会儿学英语，一会儿又学法语，这样～，很可能一门外语也学不好。**いま英語を勉強しているかと思ったら，今度はフランス語を勉強している，そんなふうにころころ変わっていたのでは，どの外国語も身に付きませんよ。

朝思暮想 zhāosī-mùxiǎng
并列 朝な夕なに思い焦がれる；寝ても覚めても恋い慕う。

照本宣科 zhàoběn-xuānkē
状中 書いてあるとおり条文を読み上げる；(講義や演説が)原稿どおりで一本調子なこと。“**本**”は書物，原稿。“**科**”は箇条，条文。¶ **别拿着讲义～，这样的课学生是不爱听的。**講義ノートを棒読みしてはいけない，そんな授業は学生は聴きたがらぬものだ。

照猫画虎 zhàomāo-huàhǔ
状中 猫をまねて虎を描く；手本に似せて模倣することのたとえ。

zhen

针锋相对 zhēnfēng-xiāngduì
主调 針の先と先が向かい合う；鋭く対立するさま。真っ向うから対立する。“**锋**”は刃物の切っ先。¶ **他们两个人的意见～，谁也说服不了谁。**あのふたりの意見は鋭く対立していて，どちらも相手を説得できないでいる。

真才实学 zhēncái-shíxué
并列 真の才能と学問；本物の才能としっかりした学識。

真凭实据 zhēnpíng-shíjù
并列 動かし難い証拠；十分なよりどころ。¶ **～都摆在这里了，你还有什么可说的？**十分な証拠が目の前に並べられているのに，まだ何か言うことがあるとでも？

真相大白 zhēnxiàng-dàbái
主调 真相がすっかり明らかになる。¶ **这个案件虽很复杂，但终于～了。**この事件はたいへん込み入っていたが，ついに真相が明らかになった。

真心实意　**zhēnxīn-shíyì**
并列 誠心誠意；まごころがこもり，うそいつわりのない気持ち。

真知灼见　**zhēnzhī-zhuójiàn**
并列 正確な知識と透徹した見解；卓見，卓識。

枕戈待旦　**zhěngē-dàidàn**
连动 戈(ほこ)を枕に夜明けを待つ；敵に対する警戒を怠らないことの形容。

振聋发聩　**zhènlóng-fākuì**
并列 (耳の聞こえない人にも聞こえるぐらいの)大声で人の注意を喚起する。☞“**发聋振聩**”(fālóng-zhènkuì)

振振有词　**zhènzhèn-yǒucí**
状中 (理は当方にありとばかりに)盛んにまくしたてる；大いに弁舌を振るう。“词”は“辞”とも。¶**他自觉有理，讲起话来～**。彼は理は己にありと見て，話しだすとどこまでも止まらなかった。

zheng

争分夺秒　**zhēngfēn-duómiǎo**
并列 一分一秒を争う；時間を大切にする形容。寸秒を争う。

争权夺利　**zhēngquán-duólì**
并列 権利や利益を奪い合う。

争先恐后　**zhēngxiān-kǒnghòu**
并列 遅れまいと先を争う；我先に。われがちに。¶**汽车一到站，一群人～地拥了上去**。バスが停留所に着くと大勢の人々が先を争って乗り込んでいった。

蒸蒸日上　**zhēngzhēng-rìshàng**
状中 日の出の勢いで発展する。“蒸蒸”は湯気の立ち上るさま。¶**我们的事业～**。我々の事業は日の出の勢いで発展している。

正本清源　**zhèngběn-qīngyuán**
并列 本を正し源を清くする；根本的解決を図る。

正大光明　**zhèngdà-guāngmíng**
并列 公明正大である。☞“**光明正大**”(guāngmíng-zhèngdà)

正襟危坐　**zhèngjīn-wēizuò**
连动 襟(えり)を正して正座する；厳粛にかしこまるさま。威儀を正す。

正人君子　**zhèngrén-jūnzǐ**
并列 聖人君子；品行方正な人物。多く《風》。¶**他总装出一副～的样子**。彼はいつも聖人君子を装っている。

正颜厉色　**zhèngyán-lìsè**
并列 顔をこわばらせて厳しい表情をする。¶**他～地说：“公事公办，别拉私情”**。彼は厳しい表情で，「公の事は公正に行うべきで，私情を交えてはいかん」と言った。

正中下怀　**zhèngzhòng-xiàhuái**
动宾 自分の考えにぴったり合う；願ったり叶(かな)ったりである。思うつぼ。
注“**中**”は zhòng，当たる，ちょうど合う。“**下怀**”は自分の考え。

郑重其事　**zhèngzhòng-qíshì**
动宾 厳粛にふるまう；もったいぶる。“**郑重**”は厳粛である，まじめである。¶**～地举手敬礼**。うやうやしく挙手の礼をする。

zhi

支离破碎　**zhīlí-pòsuì**
并列 壊れてばらばらである；不完全で整っていない。“**支离**”はばらばらである。

支吾其词　**zhīwú-qící**
动宾 ことばを濁す；言を左右にする。逃げ口上を使う。言い逃れをする。“**支吾**”は言を左右にする。¶**对这个问题，他～，想搪塞过去**。この問題に対して，彼はことばを濁して，なんとか言い逃れようとしている。

只言片语　**zhīyán-piànyǔ**
并列 一言半句；わずかなことば。ちょっとした表現。片言隻句。片言隻語。注“**只**”(隻)は zhī，わずかな。

知法犯法 **zhīfǎ-fànfǎ**
转折 知っていながら法を犯す；違法と知りながら故意に犯す。

知己知彼 **zhījǐ-zhībǐ**
并列 己を知り彼を知る；自分と相手と双方の状況を理解する。¶ **只有～，才能战胜敌人。**己を知り彼を知って，はじめて敵に勝つことができる。『孫子』謀攻の“**知彼知己，百战无殆**”（彼を知り己を知らば，百戦殆《あやう》からず）から。

知难而进 **zhīnán'érjìn**
转折 困難を承知のうえで前進する。¶ **搞科研，就得有一股～的劲儿。**科学研究を行うには，困難を承知で前へ進む勇気がなければならない。

知情达理 **zhīqíng-dálǐ**
并列 人情に通じ道理をわきまえている；人間通である。

知人善任 **zhīrén-shànrèn**
连动 人物をよく知り上手に使う。

知书达理 **zhīshū-dálǐ**
并列 書物をよく読み，道理をわきまえている。“**知书识礼**”（zhīshū-shílǐ）とも。

知无不言 **zhī-wúbùyán**
假设 知りて言わざるなし；知っていることは何でも言う。よく，後に“**言无不尽**”（yán-wúbùjìn—言いて尽くさざるなし）が連用される。

执迷不悟 **zhímí-bùwù**
并列 頑迷で悟らない；誤った考えに固執して非を悟らない。“**执**”は押し通す。¶ **不管别人怎么劝说，他就是～。**人がいくら忠告しても，彼は一向に悔い改めようとはしない。

直截了当 **zhíjié-liǎodàng**
并列 単刀直入である；（あれこれ持って回らず）そのものずばりである。¶ **有意见就～地提，用不着拐弯抹角的。**意見があるならはっきり言いたまえ，あれこれ持って回った言い方をすることはなかろう。

直抒己见 **zhíshū-jǐjiàn**
动宾 率直に自分の意見を述べる。“**抒**”は述べる。

直言不讳 **zhíyán-bùhuì**
并列 直言してはばからない；忌憚（きたん）のない意見を述べる。“**讳**”は忌む，はばかる。¶ **～地表明自己的态度。**自分の立場を忌憚なく表明する。

只争朝夕 **zhǐzhēng-zhāoxī**
动宾 朝夕を争う；一朝一夕を大切にする。寸刻を惜しんで努力する。

纸上谈兵 **zhǐshàng-tánbīng**
状中 紙上に兵を談ず；理論をかざすだけで実際に問題を解決することができないことのたとえ。机上の空論をもてあそぶ。畳の上の水練。

纸醉金迷 **zhǐzuì-jīnmí**
并列 （金の紙で家具を包んで）目もまばゆいばかりに飾り立てる；豪華奢侈（しゃし）な生活の形容。“**金迷纸醉**”（jīnmí-zhǐzuì）とも。¶ **他毅然抛弃了～的生活。**彼は決然と奢侈を極めた生活を投げ捨てた。

指鸡骂狗 **zhǐjī-màgǒu**
连动 鶏を指して犬を罵る。☞“**指桑骂槐**”（zhǐsāng-màhuái）

指鹿为马 **zhǐlùwéimǎ**
兼语 鹿を指して馬となす；是非・黒白を転倒することのたとえ。鹿を馬。鷺（さぎ）を烏。秦の丞相・趙高が始皇帝の死後，幼帝の前で鹿を指して馬だと言い，強引にこれを群臣に認めさせようとした故事から。『史記』秦始皇本紀。¶ **～，混淆是非。**白を黒と言い，是非を転倒させる。

指日可待 **zhǐrì-kědài**
状中 日ならずして実現する；実現の日はそう遠くない。“**指日**”はいつと日を指定する。¶ **这座大桥全部竣工已经～。**この大橋の全体の完成はもうまもなくである。

指桑骂槐 **zhǐsāng-màhuái**
连动 桑を指して槐（えんじゅ）を罵る；遠回

Z

しに非難することのたとえ。あてこする。“**指鸡骂狗**”(zhǐjī-màgǒu)とも。

指手画脚　zhǐshǒu-huàjiǎo

并列 手振りを交えて話すさま;ジェスチャーたっぷりに話をする。また,部外者がでたらめに批判するたとえ。妄評を加える。¶ **他站在当中,正在～地给大家讲故事。**彼は中央に立って,手振り身振りよろしくみんなに物語をしているところだ。

咫尺天涯　zhǐchǐ-tiānyá

对比 すぐ近くにありながら近づけないことの形容。“**咫**”は古代の長さの単位,“**寸**”の八倍。

趾高气扬　zhǐgāo-qìyáng

并列 足を高くあげて意気揚々と歩く;肩で風を切って歩く。“**趾**”は足,足首。¶ **不要工作稍有成绩,就～。**仕事がちょっとうまくいったからと言って,鼻高々になるのはよくない。

至高无上　zhìgāo-wúshàng

并列 この上なく高い;至高。至上。

至理名言　zhìlǐ-míngyán

并列 至理名言;もっともな道理,優れたことば。

志大才疏　zhìdà-cáishū

对比 志は高いが,才能が及ばない。“**疏**”は不十分である,乏しい。

志同道合　zhìtóng-dàohé

并列 志や理想を同じくする;同じ道を行く。同志の間柄である。¶ **从青年时代起,他们就是～的好朋友。**若い頃から,彼らは志を同じくする仲のよい友達どうしであった。

炙手可热　zhìshǒu-kěrè

补充 手をあぶればやけどをする;権勢が盛んで近づき難いこと。飛ぶ鳥を落とす勢い。“**炙**”はあぶる。

治病救人　zhìbìng-jiùrén

目的 病を治し人を救う;欠点・過ちを批判し立ち直るのを助ける。¶ **批评的目的是～,因此不应该采取粗暴的手法。**批判の目的は欠点を直して立ち直らせることにあるのだから,手荒なやり方をするのはよくない。

栉比鳞次　zhìbǐ-líncì

并列 櫛(くし)の歯か魚の鱗のようにずらりと並んでいる。☞“**鳞次栉比**”(lín cì-zhìbǐ)

栉风沐雨　zhìfēng-mùyǔ

并列 風に櫛(くしけず)り雨に沐(かみあら)う;髪は風にくしけずられ,頭は雨に洗われる。旅の苦労の形容。外で辛酸をなめる。

智勇双全　zhìyǒng-shuāngquán

主谓 知勇兼備;知恵と勇気とを兼ね備えている。

置若罔闻　zhì-ruòwǎngwén

补充 聞こえないふりをして放っておく;知らないふりをして取り合わない。“**置**”は放置する,そのままにしておく。“**罔**”は…していない。¶ **你对朋友的忠告怎么能～呢?** 君は友人の忠告に対して,聞こえないふりをして耳を貸さないでいられるわけはないだろう。

置身事外　zhìshēn-shìwài

补充 身を物事の圏外におく;事件にタッチしないで局外にいる。我関せずの態度をとる。

置之不理　zhìzhī-bùlǐ

连动 放置したまま取り合わない。¶ **他对我的一切请求都～。**彼は私の要求をすべてほったらかしにして取り合おうとしない。

置之度外　zhìzhī-dùwài

补充 (問題や事柄を)度外視する;まったく心にとめない。“**度外**”は関心の外,考慮の外。¶ **把生死～。**生死を度外視する。

置之死地　zhìzhī-sǐdì

补充 死地に追い詰める;殺してしまう。窮地に追い込む。¶ **～而后快。**死地に追い詰めなければ気が済まない。¶ **～而后生。**自らを死地に追い詰めて,はじめて活路が開ける。

zhong

中流砥柱　**zhōngliú-dǐzhù**
定中 中流の砥柱(しちゅう);(激流の中に不動のまま立つ砥柱のように)毅然として屈しないさま。また,激動の中にあって指導的役割を果たす人物や集団のたとえ。“**中流**”は黄河の中流。“**砥柱**”は山名,河南省三門峡の黄河の中に屹立(きつりつ)する。

忠心耿耿　**zhōngxīn-gěnggěng**
主调 忠誠心にあふれている。“**耿耿**”は誠実で真心のあるさま。

忠言逆耳　**zhōngyán-nì'ěr**
主调 忠言は耳に逆らう;真心からいさめることばや忠告はとかく聞き入れにくいものである。諫言(かんげん)耳に逆らう。¶ **良药苦口利于病,～利于行。**良薬は口に苦しといえども病に利あり,忠言は耳に逆らえども行いに利あり。

忠贞不渝　**zhōngzhēn-bùyú**
补充 忠誠心に富み心変わりしない。“**忠贞**”は真心が厚くかたい。

钟灵毓秀　**zhōnglíng-yùxiù**
并列 霊気が集まり優れた人物を生む;自然環境に恵まれ人材を輩出する環境をいう。“**钟**”(鍾)は集まる。“**毓**”は生む,はぐくむ。

众口难调　**zhòngkǒu-nántiáo**
主调 誰もを満足させるような料理は作りようがない;すべての人々を満足させるのは容易ではない。

众口铄金　**zhòngkǒu-shuòjīn**
主调 衆口金を鑠(と)かす;世論の力の大きいこと,世間の取沙汰・讒言(ざんげん)の恐るべきことをたとえる。積毀(せっき)骨を銷(しょう)す。“**铄**”は溶ける,溶かす。『国語』周語・下に引く“**众心成城,众口铄金**”(衆心城を成し,衆口金を鑠かす)という諺から。¶ **～,我真是有口难辩。**衆口金を鑠かすとか,私はぬれぎぬを弁解するすべがない。

众口一词　**zhòngkǒu-yīcí**
主调 皆の言うことが一致する;口を揃えて同じことを言う。

众目睽睽　**zhòngmù-kuíkuí**
主调 衆人の目が光っている;(多くの人が目を見張っているので)悪事の包み隠しようがない。“**睽睽**”は目を見開いて注視するさま。¶ **在～之下,他想抵赖也是徒劳的。**衆人環視のもとで,彼がしらを切ろうとしても無駄というものだ。

众目昭彰　**zhòngmù-zhāozhāng**
主调 誰の目にもはっきりしている;衆目の認めるところ。“**昭彰**”は明らかである。¶ **～,看你还怎样狡辩?** 誰の目にも明らかであるというのに,おまえはまだ言い逃れをしようというのか。

众叛亲离　**zhòngpàn-qīnlí**
并列 人々は背き身内も離れる;完全に孤立することの形容。孤立無援。

众擎易举　**zhòngqíng-yìjǔ**
条件 大勢で持ち上げれば容易に挙げることができる;皆が力を合わせれば何事も容易に成る。“**擎**”は持ち上げる。

众矢之的　**zhòngshǐzhīdì**
定中 衆矢の的;多くの人々の非難・攻撃の的。

众所周知　**zhòng-suǒzhōuzhī**
主调 誰でも知っている;広く知られている。¶ **你可太闭塞了,连这样～的事都不知道!** こんな誰でも知っている事を知らないなんて,君も世事に疎いね。

众望所归　**zhòngwàng-suǒguī**
主调 衆望の帰するところ;皆が一致してそうすることを望んでいる。衆望を担う。¶ **他当选会长,是～的事情。**彼が会長に選ばれるのは,誰もが望んでいる事である。

众志成城　**zhòngzhì-chéngchéng**
主调 衆心城を成す;大勢が一致協力

すれば堅固な城塞ができる。団結すれば大きな力が得られるということをたとえる。“众口铄金”(zhòngkǒu-shuòjīn)参照。

重于泰山　**zhòngyútàishān**

补充 泰山より重し;価値の大きいこと,意義の深いことをいう。“泰山”は山東省にある名山。“轻于鸿毛”(qīng yúhóngmáo)参照。

zhou

周而复始　**zhōu'érfùshǐ**

连动 一巡してまた始まる;果てしなく循環する。『漢書』礼楽志の“阴阳五行,周而复始”(陰陽五行,周《めぐ》りてまた始まる)から。

粥少僧多　**zhōushǎo-sēngduō**

转折 粥(かゆ)は少なし,坊主は多し;品物が少なくて十分に供給し切れないことのたとえ。娘一人に婿(むこ)八人。“僧多粥少”(sēngduō-zhōushǎo)とも。

zhu

珠光宝气　**zhūguāng-bǎoqì**

并列 真珠の光や宝石の輝き;女性の服装のきらびやかな形容。

珠联璧合　**zhūlián-bìhé**

并列 珠(たま)連なり璧(へき)合う;優れた人材や美しい事物が一か所に集まることのたとえ。

珠圆玉润　**zhūyuán-yùrùn**

并列 珠(たま)のように円く,玉(ぎょく)のように滑らかである;珠玉のように美しい。歌声の優美なこと,文章の流暢なことの形容。

诸如此类　**zhūrú-cǐlèi**

定中 これに類したさまざまな事柄;かくのごとき例。“诸如”は例を挙げるのに用いる。例えば…など。¶ ~,**不胜枚举**。これと同様の例は,枚挙にいとまがない。

铢积寸累　**zhūjī-cùnlěi**

并列 少しずつ蓄積する。“铢”は古代の重量単位,1両の24分の1。“积铢累寸”(jīzhū-lěicùn)とも。

蛛丝马迹　**zhūsī-mǎjī**

并列 くもの糸と馬の足跡;尋ね当てるためのわずかな糸口。探索の手がかり。多く悪事について。¶ **最近已经发现了一些~,破案的希望越来越大了**。近頃いくつかの手がかりが発見され,事件解決の見込みはますます大きくなってきた。

煮豆燃萁　**zhǔdòu-ránqí**

并列 豆を煮るに萁(まめがら)をたく;兄弟が互いに害し合うことのたとえ。曹植『七歩詩』中の詩句“**萁在釜下燃,豆在釜中泣,本是同根生,相煎何太急**”(萁《まめがら》は釜下《ふか》に在りて燃え,豆は釜中に在りて泣く,本《もと》是れ同根より生じたるに,相煎《に》ること何ぞ太《はなは》だ急なる)から。

助桀为虐　**zhùjié-wéinüè**

连动 桀(けつ)を助けて虐をなす;桀王のような暴君を助けて人民を虐げる。悪人を助けて悪事をはたらくことのたとえ。“桀”は夏の最後の王,殷の紂(ちゅう)王と共に暴君として伝えられる。“助纣为虐”(zhùzhòu-wéinüè)参照。

助人为乐　**zhùrén-wéilè**

连动 人を助けることを楽しみにする。¶ **~的优秀品质**。人助けを好む気高い品性。

助纣为虐　**zhùzhòu-wéinüè**

连动 紂(ちゅう)を助けて虐をなす;紂王のような暴君を助けて人民を虐げる。悪人を助けて悪事をはたらくことのたとえ。“纣”は殷の最後の王,夏の桀(けつ)王と共に暴君として伝えられる。“助桀为虐”(zhùjié-wéinüè)参照。

筑室道谋　**zhùshì-dàomóu**

转折 家を建てるのに行きずりの人と相談する;事を成すのに定見がなく,他人の意見に振り回されてばかりいることのたとえ。いつまでたってもらちが明かない。

zhua

抓耳挠腮　**zhuā'ěr-náosāi**
[并列] 耳をひっかいたりほおをなでたり；ひどく焦るさま。また，狂喜するさま。¶ **他急得～，一筹莫展。**彼はただ焦っていらいらするばかりで，どうにもこうにもならない。

zhuan

专横跋扈　**zhuānhèng-báhù**
[并列] 専横を極める；のさばり返る。跋扈(ばっこ)する。[注]“**横**”は hèng，“**专横**”はほしいままにふるまう。“**跋扈**”はのさばる，はびこる。

专心致志　**zhuānxīn-zhìzhì**
[并列] 全精神を注いでやる；一意専心。ひたすら。“**致**”は尽くす。¶ **～听老师讲课。**精神を集中して先生の講義を聴く。

转弯抹角　**zhuǎnwān-mòjiǎo**
[并列] 曲がりくねった道を行く；持って回った話し方をすることのたとえ。¶ **这条路～的，可难走了。**この道は曲がりくねっていて，本当に歩きにくい。¶ **有什么意见就痛快说，别这么～的。**何か意見があるならはっきり言いなさい，そんな持って回った言い方をしないで。

转危为安　**zhuǎnwēiwéi'ān**
[兼语] (局面や病状が)危機を脱してよい方向に向かう。¶ **你这次～，真多亏了李医师。**あなたが今回何とか助かったのは，すべて李先生のおかげです。

zhuang

装疯卖傻　**zhuāngfēng-màishǎ**
[并列] 狂人を装い愚か者のふりをする。わざと気が触れたふりをする。“**卖**”はふりをする。¶ **我看这个家伙是有意～。**こいつはわざととぼけたふりをしているに違いない。

装聋作哑　**zhuānglóng-zuòyǎ**
[并列] 聾唖(ろうあ)者を装う；知らぬふりをして取り合わない。

装模作样　**zhuāngmú-zuòyàng**
[并列] もっともらしくふるまう；もったいぶる。気取ったポーズをとる。格好をつける。“**模**”“**样**”はともに姿態，格好。¶ **他说起话来～的，令人作呕。**彼の話ぶりはいかにもわざとらしく，鼻持ちならない。

装腔作势　**zhuāngqiāng-zuòshì**
[并列] (目立とうとして，或いは威圧しようとして)わざと大げさにふるまう，もったいぶった態度をとる。“**腔**”はことばの調子。“**势**”は態度，格好。¶ **～，借以吓人，是要不得的。**大げさなふるまいで，人を脅しつけるのは，許せない。

壮志凌云　**zhuàngzhì-língyún**
[主调] 壮志雲を凌(しの)ぐ；凌雲(りょううん)の志を抱いている。遠大な理想を抱いていることの形容。¶ **胸怀天下，～。**天下国家を胸に，凌雲の志を抱く。

壮志未酬　**zhuàngzhì-wèichóu**
[主调] 壮志いまだ成らず；大きな理想がまだ実現していない。理想を実現しないままに年老いてしまったり，世を去ってしまったりした場合に用いる。

zhui

锥处囊中　**zhuī-chǔnángzhōng**
[主调] 錐(きり)嚢中(のうちゅう)にあり；(錐が袋の中にあればその先がすぐ突き出てしまうように)才能のある人物は必ず頭角を現すものである。“**脱颖而出**”(tuōyǐng'érchū)参照。

惴惴不安　**zhuìzhuì-bù'ān**
[状中] びくびくして不安である；(恐ろしさや心配で)心が落ち着かない。“**惴惴**”は心配するさま。¶ **整天愁眉苦脸，～。**一日中浮かぬ顔で，びくびくしている。

zhuo

捉襟见肘　zhuōjīn-jiànzhǒu
承接 (衣服がぼろぼろで)襟(えり)を合わせると肘(ひじ)が出てしまう;甚しく困窮しているさま。また,一方を構っているともう一方に手が回らなくなることの形容。

卓有成效　zhuóyǒu-chéngxiào
动宾 成績·効果が著しい。¶**这种药对治疗高血压～**。この薬は高血圧の治療に飛び切りよく効く。

着手成春　zhuóshǒu-chéngchūn
连动 手を触れると,たちまち春が巡ってくる。医者が優れた腕を有していることのたとえ。回春の妙手。☞“**妙手回春**”(miàoshǒu-huíchūn)

擢发难数　zhuófà-nánshǔ
转折 髪を抜いて数えても数え切れない;犯した罪が数え切れないほどあるたとえ。“**擢发**”は髪を抜く。¶**他的罪行累累,～**。彼の罪行は山ほどあって,とても数え切れない。

zi

孜孜不倦　zīzī-bùjuàn
状中 孜々(しし)として倦(う)まず;倦まずたゆまず努力するさま。“**孜孜**”はたゆまぬさま。

趑趄不前　zījū-bùqián
状中 ちゅうちょして進まず。☞“**踌躇不前**”(chóuchú-bùqián)

龇牙咧嘴　zīyá-liězuǐ
并列 歯をむき出し口をゆがめる;凶悪な人相をいう。また,苦痛の表情をいう。

子虚乌有　zǐxū-wūyǒu
并列 子虚烏有(しきょうゆう);仮空の事で内実は何もないこと。“**子虚**”“**乌有**”は共に漢の司馬相如の『子虚賦』に登場する仮空の人物。“**子虚**”には仮空,“**乌有**”(烏《いづく》んぞ有らむや)には「あるはずがない」の意味をかけている。

自暴自弃　zìbào-zìqì
并列 自暴自棄;やけを起こす。捨てばちになる。

自不量力　zì-bùliànglì
主谓 自分の能力をわきまえない。☞“**不自量力**”(bùzì-liànglì)

自惭形秽　zìcán-xínghuì
动宾 形が醜いことを恥じる;他に及ばないことをひけめに感じる。

自成一家　zìchéng-yījiā
动宾 自ら一家を成す。¶**这位画家的艺术手法新颖,有独特风格,～**。この画家の芸術は手法が清新で,独特の風格があり,おのずから一家を成している。

自出机杼　zìchū-jīzhù
动宾 文章に独創性を出す。“**机杼**”は機(はた),ここでは文章を作る工夫。

自吹自擂　zìchuī-zìlèi
并列 自らラッパを吹き太鼓をたたく;自分のことを吹聴する。自己宣伝する。手前みそを並べる。¶**这个小伙子专好～,其实是绣花枕头,没有什么真才实学**。この若者は自分のことを吹聴してばかりいるが,実際は見掛け倒しで,何ら身に付いた才能をもっていない。

自得其乐　zìdé-qílè
动宾 その楽しみがわかる;ある境地を独り楽しむ。分に安んじる。

自高自大　zìgāo-zìdà
并列 自分で自分を大したものだと思う;いい気になる。うぬぼれる。¶**盲目～就必然会脱离群众**。盲目的に尊大ぶっていては必ず大衆から遊離してしまう。

自告奋勇　zìgào-fènyǒng
动宾 進んで困難な任務を引き受ける;苦労を買って出る。

自顾不暇　zìgù-bùxiá
补充 自分の事を顧みる余裕すらない;自分の事で手一杯である。とても他人の事など構っていられない。¶

他～，怎么能帮你的忙！彼は自分のことでさえ手が回りかねているのに，どうして君の手助けなどできようか。

自给自足　zìjǐ-zìzú
[并列] 自給自足。"给"は jǐ，供給する。

自觉自愿　zìjué-zìyuàn
[并列] 自覚し自ら進んでやる；自ら買って出る。

自力更生　zìlì-gēngshēng
[状中] 自力更生；他に頼らず自らの力で事を行う。¶ **～决不是盲目排外。**自力更生とは決して盲目的に他を排除することではない。

自鸣得意　zìmíng-déyì
[动宾] 自ら得意がる；うぬぼれる。鼻を高くする。"鸣"は表す，示す。¶ **他工作刚有了点起色就～，真不像话。**彼は仕事にちょっと好転の兆しが見られるともう鼻高々で，まったくお話にならない。

自命不凡　zìmìng-bùfán
[动宾] 自ら非凡をもって任じる；うぬぼれる。"**自命**"は自ら…であると思う。¶ **这个人～，其实是不学无术。**この男はうぬぼれているが，実際は無学無能である。

自欺欺人　zìqī-qīrén
[并列] 己を欺き人をも欺く；自他ともに欺く。¶ **在学习上不懂装懂是～，结果只能害了自己。**勉強していて分からない所を分かったふりをしているのは自他ともに欺くもので，結局は自身のためにならない。

自强不息　zìqiáng-bùxī
[补充] 自彊(じきょう)息(や)まず；自ら勉めてやまない。怠らずに向上に努める。

自取灭亡　zìqǔ-mièwáng
[动宾] 自ら破滅を招く；自滅する。

自食其果　zìshí-qíguǒ
[动宾] 自ら蒔(ま)いた種を刈る；自らはたらいた悪事のために自ら損害·懲罰を受ける。身から出た錆(さび)。自業自得。¶ **如果有人胆敢发动侵略战争，那他必将～。**もし身のほど知らずに侵略戦争を起こす者がいたら，その者はきっと裁きを受けることになるに違いない。

自食其力　zìshí-qílì
[动宾] 自力で食べていく；自活する。¶ **你已经长大了，应该～了。**君はもう大きくなったのだから，自分で生活しなければならない。

自食其言　zìshí-qíyán
[动宾] 食言する；前言を翻す。約束を破る。"**食言而肥**"(shíyán'érféi)参照。

自始至终　zìshǐ-zhìzhōng
[状中] 始めから終わりまで；終始。一貫して。

自私自利　zìsī-zìlì
[并列] 自らの利益だけを考える；自己本位である。利己的である。

自投罗网　zìtóu-luówǎng
[动宾] 自ら網にかかる；墓穴を掘る。"**罗**"は鳥網。"**网**"は魚網。

自我作古　zìwǒ-zuògǔ
[状中] 先例·手本によらず自分で作りだす；自ら創始する。"**作古**"は"**作故**"とも，先例を創る。

自相矛盾　zìxiāng-máodùn
[状中] 自己矛盾に陥っている；言っている事が前後で食い違っている。『韓非子』難一に見える矛(ほこ)と盾(たて)を売る者の故事から。¶ **他的话强词夺理，～。**彼の言うことには無理なこじつけがあり，自己矛盾に陥っている。

自行其是　zìxíng-qíshì
[动宾] 自分で正しいと思ったとおりにする；自分勝手に行う。他人の意見に耳を貸そうとしない。

自以为是　zì-yǐwéishì
[主谓] 自ら正しいと信じ込む；独り善がりになる。¶ **我们决不可～，盛气凌人。**我々は絶対に独り善がりになって，頭ごなしに人を抑えつけてはならない。

自圆其说　zìyuán-qíshuō
动宾 うまく自説を取り繕ろう;つじつまを合わせる。¶**他的话充满了矛盾,不能～。**彼の話は矛盾だらけで,取り繕いようがない。

自怨自艾　zìyuàn-zìyì
并列 自らの非を悔いる;自らの非を悔いてこれを改める。“**自怨**”は自らの過ちを悔やむ。“**自艾**”は,自らの非を改める。

自知之明　zìzhīzhīmíng
定中 自らを知る賢明さ;身の程をわきまえる聡明さ。¶**人贵有～。**人はよく自らを知るのが貴い。

自作聪明　zìzuò-cōngmíng
动宾 自分こそ利口だとうぬぼれる;独り善がりになる。¶**你别～了,别人早就看出破绽来了。**うぬぼれるのもいいかげんにしたまえ,もうとっくにぼろを出しているのだから。

自作自受　zìzuò-zìshòu
连动 自業自得;自分が犯した失敗・罪過の報いは自分に返ってくる。蒔(ま)いた種は刈らねばならぬ。

字里行间　zìlǐ-hángjiān
并列 字と字の間,行と行の間;文章の表面に出ていない筆者の考え。行間。

字斟句酌　zìzhēn-jùzhuó
并列 字句を斟酌(しんしゃく)する;推敲を重ねる。“**斟**”“**酌**”は共に酒を汲むこと。転じて,広く物事を吟味すること。¶**他说话时,～,非常注意分寸。**彼は話をする時,慎重にことばを選び,はめを外さないようによく注意を払っている。

恣意妄为　zìyì-wàngwéi
状中 ほしいままに悪事をはたらく;したい放題をする。勝手気ままにふるまう。

zong

纵横捭阖　zònghéng-bǎihé
状中 合従連衡(がっしょうれんこう)の策を自在に操る;政治や外交の上で,さまざまの手段を用いて相手の仲を裂いたり抱き込んだりすること。“**纵横**”は“**合纵**”(南北諸国の同盟)と“**连横**”(東西各国との連合)の策。“**捭**”は開く。“**阖**”は閉じる。“**捭阖**”は権謀術数を用いること。

纵横交错　zònghéng-jiāocuò
状中 縦横に交錯する;(事柄や情況が)複雑に入り組んでいること。¶**我国铁路～,交通四通八达。**我が国の鉄道は縦横に交錯し,四方八方に通じている。

纵虎归山　zònghǔguīshān
兼语 虎を放ちて山に帰す;悪人や後に禍を残すような危険なものを野放しにしておくことのたとえ。虎を野に放つがごとし。“**放虎归山**”(fànghǔ guīshān)とも。¶**放了他,岂不是～吗?**彼を釈放するのは,虎を野に放つようなものではないか。

zou

走马观花　zǒumǎ-guānhuā
连动 馬を走らせながら花を見る;得意で楽しい気持ちの形容。転じて,大ざっぱに表面だけを観察すること。“**走马看花**”(zǒumǎ-kànhuā)とも。“**下马看花**”(xiàmǎ-kànhuā)に対して。¶**要作系统的调查研究,光～是不行的。**系統的に調査研究を行わなければならず,ざっとうわべをなでるだけではだめだ。

走南闯北　zǒunán-chuǎngběi
并列 あちこち歩き回る;各地を遍歴する。¶**他一生～,见多识广。**彼は一生あちこち歩き回り,見聞豊かで知識が広い。

走投无路　zǒutóu-wúlù
补充 袋小路に追い込まれる;窮地に陥る。身の置き所がなくなる。“**投**”は身を投じる。¶**被逼得～。**追い詰められて逃げ道がなくなる。

zu

足智多谋 zúzhì-duōmóu
并列 知謀·策略に富む。

zui

罪不容诛 zuì-bùróngzhū
主调 罪が大きくて,死刑に処してもまだ償い切れない。

罪大恶极 zuìdà-èjí
并列 大悪極まる;極悪非道である。

罪有应得 zuì-yǒuyīngdé
主调 罰を受けるのが当然である;当然の報いである。¶ ~, **不值得同情。**当然の報いであり,同情するまでもない。

醉生梦死 zuìshēng-mèngsǐ
并列 酔生夢死;何のなすところもなく,無意味に一生を終える。

zuo

左道旁门 zuǒdào-pángmén
并列 よこしまな道;不正な方法,正統でない宗派をいう。邪道。邪宗。邪教。また,正統でない学派をいう。異端。邪説。"左""旁"は共によこしまな,道を外れた。"旁门左道"(pángmén-zuǒdào)とも。

左顾右盼 zuǒgù-yòupàn
并列 左を見たり右を見たりする;左顧右眄(さこうべん)。右顧左眄(うこさべん)。注"左…右…"は,同じような動作を繰り返すことを強調する。¶ **他走得十分慢,~,像在寻找什么似的。**彼はいやにゆっくり歩き,右を見たり左を見たりして,何やら探し物をしているようだ。¶ **上课时不要~。**授業中はよそ見をしてはいけません。

左右逢源 zuǒyòu-féngyuán
主调 左に行っても右に行っても源にたどりつく;万事順調に運ぶ。もと,修練が積まれていて自在に使いこなすことができること。

左右为难 zuǒyòu-wéinán
主调 板挟みになる;ジレンマに陥る。¶ **这件事使他感到~。**これには彼も進退窮まってしまった。

左支右绌 zuǒzhī-yòuchù
并列 左を構うと右が手薄になる;転じて,(力が足りなくて)あれやこれやに対処しきれない。"支"は応待する。"绌"は不足する。

作壁上观 zuò-bìshàngguān
动宾 塁壁の上で戦の成り行きを眺める;高みの見物をする。"壁"はとりで,とりでの壁。

作奸犯科 zuòjiān-fànkē
并列 悪事をはたらき法を犯す。"科"はおきて,定め書き。

作茧自缚 zuòjiǎn-zìfù
连动 自分の吐いたまゆで自分を縛る;自縄自縛。自業自得。¶ **设置这么多的条条框框,等于是~!** こんなに多くの決まりや制限を設けるのは,自分で自分を縛るようなものだ。

作威作福 zuòwēi-zuòfú
并列 権力を笠に着て威張りちらす;横暴の限りを尽くす。もと,国君が権力を統べ,賞罰を独占して行うこと。

坐吃山空 zuòchī-shānkōng
假设 座して食らわば山もむなし;働かずに暮らしていれば,どんなに財産があってもやがては使い果たしてしまう。

坐地分赃 zuòdì-fēnzāng
状中 その場で盗品を分配する;転じて,盗賊の頭が居ながらにして盗品の分け前にあずかること。"坐地"はその場で。"赃"は盗品,贓物(ぞうぶつ)。

坐而论道 zuò'érlùndào
连动 座して道を論ず;空論を弄ぶことのたとえ。¶ **他喜欢~,夸夸其谈,但实际行动却跟不上时代。**彼は空論を弄び,大きな事ばかり言っているが,実際の行動においては時代に取り残されている。

坐观成败　**zuòguān-chéngbài**
[动宾] 他人の成功·失敗を傍観する。

坐井观天　**zuòjǐng-guāntiān**
[连动] 井に座して天を見る；見識の狭いことのたとえ。井の中の蛙（かわず）。井蛙（せいあ）。葦（よし）の髄から天井のぞく。¶ **我们不要～，自以为了不起。** 井の中のかわずになって，うぬぼれるのはよくない。

坐立不安　**zuòlì-bù'ān**
[主谓] 居ても立ってもいられない；緊張や不安でじっとしていられない。

坐收渔利　**zuòshōu-yúlì**
[动宾] 漁夫の利を占める；双方が争っている隙に付け込んで第三者が利益を横取りすること。"坐收渔人之利"（zuòshōu yúrén zhī lì）を縮めた語。『戦国策』燕策二に見える「鷸蚌（いつぼう）の争い」（鷸《しぎ》と蚌《はまぐり》が争いに夢中になっている間に，両方とも漁師に捕らえられてしまったという寓話）から。

坐卧不安　**zuòwò-bù'ān**
[主谓] 寝ても起きてもいられない。"坐卧不宁"（zuòwò-bùníng）に同じ。

坐卧不宁　**zuòwò-bùníng**
[主谓] 寝ても起きてもいられない。"坐卧不安"（zuòwò-bù'ān）とも。¶ **这几天，他～，莫非工作上遇到了什么困难？** ここ数日，彼はどうも落ち着きがない，仕事が何か行き詰まったのではあるまいか。

坐享其成　**zuòxiǎng-qíchéng**
[动宾] 居ながらにして他人の成果を享受する；人の播いた種を刈る。¶ **你难道只想～？** 君はまさか他人の成果を横取りすることばかり考えているのではないだろうね。

坐以待毙　**zuòyǐdàibì**
[连动] 座して死を待つ。"毙"は倒れて死ぬ。¶ **与其～，不如决一死战。** 座して死を待つぐらいなら決死の戦を挑んだほうがよい。

座无虚席　**zuò-wúxūxí**
[主谓] 空いている座席がない；満席である。聴衆や観衆の多いことの形容。¶ **剧场里～。** 劇場は観客で一杯である。

做贼心虚　**zuòzéi-xīnxū**
[因果] 悪事をはたらいて，内心不安である；うしろめたい事をした者はいつもびくびくしている。¶ **匪徒～，一听到有人叫喊就逃之夭夭了。** 盗賊はびくびくしていて，叫び声を聞くやいなや風をくらって逃げ去った。

日本語からの索引

この索引には，本文中の見出しに掲げる中国語の成語の語釈や例文に付した訳語のなかから，成語，慣用語，その他の熟語・連語等，日本語として簡潔な言い回しになっている語句を拾って，中国語と対応させながら，50 音順に配列してある。

採取するに当たって，本文の表現を言い切りの形に改めたり，見出しごとに口語と文語，漢字と仮名の表記を統一するなど，多少の調整を加えたところがある。

項目は左から順に，日本語表現，対応する中国語の成語とその掲載ページである。主見出しの語釈中に「…とも」として挙げた同義の成語のうち別見出しに立てたものについては，ページを斜体数字で示して元の成語と区別した。日本語は，語釈や訳文の流れのなかで用いられているものであり，必ずしも中国語とストレートに対応するものではない。雅俗，褒貶，その他の微妙なニュアンスの違いは，必ず本文中の記述に戻って判断されることを望む。

なお，見出しの日本語の配列は，漢字・漢語単位ではなく，すべてを仮名で表記した場合の 50 音順（が→か，ぱ→はのように，濁音と半濁音は清音に読み替える）によっているので，特に注意されたい。

【あ】

【う】

【え】

【か】

【き】

【く】

【け】

【こ】

【し】

【す】

【そ】

【た】

【ち】

【と】

【な】

【に】

【ひ】

【ふ】

【へ】

【む】

あとがき

第2版を編むに当たってもっとも苦心したのは，ピンインをどう振るかと，第1版から採用している各成語の構造の再検討であった。

四字成語にピンインを振る場合，これまでは“临阵磨枪”（lín zhèn mó qiāng），“好为人师”（hào wéi rén shī）のように4字バラバラに離して振るのが普通であった。ところが，《现代汉语词典》は2012年6月刊の第6版からこれを改め，前者のように“临阵”と“磨枪”と2字ずつに分けることのできるものについてはlínzhèn-móqiāngとハイフンを用いて区切り，“好为人师”のように分離不可能なものについてはhàowéirénshīと分けずにひとまとめに綴るようになった。文法構造を考慮してのものと察せられる。

ただ，文法構造を考慮するのであれば，2字ずつに分けて○○-○○とするか，ひとまとめにして○○○○とするかだけではなしに，もう一歩踏み込んで“好为人师”や“强人所难”のように1字の動詞プラス3字の目的語からなるものについては○-○○○と区切ったほうが分かりやすいのではないかと，わたくしには考えられる。“风卷残云”や“气吞山河”のような1字の主語＋3字の述語からなるものも同様である。また，“旁观者清”（主語＋述語）や“始作俑者”（定語＋中心語）のように○○○-○型のものもわずかではあるが存在する。

わたくし自身も，本書の第1版においては4字バラバラに離してピンインを振っていたが，今般の改訂に当たってはこれを改め，上のような事実をふまえて，文法構造に従って○○-○○と○○○○のほかに，○-○○○，○○○-○を加えて4つに分類してみることにした。

このほかに“起承转合”“酸甜苦辣”のように○-○-○-○とすべきものもあり，《现汉》も同様に処理しているが，数は限られている。

なお，本書では各成語の意味を記述するに当たって，凡例に記したように 并列 对比 连动 …と，いちいちの構造を分類して示しているが，この分類は上のピンインの区切り方と密接に関わっているので，以下に少しく解説しておきたい。

并列（並列関係）　“安家落户”（一家を構えて定住する）や“刀山火海”（剣の山と火の海；最も危険で困難な場所）のように，前半の2字と後半の2字が対等の資格（共に動賓構造）で並んでいて，軽重・主従の区別がなく，表す意味も同じか極めて近いものをいう。

並列関係の成語の多くは，“刀山火海”は“火海刀山”とも言えるように，前半と後半の入れ替えが可能である。同様の例は“单枪匹马”／“匹马单枪”，“百孔千疮”／“千疮百孔”，“慷慨激昂”／“激昂慷慨”，“刻骨铭心”／“铭心刻骨”など，数多く見られる。

対比（対比関係）　“外强中干”，“杯水车薪”のように前半2字と後半2字の表す意味がまったく逆であったり互いに対立しているものをいう。“外强中干”は“外强”（見かけは立派である）あるいは“中干”（中身が空っぽである）だけでは不十分で，“外强中干”と前後併せて初めて「見掛け倒しである」というまとまった意味を形成する。同じく，“杯水车薪”は“杯水”（コップ一杯の水），“车薪”（車一杯に積まれた薪）だけでは不十分で，“杯水车薪”と前後併せて初めて「燃え盛る火を消すことはできない」，すなわち「焼け石に水である」というまとまった意味を形成する。この点で，並列関係の成語が，前後それぞれ一方だけでも成語全体の意味を成しているのと異なる。

“方枘圆凿”，“同床异梦”，“眼高手低”，“志大才疏”など。

连动（連動関係）　連続して行われる2つの動作の前後関係が固定していて，“过河拆桥”（河を渡って橋を壊す），“打草惊蛇”（草を打って蛇を驚かす）のように前半で示される動作が先で，後半で示される動作が後である。

“爱屋及乌”，“避重就轻”，“见异思迁”，“居高临下”など。

承接（承接関係）　“立竿见影”（竿を立てると影ができる；効果がすぐに現れる），“闻风丧胆”（うわさを聞いただけで胆をつぶす）のように，前半の動作を受けて後半に示される結果が生じるものをいう。

“马到成功”，“水落石出”，“一劳永逸”，“迎刃而解”など。

目的（目的関係）　“惩一儆百”（一人を懲らしめて多くの人の見せしめにする），“抛砖引玉”（れんがを投げて玉を引き寄せる）のように前の動作が後の動作を実現するための目的であるものをいう。

“披沙拣金”，“取长补短”，“杀鸡吓猴”，“越俎代庖”など。

因果（因果関係）　“耳熟能详”（聞きなれているので，詳しく説明することができる），“老羞成怒”（恥ずかしさのあまり，逆に怒りだす）のように，前半の動作が後半の結果の原因である。

“睹物思人”，“居功自傲”，“曲高和寡”，“尾大不掉” など。

转折（逆接関係） “鞭长莫及”（鞭は長くても馬の腹までは届かない），“屡教不改”（何度諭しても改めようとしない）のように，前半から予測される事柄が後半で反対の結果となる関係をいう。

“百折不挠”，“不攻自破”，“藏头露尾”，“熟视无睹” など。

假设（仮設関係） “唇亡齿寒”（唇亡ほろびて歯寒し），“夜长梦多”（夜長ければ夢多し）のように，仮に前半で言っていることが実現したとして，どのような結果が導かれるかをいう。

“不平则鸣”，“上行下效”，“稍纵即逝”，“为富不仁” など。

条件（条件関係） “屈指可数”（指折り数えるほどしかない），“失道寡助”（道理に背けば助けを得られない）のように，前半で提示する事柄が後半が実現するための条件であることをいう。

“俯拾即是”，“兼听则明”，“开卷有益”，“手到病除” など。

选择（選択関係） “宁死不屈”（死んでも屈しない），“宁缺毋滥”（多過ぎるよりは，むしろ欠けているほうがよい）のように，前半と後半を比較してどちらを選ぶかをいう。数は多くない。

以上の 10 組は，主従関係なしに前半 2 字と後半 2 字に分けることができるものについて，相互の意味上の関係を分類したものであるが，以下の 6 組は，前半と後半が 2 字ずつとは限らず，1 字と 3 字，3 字と 1 字に分かれるものもあり，相互の関係は主と従に分かれ，それぞれ文法上の役割を担っている。

主谓（主述関係） 前半が主語または主題，後半がその述語であるものをいう。“笨鸟先飞”（のろまな鳥は先に飛び立つ），“方寸已乱”（方寸すでに乱る）のような○○-○○型のもののほかに，“风卷残云”（大風が残雲を吹き払う），“狐假虎威”（狐が虎の威を借りる），“目不识丁”（目に一丁字なし）のような○-○○○型のものが多数存在する。

动宾（動賓関係） 前半が動詞，後半がその目的語であるものをいう。“暗送秋波”（ひそかに秋波を送る），“大快人心”（大いに人の心を喜ばせる），“独树一帜”（独自にのぼりを立てる）のような○○-○○型のほかに，主述関係の場合と同じく，“阿其所好”

（人の好みにおもねる），“乘人之危”（人の窮地に付け込む），“如数家珍”（まるで家の宝を数えるようである）のような○-○○○型のものが多数存在する。

なお，動賓関係のものの中には，“轻重倒置”（本末を転倒する），“老调重弹”（古い調子を再び奏でる）のように，動詞と目的語が倒置されたものがあるので注意を要する。

補充（補充関係）　“胆小如鼠”（ねずみのように肝っ玉が小さい），“亲密无间”（親密で少しの隔たりもない）のような○○-○○型と“呆若木鸡”（木彫りの鶏のように無表情である），“奋不顾身”（一身を顧みずに奮闘する）のような○-○○○型とが存在する。

なお，“防患未然”（災いを未然に防ぐ），“求之不得”（求めても得られない；願っても無い），“问道于盲”（盲人に道を聞く）のような「動詞＋目的語＋補語」型のものも，便宜上，補充関係に分類する。

兼语（兼語関係）　“望子成龙”（子供が竜になることを望む），“调虎离山”（虎を山からおびき出す），“发人深省”（人を啓発して深く考えさせる），“请君入瓮”（どうぞあなた自身が甕にお入りください）などのように，動詞の目的語が同時にそれに続く部分の主語を兼ねているものをいう。

定中（連体関係）　“百年大计”（百年の大計），“倾盆大雨”（土砂降りの雨），“晴天霹雳”（青天の霹靂）などの○○-○○型のほかに，“前车之鉴”（前車の鑑），“黔驴之技”（黔驢の技），“先见之明”（先見の明）などの○○○○型が多数を占める。

状中（連用関係）　“傲然屹立”（傲然《ごうぜん》としてそびえ立つ），“当头棒喝”（頭ごなしに痛棒を食らわす），“东山再起”（東山で再起する），“对牛弹琴”（牛に向かって琴を弾く）などの○○-○○型と，“半途而废”（中途で投げ出す），“梦寐以求”（夢寐《むび》にも忘れない），“轻而易举”（軽々と持ち上げる）のような○○○○型がある。

以上，構造の分類，ピンインの区切り方ともに，なお検討の余地を残す。至らぬ所は他日を期したい。ご叱正いただければ幸いである。

2024年3月

上野恵司

上《うえ》野《の》恵《けい》司《じ》　共立女子大学名誉教授　文学博士

1939 年 10 月大阪府に生まれる。東京教育大学（現・筑波大学）文学部社会学科，同漢文学科を卒業。1968 年大阪市立大学大学院修了。1979 年～81 年，北京にて研修。帰国後 NHK ラジオ中国語講座担当。筑波大学教授，共立女子大学教授等を歴任。日本中国語検定協会の設立に参加，長く理事・理事長を務める。現在，同協会顧問。

精選
中国語成語辞典
［第 2 版］

上野恵司　編　者
佐藤和幸　発行者
白 帝 社　発行所

171-0014　東京都豊島区池袋 2-65-1
電話 03(3986)3271／FAX 03(3986)3272
info@hakuteisha.co.jp　https://www.hakuteisha.co.jp/
組版・印刷／倉敷印刷㈱　製本／㈱ティーケー出版印刷
2014 年 4 月 8 日初版発行　2024 年 7 月 17 日第 2 版第 1 刷発行

Printed in Japan〈検印省略〉6914　ISBN978-4-86398-586-5
　＊定価はカバーに表示してあります。